[新版]
財政学入門

佐藤 進
関口 浩 著

同文舘出版

新版へのはしがき

　本書は平成最後・令和最初の年（西暦2019年）に刊行される版で第41版となる。昭和に刊行された初版以来表紙には細かな版の数を書いてこなかったが，奥付をみるとそれが判明する。初版刊行から40年弱の歳月が流れ，その間，雅子新皇后陛下も本書で「財政学」を学んだといわれ，現在刊行されている中で最も老舗の教科書となった。

　本書改訂版のゲラは，平成10年2月末に雪深い金沢に届いたが，その直後，原著者の佐藤進先生危篤の知らせも届いたのであった。急ぎ上京して瀕死の中の先生に本書のゲラをおみせしたところ，「これでよい」と目で合図された。本書改訂版のゲラこそが佐藤先生がこの世でご覧になられた最後の書であり，それが今生の最後のやり取りとなってしまった。翌日弥生初め，小雪の舞う早朝に先生は去られた。それから20年のときを経た。本書が小・中規模の改訂をされるその脇で新たな「財政学」の教科書が刊行されていった。もう本書はその役目を終えたのではないかとする考えもあるかと思う。しかし，本書は以下に述べるように奇跡的にこの世に戻られた佐藤進先生の「佐藤財政学」が結集されたものが基盤となっており，時代を越えて多くの方々にお読みいただき「財政学」を身につける一助にしていただけたらという願いがあるのである。それが本書を廃刊にせずにいま少しこの世に問うた理由である。

　終戦直後の昭和24年末から，将来東京大学での研究が約束された同大学助手であった佐藤先生は不治の病と闘っておられた。その間にどうせ死ぬ人間であるとその座を奪われてしまった。しかし先生は奥様の美智子様の献身的看護が実り，奇跡的にこの世に戻られたのであった。けれども生還して突きつけられたのは辛い現実であった。そんな中でもくじけることなく，「生きているうちに10冊は本を書きたい」という強い意志の下，研究を進められ，奥付にも書かれている数多くの書を世に問われたのであった。「財政学」は生きた学問ではあるが，原理原則は時代によってそう劇的に変化するものではない。教科書の現実面が時代とそぐわなくなり，店仕舞いに至るものが多いのである。そのため，味のある「財政学」の本がいくつも消え去っていった。

　本書はそうした辛い時代も経験された佐藤進先生がそれに耐え，強く生き抜きながら築いてこられた人間ドラマとともに書き上げられたものでもある。

佐藤先生の辛さに比べたら比べものにならないが，私自身は高校受験で挫折し逆境にあえぎ続けたが，学部時代に沖縄の人々やその地が助けてくれた。その後大学院時代に指導教授が外部交流で唯一直接指導をお認めくださったのが，佐藤進先生であった。佐藤先生は「僕も大内兵衛先生が論文を書くとみてくださった。関口君も書いたら持ってきなさい」といわれ，真っ赤になるくらいに直しを入れご指導くださったのであった。私は佐藤先生のような立派な人間ではないにもかかわらず，佐藤先生は最後まで励まし続けてくださったのである。自らが不治の病と闘い，またその後なめた辛酸を奥様と二人三脚で克服されてこられた経験があったからこそ，そうした優しさで包んでくださったのだと思う。

　今回の改訂にあたり，佐藤先生が生前に最も気にされていた「財政政策」の取扱いが問題であった。佐藤先生は自らを窮地から救ってくださった鈴木武雄先生を公私ともに敬慕されておられ，本書初版以来，財政と金融の一体化を唱えた鈴木先生のお考えを取り入れ，財政金融政策は「財政と金融」に，そしてフィスカル・ポリシー自体は政府の管理機能であるため「予算」と結び付けて本書には配置されてきた。しかし，本書で学んだ多くの読者から，この財政政策論が分離しているのはきわめて使いにくいとの指摘が寄せられた。そこで今回の改訂では試みにフィスカル・ポリシーを予算と切り離して，財政と金融に移すこととした。また，近年のアメリカの「財政学」教科書では，社会保障と教育が大きく取り上げられるようになってきている。そこで，初版以来社会保障財政はあったのであるが，本書を全体にわたりやや大きく区画整理をした上で，社会保障財政の分量を増やすとともに，教育財政についても章を設けた。

　近年の教科書の多くは表面的に理論，実際を伝えるものが多いが，原著者の佐藤進先生が大切にされていたその理論の生成過程を知るためにも，本書では初版以来の精神を受け継ぎ，人物に重点を置いて改装した。本新版の刊行に至るまで，今は退職された方も含め，同文舘の担当いただいた方々，とりわけ新版主担当の青柳裕之氏，また本書改訂版で学び同文舘で新版の編集にあたってくれた有村知記氏には短期間の大改訂に辛抱強くおつきあいいただき，大変お世話になった。深く感謝する次第である。

　　　　平成31年1月

　　　　　　　　　　　　　　　　　　　　　　　　　　　　　　　関口　浩

改訂版へのはしがき

　本書の初版は，佐藤が東京大学経済学部および法学部で行った「財政」および「財政学」の講義，早稲田大学政治経済学部で行った「地方財政論」の講義のための草稿（講義ノート）にやや手を加えて，昭和56年に公刊された。それは，財政学の基礎概念と基礎理論を概説し，日本の財政の実際をみるとともに，地方財政論の基本事項をもカバーした財政学のテキストを提供する意図で公刊したものであった。このように，財政学の理論と実際の入門書を意図して公刊し，また佐藤にとっては10冊目の記念すべき著書となった本書の初版が，幸いにも多くの読者に支えられて，25を超える版を重ねることができたのは著者の望外の喜びである。

　財政学は，本書でも触れるように，1つの社会科学といえようが，科学を研究しようとする者の視野は時代的背景という制約に大きく左右されるところがある。また財政学は，税財政システムとの関連性が大きいため，そのシステムの変化をいち早く捉えて，よりアップ・ツー・デートな素材によって教授する必要がある。本書も，改訂版と銘をうたなかったものの，平成3年に若干の補訂を行ったが，近年の政治経済システムの変化はそれでは間に合わないほど，大きくしかも速度を増してきている。わが国の近代化以降，第3の変革期といわれている所以もそこにあるものと思われる。本改訂版は，このような歴史的背景を踏まえて，本書の初版が公刊されて以来の時代の変化をできる限り盛り込み，本書の初版が意図した財政学を理論と現実の両側面から捉えていこうとする姿勢を維持し，内容をリニューアルしたものである。

　改訂にあたっては，次の点に留意した。第一には，本書の初版の精神を踏襲したことである。初版が書かれた時代のわが国の経済学界では学問的分野の対峙がみられたが，本書は財政に関する基礎事項を学派の違いを超えて客観的に取り上げ，「学問」として取り入れるべきものをできる限り幅広く盛り込んできた。この精神に基づきながら，初版公刊後の税財政システムの変化が見られた部分を，佐藤の書いた論文等を中心に取り入れたことである。また，学問は試験対策のためだけに行うべきものではないが，財政学が各種試験の一科目として出題され，多くの諸賢が財政学を学んでいることは喜ばしいことである。本書は，学問としての財政学を重視しているが，改訂版も初版同様にさまざまな

目的で学習する人々に役立つよう配慮した。第二には，本書は『財政学入門』と銘をうっているように，財政学の入門書である。従って，初心者に財政学の基礎概念を理解してもらうこと，また中級・上級者には基礎概念を再確認してもらえるように，基礎用語についてはその言葉の定義をできる限りわかりやすく説明したことである。また，これにあわせて初版以上に重要用語をゴシック体（太字）で示すことにつとめた。第三には，特に近年の若者の文字離れには憂慮すべきものがあるが，図表あるいは写真による視覚的理解も問題の本質を捉える上では欠かすことができないと考え，初版に増して図表を挿入したことである。

　佐藤は平成6年12月，特別職公務員に就任するにあたり，「出処進退を誤らないよう」という在りし日の恩師大内兵衛教授の言に従い，早稲田大学政治経済学部の「地方財政論」の講義を最後に学部での教育からは身を引いた。そこで，本書を改訂するにあたり，現在の大学教育を反映させるべく，なるべく初心者との年齢差の少ない，佐藤の最後の弟子である関口を加え，本改訂版を世に問うこととした。本改訂版がどのように評価されるかは著者としても心許ない次第であるが，読者諸賢の批判を待つしかない。

　最後に，本改訂版の出版にあたっては，同文舘の中島朝彦社長，中島治久常務，そして出版部の久保敏明氏に感謝の意を表したい。

　　平成10年2月

佐藤　　進
関口　　浩

　最後まで学者魂を貫かれ改訂版のゲラに目を通された恩師佐藤進先生が平成10年3月に逝かれて後，改定7版はこれまでに比べてやや規模の大きな改訂を行った。なお改訂時間の制約もあり，あえて三訂版を名乗らなかった。

　　平成19年8月

関口　　浩

初版はしがき

　本書は，この数年東京大学経済学部および法学部で行った「財政」および「財政学」の講義，早稲田大学政経学部で行った「地方財政論」の講義の際の草稿にやや手を加えてでき上ったものである。講義の草稿（ノート）をほぼそのままの形で書物にまとめるのは，いささか気がひけるが，財政学テキストの1つとして本書のような書物を公刊することにもある種の意義があると思い，これをあえて出版するものである。

　著者はすでに昭和51年財政学テキストとして『財政学』（税務経理協会刊）を公刊しているが，それから5年が経過している。その間わが国の現実の財政問題を取り扱ったものとして，『要説・日本の財政』（東洋経済新報社刊，昭和53年）と『日本の税金』（東大出版会刊，昭和54年）の2著を公刊した。本書はこれらの研究成果を取り入れると同時に，地方財政論を加えた財政学のテキストを提供することを意図するものである。すなわち財政学の基礎概念と基礎理論を概説し，財政の実際をとくに日本の場合についてみると同時に，地方財政の基本事項を織り込んでみようとしたのが本書である。

　国家の経済機能の多角化と財政問題の重要性の増大とともに，今日多くの財政理論があらわれており，「財政の時代」の到来が指摘されると同時に，財政学は日進月歩の勢いで発展しつつある。本書の内容は多くの点で著者が従来発表してきたものをまとめたものからなっているが，財政学および財政理論の新しい発展をフォローするため，研究成果の一部を注記の形で本書に収録することにした。財政学は日進月歩であるとしても，それが取り上げる問題は古くして新しい問題が大部分である。したがって旧著の内容と重複するところが多いが，これも著者の取る財政観の結果であることを読者が了解して下されば幸いである。

　本書はより進んだ財政学研究への入門書を意図して書かれており，その意図の実現のため財政に関する基本事項はできるだけ網羅的客観的に取り上げるとともに，図表等を挿入して読者の理解に役立てることを心掛けた。もっとも客観的叙述を心掛けたものの，著者のいままでの研究成果の一部を強調し，その限りで私見が入った見解を述べているところも多々ある。新しい財政理論の摂取に不十分な面もあり，いわゆる財政政策論についてはこれをわが国に批判的

に取り入れるにしても，なお多くの残された研究領域があることを，著者自ら痛感している。入門書として本書を読む読者には本書を手がかりとして，なお多くの財政学研究書を読み，自らの財政観を確立することを望みたい。

　財政学の入門的テキストとして本書がどのように評価されるか著者としてまことに心もとない次第であるが，いずれにしても本書は著者の財政学研究30年の成果の1つである。また著者にとって自分の子供の数を算える気がしないでもないが，本書は著者の10冊目の著書である。学問研究の途に入って以来，死ぬまでに10冊位は本を書きたいというのが念願であった。このようにして10冊目の本が出来上って見ると，なお何冊かの本を書く力が残されている如くである。むしろ本格的な研究書を世に問うのはこれからだという気がする。著者としてはマイペースの研究を今後ともつづけてゆきたい。いわずもがなのことであるが，一言所感をしるして本書のはしがきとしたい。

　最後に本書の出版の依頼をうけてから何年かたつが，本書をまとめるにあたっては同文舘の伊藤実枝子さんの大きな援助をえたので，記して感謝の意を表したい。

　　　昭和56年9月

　本書の初版発行以来，早くも10年の日時が経過したが，わが国財政の状況も大きく変化した。この際書物の大きな改訂を必要とするが，それもかなわないので，とくに大きく変ったと思われる事実について，本文または注の中で追記することにした。改訂は数カ所の小部分であるので，あえて改訂版を名乗らなかったことをおことわりする次第である。

　　　平成3年2月

佐藤　進

　　　　　　　　　　○　新版の表紙に込められた意味　○

　新版の表紙は新装開店に伴い，編集担当の青柳氏のご提案に基づき表紙を一新させるべく，デザイン会社のオセロ様が「桜色」の地に花びらが舞う「入門（入学，入社など）」をイメージして考案してくれたものです。それはまた「桜の花」の下で奥様に抱かれて天寿を全うしたいと願った原著者佐藤進先生の，本書読者各位による財政観の確立という希望をあしらったものでもあります。

目　次

開講にあたり─────────────────────1
- *1* 財政の重要性 ………………………………………… 1
- *2* 財政の動向──日本の場合── …………………… 3
- *3* 日本の財政学研究 …………………………………… 8

第Ⅰ部　財政と財政学

第1章　財政と財政民主主義──────────14
- *1* 財政とは何か ………………………………………14
- *2* 市場経済と国家経済 ………………………………16
- *3* 財政民主主義 ………………………………………18
- *4* 日本国憲法の財政規定 ……………………………20
- *5* 政府の範囲と国民経済計算 ………………………22

第2章　財政学の生成とその発展──────24
- *1* 「事物はこれをその生成過程で捉えよ」 …………24
- *2* 財政学の源流である2つの財政思想の形成 ……24
- *3* 財政学の生成 ………………………………………28
- *4* フィスカル・ポリシーとケインズ経済学 ………32
- *5* 財政学の性格 ………………………………………33

第3章　現代財政学の形成と展開──────35
- *1* 第2次世界大戦後の財政学の動向 ………………35
- *2* 財政の機能 …………………………………………37
- *3* 公共経済学と政治過程の経済分析 ………………38
- *4* 現代財政学の展開 …………………………………42

第4章　今日の財政学と財政学の方法――――――46
　1　今日の財政学の模索………………………………46
　2　財政学の方法………………………………………48
　3　財政学の対象・構成………………………………53

第Ⅱ部　予算

第5章　予算と予算原則――――――――――――56
　1　予算の意義…………………………………………56
　2　古典的予算原則……………………………………59
　3　古典的予算原則の修正……………………………63
　4　予算の編成…………………………………………64

第6章　日本の予算・決算制度―――――――――67
　1　戦前と戦後の財務規定……………………………67
　2　予算編成過程とその政治的性格…………………71
　3　予算執行と決算……………………………………75
　4　予算・決算制度改革論……………………………77

第7章　特別会計・政府関係機関――――――――79
　1　特別会計・政府関係機関の意義…………………79
　2　特別会計・政府関係機関の改革…………………86

第8章　予算改革の方向性――――――――――――90
　1　財政計画と予算……………………………………90
　2　財政計画の問題点と日本の財政計画……………93
　3　PPBSの意義………………………………………96
　4　PPBSの概要と問題点……………………………99

第Ⅲ部　経費

第9章　公共経済学の基礎理論――――――――――106

1 政府が存在するための経済的根拠とパレート最適 …………………… 106
　2 市場の失敗とその是正 ……………………………………………………… 109
　3 公共財の理論 ………………………………………………………………… 112
　4 政府の失敗 …………………………………………………………………… 117

第10章　経費膨張と経費の性質 ―――――――――――――――――118
　1 経費の意義 …………………………………………………………………… 118
　2 ワグナーの経費膨張法則 ………………………………………………… 119
　3 経費膨張の現代的解釈 …………………………………………………… 122
　4 生産的経費と不生産的経費 ……………………………………………… 124

第11章　経費の区分と日本の経費構造 ―――――――――――――126
　1 経費の分類基準――財政制度―― ……………………………………… 126
　2 経済効果による区分 ……………………………………………………… 130
　3 国民経済計算と経費 ……………………………………………………… 133
　4 日本の経費――公共事業費と防衛費―― ……………………………… 135

第12章　社会保障の財政 ―――――――――――――――――――――139
　1 財政と社会保障 …………………………………………………………… 139
　2 社会保障の財源と負担および実施主体 ……………………………… 141
　3 日本の社会保障の財政制度 ……………………………………………… 143

第13章　教育の財政 ―――――――――――――――――――――――151
　1 教育の財政理論 …………………………………………………………… 151
　2 日本における公教育財政 ………………………………………………… 153
　3 日本の教育の財政制度 …………………………………………………… 157

第14章　費用便益分析 ――――――――――――――――――――――161
　1 費用便益分析の展開 ……………………………………………………… 161
　2 費用便益分析の基本概念 ………………………………………………… 163
　3 CB分析の問題点 …………………………………………………………… 167

第Ⅳ部　租税

第15章　租税論の基礎 ——————————————————172
1　租税の意義 …………………………………………………… 172
2　租税原則と租税体系 ………………………………………… 174
3　租税の転嫁・帰着 …………………………………………… 182

第16章　個人と家計の税金 ——————————————————187
1　所得税の理論と実際 ………………………………………… 187
2　資産課税の理論と実際 ……………………………………… 194

第17章　会社と企業の税金 ——————————————————199
1　法人税と所得税 ……………………………………………… 199
2　法人所得と法人税率 ………………………………………… 203
3　法人税のあり方 ……………………………………………… 207

第18章　一般消費税と個別消費税 ——————————————209
1　付加価値税 …………………………………………………… 209
2　日本における「消費税」導入問題 ………………………… 213
3　個別消費税をめぐる問題 …………………………………… 218

第19章　受益者負担 ——————————————————————221
1　受益者負担概念とその展開 ………………………………… 221
2　汚染者負担原則（PPP）…………………………………… 225

第Ⅴ部　財政と金融

第20章　財政金融論と財政投融資 ——————————————230
1　財政学と金融論 ……………………………………………… 230
2　財政金融一体化の背景 ……………………………………… 231
3　財政投融資 …………………………………………………… 232

4 政策金融 ……………………………………………………………… 237

第21章　公債と公債負担論 ――――――――――――――238
　　1 公債の意義と種類 ……………………………………………………… 238
　　2 公債原則論と負担論の展開 …………………………………………… 240

第22章　公債管理政策と日本の公債制度 ――――――――――245
　　1 公債管理政策 …………………………………………………………… 245
　　2 日本の公債制度とその問題 …………………………………………… 246

第23章　財政政策のマクロ経済学 ――――――――――――252
　　1 フィスカル・ポリシーと財政の機能 ………………………………… 252
　　2 ケインズの理論とフィスカル・ポリシー …………………………… 255

第24章　自動安定装置とポリシー・ミックス ――――――――262
　　1 ビルト・イン・スタビライザーの理論と計測 ……………………… 262
　　2 財政金融のポリシー・ミックス ……………………………………… 264

第Ⅵ部　地方財政(1)

第25章　地方財政と集権・分権 ――――――――――――― 272
　　1 地方財政の意義 ………………………………………………………… 272
　　2 中央集権化法則 ………………………………………………………… 275
　　3 日本の場合――戦前と戦後―― ……………………………………… 277
　　4 集権化と分権化の根拠 ………………………………………………… 282

第26章　地方自治の財政理論 ―――――――――――――― 284
　　1 地方自治の捉え方 ……………………………………………………… 284
　　2 地方自治の現代経済理論 ……………………………………………… 285
　　3 ティムの市町村財政論 ………………………………………………… 289
　　4 地方財政分析の指標 …………………………………………………… 293

第27章　地方財政調整制度 —————————297
1 地方財政調整制度の沿革 ………………………… 297
2 地方交付税交付金による財政調整 ……………… 299
3 財政調整の理論と実際 …………………………… 303

第28章　国庫補助・負担金 —————————308
1 補助金の沿革と根拠 ……………………………… 308
2 補助金の種類 ……………………………………… 310
3 補助金の理論 ……………………………………… 312
4 補助金の問題点 …………………………………… 315

第Ⅶ部　地方財政(2)

第29章　地方税と税外負担 —————————320
1 地方税原則 ………………………………………… 320
2 地方税体系 ………………………………………… 322
3 税外負担 …………………………………………… 326

第30章　地方債 —————————329
1 地方債と国債の相違 ……………………………… 329
2 地方債制度 ………………………………………… 330
3 地方債発行・消化の諸問題 ……………………… 333

第31章　地方公営企業 —————————338
1 地方公営企業の範囲 ……………………………… 338
2 公営企業の経営原則 ……………………………… 340
3 公営企業の料金決定原則 ………………………… 341
4 公営企業の赤字問題 ……………………………… 344

索　引　349

(新版)財政学入門

開講にあたり

1 財政の重要性

　財政学と聞くと，難しい学問と敬遠してしまう人もいるであろう。名前は難しそうに感じても，実は私たちの生活とは切っても切れない学問なのである。現代の経済社会の実態とその動向は，財政（国家財政・地方財政）に関する理解なくしてはわからないようになっている。

　第1表は，日本の公的資金が使われた結果，つまり国の**決算**（平成28・29年度）を表したものである。決算の表し方にはいくつかあるが，中学校や高等学校，あるいは情報媒体では**一般会計**歳出がよく取り上げられる。これは第1表の左側で，国に入ってくる資金である歳入は，**租税**が50％をやや超え，**公債**（国の借金）が30％強であることがわかる。租税では**所得税**や**消費税**がそれぞれ20％弱の割合を占めている。こうした税金で日本は支えられていることがわかる。そして3分の1は借金で成り立っていることもうかがえる。また，そうした租税や公債をどのようなことに使っているか。それは歳出をみるとわかる。歳出では社会保障関係費が30％強，国債費が20％強，そして地方交付税が20％弱である。よく耳にする少子高齢化による社会保障関係費の上昇，多額の財政赤字という言葉をこの統計から読み取れる。

　しかしこの一般会計は国の財政の実情を表しているわけではない。これから財政学を学ぶとわかるようになるが，日本の予算や決算には一般会計だけでなく**特別会計**も存在しているのである。しかもこの2つの会計の関係はかなり複雑で，高等学校までの学習ではほとんど知らないで過ごしてきている。一般会計と特別会計は重複があり，その重複部分を整理したものが第1表の右側にある**純計**である。これにより歳出をみると，**国債費**が60％弱，**社会保障関係費**が20％強，**地方交付税**が5％ほどになっている。この純計で日本の国の財政のすべてが語られているわけではないが，一般会計だけでみるよりも実態に近いのである。ここから現在の日本では**財政赤字**が最も重大な問題であり，そして**少**

第1表 国の決算の歳出総額に占める割合

	一般会計歳出決算		歳出決算純計	
	平成28年度(2016)	平成29年度(2017)	平成28年度(2016)	平成29年度(2017)
歳入総額（決算）	100.0	100.0		
租税収入	54.0	56.7		
所　得　税	17.1	18.2		
法　人　税	10.1	11.6		
相　続　税	2.1	2.2		
消　費　税	16.8	16.9		
公債金（公債発行額）	37.0	32.4		
建　設　公　債	8.7	7.0		
赤　字　公　債	28.3	25.3		
歳出総額（決算）	100.0	100.0	100.0	100.0
国債費	22.6	23.0	55.8	56.0
地方交付税交付金・特例交付金	15.7	15.9	5.6	5.7
一般歳出	61.6	61.2	38.5	38.2
社会保障関係費	33.0	33.1	24.1	25.7
文教及び科学振興費	5.7	5.8	1.6	1.7
恩給関係費	0.3	0.3	0.1	0.1
防衛関係費	5.3	5.4	1.5	1.6
公共事業関係費	6.9	7.0	2.2	2.4
経済協力費	0.8	0.7	0.2	0.2
中小企業対策費	0.4	0.3	0.1	0.1
エネルギー対策費	1.0	1.0	0.3	0.3
食料安定供給関係費	1.2	1.2	0.4	0.5
その他事項経費	7.0	6.3	7.9	5.7
予備費	―	―		

〔出所〕財務省資料に基づき作成。

子化・超高齢社会にいかに対処すべきかという問題も存在していることがわかる。また過疎化が進むなど**地方の問題**がよくいわれるが，地方には国の資金の5％ほどしか回っていないのである。結局，この3経費で国の資金の8〜9割を使ってしまい，残りの1〜2割で教育，防衛，公共事業，そのほかの政策に対応していかなければならないのである。あたりをみまわすと，それぞれの人が自分に関係の深い経費をより多く国が支出するように自己主張をしているが，そうした余裕は実はいまの日本の財政にはないのである。

　日本社会を支えるために，国の活動資金である租税を集めなければならないが，日本の**租税負担率**（国民所得比）は第1図のようになっている。しかし，負担は租税だけでなく社会保障制度の保険料負担である**社会保障負担**も考えなければならない。これらをあわせた**国民負担率**は国際的にみると，日本は十分な給付を望めるほど高いとはいえないのである。それでも昭和60（1985）年の34.4％から平成12（2005）年の36.9％，そして平成30（2018）年の42.5％へと次第に増加しており，**負担と受益関係**がホットな今日的問題となっている。

　日本の財政が今後どのような方向をたどるかは，国民経済と国民生活の将来動向についての重要な規定因となる。財政学は経済学が最も基盤となる限りで，経済理論を現実の経済問題の解明に適用する学問とされる**応用経済学**（政策）の分野を扱う実践的な学問であり，またやり甲斐のある学問の一分野である。

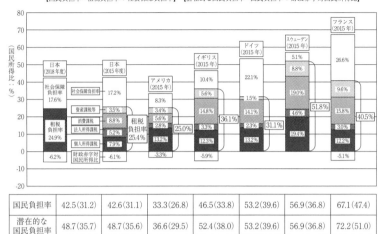

第1図　国民負担率の国務比較

2　財政の動向——日本の場合——

　戦後日本の財政[1]の発展段階は，和暦で次のような節目をもってほぼ10年区切りで発展し，またそれぞれが前半と後半にわかれるという形をとっている。

(1)　昭和20年代の財政

　その前半は**戦後改革期**といわれる時期で，ここでは憲法改正，新財政法・会計法制定という法改革と，ドッジ・ライン，そしてシャウプ勧告が3本の柱をなす。新憲法は日本ではじめて財政民主主義の理念に即した法体系の基礎を確立したものであり，憲法第7章（財政）の規定を受けて，新たに財政法・会計法の制定をみた（第1章4，第6章1参照）。ドッジ・ラインは均衡予算原則を確立するものとして，その後の予算編成に大きな影響を与えた。**シャウプ勧告**は，公平な課税と税務行政の確立，そして地方自治尊重を旗印とした画期的税制改革を勧告するものであり，現行税制の基礎はこの**シャウプ勧告税制**によって築

---
[1]　戦後日本財政の推移については，佐藤進『要説・日本の財政』（東洋経済新報社，昭和54年）の第2章，第3章を参照。

かれた（第16章2，第25章3および第29章2参照）。

　昭和20年代の後半は，**戦後改革の軌道修正期**にあたる時期であり，ここで占領政策からの脱却を目標とした各種の軌道修正が行われた。財政法改正の試みがなされると同時に，均衡予算原則の修正（特別会計・政府関係機関予算を含む総合予算の均衡から一般会計予算の均衡へ），そしてシャウプ勧告税制の崩壊につながる各種の経済政策的目的，特に資本蓄積目的の税制改正（租税特別措置の拡大等）が頻繁に行われるようになった。

(2)　昭和30年代の財政

　その前半は所得倍増計画の策定に至るまでの時期であり，《神武景気—なべ底不況—岩戸景気》といった景気動向の変遷を背景に，《積極予算—緊縮予算》のめまぐるしい変化のあった時期であった。この過程で貿易自由化に備えての企業競争力強化，社会資本充実といった政策路線が定着した。

　所得倍増計画発足の初年度にあたる昭和36年度予算は，減税・公共投資・社会保障を3本の柱として組まれた積極型の予算で，日本の予算編成に一紀元を画するものであった。**所得倍増計画**そのものは10年間で国民総生産を2倍にするという目標を掲げたものであり，国と地方の財政はこの計画実現の主要手段とされるに至った。

　昭和30年代の**高度経済成長期**の予算編成の特徴は，高度成長を背景とした巨額の税の自然増収を一方では**所得税・法人税等の減税**に，他方では公共事業費・社会保障費等の歳出増加に振り向け，国民各階層と利益集団の要求を保守党政府の予算編成の中に吸収した点にある。なお一般会計規模の増大とならんで財政投融資の拡大がなされ，公団・事業団等の設置が進み，行政機構肥大化と行政の収益事業化の推進が行われたのもこの時期の特徴であった（第7章参照）。

(3)　昭和40年代の財政

　昭和40年代は**国債発行政策の転換**によって幕を明けた。それまで政府は，財政投融資財源としての政府保証債や外資導入のための外債発行などを除いて，国債の発行というものを行わなかったのであるが，昭和40年不況を契機に政策転換を行った。ここで昭和40年度に発生した歳入欠陥を補填するため赤字国債を**特例国債**として発行し，昭和41年度以降は赤字国債でなく，財政法に根拠のある**建設国債**の発行を行い，これを公共事業費等公共投資の財源にあて

ることとなった（第11章4参照）。そしてこの建設国債の消化は市中消化を原則とすることが定められ，国債引受シンジケート団の結成が行われたりした。なお昭和41年度から昭和45年度までの国債発行規模は，第2次高度経済成長期の税の自然増収に支えられて次第に低下したため，国債発行に伴う各種の問題はこの時期には顕在化することがなかった。

ところが昭和40年代後半に入ると，昭和46（1971）年夏の**ドル・ショック**，昭和48（1973）年秋の**石油ショック**といった外的衝撃を契機に**動揺の時代**に突入することとなる。ドル・ショックに対する日本の対応は，これを契機に日本は輸出後退を通して不況に入るという予想の下に，景気回復と国民福祉向上のため大規模な公債政策を活用するというものであった。国民福祉優先予算（昭和47年度）に続いて列島改造予算（昭和48年度）が打ち出されたが，石油ショック以後は物価安定を最優先とする総需要抑制予算（昭和49年度）に移り，これが昭和50年度当初予算にも引き継がれた。

(4) 昭和50年代の財政

昭和50（1975）年の経済不況を背景とした税収欠陥の露呈により，日本の財政は国・地方財政の両面で大規模な**財政赤字時代**を迎えるに至った。**財政赤字**の主要な要因は税収の伸びの停滞の反面，高度経済成長時代に形成された安易な財政運営方式がそのまま踏襲され，財政収支構造の根本的見直しがなされなかった点にあった。また昭和50（1975）年秋以降の不況政策への転換が公共事業費等財政支出を増大させたのであって，景気政策的財政政策（フィスカル・ポリシー）による赤字要因も大きかった。ここで赤字国債を含む大量公債発行が経常化するようになり，赤字国債依存脱却を目標とする**財政再建問題**が大きく登場するようになった（第16章2参照）。政府は昭和51（1976）年初以降5年程度の中期財政収支の見込みを示す財政収支試算を発表する一方，**一般消費税**導入にねらいを定めた増税政策を打ち出すに至った。もっとも昭和52（1977）年末の「中期税制答申」に基づき，昭和53（1978）年末に政府税制調査会でまとめられた一般消費税大綱は，昭和54（1979）年末の国会反対決議で実行不可能となり，代って現行税制に基づいた選択的増税の道が選ばれた（第18章2参照）。

昭和50年代前半が財政再建の蹉跌（さてつ）の時期とすれば，昭和50年代後半は**増税と行政改革による財政再建の時代**ということになる。すなわち，昭和55年度よりゼロ・シーリング，昭和58年度より**マイナス・シーリング**の概算要求基準を設け

て，財政節約につとめた。そして昭和57年度から**補助金削減**がはじまり，逼迫した地方財政をより過酷な状態に追いやった（第6章2および第25章3参照）。

(5) 昭和60年代・平成一桁時代の財政

昭和50年代から財政は国，地方ともに逼迫したが，昭和60年度からは臨時行政調査会の答申に沿った補助金の補助率を一律削減した。他方で昭和61（1986）年末より**経済好況**が続いたため，第2図にも示されているように，赤字公債（特別公債）発行額は次第に減るようになった。このような財政赤字は，国際的にみて各国が共通に抱えている問題であり，これまでの「大きな政府」から「**小さな政府**」を目指し，アメリカのレーガン大統領やイギリスのサッチャー首相のように財政規模を縮小させようとする試みがみられた。日本でも

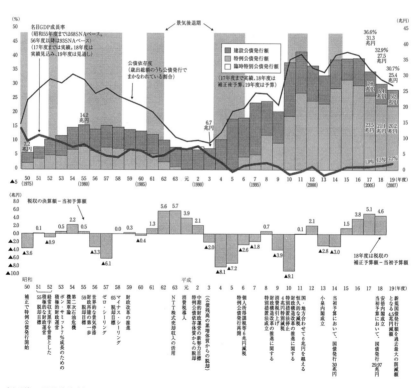

〔出所〕 財務省資料。

第2図　昭和50年以降の日本の財政

効率的経営に委ねるべく昭和60 (1985) 年に3公社のうち日本専売公社と日本電信電話公社を，また昭和62 (1987) 年には3K問題の一部であった日本国有鉄道を**民営化**し，「小さな政府」を目指した。また，高齢化社会の到来や所得税負担の不公平問題等々に対処すべく公平・中立・簡素等を原則とした税制改革が立案され，数々の問題を巻き起こしながら，平成元 (1989) 年，国民に広く薄く負担してもらうとされる付加価値税タイプの**消費税**が導入された（第18章2参照）。

また，この前後から，日本経済のストック化が進み，資産価格は急騰し，また景気が長期拡大局面を続けた。これがバブル，ないし平成景気といわれた時期であり，特例公債発行も平成2 (1990) 年からはゼロになった。こうした中，昭和末からのバブル経済は平成3 (1991) 年には株価・地価が大幅に下落をして**バブル崩壊**へと変貌した。その後**金融機関の破綻**などが生じ，経済は一転，厳しさを増した。そのため平成4 (1992) 年8月の「総合経済対策」等，その後も財政・金融政策を講じた。しかしこうした度重なる財政政策により，債務残高は累増してしまい，聖域なき歳出洗い直しのために，平成9 (1996) 年に**財政構造改革**に取り組みはじめた。

(6) 平成10・20年代の財政

この時代は**フィスカル・ポリシー**と**財政構造改革**という相対する概念が政策として繰り返し行われた。金融システムへの不安・貸し渋り，消費税率の引上げ等が影響してマイナス成長に陥り，平成10 (1998) 年11月には財政構造改革法が凍結されるに至った。そして景気対策に舵を切ったこともあり，後掲の第11.1図でみるように，日本の債務残高はますます増大した。こうした問題に対処すべく平成13 (2001) 年6月には経済財政諮問会議を活用し**骨太の方針**がまとめられ，構造改革を中心とした経済財政運営を目指した。構造改革の成否は両面あり，時代が考証することになろう。平成20 (2008) 年には政権交代して事業仕分け等パフォーマンス的取組みもあったが，「失われた10年」といわれていたものが「**失われた20年**」といわれるようになり，債務残高はますます増大していくのであった。平成24 (2016) 年末に再び政権交代があり，金融政策・財政政策・成長戦略という「**三本の矢**」政策が進められているが，国債の継続的累積，少子高齢化による社会保障費のとどまるところを知らない伸び，国民のさまざまな要求により，財政のあり方を総体的に考えるべき重大な時期に来ている。

3 日本の財政学研究

日本における財政学研究の発展も,上記の財政の動向で示したような時期区分で整理することができる[2]。

(1) 昭和20年代の財政学

戦後日本の財政学研究の出発点を**大内兵衛**『財政学大綱』(上巻,中巻)の復刊(岩波書店,昭和20年,21年)に求めてもあながち主観的とされないであろう。この書物は基本的にはマルクス主義経済学の立場に立ち,社会科学としての財政学の確立を提唱すると同時に,歴史的批判的見地にたった財政研究の重要性を指摘するものであった。

続いて**シャウプ勧告**が日本の財政学研究者に与えた大きな波紋があり,勧告の評価をめぐる論争は今日まで引き継がれている。シャウプを団長とする税制調査使節団が来日したのは昭和24(1949)年春であったが,この使節団の日本側顧問をつとめたのが,汐見三郎,井藤半彌,都留重人といった人々であった(都留重人氏はハンセン『財政政策と景気循環』[日本評論社,昭和25年]の訳者であり,この書物はアメリカの財政論の紹介に大きな役割をもった)。日本の財政学者達は,シャウプ勧告をめぐりいろいろな論議をしたが,そこでの大きな論点は,公平税制の確立と資本蓄積目的の税制のいずれに勧告の重点があるか,勧告における地方自治(特に市町村自治)の理念をどう評価するかにあった(第25章3参照)。

大内 兵衛
(1888〜1980)

その後シャウプ勧告税制の最も立入った研究として,林栄夫『戦後日本の租税構造』(有斐閣,昭和33年)がまとめられた。

昭和20年代末にいわゆる**財政学方法論争**が行われたが,これに参加したのは宇佐美誠次郎,武田隆夫,島恭彦,西川清治といった人々であり,この論争はマルクス経済学内部での,社会科学としての財政学はいかにあるべきかをめぐる論争であった。

---

[2] 日本における戦後財政学の発展過程のスケッチについては,佐藤進「財政学研究の30年と若干の展望」(『経済評論』日本評論社,昭和51年6月臨時増刊号所収)や佐藤進編『日本の財政学——その先駆者の群像——』(ぎょうせい,昭和61年)を参照。

(2) 昭和 30 年代の財政学

　昭和 30 年代前半には日本の**代表的財政学教科書**が出揃い，それは武田隆夫・遠藤湘吉・大内力『近代財政の理論』（時潮社，昭和 30 年），鈴木武雄『近代財政金融』（春秋社，昭和 32 年），木村元一『近代財政学総論』（春秋社，昭和 33 年），木下和夫・藤田晴・橋本徹『現代財政政策の理論』（創文社，昭和 33 年），島恭彦『現代の国家と財政の理論』（三一書房，昭和 35 年）などであった。**マルクス主義財政論**の立場のそれが多いが，近代経済学的な財政政策論も顔をあらわしている。なお**日本財政論の研究**に近代経済学的手法を応用するに至っておらず，この分野では，鈴木武雄『現代日本財政史』（東京大学出版会，上巻昭和 27 年，中巻昭和 31 年，下巻一・二昭和 35 年）が最大の成果となっている。

　近代経済学的財政論の導入は，『**マスグレイヴ財政理論Ⅰ～Ⅲ**』（木下和夫監訳，有斐閣，昭和 36～37 年）の翻訳公刊以降であり，本書が日本の財政学界に与えた影響はきわめて大きい（第 3 章 1，2 参照）。

鈴木　武雄
(1901～1975)

(3) 昭和 40 年代の財政学

　昭和 40 年代は，それ以前は日本の財政学界でなお少数の集団であった**近代経済学的財政論**が自立的発展を遂げる時期である。木下和夫・肥後和夫・大熊一郎編『財政学(1)～(3)』（有斐閣，昭和 45 年）が刊行され，近代経済学の手法による**日本財政論**が，木下和夫編『講座日本の財政』（東洋経済新報社，昭和 45 年～）等の形で展開されはじめた。藤田晴『日本財政論』（勁草書房，昭和 41 年）がその成果の 1 つであり，地方財政論の分野では，木下和夫編『地方自治の財政理論』（創文社，昭和 41 年）が先駆的業績である。なお昭和 40 年代中期以降近代経済学的財政論の多角化がはじまり，『ヨハンセン公共経済学』（宇田川璋仁訳，好学社，昭和 45 年）の翻訳刊行後，**公共経済学**の名前を冠した新しいタイプの財政学が展開されるようになる。資源配分・分配の公平・経済の安定成長といった財政の基本機能（第 3 章 1, 2 参照）に即した編別の財政問題を概説した書物に，貝塚啓明・舘龍一郎『財政』（岩波書店，昭和 48 年）がある。

　マルクス経済学の立場に立つ財政学の展開は，**国家独占資本主義論**の形で行われるが，その代表的著作は，池上惇『国家独占資本主義論』（有斐閣，昭和 40 年），同『現代資本主義財政論』（有斐閣，昭和 49 年）等である。島恭彦・林栄夫

編『財政学講座』全4巻(有斐閣,昭和39〜40年)ではその一巻を近代経済学者が「財政政策の理論」の形で担当していた。ところが昭和40年代末にでた新しい『現代財政学体系』全4巻(有斐閣,昭和47〜49年)では島恭彦教授還暦記念出版のためもあって,マルクス経済学の立場の者に著者が限られるという変化があった。理論的立場の差異は日本の現実問題の評価についても際立った違いをみせており,例えば国債発行政策の評価,昭和40年代半ばからはじまった付加価値税・一般消費税導入問題についての評価に鋭い対立があり,これが学派の分離をもたらしたのである。

(4) 昭和50年代の財政学

昭和50年代の日本の財政学は,3つの学派による競争的発展の時期に入っているとみてよかろう。この3つの学派というのは,①**伝統的財政学**の系列をいくもの,②**近代経済学的財政学**の立場をとるもの,③**財政学批判**の立場をとるものの3つである。以下では財政学基本文献の案内をかねそれぞれの立場の代表的財政学テキストをみると,第1のグループでは,大川政三編『財政論』(有斐閣,昭和50年),

井藤 半彌
(1894〜1974)

井藤半彌著・木村元一補訂『財政学』13訂版(千倉書房,昭和55年),第2のグループでは藤田晴・貝塚啓明編『現代財政学1・2』(有斐閣,昭和55年),第3のグループでは加藤睦夫・池上惇編『財政学概論』(有斐閣,昭和53年)がある。多数の執筆者の協力をえて,刊行された財政学テキストが多く,1人の著者によるまとまった財政学体系の展開を行ったものは少ない。

(5) 昭和60年代・平成一桁時代の財政学

昭和60年代・平成の日本の財政学には,まず,**財政学の国際化**の潮流がみられる。日本の財政学は明治以降,欧米の財政学の輸入の形ではじまったが,第2次世界大戦後は特にアメリカの財政論の影響にさらされるようになる。こうした外国の影響から自立した日本の財政学の建設が今後の課題であり,それを外国人に知らせる努力が求められる。外国学会誌や国内英文雑誌への寄稿を通じて,日本の実情と日本の財政研究の水準を示そうとする試みも,英文著書の刊行は柴田徳衛編 "*Japan's Public Sector* (日本の財政)" (東京大学出版会,1986 [昭

和61]年),石弘光著"The Japanese Tax System(日本の租税制度)"(ケンブリッジ大学出版会,1989[平成元]年;改訂版,1993[平成5]年),などまだ多くなかった。

　次に,平成元(1989)年前後から米ソの和解に伴い冷戦体制が終結し,日本の経済学界にみられた近代経済学とマルクス経済学の対立もかつてほどの勢いは失せ,財政学においても3つの学派の鼎立状態が曖昧化してきている。**伝統的財政学**はなお健在であるが,それは財務行政技術の体系が財政であるとする研究分野の特質による。**近代経済学的財政学**は1970年代以降のケインズ経済学への無効性に対する学派の批判から,フィスカル・ポリシーなどかつての新鮮さを失っている(第4章2参照)。代わって,公共経済学が力を増すに至っているが,数式に走る傾向が強いなど実際的有用性はなお実証されない状況にある(第3章3参照)。**マルクス経済学的財政学**は歴史研究に一定の成果をもつものの,マルクス経済学の革新的意義の低下とともに地盤沈下しており,実証科学としてこれを再建するためにはさまざまな努力が必要とされている。この時期も,貝塚啓明・野口悠紀雄・宮島洋・本間正明・石弘光編『シリーズ現代財政』全4巻(有斐閣,平成2~3年),木下和夫・金子宏編『21世紀を支える税制の論理』全7巻(税務経理協会,平成7~8年)など多数の執筆者による財政学の文献が目につく。

(6)　平成10年代以降の財政学

　財政学のかつての3学派の垣根はかなり低くなっており,第3図を羊羹に例えると,どの部分で羊羹をくり抜くかの違いがその研究手法の違いになっているともいえる。元来の学派の余波を引き継ぎながら全体として新たな方向性を探っているといってもよい。伝統的財政学は財政学の要である財政制度分析を主としているのでいかなる手法の分析にあたっても不可欠な要素を含んでいる。近代経済学的財政学の中には,財政学ではなく公共経済学であると称したりして極端な場合数式ですべてを処理しようとする傾向を持つ者がいる。半面,財政制度に則りその着

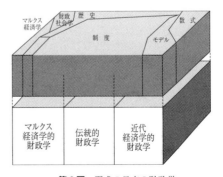

第3図　平成の日本の財政学

実な分析を試みている者もいる。マルクス経済学的財政学はマルクス経済学の地盤沈下により，この間に財政社会学による新たな方向性を探る動きがみられている。けれども歴史的に体系化されなかったかつての財政社会学との違いなど不明な点もあり，いまだ模索されつつあるといえる。

　財政学のテキストもその傾向が強いが，取り上げられている問題ないし対象が同じであるため，どれを読んでもそれほど変わったことが書いてあるわけでない。これから財政問題を研究し，財政学を学ぼうとする者は，どれでも入手可能な本を読んで研究のスタートを切るがよい。そしてそれを手掛かりとして，次々と問題を発見し，自分の頭で考える必要がある。財政学はその取り扱う範囲がきわめて広く，問題へのアプローチの方法もさまざまであるので，どれか1つの本ですべてがわかるといった文献はない。

　今日は財政赤字や社会保障財政の問題が国民自身の問題として意識され，それだけ財政学に対する需要が増大しているわけであるが，「財政学栄えて国の財政亡ぶ」の観を呈しており，これは喜ぶべき現象か憂うべき現象か，にわかに判定しがたい。いずれにしても財政学は，他の社会科学部門と同様に，社会の要請に応える必要がある。そして現代社会の**財政学に対する要請**は，現代の経済社会の病理を解剖し，それに対する処方箋を書いてくれることである。財政学はこうした課題に応えるべく，なおさまざまの試行錯誤を重ねていかねばならないのである[3]。

---

3) これまでの箇所は，「財政」または「財政学」の講義にあたっての開講の辞に代えて述べたところからなっている。開講にあたっては，講義のねらい，基本文献案内，講義の進め方などについて説明するのが普通であるが，それらは多く無味乾燥のものとなりやすいので，財政と財政学の内容にやや立入った説明を行うこととした。日本の戦後財政や財政学の展開過程の説明は，通常の財政学教科書ではあまり触れられていない。これらは著者にとっては自分の体験の範囲内のやや常識的な事実を述べたものにすぎないが，これから財政と財政学の勉強をはじめようとする者には，こうした流れの中で問題が展開されていることを知ってもらうのも必要と考えた。

　講義の基本的なねらいは，現代資本主義と財政の関係を解明しつつ，現代日本の財政問題の理解を助ける点にある。財政に関する基本的知識はできるだけ広く取り上げて説明を加えていきたいが，これも著者の能力の範囲内でしかできない。講義は大体1回1時間半のものが，25～6回行われるのが普通である。それぞれの部に区分した主要課題ごとに4～5回の講義を行って，財政と財政学，予算，経費（政府支出），租税，財政と金融と進み，なお時間があれば，地方財政の問題の説明に入り，これが途中で終わることとなる。本書では地方財政問題にも比較的多くを費やしているが，地方財政論の研究課題はここで扱われた範囲にとどまらない。全体としてごく基本的な事項にとどめている。財政学の研究対象はきわめて広い分野にわたるものであることを，はじめに断っておく。

第Ⅰ部　財政と財政学

第1章　財政と財政民主主義

1　財政とは何か

(1)　「財政」の語義

　財政とは「貨幣をめぐる政治」の意味であり，日本では明治20年代から「公経済」の意味に慣用され，日本での造語とされている。それ以前には「理財」と「財政」という言葉が混用されていた。財政の財は，「かね・金銭・財産（たから）」といった意味，政は「まつりごと・治める・ととのえる」という意味である。

　外国語では，"**public finance**"（英・米），"Öffentliche Finanzwirtschaft"（独），"finances publiques"（仏），"finanza pubblica"（伊）という言葉を用い，いずれも同型の言葉である。すなわち貨幣に関すること（money matters）という意味でのfinanceと，「公的ないし公共的」という意味のpublic（öffentlich）という語を組み合わせている。financeの語源は中世ラテン語のfinareにあり，これは「支払いをする・給付を行う」という意味である。

　なおfinanceという言葉は，公的なそれのほか，私人ないし民間の金融の意味にも用いられる。public financeに対してprivate financeが区別されるのであるが，その境界領域は必ずしも厳密でなくなっている。また財政と金融の両面を通じ，"Finance is the art of providing the means of payment"（Hawtrey）という定義があてはまるという主張があるが，これは財政の一側面を指摘し強調したものである。

(2)　**財政の定義**

　中学校や高等学校段階では，財政を「政府の経済活動」と学ぶ。第1.1図のように，政府は，**民間部門**（private sector）に分類される家計，企業とともに，経済社会を構成する単位である**経済主体**（economic agent）の1つとされる。そして**公共部門**（public sector）に分類される政府は，具体的には国家や公共団体

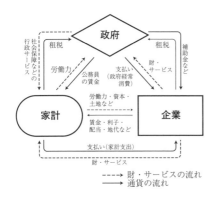

第1.1図　経済循環と経済主体

であり,「財政とは国家または公共団体の経済である」ともいえる。その他「財政とは国家または公共団体の政治の物質的基礎である」,「財政とは国家または公共団体の政治と経済との媒介項である」といった言い方がなされる。ここでまず,国家の経済という場合の**国家**(state)とは何かが問題となる。①国家とは公共欲望の充足の機関であるという考え方と,②国家は支配関係の維持のための機関であるという考え方があるが,後者が真実に近い。**公権力**が国家のメルクマール（標識）であり,この公権力は支配関係の維持に用いられるのである。したがって国家または公共団体という場合,公権力をもった団体のみがこれに入るのであり,労働組合の財政,学校の財政というのは1つの比喩（アナロジー）にすぎないのである。

なお財政を単純に**国家の経済**というのでは不十分であり,国家経済ないし公経済（政府）が私経済（企業・家計）と明確に区別され,独自の経済主体となったときに経済活動としての財政が成立することを忘れてはならない。

こうしたことから,政府の経済活動である**財政**（public finance）をより詳しく定義すると,「政府が公共需要を充足するために,必要な収入を獲得し（租税・公債）,管理し（予算・政策）,支出する（経費）行為」といわれてきたことが理解される[1]。

(3) 公経済ないし国家経済としての財政

経済（economy）とは人間の生活に必要な財・サービスの生産と消費をめぐる

---

[1] こうした定義は高木壽一『財政学十五講（前篇）——財政理論と財政事実の基本的理解のために——』（慶応通信,昭和30年,16頁）によると,ドイツの財政学者**エーベルヒ**（Karl Theodor von Eheberg；1885［明治18］〜1941［昭和16］）の『財政学（*Finanzwissenscahft*）』（大竹虎雄訳『エーベルヒ財政学』日本大学,大正14年）での説明とされている。なお,エーベルヒの時代には後述のフィスカル・ポリシーとしての財政政策の発想は基本的にはなかったとみてよいが,本書初版刊行以来,佐藤は財政に新たに加わったフィスカル・ポリシーを政府の管理に含めて「フィスカル・ポリシーと予算」のように,章立てをしてきていた。

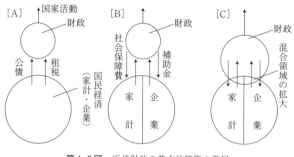

第1.2図　近代財政の基本的特徴の発展

活動である。この経済活動は，生産・流通・分配・消費の形で循環する。財政は国家の存立に必要な財・サービスをめぐる活動であるが，私経済との違いは，国家は財・サービスを調達し消費するが，原則として生産はしないということである。財政は民間経済の果実を権力的に獲得する**消費経済**としての性格をもっているのである。

(4) 近代財政の本質的特徴

　私経済（企業・家計）ないしその総体としての国民経済に対する外部からの権力的参加が，財政活動である。その基本形態は第1.2図のような形で展開してきたとみてよい。財政は私経済からの独立によって成立し，私経済から権力的に獲得した資金を私経済外で消費する（第1.2図[A]）。やがて財政活動の発展につれ，補助金や社会保障費の形で企業ないし家計に還流する経費の増大をみる（第1.2図[B]）。さらに発展すると，財政と国民経済の境界領域における公私混合企業の発展等により，両者の混合領域が拡大する（第1.2図[C]）。こうした発展はあっても，財政の**外部性・権力性**は本質的には否定されないのである。

2　市場経済と国家経済

(1) リッチュルの二元論

　私経済と国家経済（財政）との違いは，私経済がよってたつ市場経済原理と国家経済（財政）原理の違いという形で整理される。この種の二元論を深く追究したのがハンス・リッチュル（Hans Ritschl, 1897［明治30］～1993［平成5]）である。彼によれば，**市場経済**は，①**私有財産制**と，②**競争**による**利潤追求**，③**価格メカニズム**による需給調節がその基本である。

　これに対し，**国家経済**は，①富・資産の公有と私有規制，②中央指導による

市場経済誘導と競争弊害の是正，③民間経済の果実への参加による需要充足を基本原理とする。国家経済は完全なものでないが，計画経済であるというのが，リッチュルの主張である。

その他，市場経済は利己心と報償原理による**利益社会**（ゲゼルシャフト），国家経済は公共心・犠牲原理による**共同社会**（ゲマインシャフト）といった区別をしているが，やや形式的である。

(2) リッチュル説の批判

リッチュルの学説の難点は極端な二元論にあり，市場経済は競争経済，国家経済は計画経済（部分的計画経済）とする場合，ここから誤った**二元組織論**に導かれるおそれがある。この説に対する批判として，①国家経済もまた市場経済法則の支配を受ける面が強いこと，②企業・家計においても，個別経済としては国家経済と同じ計画性が発揮されることなどがあげられる。

(3) 財政における市場原理と非市場原理

財政活動は収入面と支出面とに分けることができるが，このそれぞれにおいて**市場原理**（報償原理・等価原理あるいは給付反対給付の原理といわれる）と**非市場原理**（需要原理・給付能力原理）の適用にさまざまの段階があることがわかる。

すなわち，収入面で，《租税→目的税→使用料・手数料（受益者負担）→公企業料金収入》と進むにつれて，市場原理適用の領域が拡大する[2]。公債の発行は市場原理によるのが基本とされるが，強制公債・割当公債といった非市場原理によるものもある。

他方，経費支出活動では，国家は財・サービスの購入にかかわる限り，市場原理の支配を受けざるをえないが，企業への補助金や家計への移転支払い（社

[2) これを図で示したのが第1.3図である。ここでは，使用料・手数料を受益者負担の例としたが，受益者負担には狭義のそれと広義のそれとがある。これについては，後述の租税論の章である第19章，そして，地方財政論の章である第29章等を参照。

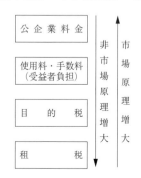

第1.3図　図市場原理と非市場原理
　　　　―公収入の場合―

会保障費支出等) は非市場原理による。

3 財政民主主義

(1) 財政民主主義の成立

財政の本質的特徴はその権力的性格にあり，ここから財政は「**強制獲得経済**」（井藤半彌），「**強制的方法による物資労働の徴収および非交換的処分**」（阿部賢一），「社会的経済余剰の権力的配分」（林栄夫）といった規定がでてくる。**財政民主主義**は，こうした財政の権力的性格を合法化するものであり，国民の代表機関による財政権の掌握がその内容をなす。

民主主義（Democracy）は「人民の支配」を意味し，これは国家の統治権が自由平等な社会構成員の手中にある政治形態，またはこれを目指しての政治運動をいうのである。財政民主主義はこのような民主主義の財政面の表現といえる。

財政民主主義は，政治上のブルジョア（有産者）革命を契機として成立したのであって，ブルジョア革命は財政民主主義確立をその目標の1つとするものであった。イギリスのピューリタン革命と名誉革命，フランス革命等は議会の財産権の確立をその主要目的の1つとした。

(2) 財政民主主義の諸原則

歴史的に形成された財政民主主義の諸原則は，通常次の4つからなる。
①歳入法定・租税法定の原則　財政負担は議会が法律を通して確定する。
②予算承認の原則　議会が歳入・歳出予算を審議承認する。
③決算審議・予算執行監督の原則　議会は決算を審議することにより，政府の予算執行を監督する。
④下院優越の原則　議会が二院よりなるときは，下院（衆議院）が予算先議権と議決に関する優越権とをもつ。下院優越は国民に近いところにある代表機関により大きな権限をもたせるためである。

この財政民主主義原則を日本国憲法の場合についてみると，①は第84，85条，②は第83，85，86条，③は第90条，④は第60条に規定されている。詳し

くは各自憲法の当該各項を確認されたい[3]。

(3) 財政民主主義の限界

代議制民主主義の形態をとる国々では，上記の財政民主主義の諸原則が多かれ少なかれ，法制化されているとみてよいが，これには次のような制限ないし限界がある。

①**私有財産制と自由競争等の原理**　ブルジョア（有産者）民主主義固有の制限として，現代国家は，**私有財産制**と**自由競争**（営業自由）等の原理を基礎とするため，持てる者はますます富み，持たざる者はますます貧しくなるといった不平等が拡大される。

②**代議制の難点**　代議制議会の運営上の難点として，選挙区割が適切でなくなっているのにこれを是正しないこと，任期が多年にわたるためその都度の民意を必ずしも反映しないこと，金権支配を脱しえないことなどがあげられる。

③**官僚制機構の肥大化**　官僚制機構が肥大化し，予算編成上の行政府の優位が貫かれることがあげられ，これは予算編成技術の複雑化が背景となっている。

④**財政の経済政策的機能**　財政の経済政策的機能が重視されるにつれ，景気動向に応じた財政運営の必要が説かれるようになり，議会権限の行政府への一部移譲（授権）の形で，財政民主主義の制限がおかれる傾向が強くなっている。

これらの点から，**財政民主主義の形骸化**と，民主主義の危機が憂えられるようになって久しいのである。

---

[3] 財政民主主義の諸原則に対応する条項のうち，第84条は「あらたに租税を課し，又は現行の租税を変更するには，法律又は法律の定める条件によることを必要とする」というもの。第85条は「国費を支出し，又は国が債務を負担するには，国会の議決に基くことを必要とする」というもの。第90条は「国の収入支出の決算は，すべて毎年会計検査院がこれを検査し，内閣は，次の年度に，その検査報告とともに，これを国会に提出しなければならない」とするもの。第60条は，「予算は，さきに衆議院に提出しなければならない。予算について，参議院で衆議院と異なつた議決をした場合に，法律の定めるところにより，両議院の協議会を開いても意見が一致しないとき，又は参議院が，衆議院の可決した予算を受け取つた後，国会休会中の期間を除いて三十日以内に，議決しないときは，衆議院の議決を国会の議決とする」というものである。なお第83, 86条については本文をみられたい。

4　日本国憲法の財政規定

(1) 憲法第7章財政

　昭和21 (1946) 年11月3日公布の日本国憲法第7章（第83〜91条）が国の**財政運営の基本原則**を定めている。新憲法の基本的特徴は、次の点にある。

　①**国会議決主義**　　第83条で「国の財政を処理する権限は、国会の議決に基いて、これを行使しなければならない」とし、財政民主主義の立場を明らかにしている。歳入法定・租税法定、予算承認、決算審議等々を通ずる財政処理の基本原則として**国会議決主義**が明示されている。

　②**国民に対する財政公開**　　第91条で「内閣は、国会及び国民に対し、定期に、少くとも毎年一回、国の財政状況について報告しなければならない」とし、**国民に対する財政公開**を定めているが、これは大日本帝国（明治）憲法にはみられなかった規定である。

　③**公の財産の支出・利用制限等**　　なお戦前の憲法規定との比較では、第88条で戦前の皇室財政自律主義を廃止し、**皇室予算**の国会議決を定めたこと、第89条で政教分離の趣旨に基づき、**公の財産**の支出および利用の制限（宗教団体への公金支出の禁止等）を定めたことが重要である。

　もっとも憲法第7章は、財政のあり方を基本的形式的に規定したものであって、現代経済社会の要請に即した財政政策運営のあり方を規定したものでない。ドイツ連邦共和国基本法（憲法に相当する旧西ドイツのものを統一後も承継）が、「全体経済的均衡」の考慮や「景気に即した財政運営」の原則（第109条）を定めているのと対照的である。

(2) 第7章以外の重要条項

　以上の点から、具体的な財政政策運営にあたっては、第7章以外のさまざまの憲法の重要規定の考慮が必要である。すなわち、第9条の戦争放棄規定、第10条以下の国民の権利義務の規定、特に第25条の健康で文化的な生活を営む権利の規定、そして第92〜95条の地方自治規定等を踏まえた財政運営が重要となる。例えば、憲法第9条は防衛費の拡大に歯止めをかけるものである一方、第25条は国の社会保障拡充義務を規定したものであり、こうした憲法の精神に沿った予算編成が必要となるのである。

(3) 憲法条項の問題点と評価

憲法第 7 章中の規定で，最も大きな問題点を形成しているのが，**国会議決主義**を規定した第 83 条と**内閣の予算編成権**を規定した第 86 条との矛盾である。憲法第 86 条は，「内閣は，毎会計年度の予算を作成し，国会に提出して，その審議を受け議決を経なければならない」と規定している。その英文は次の通りである。

Article 86. The Cabinet shall prepare and submit to the Diet **for its consideration and decision** a budget for each fiscal year.

これを直訳すると，「内閣は，国会での審議と決定のために，毎会計年度の予算を準備し，国会に提出しなければならない」ということになり，国会の財政権を規定した第 83 条と矛盾することは少ない。ところが成文化された第 86 条だと，内閣の予算編成権が強調され，これと第 83 条とが矛盾する。ここから国会の予算修正権の限度にかかわる問題がでており，実際の推移は政党間の力関係の推移に基づいて動いている[4]。

日本国憲法にはその制定の経緯から，今日の観点からみて不備な規定がある。第 90 条の決算規定が，大日本帝国（明治）憲法そのままの口語化であり，それはまた 1850 年のプロイセン憲法のままといった問題もある。しかし憲法第 7 章を中心に，財政民主主義思想を西欧民主主義諸国に比して優るとも劣らない形で定着せしめたのが**日本国憲法の財政規定**である。憲法の全体構造の理解に基づいた財政運営が行われねばならないのである[5]。

---

4) 予算修正は政府にとって致命的な問題であるので極力避けねばならぬという政府の態度に，昭和 50 年代に入ってからある種の変化があらわれている。そのきっかけをつくったのが，昭和 52 (1977) 年度における戻し税減税と年金増額（支給時期繰上げ）であり，前者は議員立法による特例法，後者は与野党の合意に基づく政府予算修正の形で行われ，同種の修正が 53 年度にも引き続き行われた。国会による修正でなく，与野党の話し合いにより，政府自らが国会に提出した予算の修正を行うという形をとったわけであり，国会の予算修正権に関する問題は棚上げのままである。与野党伯仲下に行われたこの種の変化は，政治的力関係によって権限の行使が行われることを示している。

5) 「新憲法の財政規定を論評せよ」という課題は，佐藤が大学生時代であった昭和 20 年代の「財政学」の試験問題として課された問題であった。現在財政学のテキストにこうした問題領域を説明しているものはほとんどない。ある意味で常識問題であるが，平成末期になり改憲問題が政治問題として取り上げられようとしている昨今，そこではあまり議論されていない，各人それぞれの立場で憲法の財政規定をなお研究する必要がある。

5 政府の範囲と国民経済計算

(1) 政府の範囲

　財政は簡潔にいえば政府の経済活動であるが、それはいかなる範囲を網羅しているか。**政府の範囲**はその経済活動の範囲でもあり、財政を把握する基本となる。歴史的比較経済分析をしたり、国際的比較経済分析をしたりする際には、この範囲は明確で、また共通である必要がある。しかし、一般に財政といったときに想起するのは、各国の財政制度に基づいたものである。そして、その財政制度は基本的には財政民主主義に基づいて法的に規定され、歴史的にも、国によっても、その範囲はまちまちなのである。

(2) 国際経済計算における政府・財政の範囲

　本書では特に断りのない場合は、日本の現行の財政制度に基づいた財政を述べていくが、とりわけ国際比較する場合には、各国の財政制度に基づく分析には限界がある。こうした問題は、**国民経済計算**（SNA；System of National Accounts）に基づくと完全とはいえないが、払しょくされる。これによると、一般に経済活動の主体とされる家計、企業、政府という**経済主体**（economic body）は、①家計、②非法人金融企業、③金融機関、④一般政府、⑤対家計民間非営利サービス生産者という5つの経済取引主体に分類されている。このうち、**一般政府**（general government）が政府の範囲とされており、第1.4図のように、それは**中央政府**（central government）、**地方政府**（local government）、**社会保障基金**（social security funds）とさらに3つに分けられるが、日本の財政制度による分類とは異なっている。また公的機関であっても、独立採算制を原則とするときには、**公的企業**（public corporation）として非法人金融企業に分類される。

　とりわけ、社会保障金基金が特異にみえるかもしれない。社会保障基金は、社会全体またはその大部分を対象として、社会保障給付を行うことを目的とする組織で、政府により設立されたか、あるいは政府の監督や資金援助を受けているものとされている。日本の制度では具体的には、①国の社会保険特別会計（年金特別会計、労働保険特別会計）、②地方の特別会計（国民健康保険特別会計、介護保険特別会計等）、③共済組合（国家公務員共済組合、地方公務員共済組合、私立学校教職員共済組合等）、④基金（厚生年金基金、国民年金基金等）、⑤組合（健康保険組合、

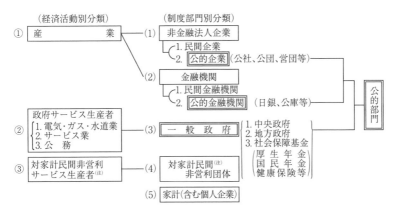

〔出所〕『図説 日本の財政(平成23年度版)』(東洋経済新聞社, 37頁)を改訂。
(注)他の方法では効率的に提供しえない社会的, 公共的サービスを利益追求を旨とすることなく家計へ提供する団体を対家計民間非営利団体といい, これを生産者として把握する場合, 対家計民間非営利サービス生産者と呼ぶ. 具体的には, 労働組合, 政党, 宗教団体等のほか, 特定の病院及び私立学校のすべてがこれに含まれる.

第1.4図 SNAにおける取引主体の分類

国民健康保険組合)が対応する。

　こうした国民経済計算は，国民経済全体および各経済取引主体の経済行動や成果を体系的に捉えて，経済や財政の実態を把握し，マクロ政策の国民経済に及ぼす影響を予測することを目的としている。そのため，財政民主主義を基礎とした財政制度とは視点が根本的に異なっており，国民経済計算を用いて財政を考える場合には，その点を常に頭におき注意する必要がある。

第2章　財政学の生成とその発展

1　「事物はこれをその生成過程で捉えよ」

　第1章では，財政がいかなるものであるかを述べた。ではこれから学んでいく財政学とはいかなる学問であるのか。これを捉えるにはいくつかの手法が考えられるが，本章では「**事物はこれをその生成過程で捉えよ**」（時子山常三郎『財政本質論』東洋経済新報社，昭和35年）という方法により捉えていきたい。これは財政学の方法論の1つであり，詳しくは第4章で述べる。「事物はこれをその生成過程で捉えよ」という手法では，事物の本質を見出すためには人間が歩んできた歴史的事象である経験的事実に基づく必要がある。そして，それぞれ限定された時処で出現してきた経験的事実である歴史から事物の生成過程をたどり，その本質を突き止め，吟味するという考え方である。

　財政学が独自の研究対象・研究領域をもつものとされたのは，後述の通り，19世紀末のドイツ正統派財政学に至ってからであるが，その源流はドイツの財政論とイギリスの財政論にある。そこで以下，まず財政学のそれぞれの源流にさかのぼり，財政学の生成過程をたどることから着手して，財政学とはいかなる学問であるのかという本質を明らかにしていく。しかしそれは時処に応じてたえず変化するものであり，単に一時処のものを模写するだけでは意味をなさないことはもちろんである。

2　財政学の源流である2つの財政思想の形成

(1)　ドイツの官房学の特徴

　資本主義成立期の財政論は，第2.1図にみられるように，**カメラリズム** (Kameralismus)，マーカンティリズム (mercantilism)，フィジオクラット (physiocrats) の財政論としてあらわれた。

　ドイツ，オーストリアのカメラリズムは，**官房学派・内帑(ないど)学派**とよばれ，財

第2章 財政学の生成とその発展　25

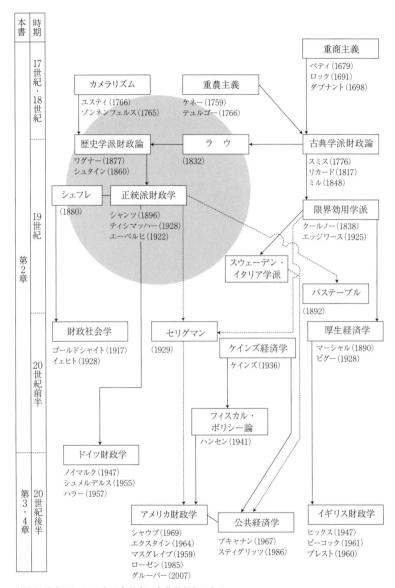

(注)( )書きされている年は各学者の主著発行年である。

第2.1図　財政学・財政思想の系譜

政学のはじまりがここにあったといわれる。それは国王の**金庫**（camera）の管理・充実のための技術体系を研究するもので，1727年プロイセン王フリード

リッヒ・ヴィルヘルム1世の**官房学**（Kameralwissenschaft）に関する講座設立（ハレおよびフランクフルト・アン・デル・オーデルの2大学における）を境として，前期と後期にわけられる。ベッヒャーとホルニックが前期の代表者，ユスティとゾンネンフェルスが後期の代表者である。時代を経るに従って学問的・体系的になっているが，カメラリズムの本質は**財務行政論**である[1]。またその生成過程からわかるように，ドイツ財政論の源流である官房学は**徴税者的財政論**であった。

(2) 古典学派財政論の特徴

イギリスの**マーカンティリズム**（重商主義）はペティ，ロック，ダブナント等を代表者とし，フランスの**フィジオクラット**（重農学派）はケネー，テュルゴーなどによって代表される。経済学説の応用問題として財政問題が扱われているが，なお政策論的色彩が濃かった。

イギリスで，こうした重商主義の経済政策での考え方を批判する形で，経済学の父ともいわれる**アダム・スミス**（Adam Smith；1723〜1790）が経済学を体系化した。それは主柱に**自由主義経済論**と**労働価値説**が打ち立てられたものであった。そしてここで財政論は経済学の応用問題となった。経済学は，生産，分配，価値，価格，貨幣をめぐる原理的考察をその課題としており，経済学の応用としての財政論は経済学に基づいて，財政支出，租税，公債等が国民経済にいかなる影響を与えるかを理論的に考察することとなった。他方で，財政活動は国民経済の阻害要因であるので，基本的には小規模な国家活動が望ましいとして，これによって政府支出を必要最小限に抑えて国民の租税負担を少なくするという**チープ・ガバメント**（安価な政府；cheap government）論，中立課税論，公債排撃論を展開した[2]。こうした考え方は市民社会の形成とともに歩みを進めて生成さ

---

1) 財務とは国や地方公共団体による資金調達とその運用の事務のことをいう。
2) ①チープ・ガバメント（安価な政府）は，租税負担の削減と結びついた国家経費縮小の動きであった。それは19世紀中葉のイギリスの急進的改革派のプラカート等に散見したスローガンであり，経済学書やイギリスの議会討論でしばしば用いられたという言葉ではないが，この時期の財政の特徴をあらわすものである。また②競争関係を阻害せず，納税者の状態を課税前と課税後等しく保つという意味でのleave-them-as-you-find-them-ruleが支持され中立的租税を理想とした。こうした理想に基づき，19世紀中葉以降の自由主義貿易改革により，関税および消費税が整理され，1842年のピールの所得税は3％税率の比例所得税が導入された。そして③イギリスの国債残高は国民所得ないし国民総生産比ではもちろん，絶対額においても明確に減少した。すなわち，1817年に8.3億ポンド，1864年に8.1億ポンド，1874年に7.7億ポンド，1894年に6.6億ポンドといった形で公債を排撃した。この時期にドイツ，フランス等の諸国で一貫した公債残高の累積があったことを思えば，イ

れ，イギリス財政論の源流である古典学派財政論は**納税者的財政論**であった。

①アダム・スミス　　アダム・スミスは，『国富論（諸国民の富）』(1776年) 第5編で財政論を展開し，国家経費は基本的に不生産的とし，**国防，司法，特定の公共事業と公共施設の維持，王室費**の4つに限定すべしとした。国家収入は官業・国有財産収入，公債，租税よりなるが，第1のものは国民経済の侵害となるので好ましくなく，第2の公債は節約の美風を失わせるので不可である（第21章2参照）。残る租税についても，平等，明確，便宜，徴税費最小の4原則に応じたものでなければならないとした[3]（第15章2参照）。

②デービッド・リカード　　リカード（David Ricardo；1772～1823）は，『経済学及び課税の原理』(1817年) において，租税の帰着について詳細に論じた。原理27章のうち経済学原理は最初の6章で扱われ，ほかはこの原理の応用であって，租税論は12ないし14の章で扱われている。リカード原理論の特徴として，地代ゼロの限界生産者の価格が農産物価格を決定するという理論，賃金は最低生活費によって決まるという理論がある。この理論に基づいて，農産物課税は価格騰貴をもたらし，それが賃金を騰貴させ，結局利潤を削減させるといった議論を展開した。公債については，「国を貧困ならしめるものは政府と個人の浪費である」としてその発行に反対し，ナポレオン戦争下に累積された公債については資本課徴（capital levy）による償還を説いた（『減債基金』1820年）[4]（第21章2参照）。

③ジョン・スチュワート・ミル　　**J. S. ミル**（John S. Mill；1806～1873）は，『経

ギリスの財政の特色がわかる。なお，コルムは後述の「財政学の必要性」という論文の中で，スミスの財政論を①**必要悪のドグマ**，②**中立性のドグマ**，③**均衡財政のドグマ**の3つにまとめている。

3）アダム・スミスの財政論をめぐる再評価の動きは，『国富論』刊行後200年の1976（昭和51）年を契機にさまざまの論述を生み出している。ブキャナン（James M. Buchanan）やマスグレイブ（Richard A. Musgrave）は，アダム・スミスを公共財理論の先駆者とみ，スミスの自然的自由の思想に共鳴するブキャナンは，スミスが今日もし生きていたなら「彼の敵意はふくれあがった予算に向けられることであろう」とする。マスグレイブはスミスの時代に救貧費が大きな支出項目を占めていたにもかかわらず，彼が国家の任務としてこれを取り上げなかったこと，また課税原理においても分配の視点を大きく欠落せしめていたことを指摘している（T. Wilson and S. Skinner (ed.), "The Market and the State, Essays in Honour of Adam Smith," 1976)。

4）リカードの財政論については，佐藤進「ナポレオン戦後の財政とリカアド」（『近代税制の成立過程』東京大学出版会，昭和40年所収）および「リカアドの租税論について」（『経済学論集』第34巻第1号，東京大学経済学会，昭和43年所収）を参照。最初の論文で，カール・シャウプ（Carl S. Shoup）がその著書 "Ricardo on Taxation," 1960. において，リカードが「当時のイギリス税制の現実問題に殆んど全く関心をもたなかった」といった評価を行っていることに，疑問を表明しておいた。

済学原理』(1848年)で，生産の法則と分配の法則を区別し，前者を自然的，後者を人為的とし，古典学派の財政観念をいくつかの方向で修正した。第1に，スミスが不生産的とした国家経費に関し，軍人・警察官・官吏などの労働を有用労働ないし間接的生産労働とした。第2に，課税の公平は**犠牲の平等**によるとし（第15章1参照），ここから同一額の負担を要求する一方，相続税等には累進税率の適用が可とした。第3に，公債は基本的には好ましいものでないが，外債による資金調達や遊休資本の利用のための公債は必ずしも非難されないとした（第21章2参照）。ミルは古典学派の殿将といわれるが，その折衷主義，修正主義によって，続く時期の歴史学派の財政論に接続していく。

3 財政学の生成

(1) 正統派財政学の形成

19世紀のドイツでは経済学は未発達であり，イギリス，フランスから古典派経済学を受け入れつつも，古典派経済学の基礎概念とそれが立脚する自由主義的国家観に反発しながら官房学の伝統を継承した。代表的学者はワグナーの恩師である**ラウ**（Karl H. Rau；1792〜1870［明治3］）である。第2.1図にみられるように，こうした試みが独自の財務行政論主体の財政学を発展させた。そしてそこでは歴史研究が重視された。またこの頃になると，資本主義の発展に伴い出現した景気循環やスミス以来の自由競争の結果により失業や貧富の格差が生じ，国家は経済過程に介入すべきでないとする古典派経済学の主張が退けられ，国家の積極的役割が強調されるようになった[5]。それは**アドルフ・ワグ**

---

[5] この時期，財政運営面でも次のようなさまざまの変化があらわれる。①社会が，一握りの独占資本家と大銀行に支配されるようになり，予算編成がこうした金融寡頭制の体制維持のため行われた。そしてこれを補強する行政官僚制が発展することによって，また予算規模が拡大し複雑になるにつれて，議会の財政権が次第に形骸化するようになり，財政民主主義の形骸化が進行した。②従来の「安価な政府」の考え方が後退して，**高価な政府**（expensive government）が出現するようになる。国家経費は，軍事費，植民地維持費，産業経済費，社会政策費，公債費といった資本蓄積と密接な関連をもつ経費項目の膨張の形で行われ，経費膨張の法則（第10章2で後述）が貫かれるようになった。③高価な政府の需要を賄うため大衆課税（mass taxation）が発展し，フェルディナント・ラッサール（Ferdinand Johann Gottlieb Lassalle；1825〜1864）が『間接税と労働階級の状態』(1863年)で指摘したように，中小所得者，勤労者に負担をかける間接税が増大した。④公債が資本救済手段として大規模に活用され，軍事公債や鉄道公債を中心にその発行高を累積させていった。（佐藤進「ドイツ資本主義の後進性とその特質」［武田隆夫編『帝国主義論（上）』東京大学出版会，昭和40年，第5章第2節に所収］を参照）。イギリスがなおこの時期に公債残高を減少させていた

ナーの社会政策的租税思想ないし財政思想に結実し，こうしてドイツ正統派財政学が形成されたのである．

(2) 社会政策学派＝歴史学派＝正統派の財政思想の特徴

ラウを経てワグナーに至り確立されたドイツ正統派財政学は，その生成過程から以下の特徴を有していた．

①**社会政策学派**　この時期の財政学者は社会諸階級の格差，対立を緩和する措置，特に分配関係の是正を国家に求めたので，**社会政策学派**とよばれている．現在も続いている社会政策学会（Verein für Socialpolitik）の創立は1872（明治5）年であり，ワグナー，シュモラーが代表的学者であった．またこの学派の特徴を「講壇社会主義」ということがあるが，それは社会改革の主張を大学の中で行う者が多かったためである．

②**歴史学派**　またこの学派は，イギリスの古典派経済学者が主張したような自由競争経済の存在を否定し，またこれに立脚する平均利潤率の形成（競争の結果各部門の利潤率が平均化され均等になる）等はいまだかつて歴史上存在したことのない，非現実的な経済学上の前提に基づくとして否認した．そして，研究の重点はむしろ各国の国民経済において行われた具体的発展を研究する歴史研究におくべきであるとしたため，第2.1図にもあるように**歴史学派**とよばれた．ワグナーやシュモラーはともに，財政史研究に貢献したのであった．

③**正統派財政学**　さらに財政学は経済学の応用問題たることを超えた独自の研究対象・研究領域をもつものとされ，ここから「独自の財政学」の主張がなされた．これが各国に受け入れられ，19世紀末から第一次世界大戦までの時期に，ドイツ財政学は世界の財政学の主流となり，ここから**正統派**ないし**正統学派の財政学**の確立が自認されるようになった．

(3) 正統派財政学の3巨星

①**ロレンツ・フォン・シュタイン**　まずシュタイン（Lorenz von Stein；1815～1890［明治23］）であるが，彼はフランス社会主義運動（ルイ・ブランやカベー等）に関する研究から出発し，1855年以降ウィーン大学教授となり，行政学と財政学の研究において名声をえた．彼は国家を**社会有機体**（各個人が社会の

のに対し，ドイツのそれは一貫して増大し，これが公債費の増大をもたらした．

一部として機能する）として把握し，これに社会改良の担い手としての役割を期待した。また経済活動に及ぼす国家財政の役割を強調し，ここから《租税→国家行政→担税力の培養→租税収入増大》といった独自の**租税再生産説**（Reproduktivität des Steuerwesens）を唱えた。彼の学説は**行政学的財政論**とみてよく，また彼の国家行政論が憲法調査に赴いた伊藤博文に影響を与えたことが知られている[6]。

②**アルベルト・シェフレ**　次にシェフレ（Albert Schäffle；1831〜1903［明治36］）であるが，彼は雑誌記者から，1860年テュービンゲン大学教授，1868年ウィーン大学教授を経て，オーストリア商務大臣にまでなった。学説は**社会学**を基礎とし，スペンサーに倣って生存競争を社会発展の促進者とみ，この社会は社会主義社会に至って完成するとした。財政学では，給付能力に応じた課税と「担税力」の概念を構成したことが目立っている。財政社会学のはじまりはこのシェフレにあるとされている。

③**アドルフ・ワグナー**　最も代表的な財政学者が**ワグナー**（Adolph Wagner；1835〜1917［大正6］）であり，1870（明治3）年以降ベルリン大学教授をつとめた。当初自由主義経済学から出発し，後に国家主義的傾向を強めた。国家による扶助の増大，課税の公平，労働者保護等を唱え，後にプロイセン下院議員，上院議員をもつとめた。**『財政学（*Finanzwissenschaft*）』**全4巻（1877［明治10］〜1901［明治34］年）は正統派財政学の金字塔であり，そこで明らかにされた経費膨張法則，課税9原則，公債原則等は後の財政学に大きな影響を与えた[7]。

ワグナー財政学の影響を日本の場合についてみると，東京高等商業学校教授瀧本美夫訳の『ワグナー氏財政学』（同文館）が公刊されたのが明治37

アドルフ・ワグナー
(1835〜1917)

---

6) シュタインの財政学については，神戸正一訳『財政学序説』（有斐閣，昭和12年）参照。"Lehrbuch der Finanzwissenschaft"（第5版，1885〜86年）の序説の訳であるが，詳しい解題がつけられている。シュタインは，シェフレ，ワグナーとならべてドイツ財政学の3巨星とするには，あまりにも孤立しており，彼の学説を継承・発展せしめようとした学者はなかったという評価である。これはシェフレについてもいえると思われる。

7) 後世に最も強い影響を与えたのはワグナーである。わが国でワグナーを最も深く研究したのは井藤半彌教授であるが，ワグナー『財政学』全4部4000頁余の大作は一読するのだけでも困難であり，「内外の学者にして，これを文字通りに通読でもしたものは，はたして何人あるであろうか」と，同教授は述べている（井藤半彌『財政学概論』日本評論社，昭和18年，434頁）。

(1904) 年で，本書は抄訳であるが，学説の大要を忠実に伝えるものである。それより前，東京帝国大学でシュモラーの高弟の1人である**カール・ラートゲン**(Karl Rathgen；1855～1921 [大正10]) が，明治15～23 (1882～1890) 年の間教鞭をとりドイツ財政学を日本に伝えた。同大学で財政学講座が独立したのが明治40 (1907) 年であり，松崎蔵之助『最新財政学』(有斐閣，明治45年) はドイツ財政学の模倣の色彩の濃いものであった。

(4) 第1次世界大戦後の財政学

第1次世界大戦によるドイツ帝国の崩壊を背景として，正統派財政学はその権威を失墜した。代わってあらわれたのが，第2.1図にみられるように，次の3つの学説の流れであり，第2次世界大戦後にアメリカ財政学が展開されるに至るまでの過渡期の財政学を代表した。

①**財政社会学の勃興** 財政社会学の勃興が第1の流れであった。**財政社会学** (Finanzsoziologie) は，財政現象を全社会的，全経済的構造との関連において考察して，国家と社会の変動要因を財政に求めようとしたところにその論点があった。代表者はオーストリアの**ゴールドシャイド** (Rudolf Goldscheid；1870 [明治3] ～1931 [昭和6]) である。彼は租税国家の崩壊が，社会化を通じて形成される企業国家によって再建されることを期待した。また国家財政と社会の発展，戦争と財政の発展の関連等に社会学的考察を加えた。それはズルタン (Herbert Sultan；1894 [明治27] ～1954 [昭和29])，イェヒト (Horst Jecht；1901 [明治34] ～1965 [昭和40]) による財政社会学へと受け継がれていくが，そこにはマックス・ウェーバーの社会学の影響もみられる。しかし，財政社会学は問題点を指摘するのにとどまり，方法論的にも体系化されるには至らなかった。

②**経済学的財政学の復興** 経済学的財政学の復興の流れがあり，これはピグーによる厚生経済学的財政論，コルムによる国民経済計算とフィスカル・ポリシー論，そしてリンダールによる租税利益説の再興（公共経済学への展望）の形で展開された。この流れが第2次世界大戦後の財政論の主流となっていく。

③**制度論的財政学の展開** 制度論的財政学が，ドイツ財政学の主流として展開された。その集大成がゲルロッフ (Wilhelm Gerloff；1880 [明治13] ～1954 [昭和29]) とマイゼル (Franz Meisel；1853～1939 [昭和14]) による『財政学全書 (*Handbuch der Finanzwissenschaft*)』全3巻 (1925 [大正14] ～1929 [昭和4] 年) の刊行である。フランスにおける財政学の主流もこの制度論的財政学であっ

た[8]。この**制度論的財政学**とはドイツとフランスの財政学の特徴であった財務行政論的財政学である。

(5) 日本の財政学

この時期，日本では神戸正雄（京都帝国大学），小川郷太郎（京都帝国大学），阿部賢一（早稲田大学），汐見三郎（京都帝国大学），大内兵衛（東京帝国大学），井藤半彌（東京商科大学）の財政学によって戦間期のそれが代表されるが，ここでも大内兵衛のそれを除いて，制度論的財政学が主流であった[9]。

阿部　賢一
（1890～1983）

4　フィスカル・ポリシーとケインズ経済学

(1) ケインズの有効需要の原理

1930年代に入る直前，アメリカでは株式ブームや貧困の一掃などにより未曾有の繁栄が期待されていた。しかし，1929（昭和4）年10月24日のニューヨーク株式市場（ウォール街）での株価が大暴落により，大不況となり失業者が続出した。いわゆる**世界恐慌**である。こうした中で，不況克服，特に失業解消が求められたが，**ケインズ**（J. M. Keynes；1883［明治16］～1946［昭和21］）は，『**雇用・利子および貨幣の一般理論**』（1936［昭和11］年）でその学説の基本を示した。それによれば，経済動向を規定するものは**有効需要**（effective demand）であり，これは**消費需要**と**投資需要**とからなる。消費需要は消費性向によって決まるが，所得水準が増大すると限界消費性向が減少し，貯蓄性向が増大する。貯蓄が増大する反面，これが投資拡大に結びつかないため，不完全雇用が起こる。「豊富の中の貧困」があらわれる。そこで国家は投資誘因を刺激する政策をとる必要

---

8) 財政思想史の研究を行ったわが国の学者の文献に，高木壽一『近政財政思想史』（北隆館，昭和24年），花戸龍蔵『財政思想史（古典編）』（千倉書房，昭和29年）があり，池上惇『財政思想史』（有斐閣，平成11年）が近年ではあるものの，財政思想史ないし財政学史をまとめた書物の数はきわめて少ないといってよい状況にある。財政学のテキストの中では，阿部賢一「財政学史」（『財政学（下）』改造社，昭和4年），池田浩太郎「財政および財政学の生成と現状」（大川政三編『財政論』有斐閣，昭和50年，第1章）が，学説の発展を忠実にフォローしている。

9) 日本の財政学者の詳細は佐藤進編『日本の財政学——その先駆者の群像——』（ぎょうせい，昭和61年）を参照。また，世界の財政学者については大川政三・小林威編『財政学を築いた人々——資本主義の歩みと財政・租税思想——』（ぎょうせい，昭和58年）を参照。

があるが，利子率引下げ等の金融政策には限界がある。したがって**公共事業に よる刺激が必要**（効果はピラミッド建造でも戦争でも同じ）であり，このための**赤字 公債支出**（loan expenditure）が正当化されるというものであった（第23章参照）。

(2) フィスカル・ポリシー論の構築

ケインズ経済学をアメリカに普及すると同時に，ケインズ理論に基づくフィスカル・ポリシー論を構築したのが，第2.1図にもみられる後述のマスグレイブの恩師でもある**アルビン・ハンセン**（Alvin H. Hansen；1887[明治20]〜1975[昭和50]）であり，彼の『財政政策と景気循環（*Fiscal policy and Business cycle*）』（1941[昭和16]年；都留重人訳『ハンセン財政政策と景気循環』日本評論新社，昭和25年）はフィスカル・ポリシーの教典となった。彼は技術革新の停滞，新しいフロンティア（辺境地方）の縮小などから，資本主義経済が長期停滞の傾向をたどる一方，経済の自力回復を支えるための政府活動の増大が必至であり，ここから**二重経済**（dual economy）が発展するとした。景気政策的財政政策については，**誘い水政策**（pump-priming policy）と**補整的財政政策**（compensatory fiscal policy）とを区別した。前者は，民間経済が自力で動き出すため，政府資金を放出する経過的一時的な隘路打開策である。これに対し後者は，景気局面に応じた財政収支の操作を説くもので，好況期には財政余剰（黒字）をもって積立金を形成する一方，事業繰り延べ，税収増加をはかる。不況期には積立金を取り崩し，公共事業促進，減税を行うといったフィスカル・ポリシーの基本的原則的考え方がここで確立された。これにより古い財政政策は新しい財政政策にとって代わられねばならぬとしたが，公債の役割の変化すなわち景気動向に応じた公債政策の展開の必要性を明らかにしたのも，彼の貢献であった。

5　財政学の性格

本章でみてきたように，また**コルム**（Gerhard Colm；1897[明治30]〜1968[昭和43]）もいうように，「**財政学は官房学と古典派経済学の奇妙な結婚の産物で あった**」のであり，官房学の伝統から持ち込まれた事実や制度に関する知識および古典派経済学の伝統から持ち込まれた租税の転嫁・帰着に関する分析的研究が財政学の中に余影を残しているのである。こうした流れを受け継ぐ財政学の構築にあたっては有限な資源と人間の無限の欲望と調和を考える学問とされ

第2.2図 コルムの財政学

第2.3図 マンの財政学

る**経済学**（economics）[10]が基礎となるが，ここから経済学の一部としての財政学の展開が必要となる。同時に財政現象は政治・経済の複合的現象であり，経済学と政治学の接点であらわれる限りにおいて，財政学は政治学・行政学の知識を必要とする。また国家の支配構造の解明を目的とする政治学・行政学・社会学等の知識も欠くことができなし，財政が予算および法律の体系を前提として運営される限りにおいて，法律に関する知識も欠かせない。また財政現象は財務技術の体系をもつところから，会計学・経営学の知識も不可欠とされている。コルムは1948（昭和23）年に「財政学の必要性」という論文[11]の中で，第2.2図のような図を描くことによって財政学の関連分野を説明し，「**境界線上の科学**」として財政学を特徴付けた[12]。

しかしこうした学問領域すべてを包括させる財政学を体系化しようとすると，往々にして雑多な知識の寄せ集めとなり，社会科学としての財政学を確立することにはならなくなってしまう。このように財政学は多くの近接科学を持ち，関連する学問領域が多い特定の学問分野といえる。

---

10) 経済学の定義は多様である。経済学の主眼を資本主義的生産・流通・分配の法則を解明すると表現することもあるが，いずれの定義をするにしても，人間の厚生（幸せ；welfare）を増大させることが経済学あるいは財政学の目的であることには間違いない。

11) 木村元一・大川政三・佐藤博共訳『ゲルハルト・コルム財政と景気政策』（弘文堂，昭和32年）の第1章に所収。

12) F.K.マンは，財政経済学（Finanzwirtschaftslehre）と財政政治学（Finanzpolitologie），そして財政社会学（Finanzsoziologie）の三者によって合成された財政学の確立を説いたが，これを図示すると第2.3図のようになるであろう。

第3章 現代財政学の形成と展開

1 第2次世界大戦後の財政学の動向

(1) 現代財政学の発展

本書では1930年代以降を含めて第2次世界大戦後に重きをおきつつ現代とみていく[1]。ドイツ正統派財政学が権威を失墜して後、現代財政学が発展するのは第2次世界大戦後のアメリカ合衆国においてであった。

(2) リチャード・マスグレイブ

現代財政理論のリーダーは**マスグレイブ**（Richard A. Musgrave；1910 [明治43] ～2007 [平成19]）である。彼はユダヤ系の血筋を受け継いだドイツ生まれで、ドイツの大学を終え、アメリカで大成した財政学者である。アルビン・ハンセンの指導の下[2]、『財政理論と《課税の負担》の概念（*The Theory of Public Finance and the Concept of 'Burden of Taxation'*）』で1937（昭和12）年にハーバード大学から博士学位を授与された。

ミシガン大学教授時代の研究成果である『財政理論（*The Theory of Public Finance*）』（1959 [昭和34] 年）は、現代財政学に最も影響力をもった著作である。彼の財政理論における貢献として、①予算目標を、**資源配分、所得再分配、景気調整**といった形で捉え、これを多角化したこと、特に、ビルト・イン・スタビライザーの定式化と計測などを通じて安定政策の解明を行ったことがあげられる。②また公共財

リチャード・A. マスグレイブ
(1910～2007)

---

1) 本書では初版・改訂版にわたり、1930年代以降を現代とみて説明をしてきた。
2) 個々の場合で違いがあるが、アメリカ合衆国の大学での指導教授あるいは恩師に相当する立場の者は"mentor"といったりするが、日本の大学で古くからとられている指導教授の制度とは異なる面がある。以下、すべての学者について同じである。

の理論と予算の政治過程（投票過程）を組み合わせ，新しい投票方法（点数投票のルールなど）の可能性を探る一方，公共需要充足過程でのアダム・スミスからリンダールに至る**利益主義的アプローチの見直し**を行ったことなどがあげられる。

(3) ジェームス・ブキャナン

ブキャナン（James.M.Buchanan；1919［大正8］～2013［平成25］）は米国テネシー州生まれで，1940（昭和15）年にミドルテネシー州立教育大学を卒業後，フランク・ナイト（Frank H. Knight）の指導の下，『連邦国家における財政的公平（*Fiscal Equity in a Federal State*）』でシカゴ大学から博士学位を授与され，1951（昭和26）年にはフロリダ州立大学教授となっている。その後，カリフォルニア大学ロサンゼルス校（UCLA）等を経て，ヴァージニア工科大学公共選択研究所を主催するなどし，公共選択理論の研究と普及に従事した財政学者である。『民主主義過程における財政学（*Public Finance in Democratic Process*）』（1967［昭和42］年；山之内光躬・日向寺純雄訳『ブキャナン財政理論』勁草書房，昭和46年）など，日本では多くの翻訳書がある。

公共選択（public choice）論は「**経済学**（エコノミックス）の道具と方法をともなった政治的意思決定過程の分析」とされており，マスグレイブのあげた予算の政治過程をより詳しく分析するものである[3]。そこでは，①公共選択における個人およびグループの役割が分析され，投票者の中で中央に位置する**中位投票者**（median voter）の役割が重視されるほか，直接民主主義と代議制ないし間接民主制の違い，独特の選好をもった官僚の経費膨張に及ぼす影響などが分析される。②その後，特に熱心に主張しているのが，民主主義と**財政赤字**の必然性の関係であり，ケインズ主義が「民主主義的政治制度の中で適用される場合，固有の偏りを生む」という角度から**ハーベイ・ロードの前提**といわれる賢人支配のモデル

---

3) 研究は人類の幸せ（welfare）のために行うもので，ノーベル賞獲得のために行うものでは決してない。マスグレイブの「財政の3機能」はそれ自体に斬新さはないかもしれないが，財政を学ぶ際の大前提として今日では多くの国の中学校の教科書にさえ当然のごとく書かれているし，その他彼の財政学への貢献はきわめて大きい。マスグレイブの弟子である佐藤隆三教授によると，ノーベル委員会からの依頼でマスグレイブを推薦したものの，財政学への功績からして少なくともマスグレイブとブキャナンの共同受賞であるべきと考えられたところ，当時は，カーター政権の左寄り政策が失敗しレーガンの保守的財政政策に関心が集まっていたこと，またマスグレイブのケインジアン的政策が脇に追いやられていたことから，1986（昭和61）年に多くの人にとって意外なブキャナンによる受賞となったとしている。佐藤隆三『メジャー級アメリカ経済学に挑んで――学究生活50年の軌跡――』（日本評論社，平成23年）の47〜48頁参照。

に立ったケインズ主義を批判している。そして，均衡予算原則を盛り込んだ新しい「憲法」の制定が必要だとしている。

2 財政の機能

マスグレイブが予算政策の目標を資源配分，所得再分配，景気調整と捉えて以降，現代財政の機能をこれにより分類することが定着している。

(1) 資源配分機能 (resources allocation function)

彼は現代経済の仕組みを**混合経済組織**（a mixed economic system）と捉え，市場経済組織によって供給されるのが私的財であるとし，一方，市場の失敗（第9章1, 2, 3を参照）により，公共部門を通じて政治過程により供給されるのが**社会財**（公共財）としている。つまり，限られた資源を民間部門と公共部門にいかにふりわけてどのような公共財を提供するかという機能を政府が果たすことになるが，これはアダム・スミス以来の財政学の対象といえる。

(2) 所得再分配機能 (income redistribution function)

第3.1図のように，市場経済組織により一度分配された所得や富を，社会的に公正であるような所得分配状態になるように政府によりいま一度分配し直す働きをいう。これはドイツの正統派財政学で重視されたものである。

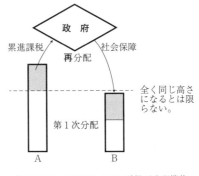

第3.1図　マスグレイブの所得再分配機能

(3) 経済安定化機能 (stabilization function)

以上2つの政府のミクロ経済的機能に対して，高い雇用水準，安定的な物価水準，健全な国際収支，そして適切な経済成長率を維持するといった政府のマクロ経済的機能のことであり，ケインズ経済学以降のマクロ経済政策で重視されている。

このような財政の機能自体は目新しいものとはいえないが，世界恐慌に続く

1930年代以降，福祉国家が円熟した時に財政の機能を整理したことにその意義があるといえよう。しかし，第25章で述べるようにこのような分類には問題点も指摘されているのである。

3 公共経済学と政治過程の経済分析

(1) 公共経済学の登場と財政学

公共経済学（public economics）の登場は1960年代で，マスグレイブもブキャナンもこれに参加しているが，ヨハンセン『公共経済学（*Public Economics*)』(1965［昭和40］年；宇田川璋仁訳，好学社，昭和45年）が，この題目を著書の題目に掲げた最初の代表的書物であり，その後，『公共経済学』を題した著書が増えた。それらによると，これまで「財政学」として研究されてきた学問は，"public finance"が「公的資金調達」と直訳できるように，政府の収入面を特に取り扱ってきたが，公共経済学ではそれに加えて政府の支出面も重視し，政府支出により経済にいかなる影響が及ぼされるかまで研究するとしている。そして，公共経済学は「非市場的経済学の理論」，「市場の失敗に関する経済分析」とされ，公共財，外部費用，費用便益分析などが取り扱われている。さらに，公共経済学は政府の経済活動をとりわけ新古典派経済学等の理論に立脚して展開しているもので財政学とは根本的に異なる学問であると断言までしているものが，日本の「財政学」ないし「公共経済学」と題している本の中にみられる。そうした傾向は，従来からの財政学を一括して公共資金調達のための理論と把握しているものもあるが，それは歴史的発展段階を無視したものといわねばならず，また非市場的経済学の理論も最近の発展にかかるという捉え方も正確とはいえない。世界的名著にはそうした断定はみられず，歴史的経緯を考えた表現を用いたりして，あえて断言をしてはいない[4]。

---

[4] こうした「財政学」と「公共経済学」という用語の使用について，「財政（public finance）は公共経済（public economics）に置き換えられるべきであろうが，ここではより簡単に，狭い意味での財政をこえた意味をもたせながら，使い慣れた用語を引き続き用いることとする」とシャウプ教授はその著『財政学（*Public Finance*)』で注釈をつけている。これは日本で，「下駄箱」，「筆箱」と現在も使われている用語のように，字面の直接意味するもの自体が変わっても機能的に進化したものを「靴箱」，「ペンケース」ではなく，旧来の用語でそのままよんでいるのが多いことと同じ現象といえよう。また，ハーバーガー教授は財政学を使うか，公共経済学を使うかは論者の力点のおきどころや好みによるといってもよく，両者の違いに貴重な時間を割くことはあまり意味のないことであると評している。

これら公共経済学の基礎理論として脚光を浴びているものについては第9章で後述するが，都市問題の解決，医療，教育問題の解決などとともに，フィスカル・ポリシー論の浸透以降，政府の活動範囲が拡大したために膨張した財政支出をいかに抑制して効率的に財政を運営し財政赤字を削減するかといった現代の課題に対して，新しい財政学を目指す公共経済学がどれほどの貢献をなすかは登場から40年余の歳月を経ているが，なお今後の展開にかかっている。

(2) 財政学の範囲の拡張

本章で扱う時代の範囲からすると時代をさかのぼることになってしまうが，財政学が生成された正統派財政学のころまで，確かに英語名の"public finance"が示すように，財政学は資金調達面に重点をおいていた。ルロワ・ボリュー（Leroy-Beaulieu, Paul；1843～1916［大正5］）やコッサ（Luigi Cossa；1831～1896［明治29］）などはその代表的な学者である。ちょうどその時期に財政学が輸入された日本でも，当時から財政学の講義をしていた東京大学，早稲田大学，慶應義塾大学，明治大学，法政大学，中央大学などの財政学講義の記録をみると，資金調達面の**租税論**にかなり重点がおかれていたことがわかる。それは当時の財政学が世界的に，現在の財政学ではその一部分として当然の如く取り扱っている経費を国家の職務としてあらわれるものとし，それを国家学や政治学の研究範囲としていたことによる。すでにみたように，財政の本質的特徴を「強制獲得経済」とみた井藤半彌教授も，その著書の刊行年が古いほど経費論を排除する傾向が強い。しかし財政学が学問的に発展するにつれ，歳入歳出は表裏一体の関係をなすという考え方が強まるようになり，ワグナーのイギリス版といわれた**バステーブル**（Charles F. Bastable；1855～1945［昭和20］）の『財政学（*Public Finance*）』（1892［明治25］年；高野岩三郎・井上辰九郎共訳『バステーブル財政学』東京専門学校出版部，明治32年）に至ると，**経費論**は財政学の一部分を形成し，他の部分にも影響を及ぼすようになったとされている（時子山常三郎『財政学』文真堂，昭和41年，80～81頁）。

このように，財政学でも政府支出の側面についても決して軽視されていたわけではない。現に，リチャード・マスグレイブとペギー・マスグレイブ（Peggy B. Musgrave, 1924［大正13］～）の夫妻による財政学の教科書も，**『財政学の理論と実際（*Public Finance in Theory and Practice*）』**（第3版，1980［昭和55］年；木下和夫監訳『マスグレイブ財政学Ⅰ・Ⅱ・Ⅲ』有斐閣，昭和58～59年）という名で，政

府の収入面とともに支出面をも網羅して第5版（1989［平成元］年）まで刊行された。その後、アメリカで最も読まれている**ローゼン**の『**財政学**（*Public Finance*）』（第10版、2014［平成26］年；2008［平成20］年改訂の第8版よりゲイヤーと共著）、また近年読まれつつある**グルーバー**の『**財政と公共政策**（*Public Finance and Public Policy*）』（第5版、2016［平成28］年）でも、財政学と公共経済学をほぼ同じものとして取り扱っている。

(3) 財政学の課題と政治過程の経済分析

新しい財政学ないし公共経済学の本来的課題がどこにあるかは、公共経済学が登場して半世紀近く経とうとしているが、いまなお確定されたとはいえない。①公共財の概念規定を中心に政府支出のあり方を新しい角度から研究するもの、②公共選択理論等を中核とするもの、③ミクロ経済学の非市場的部門への拡張と捉えるもの、④(1)に述べた現代の課題にその手法を応用しようとするものなどさまざまである。財政学もしくは公共経済学と題する著作ではいまなお、これらを取り入れながら模索を続けているといってよい。これらの基底をなすのが**政治過程の経済分析**である。これは、民間部門の**市場メカニズム**に対して、公共部門での配分が**政治過程**を通じて提供されていることに着目し、これまで主として政治学で研究されてきたその過程を経済的に分析しようとするものである。

この政治過程の経済分析には、①ブキャナンを中心に展開された、経済学の分析道具を政治ないし法などの非市場的意思決定の問題に適用して実証的に説明しようとする**公共選択論**や、②**アロー**（Kenneth J. Arrow；1921［大正10］～2017［平成29］）により開拓された、複数の個人からなる社会で個人の利害衝突を調整するために必要となる規則（社会全体の選好順位）に基づいて理論的に社会全体の意思決定を分析しようとする**社会選択**（social choice）論がある。

アローは多数決投票に基づくと個人的価値と社会の集合的意思決定に不一致がもたらされ**投票のパラドックス**（voting paradox）[5]が生じるという社会的選択に伴う問題を研究していた。ブキャナンも財政決定過程をそうした観点から分析し問題点を浮き彫りにし、その改善策を示している。投票者X、Y、ZがA（教育支出なし）、B（教育支出500ドル）、C（教育支出1,000ドル）、の提案に対して

---

5) 投票のパラドックスは200年以上も前に、すでにフランスの数学者・政治哲学者のコンドルセにより論じられていた。

投票する場合，第3.1表にあるような選好を示したと仮定する。XはBよりAを，CよりBを選好し，YはCよりBを，AよりCを選好する，ZはAよりCを，BよりAを選好している。これは第3.2図にも示されている。全体の選択では，AとBの選択投票ではXとZがAを優位とするためAを，BとCの選択投票ではXとYがBを優位とするためBを，それぞれ2対1で選好することになる。この結果からAとCの選択を考えると，CよりBが選択されBよりAが選択されるため，CよりAが選好されると推論できる。けれども第3.1表のようにAとCの選択投票ではYとZがCを優位とするためCが選択される。

第3.1表　教育支出の選好表

投票者	選好序列			二者選択		
	最高	中位	最低	AとBの選択	BとCの選択	AとCの選択
X	A	B	C	A	B	A
Y	B	C	A	B	B	C
Z	C	A	B	A	C	C
				A	B	C

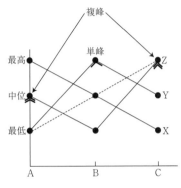

第3.2図　教育支出の選好序列

このようにA，B，Cすべての財政支出を対象とした順位付けができない投票のパラドックスが生じるのである。この場合，Zの選好が第3.2図の実線のような**複峰型**ではなく，点線のような**単峰型**であれば，こうしたパラドックスは生じない。そして民間部門が中心となる市場では価格により経済主体が最適数量を決めその効用が満たされるが，公共部門で公共財を提供する場合には社会的に決定された1つの数量にすべての人が合わせねばならなく，経済主体が個々の表明する最適数量とは合致せず効用の満たされない者が存在して，非効率な状態にあるとする。その改善策として，彼は所得額で租税に差別をつけることを提示している。

これらの分析は一面として面白いものの，ここから例えば**単純多数決**にかかわる有効な制度が発見できた等，何らかの実際に役立つ研究成果が生み出されているかどうか，またそれは思考遊技あるいはなぞとき遊び（Denksport）の性格が強いものでないかといった大きな疑問が残るとする見解もある。これは後述する財政学の方法論ともかかわることであるが，財政学の理論的分析にはこれ

で絶対的であるというものはないことを肝に銘じて研究していく必要がある。

4　現代財政学の展開

　財政学がいかに展開されてきたかをたどるにあたりに，単に理論等を無味乾燥に羅列するのではなく，人物と関連付けて考察していくことで，その理論等の背景まで含めて理解が深まるはずである。そのためここではそうした手法をとる。

(1)　カール・シャウプ

　日本で太平洋戦争後の財政学といったとき，最も忘れられない財政学者の1人はシャウプ（Carl S. Shoup；1902［明治35］〜2000［平成12］）であろう。彼の日本への貢献として特筆すべきものは何といっても，第2次世界大戦後の税制改革の基盤となった『シャウプ使節団日本税制報告書（Report on Japanese Taxation by Shoup Mission；いわゆる「シャウプ勧告」）』である。このシャウプ勧告は，開講にあたりの昭和20年代の財政で述べたように，国税・地方税を含め，一貫した原理による租税体系の確立を日本の将来のために勧告したことは否定すべくもない[6]。

　彼は米国カリフォルニア州生まれで，1924（大正13）年にスタンフォード大学を卒業後，コロンビア大学のセリグマン（Edwin R. A. Seligman）の指導の下，『フランスの売上税（The Sales Tax in France）』でコロンビア大学から博士学位を授与され，1945（昭和20）年には同大学教授となっている。シャウプの恩師セリグマンも租税研究の権威としてその名を馳せていたが，明治期に米国で刊行された彼の代表的著書である『租税転嫁論（The Shifting and Incidence of Taxation）』（第2版，1902［明治35］年；関口健一郎訳，博文館，明治42年／第5版，1927［昭和2］年；井手文雄訳，実業之日本社，昭和25年）は日本でもすぐに，しかも長期にわたり翻訳され続けるほどであり，同書では租税転嫁に関する命題を提示してい

---

[6]　佐藤進『日本の税金』（東京大学出版会，昭和54年）の第1章3を参照。また，佐藤進・宮島洋『戦後税制史（第二増補版）』（税務経理協会，平成2年）では，シャウプ勧告が問題処理に努力を傾けたのは，①租税制度から特別な経済政策目的を排除すること，②税務行政と納税協力を確立すること，③地方自治ないし地方分権を重視した財政・行政改革を行うことにあったとしている。同書10〜11頁参照。

る[7]。

シャウプの財政学はその著『財政学（*Public Finance*）』（第2版，1970［昭和45］年；塩崎潤監訳『シャウプ財政学(1)・(2)』有斐閣，昭和48年）に凝集されている。同書は年を経た葡萄酒の酒蔵のようであり，味わえば味わうほどそのよさがわかる本であるが，初学者にはややハードルが高いことを監訳者が指摘している。「財政学の対象は，貨幣はかなり利用するが価格機構をほとんど利用しないで資源配分をするシステムである」とし，それまでの財政学では体系的に分析されなかった政府サービス等，公共財の分配効果等に及び，そのための財源としての各種租税，財政のマクロ経済学に言及している。

なお彼はベネズエラやリベリアでも税制調査団長として，同国の税制改革に尽力している。

(2) ワーナー・ハーシュ

ハーシュ（Werner Z. Hirsch；1920［大正9］～2009［平成21］）はドイツ生まれで，1946（昭和21）年にアメリカに移住し，1949（昭和24）年にカリフォルニア大学バークレー校から『農業マーケティングおける統合の経済学（*The Economics of Integration in Agricultural Marketing*）』で博士学位を授与された。財政学とはほとんど関係ない論文であるが，それはナチスの迫害を逃れる途中のパレスチナで高校時代に農業を学ん

ワーナー・Z. ハーシュ
（1920～2009）

だことが影響しており，農業協同組合の効率的な活動条件を論じたものであった。ワシントン大学で教鞭をとったハーシュはこれからの時代は公共政策の意思決定に統計学がより活用されるという観点から『現代統計学入門（*Introduction to Modern Statistics*）』（1957［昭和32］年）を著し，また「裁量的財政

---

7) セリグマンは，①課税対象が土地・家屋等資産の場合，還元の可能性がある。②課税される財が独占されていればいるほど，転嫁は容易でない（これは独占利潤が最大限利潤という想定からくる）。③課税が一般的であり，部分的でなければ，それだけ転嫁は困難である。④課税対象の移動可能性が少なければ少ないほど，転嫁は困難である。⑤需要弾力性の少ない必需財ほど，消費者への転嫁が容易である。⑥商品供給量の種々の部分が異なった生産費で生産されると，課税により能率の悪い生産者の淘汰が行われる（利潤を生まない限界生産者の価格が価格を決定するという想定がその基礎にある）。⑦租税が剰余収益ないし所得に課せられるとき，転嫁の可能性は少ないとしている。こうした命題は比較的長く受け入れられてきたものであった。

政策と公共サービスの供給」を分担執筆した『都市生活と様式（*Urban Life and Form*）』（1963［昭和38］年）を編集し，次第に財政学研究に舵が切られてくる。1963（昭和38）年からカリフォルニア大学ロサンゼルス校教授となり，評議員をつとめたことが影響して高等教育制度の運営と財政に関心をもつようになり**教育財政の研究**に着手した。また**地域政策**に関心をもち，『州・地方政府の経済学（*The Economics of State and Local Government*）』（1970［昭和45］年）や『都市経済分析（*Urban Economic Analysis*）』（1973［昭和48］年；喜多登監訳・池宮城秀正ほか訳『都市化の経済学［上］・［下］』マグロウヒル出版，昭和53年）は彼の代表的な著作である。経済社会は都市化や工業化，情報化を通じて変化をするが，その際に納税者の犠牲の最小化や支出効果の最大化を実現する必要があり，こうした経済合理性が州・**地方財政理論**を考える上でも必要とみている。しかし経済理論のいう限界費用やパレート最適の適用は現実には難しく，その代替として政府サービスの質を変える方法を示唆するなど独特の見解を展開している。

(3) アーノルド・ハーバーガー

ハーバーガー（Arnold C. Harberger；1924［大正13］～）は米国ニュージャージー州生まれで，1943（昭和18）年にジョンズ・ホプキンス大学を卒業後，ロイド・メッツラー（Lloyd Metzler）の指導の下，『平価引き下げと輸入需要の弾力性（*Currency Depreciation and the Elasticity of Demand for Imports*）』で1950（昭和25）年にシカゴ大学から博士学位を授与されたがももとは国際貿易論を専攻していた。1959（昭和34）

アーノルド・C. ハーバーガー
（1924～）

年には同大学教授となっているが，そのころにはその関心が財政学にまで広がり，財政学の分野でその名を馳せることとなった。日本でハーバーガーの財政学への貢献として最も知られているのは**法人税転嫁論**であり（後述第15, 17章を参照），大学院講義で使用した彼の著『課税と厚生（*Taxation and Welfare*）』（1974［昭和49］年；1978［昭和53］年再刊）には，法人税転嫁に関する論文がおさめられている。法人税は法的には直接税に分類されるが，財政学的にその帰着を考察すると転嫁が生じており，納税義務者と租税負担者が異なることを世界ではじめて一般均衡分析を用いて立証し，世界に衝撃を与えた。法人税転嫁のほかに，とりわけ発展途上国の経済的厚生を高めるために，効率と公平双方に目を

配りながら，生涯をかけて**費用便益分析**の研究にその身を捧げており，応用編としての『事業評価（*Project Evaluation*）』（1972［昭和 47］年；1976［昭和 51］年再刊）をまず刊行し，多くの人々にその方法を知ってもらおうと基礎編としての『費用便益分析入門（*Introduction to Cost-Benefit Analysis*）』（2008［平成 20］〜2010［平成 22］年；関口浩訳『ハーバーガー費用便益分析入門』法政大学出版局，平成 30 年）を刊行している。

また米国の経済学者としては珍しく，献身的に後進の指導にもあたっており，合理的期待形成学派の先鋒である**ロバート・ルーカス**（Robert Lucas, Jr.；1937［昭和 12］〜）はハーバーガーの薫陶を受けた学者の 1 人である。

こうして公的資金調達を主要課題とした旧来の財政学を，歳入・歳出両面にわたって分析対象とした新しい財政学へと発展させたのは，ハーバーガーやサミュエルソン（Paul A. Samuelson）[8]による第 2 次世界大戦後の学問的貢献が大きいと評されている。とりわけ，**ハーバーガーの三角形**（Harberger's triangle）といわれる**経済的無駄**（economic waste）の測定，法人税転嫁論，公的資金の社会的機会費用といった先駆的研究は，旧来の財政学から新しい財政学への重要な架け橋となっており，次世代の経済財政学者すべてにかなりの影響を及ぼしている。

(4) イギリス財政学・ドイツ財政学

現代の財政学は，いままであげた学問の流れに必ずしも入らないその他の代表的学者によって担われていることが多いことも忘れてはならない。財政問題の実証分析を重視する U.K. ヒックス（Ursla K. Hicks, *Public Finance*［第 2 版，1955［昭和 30］年の翻訳書：巽博一・肥後和夫訳『U・K・ヒックス財政学』東洋経済新報社，昭和 37 年〈新版〉がある），ピーコック（Alan T. Peacock）やワイズマン（Jack Wiseman）などのイギリスの財政学者，伝統的財政学の規範を守りながら新しい事態に則した財政学の拡充を目指すノイマルク（Fritz Neumark）およびその弟子アンデル（Nobert Andel），ハラー（Heinz Haller），レクテンワルト（Horst. C. Recktenwald）などドイツの財政学者がその例である。

---

8) Paul A. Samuelson の表記については，『サムエルソン経済学』（岩波書店，昭和 56 年）の翻訳者である都留重人教授が同書でサムエルソンが正しいとされていたが（943 頁），佐藤隆三教授がサミュエルソン本人に確認したところ，「『サミュ』エルソン」に軍配を上げたとのことであり，本書では「サミュエルソン」と表記する。佐藤隆三『メジャー級アメリカ経済学に挑んで——学究生活 50 年の軌跡——』（日本評論社，平成 23 年）の 8〜9 頁参照。

第4章　今日の財政学と財政学の方法

1　今日の財政学の模索

(1)　ジョセフ・スティグリッツ

　スティグリッツ（Joseph E. Stigliz, 1943［昭和18］～）は，スタンフォード大学教授，クリントン政権の大統領経済諮問委員会委員長を経て，世界銀行の副総裁兼チーフエコノミストをつとめ，コロンビア大学教授として活躍しているアメリカを代表する経済学者である。経済学の各方面に多彩な才能を発揮している彼は，1986（昭和61）年に，「25年前なら政府の収入源を対象として『財政学』と名づけたであろう」とする彼の著書『公共部門の経済学（*The Economics of Public Sector*）』（第2版，1988［昭和63］年；藪下史郎訳『スティグリッツ公共経済学』マグロウヒル出版，平成元年）を刊行し，収入源にとどまらず記録的水準に達した政府支出の面にも言及したと記述している。

　理論経済学にも長けている彼は同書で，①理論経済学で前提とする完全情報下での経済活動ではなく，現実世界の不完全情報下での経済活動を重視し，②また制度や規制の生成過程や政治的な側面などについても現実問題を踏まえながら論じている[1]。

(2)　ハーベイ・ローゼン

　ローゼン（Harvey S. Rosen, 1947［昭和22］～）は米国イリノイ州生まれで，1970（昭和45）年にミシガン大学を卒業後，フェルドシュタイン（Martin Feldstein）の指導の下，『既婚女性の労働供給に関する米国租税法の影響（*The Impact of U.S. Tax Laws on the Labor Supply of Married Women*）』で1974（昭和49）年にハーバード大学から博士学位を授与された。同年からプリンストン大学で財政学，租税論，ミクロ経済学入門等を担当している。日本でも『経済学原理（*Principles of*

---

[1]　経済学で多彩な才能を発揮した彼は，2001（平成13）年に「情報の非対称性の理論」に対する貢献によりジョージ・アカロフ，マイケル・スペンスと共同でノーベル経済学賞を受賞した。

Economics)』などの翻訳書（東洋経済新報社，邦訳題名は原題と異なる）が刊行されており著名なマンキュー（N. Gregory Mankiw；1958［昭和 33］～）は，自らが受講した彼の新しくて深遠な洞察力に満ちたミクロ経済学入門の講義を回想し最も目を見開かされた講義と評している。また学部 1 年次終了後の夏に彼の下での研究助手の経験がその後の研究上貴重なものであったと回顧している。ここにローゼンの教学に対する姿勢をうかがい知ることができる。

　またブッシュ（子）政権の大統領経済諮問委員会委員長をつとめるなどしたが，引き続きプリンストン大学教授として財政学を教授している。1985（昭和 60）年に刊行された彼の著書『**財政学（*Public Finance*）**』（第 10 版，2014［平成 26］年）は版を重ね，米国の大学で広く財政学の教科書として採用されている。第 4 版（1995［平成 7］年）までは財政学と公共経済学を並列的に記述していたが，第 5 版（1999［平成 11］年）からやや立ち入って説明を加えている。すなわち，自らの著書は「政府の課税および支出活動に関するものであり，**財政学**である」とし，「財務ではなく資源利用に関する論点が重要であるため財政学では誤称であるとして公共部門経済学あるいは**公共経済学**という呼称を好む人もいる」というものである。

　また今日，財政学では政府が資源配分，所得分配に及ぼすミクロ経済的機能を扱い，経済安定化という政府のマクロ経済的機能はマクロ経済学の発展に伴いマクロ経済学自体の中で教授されており，本場アメリカでは財政学で網羅される範囲に変化がみえてきている。それは第 8 版（2008［平成 20］年）からはゲイヤー（Ted Gayer）との共著になり，「社会保障」関係の章が詳細になるとともに，新たに「教育」の章が加えられていることにもみられる。

(3)　ジョナサン・グルーバー

　グルーバー（Jonathan Gruber, 1965［昭和 40］～）は米国ニュージャージー州で育ち，1987（昭和 62）年にマサチューセッツ工科大学（MIT）を卒業後，ローレンス・カッツ（Lawrence F. Katz）の指導の下，『雇用者拠出医療保険の構造変化（*Changes in the Structure of Employer-provided Health Insurance*）』で 1992（平成 4）年にハーバード大学から博士学位を授与された。彼は医療経済学と財政学でその主要な研究を進めてきている。彼の著した『**財政と公共政策（*Public Finance and Public Policy*）**』（第 5 版，2016［平成 28］年）では，財政学は当該経済での政府の役割を研究するものであり，①いつ経済に政府は介入すべきで，②いかに

政府は経済介入するのか，そして③こうした政府の介入が経済的成果に及ぼす影響はどんなものであり，④なぜそのようにして政府介入したのかの4点にわたる回答を研究するものとしている。また同書は社会保障財政論にその4分の1強が割かれているが，これは財政学の構成が変化してきていることに加えて，彼の関心と研究分野の力点がここにあることによるとみてよい。また彼はオバマ政権で専門的観点からの顧問をつとめ，2010（平成22）年成立の患者保護ならびに医療費負担適正化法，いわゆる「オバマケア」の実質的設計者といわれている。彼によれば，**オバマケア**はメディケアおよびメディケイド等の現行の公的医療保険実施計画の支出削減と医療部門や富裕者への新税により，その財源で政府が公的医療保険への支出と民間医療保険適用範囲に対する補助金交付をするものとしている。日本の国民皆保険とは異なるものの，医療保険の加入率を高める政策であったが，政権交代もありいっそう難航している。

(4) 今日の財政学の模索

前章から続きこれまでみたように，財政学は**応用経済学**の一部として，研究対象をなす経済・財政現象の変化とともに大きく揺れ動いている。財政学にはそれだけの自己革新が要請されることは確かである。財政学にとってかわろうと登場してきた公共経済学の提唱もそうした試みの1つといえる。

2　財政学の方法

(1) 支配的理論なき財政学

これまで財政思想の変遷をみてきたが，これを基にして科学としての財政学を考えることにする。**科学**とは，さまざまな知識を一定の目的・方法・原理に従って，系統的に組織統一された個々の知識全体として組み立てたものとされる。財政学が学ないし理論を名乗るのであれば，財政を研究の対象とし，それがどのように発生したかを実証的にあるいは，批判的に[2]分析して，明らかに

---

[2] 財政学批判の手法をとる場合，財政学の個別対象の分析に当たっては，従来財政学者がさまざまの形で取り上げてきた法則・原則等々を批判的に究明し，また日本の財政問題の科学的分析を行うことになる。財政学は財政学批判となることによって科学性をもつと考えられるからである。学問の生命は批判にある。そしてこの批判は財政に関する基礎的事実を明確に把握すると同時に，財政学の支配的理論と思われるものを謙虚に学び，その上に立っての財政学の内在的批判として展開されなければならない。

する必要がある。また同時に，財政が国民経済と国民生活にどのような影響を与え，また総じて経済の発展にどのような役割をもつかを明らかにしなければならない。

　財政学はいままで，《カメラリズム→古典学派財政論→ワグナーを中心とする正統派財政学→ケインズにはじまる近代経済学的財政論》の形で発展してきた。近代経済学的財政論はフィスカル・ポリシー論を中心として展開された。この変遷は第2.1図で再確認できる。そしてこれは昭和4 (1929) 年の大恐慌にはじまり，その後さまざまの構造変革を経る中での現代経済の諸矛盾を，**総需要管理**（有効需要管理）を目的とした財政政策の実行を通して解決していこうとするものであった。この考え方の基礎には，資本主義の経済現象を各種の関数関係を通して捉えていこうという**経済理論**がある一方，この関係を人為的・政策的に操作しうるという**経済政策論**がある。総需要構成要因である消費・投資の各部門別の統計も整備改善され，財政政策の操作を容易ならしめているようにみえる。しかし，政策措置の効果を最終的に予見できる状況に現代の財政学はおかれていない。しかもこれが可能であるとするところから，特定の定説（ドグマ）ないし観念形態（イデオロギー）が生まれる。フィスカル・ポリシーの実際上の成果は限られており，むしろ意図とは異なる結果がここから導き出され，現代資本主義諸国は失業と物価騰貴そして財政赤字に悩むようになった。ここからかつての西欧資本主義諸国および日本において，フィスカル・ポリシーの基礎をなすケインズ理論についての批判と再評価の動きが昭和48 (1973) 年の石油危機以降，1970年代後半から1980年代にかけて目立った。

　インフレ対策としての金融政策の再評価の動き（**マネタリズム**）（第20章参照），総需要管理政策に対して歳出減・減税などにより勤労意欲や貯蓄増をはかり供給側の能力を高めようとする**供給サイド経済学**（supply-side economics）の主張，さらには合理的な経済主体は入手可能な情報を効率的に利用し将来を予測するという**合理的期待形成論**の登場などがそのあらわれであった。フィスカル・ポリシー論は過去の思想となろうとしていたが，結局それらはフィスカル・ポリシー論に代わるものとはなり得ず，経済学ないし財政学は迷走しているといえる。また，財政学に財政支出面の経済理論的要素を強化した公共経済学が新たな可能性をもって生まれ出たようにもみえたが，半世紀を経ようとしているいまもなお，財政学との違いは明確ではなく，財政学内部での財政理論の精緻化の模索とみることもできる。

しかし，時代はまた変ろうとしているのは確かである。新しい支配的理論はなお存在しないとみてよく，従来からのケインズ経済学，新古典派経済学，社会経済学，あるいは制度的経済学などに依りながら，何とか財政学を維持しているのが昨今の有様であり，それがわれわれの生きる現代の混乱を明らかにしている。

(2) 財政学の方法

財政学は前述の通り応用経済学の一部であり，科学分類上は社会科学に属する[3]。また**財政学**は複雑多岐にわたる個々の財政現象が統一された知識全体として組み立てられたものである。したがって財政学を研究するというのは，財政上の諸現象，それら財政現象の基盤にある原理，そして財政現象間の関係を明らかにして，いかに統一された知識として財政学が構成されているかを考究し，事実を究明することといえる。そのためには，財政現象の奥に潜んでいる真実である**本質**をつかみ，それにより財政と国民の生活の間にある因果関係を認識し，これを明らかにする必要がある。そこでまず，個々の財政現象を研究する必要があり，それには2つの研究方法がある。

1つは，一般的原理に基づき誰にでもわかる論理的思考をすることにより，研究対象である個々の出来事や事物の存在を確固たるものとして論証していく方法で**演繹法**といわれるものである。いま1つは，観察することで得られる経験的事実を数多く集めて，それらを比較分類することで研究対象に共通する一般的原理を発見しようとする方法で**帰納法**といわれるものである。この二法は決して孤立無関係なものではなく，相互に補完し合うことでより確実に研究に役立てることができる。そのため，財政現象の研究にもこの二法を相補わせな

---

[3] 社会科学としての財政学をいかに組み立てるかについて，昭和20年代に日本の財政学者の間で論争がみられた。まず，戦前・戦時に支配的であったドイツ財政学の行政技術論的アプローチに対する批判から，今後の財政学は，スミスやリカードに帰り政治経済学ないしポリティカル・エコノミーとして確立されねばならないと批判が行われ（宇佐美誠次郎・島恭彦教授），これに対して，スミスやリカードに帰るのは間違いで，今後の財政学は政治経済学批判の形で展開されなければならないという批判がなされた（武田隆夫教授）。この論争では，ドイツ財政学およびイギリス古典学派の財政論の評価の問題が第1の論点であり，社会科学の建設者であるマルクスの経済学プランにおける国家の規定をどうみるかが第2の論点であった。なお，宮本憲一『現代資本主義と国家』（岩波書店，昭和56年）によると，昭和28（1953）年の日本財政学会ではこれが共通論題であり，論争の深まったところで意見を求められた大内兵衛法政大学総長が固唾をのむ列席者に対して，「そんなことはどちらでもよいのです」といったと記録されている。

がら用いることが肝要とされる。

　今日，経済学や財政学を研究するにあたり，一般的に，モデル分析と歴史分析が用いられている。そもそも科学的分析をするためには，自然科学のように実験室での実験によりデータを得ることが必要であるが，社会科学の一分野である財政学では例えば，政策を変更してデータを得ることなどは事実上，不可能である。また，現実の財政を分析する必要があるものの，複雑きわまる財政をそのまま俎上に載せて吟味することは人間の能力をはるかに超えている。そこで，歴史やモデル（模型）に依拠することになるのである。

　①**歴史分析**は，多くは帰納法によりながら分析がなされる。研究対象としている現実の財政現象は，それまでに存在してきている歴史的事象を受け継いでいる。そして歴史的事象としての財政現象やそれら財政現象の相互関係は時処によって変わるものである。しかし，そうした**歴史的事象**の中にはその事物の本質つまり事物の普遍的形態があるはずであり，それを適切な手段で把握し，それに基づいて経験的事実を比較分類していくのである。このように導出された本質こそが経験的研究の基礎理論ないし基礎概念の糸口となり，直面している現実の解釈を可能にするのである。そして，こうした1つひとつの実証的学問研究の積み重ねにより，現実問題の解明が可能となるのである。しかし，この手法では経験的事実の比較分類の際に独断に基づいてしまう危険性をはらんでおり，十分注意する必要がある。

　また②**モデル分析**は，多くは演繹法によりながら分析がなされる。モデル分析では，研究対象としている現実の財政現象が往々にして複雑多岐なものであるため，当面，本質的特性にのみ着目して，それを分析できるように**前提条件（仮定）**を設けて事実を単純化（簡単化）していく。そのため，細かな部分を捨象して問題とされる重要部分を抽出した模型，すなわちモデルを設定することになる。そのモデルについて一般的原理に基づき，より誰にでもわかる論理的思考をして論理的結論としての予測（予見）を導き出す。これが現実に観察される事実と一致すれば，理論検証されたものとされ，うまく説明できない場合には検証できなかったものとみて，モデル改善をして再度，同じ手続をすることとなる。この手法ではややもすると分析過程を誇示するあまり，非現実的な，机上の理論を振りかざしてしまったりするおそれがある。非現実的な条件に基づいたモデル分析の限界，すなわち模型による分析であることを常に心しておく必要がある。

昭和50年代に,歴史分析に重点をおいていた佐藤進教授と,モデル分析の手法を財政学の一分野である地方財政論に先駆的に取り入れた米原淳七郎教授の間でなされた,いわゆる**佐藤=米原論争**は,こうした分析方法の違いを如実に示した論争であった。米原教授のモデル分析を理論的には面白く,また米原教授の真摯な研究姿勢を高く評価していたものの,モデル設定の前提条件に問題があり,歴史的研究のない非現実的な条件に基づいたモデル分析の限界を佐藤教授は鋭くついたのであった(佐藤進「書評:米原淳七郎著『地方財政学』」『経済学論集』第44巻第1号,東京大学経済学会,昭和53年4月号)。なお後に改めて,さまざまな研究方法による財政学の発展が必要であることも佐藤教授は触れている(佐藤進「地方財政研究の課題と方法」日本地方財政学会編『分権化時代の地方財政』勁草書房,平成6年)。財政学の研究が,現実から遊離した観念の遊戯に終始しないためにも,方法論は個別的・実証的学問研究の積み重ねの上に樹立されなければならないということになる。

(3) 財政問題に対する理論的考察方法

　次に財政学を研究して,それをいかにわれわれの生活に役立てていくかが問題となる。財政学の知識により,われわれ個人の経済生活やその属する経済社会を理解し,またわれわれの生活改善に役立てることができる。こうしたことは財政学が応用経済学であることから,経済学と同じようにいえるのである。

　財政問題に対して,財政学は経済学と同様,理論的に考察を加えるにあたり,2つの経路がある。1つは現実経済を客観的事実判断により説明・予測しようとする**実証的分析**(positive analysis)である。これは先に述べた歴史分析やモデル分析をすることにより,財政の現実がどのようになっているかを明らかにすることであり,いわば財政を叙述するものである[4]。いま1つはある価値判断に基づいて経済への評価・改善方法を示す**規範的分析**(normative analysis)である。これはいかにしたら生活改善に結びつき,われわれの**経済的厚生**(経済的な幸せ;economic welfare)がより高まるかを考えるものであり,財政がいかにあるべきかという,いわば財政への処方箋を示すものといえる。これは社会におけ

---

[4] 経済理論の一翼であるミクロ経済学の教科書の1つ『ファーグスン=グールド微視的経済理論(Microeconomic Theory)』(第4版,1975[昭和50]年;木村憲二訳,新訂,日本評論社,昭和53年)では,理論経済学の書物であることもあり,経済学者の仕事を実証的なものであり,規範的なものでないとしている。

る経済的厚生の決定要因を研究する**厚生経済学**（welfare economics）に基づくものであり，経済政策の理論的基盤を形成するものである。

また現代の財政学に至っても，こうした理論的側面だけではなく，**制度論研究**を抜きには財政学を語りえない。財政現象が法・制度に立脚しているからである。制度論を無視した財政学の研究は，机上の空論となりかねない。

3 財政学の対象・構成

(1) 財政学の対象

いずれにしても上に述べたような要請をすべて盛り込んだ科学的財政学はなお存在しないのが現実である。そこでそれへ向けての努力を積み重ねることが必要であるが，**財政学のあり方**についてはなお，財政学の対象の限定，財政学の構成あるいは叙述方法の問題がある。

財政学で取り扱われる内容は，**予算**，**経費**（政府支出），**収入**（租税・税外収入・公債），**政策**（フィスカル・ポリシー）などであり，収入論のうち租税論が固有の財政問題であり，財政学者の固有の守備範囲に属するものとされてきた。予算は行政法学，経費は行政学，**税外収入**（公共料金等）は経営学，**公債**は金融論のサイドからのアプローチが可能であり，**租税論**が財政学の主要内容とされてきたのであるが，この分野でも税法学サイドからのアプローチがなされ，フィスカル・ポリシーはマクロ経済学で扱われたりし，境界領域は必ずしも明確でないものとなっている。

財政学の対象に公企業ないし政府事業を取り入れるか否か，**財政投融資**活動の分析をどこで扱うか，財政の国際化の発展につれて，**国際財政論**というべき財政の研究領域をどこに配置するかなどの問題がある。これらは試行錯誤的に体系化さるべきものであって，あらかじめ定められた学問の境界はなく，これが決定版だという財政学教科書の編別もない。

(2) 財政学の構成

伝統的財政学の方法に従っている者は，予算，経費，租税，公債，財政政策（フィスカル・ポリシー）といった編別をとっている。また，マスグレイブの財政の機能に基づき，資源配分・所得再分配・経済安定といった政策目標に応じて財政理論を構成する立場をとろうとする者もいる。しかし，こうした財政機能

による編別では財政現象の総括的把捉が可能と思われず，財政学が取り上げてきた従来の課題の中で漏れるものも多くでてくる。なお，マスグレイブ夫妻共著の『財政学の理論と実際（*Public Finance in Theory and Practice*)』（初版，1973［昭和 48］年；第 5 版，1989［平成元］年）では，序論，支出構造，収入構造（租税），財政収支の帰着，効率性と能力産出物効果，安定政策，分権主義財政，その他（福祉財政，公共料金と環境政策，国際財政，開発財政を含む）の 8 部構成からなっている。そこでは伝統的な財政学の構成との折衷が行われている。また，ローゼンとゲイヤー共著の『財政学（*Public Finance*）』（初版，1985［昭和 61］年；第 10 版，2014［平成 26］年）では，序論，財政支出（公共財と外部性，教育，費用便益分析を含む），財政支出（社会保障と所得維持），租税分析の枠組み，租税制度（赤字財政を含む），多段階政府財政の 6 部構成からなっており，グルーバーの『財政と公共政策（*Public Finance and Public Policy*）』（初版，2007［平成 19］年；第 5 版，2016［平成 28］年）では，序論，外部性と公共財（教育，費用便益分析，州・地方歳出を含む），社会保障と再分配，課税の理論と実際の 4 部構成になっている。ローゼン-ゲイヤーとグルーバーでは，マスグレイブの 3 機能による編別に近いが，安定政策が欠如しており，グルーバーに至っては公債や赤字財政についてはきわめて簡単にしか触れられていない。

(3) 財政学方法論の必要性

　財政学の方法については，以上のような簡単なコメントにとどめたい。財政学の研究方法を論じる**財政学方法論**は多くの財政学者の関心を惹く主題となっている反面，方法論を欠いた財政学テキストも多く，むしろそれが現在の財政学がおかれた混迷の状況を反映するものといえる。方法論なき学問研究は，羅針盤のない航海のようなもので，その方向に定めがない。他方でどのようにすぐれた方法論をもっても，その方法論の活用において十分な成果をあげなければ無益と思われるのである。

第Ⅱ部 予　　算

第5章　予算と予算原則

1　予算の意義

(1)　予算の概念

予算をあらわす外国語として budget（英），Haushaltsplan（独），etat（仏）の言葉があるが，budget という言葉が一般的であり，独・仏語でもこの言葉が外来語として用いられ定着している（Das Budget, le budget）。

予算（budget）はこれを規定すれば，「来るべき一会計年度に計画された原則的に遂行を義務づけられている経費の支出と，この経費の支出に充当される収入の予測とを比較対照した体系」（加藤芳太郎「予算と決算」辻清明ほか編『行政学講座』第3巻，東京大学出版会，昭和51年，78頁）である。より簡潔に表現すれば，「将来一定期間（次の会計年度）における財政の予測算定表である」（阿部賢一『財政学全（改訂版）』明善社，昭和4年，659頁）といえよう。一会計年度というのが，数か年にわたる財政計画と異なる点であるが，西欧諸国では，一会計年度を超えた財政計画の普及に伴い，予算の位置付けをめぐり，さまざまな問題がでている。

(2)　財政民主主義の確立

①財政民主主義確立の背景　　近代的財政制度の成立はイギリスで1640年代初頭から1716年の間に成立したものが世界初であるとみてよい。ここで**近代的**というのは，ブルジョア（有産者）的，資本主義的という意味である。1640年代初頭はピューリタン革命（1642年8月内乱勃発）の開始期であり，1716年というのは，18世紀初頭のイギリスの大蔵大臣ロバート・ウォルポールによる減債基金成立の年である[1]。この間に，議会による**予算協賛**が確立し，現代まで受け継がれている近代財政の仕組みがおおよそ形成され，財政民主主義の初歩的形成が行われた。その後，機械制工業と工場制度の成立に伴う社会的経済的

---

1)　**減債基金**（sinking fund）は，各種の租税を担保として無秩序に発行された公債を統合し，これの償還のための統合基金を設けたことをさす。

変革である**産業革命**を迎える。これにより，18世紀末より19世紀初頭にかけて，イギリスでは産業資本の成立をみた。そして1830年代の議会改革等を経て，産業資本の支配体制が確立し，自由貿易時代を迎えた。1840年代のピールの改革，1860年代のグラッドストーンの改革で，イギリスは自由貿易の最盛期を迎え，ここで自由主義財政が形成されたのであり，**財政民主主義**が確立したのであった。そこで以下，財政民主主義の確立過程をみていく。

②**議会による租税承認権**　絶対主義国家のイギリスでは王室領地収入が主たるものであったが，これに不足すると議会外的財政手段として関税や特権収入等を用いたりした。しかし財政需要に追いつかずこれら以外のものに財源を求め出したため，財源調達をめぐり議会と国王の長きにわたる対立を経て，1628年に**権利の請願**（Petition of Right）をチャールズ1世に調印させたが専制の歯止めには至らなかった（山村勝郎「財政制度」遠藤湘吉編『財政学』青林書院，昭和33年）。その後，ピューリタン革命時の1643年に**内国消費税**（excise）を中心とする**近代税制**が成立する。これはもともと国民的飲料であるビール，エール等に対する税が基本であったのが生活必需品を含む各種消費財を網羅する消費税になったものである。アダム・スミスはイギリスの4大悪税として，ろうそく，石鹸，塩，なめし皮への課税をあげたが，これらの税はマニュファクチュア生産と国内市場の形成を背景に発展したのである。また，近代税制の裏付けとして近代的公債制度も成立した。こうした中で，1689年の**権利の章典**（Bill of Right）で「議会の承認なき貨幣の調達は不可」と制定されたが，この議会による租税承認権の宣言は有名である。

③**議会による支出承認権**　議会による支出権の承認の歴史はずっと遅れた。軍事費中心の経費膨張が行われ，国家経費は軍事費，王室費，一般行政費を中心に膨張した。そうした中，イギリス-オランダ戦争中（1652〜1674年）の1665年に戦費調達に対する経費許容条項をチャールズ2世に認めさせたことを契機に，議会による支出承認がされはじめた。なお，経費については王室費と行政費の区別などは完全なものでなく，また近代的官僚制による専門家集団としての官僚による行政執行は18世紀末のピットの時代以後である（これは所得税徴税官吏の形成をもってはじまるといわれている）。

④**財政民主主義の確立**　もっとも，第1章3で述べた財政民主主義の4原則が実現するのは，19世紀中葉のグラッドストーン時代である。近代的予算制度はイギリスが最も古く，予算の英語である"budget"の意味は，「財務大臣が

予算関係資料をいれるかばん」の意味とされている。イギリスでは，財務大臣が議会で予算演説を開始することを"opening the budget"という。それまで予算は秘密にされるので，かばんの中味に人々が関心を寄せるのである[2]。

(3) 日本における近代財政の成立

日本では西洋のような革命とはいえないものの，近代化が名実ともに始まったのは明治元 (1868) 年の**明治維新**であり，議会が開設されたのは明治23 (1890) 年であった。日本の資本主義は，日清戦争と日露戦争との間に形成され，日本の近代財政もこの時期に形成された。

①**予算公開** 予算制度についてみると，予算公開はそれを主張した**渋沢栄一**とその上司である**井上馨**の意見が聞き入れられず下野したことが契機となり，明治6 (1873) 年に大隈重信による**見込会計表**の作成にはじまるが，議会に対し予算の協賛を求めるようになったのは，明治22 (1899) 年の**大日本帝国憲法**(明治憲法) 以後である。この憲法制定にはドイツ系学者ロエスレルやグナイストがあずかっている。そしてこの大日本帝国憲法の規定では，皇室費には議会の審議権がなく，天皇大権に基づく経費（軍事費，司法費，官吏俸給等）の修正には政府の同意を要するほか，責任支出，緊急処分，予算不成立の際の前年度予算施行などの規定が盛り込まれていた。

②**明治政府の財政支出と地租改正** 明治政府の財政支出は，当初は秩禄処分などの旧制度解体のための費用を中心とし，次いで軍事費，殖産興業費等を加えて増大する一方，収入面では明治6 (1873) 年から着手された**地租改正**[3]により，地租を基軸とする近代税制が形成され，またこれを裏付けとする近代公債の整備をみた。これらは国会開設以前に行われたのであるが，明治23 (1890) ～26 (1893) 年の初期議会では自由民権を唱える政党が優位を占めることにより，地租軽減，国費節約（海軍費削減，製鉄所予算否決）などの運動がはなばなしく展開された。この時期をもって，日本における**安価な政府**の時期とみることが可能である。しかし，この運動も短命であり，大きな成果はなく終わった。

---

[2] イギリスの財務（大蔵）大臣がもつかばん (budget box) はグラッドストーン時代から（一説によればウォルポール時代から）引き継がれたものが"red box"として広く知られていたが，一時期を除いて2011（平成23）年まで使われ，同年3月以降は新たなbudget boxに引き継がれている。

[3] 沖縄県は琉球王国から近代日本への移行が本土よりやや遅れたため，地租改正も土地整理事業という名の下で明治32 (1899) 年から本土にかなり遅れての実施となった。

(4) 予算の意義

①**行政プランの裏付け・財務統制としての予算**　予算は1年間の財政支出と財政収入の見積りを意味するが，財政支出は単なる見積りでなく，**執行を義務付けられた**ものである。議会は行政府に対して歳出予算を承認し，その行政プランを実行させる。財務（大蔵）省は各省庁に対して予算を配賦し，これを受けて各行政官庁が行政を執行する。そこで予算は，行政プランの裏付けであると同時に，国会の行政府に対する，また財務（大蔵）省の各省庁に対する財務統制の手段となる。

②**政治プログラムの表現としての予算**　予算は，それによって支配集団の政治プログラム（実施計画）の貫徹が目指されるものであるとみてよい[4]。政府は本来，諸利益集団の妥協の集中的表現であり，予算もこうした妥協の結果を表現するが，国家を形成する支配集団の利益が赤い糸として貫徹されることは疑いえない。「**予算はすべてのまぎらわしいイデオロギーを脱ぎすてた国家の骨組みを示す**」というゴールドシャイトの言葉は有名である。

③**経済政策実現手段としての予算**　景気政策や所得・財産の再分配政策を通じて，望ましい経済目標の達成をはかることが国家の課題とされ，これに伴って予算に期待される**経済政策的機能**が重視されるようになった。ここから経済分析に役立つ予算区分が開発されると同時に，予算の経済効果を明らかにし，経済政策的目標の実現に役立つ予算の編成という考え方が強くなるようになった。

2　古典的予算原則

民主主義国家において，予算が編成・実行される際に拠るべき根本的規則とされる**予算原則**は，フランスの財政学者ストゥルム（Stourm）およびジェーズ（Jeze），ドイツの財政学者ノイマルク等により，第1次世界大戦前後に確立された。これらは後述のような新たな予算原則に対して，**古典的予算原則**とよばれている。第2次世界大戦後は，ハイニヒ（Heinig），ゼンフ（Senf），ヴィットマン（Wittmann）等がこの予算原則の研究を継承している。日本の法と関連させ

---

[4]　「予算編成はその本質上政治過程であり，それによって政府の政治プログラムが数量的に正確に固定化され，各種の政治目標，その順序と実現形態が，特定の将来の時期に対して，拘束的に確定されるものである」(P. Senf, Kurzfristige Haushaltsplanung, *Handbuch der Finanzwissenschaft*, 3.Aufl., Bd.I, S.374f.)。ゼンフのこの規定はやや抽象的である。

てこれらをまとめると第5.1表のようになるが、以下その説明をする。

第5.1表　わが国憲法・財政法と予算原則

(1) 明確原則		
1	公　　　開	憲法第91条、財政法第46条
2	明　　　瞭	(憲法第23条)
3	厳　　　密	
4	統　　　一	財政法第13条
5	完　全　性	財政法第14条、会計法第2条
(2) 拘束原則		
1	事前決定	財政法第27条
2	会計年度独立	財政法第11、12条
3	超過支出禁止	
4	流用禁止	財政法第32、33条
5	ノン・アフェクタシオン	
(3) 健全性原則		
1	収支均衡	財政法第4、5、6条
2	経済性	(地方自治法第2条の12、地方財政法第4条)

(1) 明確原則

明確原則は、明瞭で正確な予算をつくるべしというもので、予算の形式原則というべきものであり、時代の経過とともに空洞化しつつ、なお望ましい予算の上位原則とされているものである。

①**公開（Öffentlichkeit）の原則**　予算は国民と国会に公開されなければならないというのが**公開の原則**である。これはあらゆる財政的事実の公開を求めるもので、ここから非公開の委員会審議や機密費の計上は認められないものとなる。また公開は予算の編成・執行過程の全般に及ぶと解されているが、実際はなかなかそこまでいかない。いずれにしても、公開はその方法が問題である。

②**明瞭（Klarheit）の原則**　予算ははっきりしたわかりやすいものでなければならないというのが**明瞭の原則**である。そこでは、予算によっていかなる課題とプログラム（実施計画）が実行され、これがいかなる手段で遂行されるのかについての明確な情報の提供がなければならない。計画をいくつかの事業に分割して、その各々について費用と実績の検討を行おうとする**事業別予算**（performance budget）はこうした要請に応じようとするものであるが、各国でなお定着をみていない（第8章参照）。

③**厳密（Genauigkeit）の原則**　予算は見積りであっても、決算と一致するほど厳密なものでなければならないというのが**厳密の原則**である。これは特に収入予算の過小見積りや過大見積りを戒めるものである。経費予算についても、**事後的費用**（Folgekosten——当該会計年度以降に引き続き支出される経費）の正確な算定を含んだ情報提供が必要で、初年度経費を少なく計上して事業を発足させ、既成事実により後年度に予算額を拡大するのは、これに即したものといえない。

④統一（Einheit）の原則　　すべての収入と支出が，1つの単一の予算に組み込まれていなければならないというのが**統一の原則**である。これは各種の基金の設定を否定し，国庫の統一を求める会計制度上の要請に応ずるものである。ここから複数・多数の予算の存在は好ましくないものとされ，特別会計・基金等の設立の制限が求められるが，日本の場合は，この原則が大きく破られている。

　⑤完全性（Vollständigkeit）の原則　　前述した統一の原則と異なり，すべての収入・支出が漏れなく，相互に区別された形で，予算に計上されることを求めるものが**完全性の原則**である。収入を得るのに要した経費を控除した**純計**（net；netto）原則でなく，**総計**（gross；brutto）原則による予算計上が要請される。総計原則は黒字・赤字の差額勘定の結果だけでなく，それに至る過程をも明らかにするもので，政府事業や特別会計の実態を把握するため不可欠である。

(2) 拘束原則（限定性原則）

　行政府に委ねられる財政資金の支出について，時間的・金額的・費目間の限定を行い，議会の行政府に対する財務統制の手段としようとするものが**限定性原則**の主体であり，これは予算の実質的原則というべきものである。

　①事前決定（Vorherigkeit）の原則　　財政資金の支出を決める予算は，会計年度開始前に成立していなければならないとするのが**事前決定の原則**である。ここから政府予算の議会提出の時期が定められる（日本の財政法第27条は，予算は前年度の1月中に国会に提出するのを常例とすると規定している）。しかし予算審議に時間がかかり，会計年度がはじまっても予算が成立していないことがある。その場合，例外的に**暫定予算**を認める場合（日本，イギリス，フランス等），政府に**前年度予算の踏襲**を経過的に認める場合（ドイツ，大日本帝国憲法下での日本）があるが，後者は議会制民主主義軽視の危険をはらむ。

　②会計年度独立（Jährlichkeit）の原則　　一会計年度内に支出および収納が完了していなければならないとするのが**会計年度独立の原則**であり，予算は会計年度ごとに編成し議会の議決を得るという**単年度主義原則**（**毎年性原則**ともいう）を前提としている。時間的な限定性の原則の主内容がこれであり，一年一年予算を承認するという慣行から生まれたものである。会計年度は国によって異なっており，アメリカは10～9月，ドイツ，フランスは暦年，イギリスと日本は4～3月である。日本の**会計年度**（fiscal year）は，明治19（1886）年度以降，4月～翌年3月となったが，これは農閑期を利用した帝国議会での予算成立時

期に重点をおいたためとも，イギリスに倣ったともいわれ諸説ある[5]（地方団体の場合も同じであるが，日本では地方団体の会計年度を暦年に改正する構想，2年制予算構想などがある。アメリカの地方団体の中には2年制予算をとるところが少なくないとされている）。この種の限定は，多年度にわたる支出権限委譲の場合破られる。アメリカの支出予算の多くがそれであり，日本の**継続費**，**繰越明許費**（第6章1参照）も，この原則の例外をなす。

　③**超過支出禁止**（Spezialität 1）**の原則**　予算の物質的な限定を行うものであるが，**超過支出禁止の原則**は量的な限定の側面をあらわすもので，具体的には定められた金額以上の支出を禁止するものである。この原則規定を緩和するものが，不時の際の予備費支出の規定，そして補正予算作成の規定である。なお日本では予算における**予備費**計上が当然視されているが，諸外国にはあまりみられない制度である。

　④**流用禁止**（Spezialität 2）**の原則**　**流用禁止の原則**は予算の物的制限の質的側面をあらわすもので，具体的には予算で定められた款項目以外の流用は認められないとするものである。もっとも日本の場合，予算の区分は第5.2表のとおりで，項以上を流用禁止の**議定科目**といい国会の議決を必要とし，目以下を**行政科目**として，財務大臣の許可を得ての流用を認めることとしている[6]。

　⑤**ノン・アフェクタシオン**（non-affectation）**の原則**　特定の経費とのひもつきの形での収入を設定することを好ましくないとするのがノン・アフェクタシオンの原則で，これは各種基金の設定を禁じた統一の原則とも関連する。アフェクタシオンは「特定のむすびつき・愛着関係」をさす。ここから**目的税**は

第5.2表　歳入歳出予算の予算科目の一例

（歳入予算）	例	（歳出予算）	例
「主管別」	財務省	「所管別」	財務省
「部」	租税及び印紙収入	「組織別」	財務本省
「款」	租税	「項」	財務本省
「項」	所得税	（「事項」）	(財務本省の一般行政に必要な経費)
「目」	源泉所得税	「目」	庁費
		「目の細分」	税制関係資料作成費

---

5) 花田七五三『官庁会計』（東洋出版社，昭和9年），また河野一之『新版予算制度』（学陽書房，昭和62年）などを参照。

6) 財政法等においては，組織間では**移替え**，項間では**移用**，目間では**流用**といっている。

原則として好ましくないこととなるが，議会の議決で例外的に認められる形をとり，それが次第に固定化しつつある（なおノン・アフェクタシオン原則は，統一の原則の一種とみることもできるが，議会の財務統制機能を弱めるひもつき予算を制限する趣旨のものとして，拘束原則の中に入れた）。

(3) 健全性原則

健全な予算を求めるもので，これは予算運営の基本原則を定めたものとみてよい。

①**収支均衡**（Haushaltsausgleich）**の原則**　予算収支の均衡を求めるものであり，古典的予算原則の範囲内では，経常収入と経常支出の均衡が何よりも問題となる。そこでこの原則から経常収支赤字の際の**公債**による財源補填が禁止される。赤字公債禁止原則といってよい。

②**経済性**（Wirtschaftlichkeit）**の原則**　ここでは最小の経費で所与の目的を達成すること（リッチュルの第一義の経済性）と，所与の手段で最大の効果をあげること（第二義の経済性）の2つがあげられる[7]。

3　古典的予算原則の修正

(1) 古典的原則の修正

上述のような古典的予算原則は，ドイツではワイマール共和国憲法（1922［大正11］年），日本では**日本国憲法**（昭和21［1946］年），**財政法・会計法**（昭和22［1947］年）で確立された（第5.1表参照）。主要諸国でも，憲法・基本法・財政法等々が多かれ少なかれ予算原則を法的に確定したものが多いが，この間予算原則の修正を促す要因も次第に増大している。それは，①国家の任務の拡大とその多角化，②国営・公営企業等公企業の増大と会計の複雑化，③財政収支の国民経済における重要性の増大等々の事情を背景とする。しかしより具体的には，④行政府の自由裁量権の拡大を求めるフィスカル・ポリシーの要請が，予算

---

[7] 以上の分類は佐藤によるもので，その他さまざまな分類がある。現代の予算論の権威者の1人とみられるP.ゼンフ（元ザールラント蔵相，ザールラント大学教授）は，①完全性，②統一，③明確，④厳密，⑤事前性，⑥物的限定性，⑦時間的限定性，⑧公開の8つをあげる。①②③は形式的原則，④と⑤は予算編成と確定にあたっての原則，⑥と⑦は予算執行にあたっての原則，⑧は決算を含む全予算循環過程を包括する原則といった位置付けがなされている（『財政学全書』第3版，第1巻［独文］，393頁参照）。

の拘束原則の緩和を促していること，⑤単年度の収支均衡にかわる多年度均衡，予算の均衡より国民経済の均衡を重視する同じフィスカル・ポリシーの要請が，予算の健全性原則と抵触し，その変更・修正を求めていることなどによる。

(2) 現代の予算原則

古典的予算原則にかわる体系的現代の予算原則はなお確立されているといいがたいが，これをハロルド・スミスおよびヴィットマンの所説によってまとめると，次のようになる (Walter Wittmann, *Einführung in die Finanzwissenschaft*・Ⅲ, Gustav Pischer Verlag, 1976, S.49～)。

①**行政府責任の原則**　　予算は本来行政予算であり，予算の編成と執行には行政府が責任をもってあたるべきだとするものである。

②**行政府の自由裁量の原則**　　予算の執行にあたって，行政府の措置に弾力性を認め，あるいは行政府に選択権を付与すべきだとするものである。

③**時期の弾力性の原則**　　支出および収入調達の時期に弾力性をもたせ，景気変動の各局面に対応した財政政策の運用を認めるべきだとするものである。

④**報告および情報管理の原則**　　上でみたような行政府権限の強化に対応して，行政府の適時の報告および情報提供を義務付けるものである。議会の財務統制を間接的なものの保証として，これが求められている。

⑤**総合的予算管理の原則**　　中央政府各省庁・部局・同関係機関だけでなく，地方団体の予算を含めた総合的予算管理が必要とするものである。予算の経済政策的機能達成のため，中央・地方の財政運営の調整を求めるものといえる。

以上でみた現代の予算原則はなお試案の域をでないが，これは予算の複雑化と専門行政職の役割の増大に裏付けられた**行政府優位の傾向**を前提とするものである。そしてこの行政府優位と財政民主主義との調和を説くものであるが，この調和は必ずしも達成されず，これが現代の予算政策の固有の矛盾を形成しているのである。同様なことは中央政府の担当するフィスカル・ポリシーと地方自治の調和の困難となってあらわれているというべきである。

4 予算の編成

(1) 予算編成の担い手

予算を編成するのは，政権にある**政府**であるが，実際これを実務ベースで行う

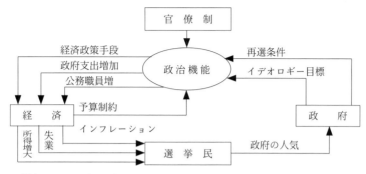

(注) B. Frey および F. Schneider のモデルによる。

第5.1図 政治経済的意思決定モデル

のは**財務省**ないし**大蔵省**（財務省・金融庁の旧称）（第6章も参照）である。イギリス，ドイツ，日本ではそうであり，その役割はアメリカの場合は，やや異なった形で，大統領直属の**行政管理・予算庁**が行う。予算編成にあずかる機関の役割は国によって異なっており，これは各国の政治機構・行政機構の相違に基づく。イギリスの場合，財務省は1969（昭和44）年以降財政政策のみでなく，経済政策全般を立案する権限をもつ。財務大臣は，いずれの国でも他の諸大臣とならぶ一閣僚の地位を占めるにすぎないが，事実上特別の地位を占める場合が多い。それは政治的利益の調整が，予算編成権をもつもののところで行われる結果である。

現代国家においては，行政官僚制と政党政治体制が予算編成の担い手であり，これは投票者主権と議会による集合的決定といった単純なモデルでの政治的意思決定過程の説明に疑問をいだかせる要因となる[8]。ゼンフもいうように，「行政はなんら中立的な制度でなく，独自の選好をもち，それによって自ら

---

8) 政党政府と官僚制といった政府部門をその中に盛り込んだ政治経済的意思決定モデルにより，予算政策上の諸手段が理解されるというのが，スイスの「政治経済学派」の主張である。第5.1図のようなモデルであり，経済政策手段として，国家支出の増加（財・サービス購入と移転支出のそれ），公務員人件費水準と公務職員数の増加がとられる。政府はこれらの手段を通じて，経済過程に影響を与え，政府の人気を高め，再選の可能性を強めようとする。数量的計測の結果は選挙が近づくにつれて，国家支出が増加すること，失業率の増大とインフレ率の増大は政府の人気（世論調査によるそれ）と負の相関を，可処分所得の増加率は正の相関を有することなどが明らかになると，モデル作成者は述べている。政府イデオロギー（右・左・中道）が予算規模拡大にどのように影響するかという観点も重要としている（B. Frey and F. Schneider, An Econometric Model with an Endogenous Government Sector, *Public Choice*, 1979.）。ここでは，意思決定者としての中央銀行，議会，圧力団体などの考慮がなされていない。

の予算を極大化すべく努力する。その際，高度に主観的な基礎づけをもつ役割の期待が，その行動様式を決定する」のである。**官僚**による予算編成は，当然その利益に即した予算編成となり，増分主義仮説がここから導き出される。財務官僚が各省庁の予算要求に対し，前年度予算を基準としてこれに何ほどかを積み増す形で予算編成を行うというのが**増分主義**（incrementalism）であるが，もちろんこれだけでは，予算編成過程を説明できない。

(2) ミクロ予算編成とマクロ予算編成

日本型予算政治を研究したキャンベルが予算編成過程を独特な切り口でまとめている。予算編成を分けると大きく2つの方向性があり，それらの統合をあわせると3つに分けられるとしている（小島昭・佐藤和義訳『キャンベル予算ぶんどり』サイマル出版会，昭和59年）。

2つの方向性のうち，第一は上意下達（トップダウン）的意思決定による予算編成であり，**マクロ予算編成**（巨視的予算編成）（macro budgeting）である。これは，総合的な予算編成を意味するものである。つまり経済政策上の問題や歳入見積り，長期経費動向の予測を含んで，予算の規模や構造，また当該年度の重点事項を明らかし，予算総額の決定に関係する編成方法である。これが強化されれば，予算の総合調整が可能となり，行政府は主導性を発揮でき，政治責任の強化に結びつく。第二は下意上達（ボトムアップ）的意思決定による予算編成であり，**ミクロ予算編成**（微視的予算編成）（micro budgeting）である。これは単価，数量，関係職員といった事業等の基盤となるものを基礎にして，個別予算額を積算する編成方法である。この積算にあたってはきわめて専門的能力を必要とするものであり，官僚を中心にしてその作業がなされている[9]。

---

[9] キャンベルはミクロ予算編成とマクロ予算編成はすべての国で明確に区別される組織が独自に遂行し数値が出てくるが，それらは毎年失敗することなく同一であるのは，予算編成のミステリーであるとしている。

第6章　日本の予算・決算制度

1　戦前と戦後の財務規定

(1)　戦前の財務規定

財務とは予算の編成・執行・決算の過程を行政サイドからみたものである。この財務に関する規定は，戦前は**大日本帝国憲法**（明治憲法）**第6章**を基本とし，**会計法**（明治14 [1881] 年）・**会計規則・国有財産法・会計検査院法**等によっていた。大日本帝国（明治）憲法下では，財政の基本事項が憲法第6章会計のところで定められていた。日本国憲法第7章のように財政でなく**会計**とされたのは，国の財政権が基本的に**行政府**によって専有され，財政が行政部内の会計処理事項とされていたからであった。戦前における議会の財政権の制限は，天皇大権に基づく既定費・義務費等の削減にあたっての政府の同意の必要（憲法第67条），緊急財政処分の規定（同第70条），予算不成立の際の前年度予算執行の規定（同第71条）等にあらわれていた[1]。

(2)　戦後旧会計法からの財政法の独立

第2次世界大戦後の昭和21（1946）年に公布された**日本国憲法**は，第7章に

---

1)　大日本帝国（明治）憲法の財政条項の決定にあたっては，法律と予算とは異なるものであることをいかに徹底せしめるかが憲法起草者の意図であった。欧米諸国では法律と予算が同一視されているのに対し，憲法調査に赴いた伊藤博文はグナイストやシュタインの学説にしたがって，予算は統治権に属するため議会の介入を制限すべきであるという考え方を取り入れた。また憲法起草にあたった井上毅は，外務顧問ロエスレルの意見をいれ，課税と経費支出を国会が完全に掌握しているイギリスに対し，国会の賛成がなくとも政府が課税および支出をなしうるプロイセンの制度によることを得策とした。議会の関与は行政府権限に属する予算をめぐる論議に限られ，政府はこれに拘束されるものでないというのが，大日本帝国（明治）憲法の考え方であった。予算は行政事項であり，立法事項でないというところから，議会の介入に対する制限が生まれ，これが日本の戦前の予算制度を独自なものとした。そしてこの伝統的観念は戦後も必ずしも克服されていないが，それは法律と予算の区別に起因するのである。これらについては，加藤一明『日本の行財政構造』（東京大学出版会，昭和55年）第1章を参照。

財政の基本事項を定め，名称を会計から**財政**に改めると同時に，旧会計法を廃止して，昭和22（1947）年に**会計法**から**財政法**を独立させた。

財政法第3条では，独占事業・専売事業の価格および料金の法定を定め，従来行政府が決定していた価格・料金を法律によって決定することとした。財政民主主義にふさわしい規定であるが，財政法制定の翌年公布された「**財政法第3条の特例に関する法律**」で，外国たばこの定価や，国鉄の基本運賃以外の急行料金等は法定外とされた。

第4条から第6条では，軍事公債の累積によるインフレーションの反省に基づいて，公債および借入金の制限を定め（第4条），公債の日銀引受を禁止し（第5条），**歳計剰余金**による公債償還を規定した（第6条），財政運営上公債募集をしないとする**非募債主義**と**健全財政**の建前を明らかにしたもので，これが長く日本の財政政策を規定するものとなった。もっとも公債発行は出資金・貸付金，公共事業の財源とするものには認められ（第4条但し書），また第7条では**財務省証券**（短期国債）や日銀からの一時借入金を認めている。

財政法第9条は，国の財産の管理処分の効率的運用を法律に基づいて行うことを定め，第10条は**国費**の分賦が法律に基づいて行わるべきことを定めた。後者は国の事務を地方団体に委ねる場合等の費用負担についての規定であるが，これが実際生かされているかどうかには疑問がある。

以上の財政法第3条から第10条の規定は，財政運営の基本に関する規定であり，国会の財政権の強化，健全財政原則，財政負担の法定原則等を盛りこんだ重要規定であり，戦後財政改革の基本内容を示すものであった。

(3) 財政法からみた日本の予算制度

財政法第11条以下は，日本固有の財務規定を行っており，第11条で会計年度の区分，第12条で会計年度独立原則の規定，第13条で一般会計と特別会計とからなる会計区分を規定している。第14条以下が予算の作成と執行に関する規定であり，その内容に即してみた日本の予算制度は，次の通りである。

①**予算の種類**　　第6.1図は日本の予算の種類を図示したものである。財政法第13条では，「国の会計を分つて一般会計及び特別会計とする」とあるが，**一般会計**は国の基本的経費および収入を経理するもの，**特別会計**は特別の収入・支出を特別に経理するものである。

このほかに**政府関係機関**の予算がある。これは昭和60年代までは3公社

（日本国有鉄道，日本電信電話公社，日本専売公社），2 銀行，10 公庫等の政府関係機関について，その後昭和末期の民営化等により 9 公庫 2 銀行等の政府関係機関となり，また平成 11（1999）年の公庫・銀行の統廃合等を経て，現在は後掲の第 7.4 表の通り 4 機関について，各特別法にしたがい，国の予算・決算に準じて経理するものである。一般会計に比して，会計制度上，現金主義ではなく**発生主義記帳**を行うほか，予算の弾力性が認められているなどの違いがある。

独立機関の予算については特別規定があり，それは国会，裁判所および会計検査院の予算について規定するもの

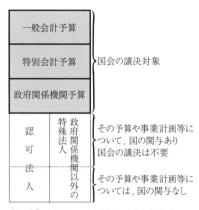

〔出所〕『図説日本の財政』東洋経済新報社（，財経詳報社）を改編。
※本書中に〔出所〕の形で示してある財政資料としての定期刊行物を適宜参照されたい。
（注）ただし，特殊法人の 1 つである日本放送協会の収支予算については，国会の承認を受けることとされている。

第 6.1 図　日本の予算の種類

である。これらの 3 機関の予算については，それぞれの長に対し，歳出の決定について政府より意見が求められ，また政府が歳出見積りを減額する場合は，当該機関の見積りを付記して国会に提出するという取扱いがなされる。

②**予算の区別**　　予算原則の事前決定の原則に基づき，通常は会計年度開始までに成立する，当初成立した予算を**本予算**とよんでいる（法律には本予算という用語はないが，後述の補正予算と暫定予算に対して使う）。

予算にはこのほか，補正予算と暫定予算の区別がある。**補正予算**は「予算作成後に生じた事由に基づき特に緊急となつた経費の支出」を行う場合（財政法第 29 条；この条項は昭和 37 年の財政法改正で，それまでは「必要避けることのできない経費」とあったものを修正する形で定められた），そして予算に追加以外の変更を加える場合に組まれる。前者は**増額補正**，後者は**減額補正**の場合が主であるとみられるが，常例化しているのは前者の場合である。昭和 48（1973）年の石油危機以降は経済成長率の鈍化と振幅の大きい景気変動への対応から，食糧管理特別会計繰入れ（年度中の米価引上げに伴うそれ），公務員人件費の追加支給（年度中になされる人事院勧告に基づくそれ），地方交付税増額（財源となる国税収入の年度内自然増収に伴うそれ）などの経済対策のための補正予算が常態化していた。なお昭

和50年度不況の際,歳入予算の減額補正を行ったが,これは例外的なものであった。なお,補正予算が成立すると本予算は**当初予算**とよばれる。

　暫定予算(財政法第30条)は,会計年度発足後も予算が成立しない場合,一定期間にかかわる暫定の予算を組み,本予算成立の際これを失効させ,本予算に吸収するものである。暫定予算はあくまで例外的なものであるから,この予算に組むことができるのは,経常経費中最小限のものに限られる。公共事業費の一部を組み入れるのが妥当か否か問題になったことがあるが,これについても新規の経費は避け,継続のものに限るといった配慮が必要とされている(暫定予算の長いものは,少し前になるが近年では平成6年度の83日がある)。

　③**予算の形式**(財政法第14条以下)　　日本の予算は,(ア)**予算総則**,(イ)**歳入歳出予算**,(ウ)**継続費**,(エ)**繰越明許費**,(オ)**国庫債務負担行為**からなる。これは予算書の記載順序を規定したもので,それぞれの内容は次の通りである。

　(ア)**予算総則**　　これは各年度の予算についての総括的規定を行った部分で,公債・借入金の限度,財務省証券の発行限度,建設国債の裏付けとなる公共事業の範囲などが記載される(財政法第22条)。

　(イ)**歳入歳出予算**　　これが予算の本体で,歳入と歳出の見積りとからなるが,歳入はまさに見積りであるのに対して,歳出の方はこの歳出予算に支出が拘束される。なお政府関係機関の場合は,歳入歳出といわず,収入支出とよぶ。歳入歳出予算は,その収入または支出に関係のある部局等の組織の別に区分し,部款項の区別等を行う(財政法第23条)。

　(ウ)**継続費**　　完成までに数か年を要する事業について,**経費総額**とその**年割額**を示すものである(財政法第14条の2)。具体的には警備艦の建造,トンネル工事などに適用される。継続費の制度は財政法制定時には存在せず,昭和27(1952)年に財政法修正の形で加えられたものである。

　(エ)**繰越明許費**　　年度内に支出の終わらない見込みのものについて,翌年度に繰越しを認めるものである(財政法第14条の3)。公共事業費に多く適用され,フィスカル・ポリシーの手段として利用される。事業の年度越し繰延べの形で,支出を次年度に留保するものである。

　(オ)**国庫債務負担行為**　　当該年度(初年度)に実際の支出がその後数年にわたってなされるような契約を歳出予算外に結ぶ場合,その理由,支出限度,年割額等を定めるものである(財政法第15条)。具体的には,航空機の購入の場合などに用いられる。当該年度の支出を要しないこと,各年次支出額を必ずしも

定める必要がなく歳出化額を毎年度国会で議決する必要があることなどが継続費と異なるとされ，継続費との区別は必ずしも明確でなく，これを統一せよという意見もある。国庫債務負担行為の年限は財政法制定時には3年までであったが，昭和29 (1954) 年の財政法改正で継続費と同じく5年までとなった。

2 予算編成過程とその政治的性格

(1) 日本の予算編成過程

日本の予算・決算過程は，第6.1表の通りである。

①各省庁の次年度経費見積り作業と概算要求の提出　昭和以来，各省庁の次年度経費見積り作業は，会計年度発足と同時に内々にははじめられていたが，各省庁が8月末までに各省庁の次年度予算要求である**概算要求**を財務省（旧・大蔵省）に提出することへの対応で本格的にはじまるのが常であった。つまり，平成13 (2001) 年から毎年6月に経済財政諮問会議でいわゆる「**骨太の方針**」が議論されるようになり，これにより官邸主導の政策への強い意志表示がなされるまでは，各省庁等で個別予算を積算するという**ミクロ予算編成**（微視的予算編成）が先行する過程をたどっていたのであった。

財務省は事前に概算要求の大枠を示すが，これは**一般歳出**（一般会計の歳出のうち，国債費や地方交付税のような義務的経費を除いた政策的経費）を対象に編成予算年度の前年度当初予算額の一定割合を要求増加分の上限と定めるもので**概算要求基準**（シーリング）という。この枠は，昭和36 (1961) 年度以降前年比50％増以内，昭和40年度30％増以内，昭和42年度25％増以内と切り下げられた。また第6.2表のように昭和50年代に入ってからは15％増以内，そして10％増以内と引き締められており（昭和52年度からは費用により違いがでる），昭和57年度には「増税なき財政再建」路線に沿って原則ゼロで**ゼロ・シーリング**，そして昭和58年度以降は**マイナス・シーリング**（前年度を下回る枠）となり，厳しい財政事情があらわれた。平成に入り経常的経費と投資的経費で別のシーリングが設けられたり，平成10年代は公共投資投資関係費，義務的経費等々で区分されたりしたが，平成26 (2014) 年度からは成長戦略への優先配分に特別枠を設けることとなりシーリング（歳出上限）の設定をしていない。

②財務省主計局の査定作業　各省庁の概算要求を受けた**財務省主計局**は，9月に入ってから説明聴取と審査を行い，9月はじめより査定作業に入る。年末が

第6.1表 予算・決算のおもな過程（平成16/28年度）

過程	年・月・日		事　項	機　関
	平成16年度	平成28年度		
編成	H15. 6.26	H27. 6.30	経済財政運営と構造改革に関する基本方針2003/2015（骨太の方針）	経済財政諮問会議
	H15. 8. 1	H27. 7.24	平成16/28年度予算の概算要求に当たっての基本的な方針	閣議了解
	H15.8月中	H27.8月中	概算要求重点事項の検討・予算の見積もり作業	各機関
	H15. 8.31	H27. 9. 4	概算要求書の提出	各機関
	H15.9月上旬〜	H27.9月上旬〜	予算編成作業	財務省
	H15.12. 5	H27.11.27	平成16/28年度予算編成の基本方針	閣議決定
	H15.12.19	H27.12.22	平成16/28年度の経済見通しと経済財政運営の基本的態度	閣議了解
	H15.12.20	−	財務省原案（歳入歳出予算）	閣議決定
	H15.12.21〜22	−	復活折衝	
	H15.12.24	H27.12.24	政府予算案（歳入歳出概案）	閣議決定
審議	H16. 1.19	H28. 1.22	平成16/28年度の経済見通しと経済財政運営の基本的態度	閣議決定
	H16. 1.19	H28. 1.22	予算案国会提出	閣議決定
	H16. 1.19	H28. 1.22	施政方針・財務大臣財政演説	衆・参本会議
	H16. 2.10	H28. 2. 2	予算案の提案理由説明	衆・予算委員会
	H16. 3. 5	H28. 3. 1	平成16/28年度予算可決，参議院へ送付	衆・本会議
	H16. 3. 9	H28. 3. 2	予算案の提案理由説明	参・予算委員会
	H16. 3.26	H28. 3.29	平成16/28年度予算可決，成立	参・本会議
執行	H16. 4. 1	H28. 4. 1	会計年度開始	
	H17. 1.21	H28. 5.13(注)	平成16/28年度補正予算（第1号，特第1号，機第1号）国会提出	閣議決定
	H17. 1.28	H28. 5.16	平成16/28年度第1次補正予算衆議院通過	衆・本会議
	H17. 2. 1	H28. 5.17	平成16/28年度第1次補正予算参議院可決，成立	参・本会議
	H17. 3.31	H29. 3.31	会計年度終了	
	H17. 4.30	H29. 4.30	歳入金出納・歳出金支出期限	各機関
決算	H17. 7.31	H29. 7.31	平成16/28年度決算概要発表	財務省
	H17. 9. 8	H29. 9. 1	平成16/28年度歳入歳出決算の会計検査院への送付	内　閣
	H17.11.21	H29.11. 8	平成16/28年度決算検査報告の内閣への回付	会計検査院
	H18. 6. 9	H30. 6.27	平成16/28年度決算に関する議決	参・本会議
	H18. 6.13		平成16/28年度決算に関する議決	衆・本会議

〔出所〕宮島洋「予算の編成・決定・執行・決算過程」〔財政学Ⅰ講義配付資料〕，平成24年を改編。
（注）平成28年度は第2次補正予算がH28.9.26国会提出・H28.10.11成立，第3次補正予算がH29.1.20国会提出・H29.1.31成立がこれに加わる。

近づくにつれ，**財務省主税局**の税収見積り，内閣府（旧経済企画庁）の経済見通しが固まり，12月中旬から末にかけてかつて**財務省原案**あるいは**大蔵原案**とよばれていた財務省の査定案が固められる。同じころ政府予算編成方針が決まり，また財務相諮問機関である財政制度等審議会（旧・財政制度審議会），首相諮問機関である税制調査会の答申がでる。いずれにしても12月末までに政府予算を決定

するというタイム・リミットの下に，12月中旬以降一挙に懸案を決定するという方式をとる。

③**政府案閣議決定** かつては財務省原案（旧・大蔵原案）が省議で決定されると閣議に提出され，同時に各省庁に内示され，それに続いて4～5日**復活折衝**が行われた。圧力団体が公然と登場するのはこの時であり，復活折衝は《事務官→次官→大臣》と積み上げられ，党3役が介入調整に乗り出したりしたが，これは政治効果を高めるセレモニー的性格のもので，大筋は事前に決まっているのが普通であった。そして復活折衝を終えた最終案が提出される12月末に閣議により政府予算の確定がなされていた。

平成21年度予算の財務省原案に対して，上述のように儀式化していた閣僚の復活折衝を廃止するよう首相からは指示が出され，その後政権交代がみられたが，財務省原案が復活折衝を経てのち政府案として閣議決定されていたものは，平成22年度予算からは査定案が直ちに政府案として閣議決定されており，財務省原案といういい方やかつての復活折衝は姿を消している。

④**政府案の国会提出** 閣議決定された**予算政府案**は，計数整理と印刷の後，国会には1月に提出されるのが通常である。国会審議は，**予算委員会**での総括質問，一般質問，分科会審議，**公聴会開催**，**財務金融委員会**（衆議院；旧・大蔵委員会）あるいは**財政金融委員会**（参議院；旧・大蔵委員会）での歳入関連法案の審議を経て，2月いっぱいでほぼ衆議院で議了，3月いっぱいで参議院での同

第6.2表　概算要求基準（シーリング）の推移

年度	原則要求基準（上限）	軽減措置最低保証	増加例外事項（導入，改廃）
昭和50	25%増		国民福祉向上への直結施策予算（50年度限り）
51	15%増		各種年金の前年度改正の平年度化（54年度に廃止）
52	一般行政経費　10%増 その他　　　　15%増		
53	一般行政経費　経常事務費 0% 　　　　　　　その他　　　 5%増 その他　　　13%増		
54	同上		石油税財源の特別会計繰入 経済協力費政府開発援助（ODA）
55	一般行政経費　0% その他経費　10%増	5%	
56	一般行政経費　0% その他経費　7.5%増	3.75%	各種年金の前年度改正平年度化（復活） 国際条約に伴う既国庫債務負担行為等の当年度歳出化
57	0%	廃止	人件費に係る義務的経費増
58	−5%	マイナス分の $\frac{1}{2}$	
59	経常部門　−10% 投資部門　−5%	同上	
60	同上	同上	
61	同上	同上	
62	同上	同上	

〔出所〕宮島　洋『財政再建の研究』有斐閣，平成元年，66頁。
（注）宮島教授はシリーズの強化が進めば進むほど，増加例外事項（シリーズの例外）設定意義が大きくなることを指摘している。

様な手順での議了が常態とされている。

(2) 予算編成過程の日本の特徴

①**高度経済成長期の日本の予算編成過程の特徴**　高度経済成長期の特徴として，㋐利益集団の組織的圧力を背景とした各省庁の予算拡大志向，㋑行政官僚制と保守政党政治の癒着による党派的予算編成とがあげられていた。㋒そしてこれが昭和30年代以降の高度経済成長過程に裏付けられた**税の自然増収**の発生と結びついて，**積極財政志向型の予算**を可能にした。しかし，昭和40年代後半以降特に昭和50年代に入ってから，事態が大きく変化している。

②**昭和後期・平成の予算編成過程**　昭和50年代に入ってからは，経済成長率の低下により税の自然増収が停滞する一方，歳出増加圧力は相変わらず続いたため，**巨額の財政赤字**が顕在化し，財政危機からの脱出が大きな政策課題となるようになった。そして，税収が経済の実力以上に伸びた平成はじめのバブル期でさえストックとしての公債残高は縮減するどころか累増した。国と地方をあわせた長期債務残高は平成31年度末（予算政府案）で1,122兆円に上り対GDP比で198％，IMFの一般政府ベースのデータ（"World Economic Outlook Database"［2018年10月］）で対GDP比で236.6％と，主要先進7か国中で最悪になっている（財務省主計局『我が国の財政事情』［平成31年度予算政府案］，平成30年12月）。

この時期の予算編成の特徴としては，㋐こうした財政事情の悪化から概算要求基準（シーリング）の大幅な強化がみられたことがある。これにより一般歳出の当面の抑制には威力を発揮したが，概算要求により当初予算がほぼ決定されてしまうため財務省査定の優先度に応じた総合予算調整を低下させた。また，概算要求基準対象外の特別予算での「**隠れ借金**」や補正予算への振り替えという「**補正廻し**」を常態化させた（宮島洋「一般会計の予算内容・歳出分類・決算処理」［財政学Ⅰ講義配付資料］，平成24年）。㋑平成13（2001）年の中央省庁等改革により内閣府の下に民間人や一部閣僚等からなる**経済財政諮問会議**が設置され（政権交代期にはこれに代わり国家戦略室が設置された），概算要求基準の閣議了解前に，「経済財政運営と改革の基本方針」などと称する，いわゆる**骨太の方針**が予算編成方針として出されることとなった。このため，官邸主導の傾向が高い政権の時には，実質的にマクロ予算編成がミクロ予算編成に先行してなされるようになってきている。

③**官僚主導型の予算編成**　この間，官僚主導型の予算編成はなお大きく崩

れるにいたっていない。戦後日本における官僚制温存の理由としては，(ア)間接統治の占領政策，(イ)官僚の中立性に関する誤った国民意識，(ウ)現代行政の遂行能力における政党の無力などがあげられている（辻清明『日本官僚制の研究（新版）』，東京大学出版会，昭和44年，271頁）。**官僚**は決して中立的でなく，ダウンズがいうように「官僚は他の社会構成員同様，主として私的利益に基づいて行動する」のである。日本の場合，官僚の支配体制は，昭和20年代に確立し，昭和30 (1955) 年11月の保守合同以降，支配政党である保守党と官僚との癒着が進行した。そして昭和30年代にはじまった公団，事業団等政府外郭団体の新設拡大を背景として，これらへの官僚の天下りと，並行しての官僚の政界への転出が目立つようになった。

官僚の中でも財務（旧・大蔵）官僚の地位は強大であるが，これは同省がもつ財政金融面での支配権に基づく。とりわけ旧・大蔵省は，予算編成事務，歳入見積り，財政投融資計画の作成と運用に権限をもつだけでなく，国有財産管理，国際金融，通貨，銀行，証券，保険等財政金融のほぼ全体を掌握していたので，その責任はきわめて重いといわなければならなかった[2]。こうした大蔵省のあり方は国民的論議をよぶこととなり，平成13 (2001) 年1月に**財務省**と**金融庁**に再編されたが根本的な解決に至っておらず，その責任は重いままである。

3 予算執行と決算

(1) 予算執行

成立した予算は，内閣によって各省庁に配賦されるが，これは各省庁に対する支出権限付与の形でなされ，支払いは財務大臣の承認を受けた支払計画に基

---

[2] 日本の大蔵省（MOF——モフ——，the Ministry of Finance）の実態に興味をもち，大蔵省幹部要員の学歴別・出身学校別一覧などの表に基づいて，独特なエリート集団による支配の状況を明らかにしているのが，アメリカの政治学者キャンベルである（J. C. Campbell, *Contemporary Japanese Budget Politics*, 1977；小島昭・佐藤和義共訳『キャンベル予算ぶんどり』サイマル出版会，昭和59年）。日本はアメリカよりも増分主義的な予算編成が著しく，ここから「予算の自律性」（budgeting autonomy）と「予算の優越性」（budget primacy）が生まれている。これは予算が外部からの介入を受けることなく，財務当局の内部での技術的処理の形で編成され，執行されることをさす。こうした特徴を生み出している原因として，①多くの人々が予算に注意を払わぬこと，②多くの人々が排除されていること，③おそらく多数の人々が政府の経済成長政策に同意し，基本的政策の変更を求めなかったことなどをあげている（ibid., p.279）。こうした指摘はある意味で平板・皮相的であり，「予算の優越性」の根拠は，戦前にさかのぼる財政運営の実態から説明されねばならないであろう。

づき**現金主義**による。実際の支払いは小切手の振出（対民間）および国庫金振替書の交付（対政府内部）による。歳入予算の執行は，歳入の徴収および出納の形で行われるが，第6.1表のように，**出納整理期限**は翌年4月30日限り（会計年度終了後1か月）である（予算決算及び会計令第3条）が，出納事務は7月31日までに完結しなければならない（会計法第1条）。これをもって執行過程は終わる。

予算の執行は歳入歳出とも，中央銀行であり国庫である日本銀行を通して行われる。**国庫の3原則**として，①統一国庫の原則（国庫は1つでなければならない），②中央銀行国庫委託の原則（国庫金出納事務は中央銀行にこれを行わしめる），③預金制度の原則があげられる。預金制度は，国庫金を単に保管するだけ（金庫制度）でなく，預金としての運用を認める趣旨のもので，この改正は日本では大正10（1921）年に行われた。

いずれにしても**予算執行**は，予算編成に1年，執行に1年，決算に1年を要する予算循環期間の中間の時期である。

(2) 決算

憲法第90条は，「国の収入支出の決算は，すべて毎年会計検査院がこれを検査し，内閣は，次の年度に，その検査報告とともに，これを国会に提出しなければならない」とするが，この条文はほぼそのまま大日本帝国（明治）憲法第72条を引き継いだもので，従来「検査確定シ」とあった「確定シ」を削除し，「次の年度に」という時期規定を新たに加えた点が異なるだけである。そしてこの大日本帝国（明治）憲法は，プロイセン欽定憲法第104条を直訳化したものといわれている。

第6.1表のように，出納事務完結後，**決算過程**がはじまる。所管の長から財務大臣に送付された決算報告は閣議決定され，内閣は11月30日までに会計検査院に決算報告を送付する（財政法第39条）こととなっている。会計検査院は憲法・**会計検査院法**に則り，決算の検査と確認，実地検査等に基づく検査報告を付して内閣に回付する。なお財政法第40条では「内閣は，会計検査院の検査を経た歳入歳出決算を，翌年度開会の常会において国会に提出するのを常例とする」としている。

決算をめぐる問題点としては，①決算が国会では報告事項であって，議決事項でないこと，②検査報告の国会提出が内閣経由となっていること，③会計検査院の独立性に疑問があること，④決算過程が長いことなどがあげられる。な

お，平成9（1997）年に会計検査院法が改正されて，正確性・合規性を中心になされていたそれまでの検査に加えて，有効性・経済性を重視するようになった。

4 予算・決算制度改革論

日本の予算・決算制度の問題点は，その改革をめぐる論議を概観することによってより明らかになるのであろう[3]。改革を要する事項を整理すると，次のようになる。

(1) 予算編成機構・編成過程のあり方

①予算関連部局の**責任体制**の強化が必要であるという観点から財務省権限のいっそうの強化を説くものがいるが，すでに過度に集中している財務省権限の強化（経済政策・行政管理部門の統合等）には問題が多い。②長期債務がこれだけ累積している今日では特に，予算はその効果の判定が数量的に評価されるような**事業別予算**の形での編成が望ましく，また**費用便益分析**に基づくPPBSの手法の採用に積極的であるべきである。③かつては予算編成にあたっての与党の過度の介入，圧力団体の不当な圧力を排除する必要が指摘されていたが，予算編成にあたっての政府の責任体制があまりにも強化されてしまうことも検討の余地がある。

(2) 国会の予算審議のあり方

国会の予算審議が形式化し，惰性的となっている現状から，これを実質化する必要がある。このため，①予算委員会，財務金融委員会ないし財政金融委員会，決算委員会等の改組をはかり，例えば予算論議と国政論議を区別すること，②議会事務局を強化し，国会独自の予算情報を豊かにすること，③両院1か月以内（実際は20数日）といった議会審議期間の延長をはかることなどが取り上げられよう。

---

3) 予算・決算制度の改革を大規模な形で提案したのは，昭和38・39年の臨時行政調査会の報告・答申である。ここで内閣補佐官制・事業別予算制度導入，公社・公団整理などが打ち出されたが，これらは政府によりほとんど取り上げられることがなかった。その後も改革論は打ち出されているが，改革には程遠い状態が続いている。

(3) 予算会計制度の仕組みのあり方

財政法・会計法の見直しが必要である。①**予算の様式**を所管官庁別のほか，目的別・経済効果別の様式とすることを法定化すること，②多くの国民の関心が予算政府案の閣議決定で途切れており，また一般会計にのみ関心が集中し特別会計には目が行き届いていない現状から[4]，**予算執行過程**や**特別会計**の情報を主権者である国民にいっそう提示して考えさせる必要があること，③**決算過程**との関係から，出納事務完結をより早める必要があること，④財政投融資計画を予算と同じ国会審議対象とすることなどをさらに詳しく検討する必要がある。⑤1年1年の予算のみでなく，数か年を見通した中期財政計画の作成と，**財政計画**に基づいた予算編成を政府に義務付けることも，欧米諸国の予算制度改革の動向にしたがうものとして，考慮に値しよう（第8章1，2参照）。

(4) 決算と会計検査院のあり方

①国会の財政統制と事後的監査能力を強力にするために決算の国会審議が必要であるが，これは制度改正より決算委員会の運営のいかんによるところが多い。②会計検査院をイギリス・アメリカのような国会付属機関とすることによって，行政省からの独立性を強化すること，③決算過程が長いことや国会での決算審議の形骸化から過去の**決算の帰還（フィードバック）機能**が低下してしまうため，決算審議を早期化と実質化をともにはかること，④会計検査報告を内閣経由とせず，直接国会に提出するものとすることなどが考えられるが，これは憲法改正を必要とし，早急に実現する見込みはない。

いずれにしても，予算・決算制度は，国家の財政活動の多面化と財務行政の複雑化の傾向が進む中で，各国とも政府および議会の双方の側で，その改革に真剣に取り組んでいる現状であり，日本の場合もその例外たりえないのである。

---

4) かつては特別会計ごとに法律が存在しており，特別会計通則法を定めることが指摘されていたが，平成19年に通則法としての特別会計法の成立をみた。

第7章　特別会計・政府関係機関

1　特別会計・政府関係機関の意義

(1) 財政制度上の特別会計・政府関係機関

　国の予算は一般会計・特別会計・政府関係機関からなり，地方のそれも含めると第7.1図のようにきわめて複雑になっている。平成29年度予算（歳出）で**一般会計予算**が97.5兆円，**特別会計予算**が393.4兆円，政府関係機関予算が1.8兆円という巨大な別会計となっている。第7.1図にみられるように，会計・勘定間取引による重複があり，そうした重複分を差し引いた**純計額**は250.6兆円で，第7.1表により純計額と単純合計額との比率をみると，2倍程度もの違いが出てくる。このため，一般会計だけをみているのでは財政の実態がつかみえないのである。

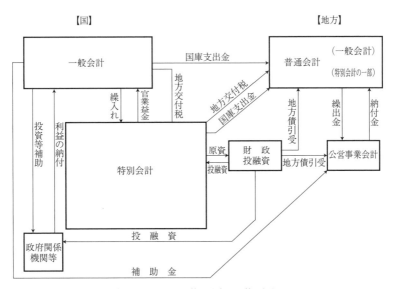

第7.1図　国の予算と地方の予算の概況

中央政府に雇用される公務員・準公務員の数[1]は第7.2表の通りであり，昭和54年度では3つの会計の合計で約200.7万人（一般会計58.0万人，特別会計61.9万人，政府関係機関80.8万人）であり，その約70％が特別会計と政府関係機関に配置されていた。当時の特別会計所属公務員の最大のものは郵政省関係（31.3万人）であり，次いで文部省（12.9万人，国立学校特別会計が主）が大きく，政府関係機関職員は国鉄（42.4万人），電電公社（33.2万人）が多く，これらの公務・準公務員は一般会計公務員とその業務内容を異にするが，政府部門の肥大化の一環をなすものと指摘された。こうしたことや世界的に小さな政府を目指す風潮が強かった昭和60年代に国鉄，電電公社，専売公社が民営化されてかなり減り，第7.2表の通り，平成8年度には政府関係機関予算定員が1.1万人へと激減した。さらに行政のスリム化・効率化を目指して，平成11年の独立行政法人通則法に基づき事業実施，研究といった業務内容を切り離し独立行政法人という法人格のある組織が設立された。平成17年度には特別予算定員が8.5万人へと減少している。なお独立行政法人は資金調達に際して国

第7.1表 予算の純計 (単位：億円，％)

	昭和60年度(1985)	平成7年度(1995)	平成17年度(2005)	平成27年度(2015)
歳　　入				
一般会計予算総額	524,996	709,871	821,829	974,547
特別会計予算総額	1,257,437	2,669,593	4,491,502	3,956,841
政府関係機関予算総額	132,351	80,008	50,728	16,038
合　　計	1,914,784	3,459,472	5,364,059	4,947,425
重　複　額	829,399	1,612,023	2,589,086	2,531,241
差引純計額	1,085,385	1,847,449	2,774,973	2,416,185
合計／純計	1.8	1.9	1.9	2.0
歳　　出				
一般会計予算総額	524,996	709,871	821,829	974,547
特別会計予算総額	1,195,306	2,417,183	4,119,442	3,934,290
政府関係機関予算総額	133,072	80,862	46,781	18,450
合　　計	1,853,374	3,207,916	4,988,052	4,927,286
重　複　額	825,763	1,600,536	2,574,896	2,506,021
差引純計額	1,027,611	1,607,381	2,413,157	2,421,265
合計／純計	1.8	2.0	2.1	2.0

〔出所〕財務省（大蔵省）資料。

第7.2表 国家公務員等予算定員 (単位：万人)

	昭和54年度(1979)	平成8年度(1996)	平成12年度(2000)	平成17年度(2005)	平成27年度(2015)
一般会計	58.0	56.5	55.3	53.0	55.2
特別会計	61.9	59.4	58.1	8.5	2.3
郵政省	31.3	30.3	29.7	－	－
文部省	12.9	13.5	13.5	－	－
政府関係機関	80.8	1.1	1.2	1.1	1.0
国　鉄	42.4	－	－	－	－
電電公社	33.2	－	－	－	－
合　　計	200.7	117.0	114.6	62.7	58.6

〔出所〕財務省（大蔵省）主計局・理財局『予算及び財政投融資の説明』等から作成。

---

[1] もっとも公務員の数からいうと，日本の公務員数は西欧諸国等に比して決して大きくない。問題はその適正配置ということになる。

の保証を得られず，法人税や固定資産税等の納税義務がある。

(2) 国民経済計算上の中央政府

第7.2表をみると，財政制度上の公務員定数は昭和末から平成にかけての民営化や独立行政法人化により激減していることがわかる。しかし第7.1表のように，日本の財政制度からみられる予算総額では政府関係機関予算は減っているものの，一般会計・特別会計ではそうした変化があるとは読み取れない。前述のように，日本の予算では会計・勘定間取引による重複があり，掘り下げた分析が複雑になるため，第7.3表のOECD統計 "Government at a Glance" により，一般政府の構成比の変化をみると状況が明確になる。日本の行政制度上では公務員数を削減して行政改革をしたかにみえるが，同表からわかるように，OECD統計では第1.4図で示したように独立行政法人もその定義上に基づき中央政府に含めているため，裏腹の関係にある財政においては歳出ベースでみると，平成12年度から平成17年度にかけて社会保障基金が増加していることがわかるが，中央政府の割合には劇的な変化はないといってよい。

(3) 特別会計の沿革

特別会計は戦前にも数多く存在し，明治22 (1889) 年にはすでに33を数えたが，その内容は官営事業，軍工廠，資金および金融に関するものが中心であった。官営事業の最も古いものは，電信，電話，郵便，鉄道などであり，明治初年には鉱山，紡績，製糸，ガラス，ビール工場等の官営が行われたが，明治13 (1880) 年の「工場払下概則」以降民間に払下げられるものが多かった。**軍工廠**は東京砲兵工廠，大阪砲兵工廠，横須賀造船所が中心であり，ここで小銃，砲，

第7.3表 中央政府・地方政府・社会保障基金の割合の国際比較（歳出） (単位：％)

	中央政府					地方政府					社会保障基金				
	2000 (平成12)年	2007 (平成19)年	2009 (平成21)年	2011 (平成23)年	2013 (平成25)年	2000 (平成12)年	2007 (平成19)年	2009 (平成21)年	2011 (平成23)年	2013 (平成25)年	2000 (平成12)年	2007 (平成19)年	2009 (平成21)年	2011 (平成23)年	2013 (平成25)年
日　　本	37.0	32.1	32.7	34.8	34.2	34.4	32.1	31.7	29.3	29.4	28.7	35.8	35.6	35.9	36.4
アメリカ	48.4	49.9	53.5	54.0	51.9	51.6	50.1	46.5	46.0	48.1	0.0	0.0	0.0	0.0	0.0
イギリス	71.6	71.8	72.3	73.3	74.9	28.4	28.2	27.7	26.7	25.1	0.0	0.0	0.0	0.0	0.0
ド イ ツ	14.2	18.7	19.2	18.1	18.2	39.1	39.2	36.7	38.7	57.1	46.7	43.1	44.1	43.2	27.2
スウェーデン	45.8	42.2	39.6	38.8	38.4	43.0	46.3	47.5	48.8	47.0	11.2	11.5	12.9	12.4	14.6
フランス	38.1	35.5	34.0	32.9	33.9	18.3	20.4	20.7	20.6	20.5	43.6	44.0	45.3	46.5	45.5
OECD平均	48.2	47.1	45.8	46.3	47.5	30.8	31.9	31.6	31.7	30.6	21.0	20.9	22.7	22.0	21.8

〔出所〕 OECD "Government at a Glance" などから作成。

軍艦等の製造がなされた。郵便貯金を集めて**預金局（預金部）基金**をつくり，財政投融資資金として運用することが，明治時代からなされていた。日清戦争後明治30（1897）年に創設された八幡製鉄所，日露戦争後の明治39（1906）年に実行された鉄道国有化は，日本の政府事業の歩みをみる上で重要な出来事であった。台湾・朝鮮等の獲得とともに**外地特別会計**がつくられ，また戦争の都度，**臨時軍事費**特別会計がつくられた。特別会計を中心に拡大した政府事業には，その整理を求める動きが大正デモクラシー期にみられたが，準戦時・戦時には多数の**国策会社**設立となる。

第2次世界大戦後，軍工廠・外地特別会計等は廃止，特別会計の公社への切替えなどがなされ，戦前の特別会計を継承するものは，造幣・印刷・国債整理基金・食糧管理など数種にとどまる。かわって公共事業関係，社会保険関係など多数の特別会計の新設をみた。**特別会計**の数は第7.5表の通り，終戦直後の昭和21（1946）年には26であったものが，昭和41（1966）年には45に増殖し，昭和末から平成はじめにかけても38あり，旧来の大蔵省，農林水産省，厚生省，運輸省，建設省等が各数個の特別会計を所管していた。財政法第13条自体が特別会計の設置を認めることで，予算原則の1つである統一（性）の原則をすでに放棄していたのであるが，現実はいっそう統一（性）の原則を逸脱した方向性が強まり，それが常態化していたのであった。

こうした特別会計の事態は後述のような問題を生じさせることとなり，平成17（2005）年に「行政改革の重要方針」が閣議決定され，**特別会計改革**へと進んだのである。

(4) 政府関係機関の沿革

政府関係機関の予算・決算が一括して国会審議の対象となったのは，第2次世界大戦後のことである。すなわち，昭和24（1949）年に**日本国有鉄道**（国鉄），**日本専売公社**（専売）の両公社が設立，昭和25（1950）年に日本輸出入銀行，昭和26（1951）年に日本開発銀行，昭和27（1952）年には**日本電信電話公社**（電電公社）がそれぞれ設立，これらの機関の予算・決算を国会審議の対象とするようになった。こうした**政府関係機関**は**全額政府出資の公法人**の主要なものである反面，同様な性格をもつ公団，事業団等は予算上政府関係機関とならないという問題が指摘された。

昭和後期には肥大化した政府の規模を小さくする傾向が世界的に強まり，こ

第7.4表　政府関係機関の変遷一覧

機関名			設立年	設立目的	現行機関名	設立年
旧機関名	旧設立年	継承機関名				
日本輸出入銀行（海外経済協力基金）	昭25	国際協力銀行	平11	わが国及び国際経済社会の健全な発展に資するための資金の供給	（株）国際協力銀行	平24
日本開発銀行	26	日本政策投資銀行	11	経済社会の持続的発展，豊かな国民生活の実現及び地域経済の自立的発展に資するための長期資金の供給		
北海道東北開発公庫	31					
国民金融公庫	24	国民生活金融公庫	11	国民大衆の事業資金及び環境衛生関係営業に対する融資	（株）日本政策金融公庫	平20
環境衛生金融公庫	41					
中小企業信用保険公庫（中小企業事業団）*	33	中小企業総合事業団（信用保険部門）**	11	中小企業の信用力の補完，金融の円滑化		
住宅金融公庫			昭25	住宅建設資金の融通		
農林漁業金融公庫			28	農林漁業の生産力の維持増進資金の融通		
中小企業金融公庫			28	中小企業に対する融資		
公営企業金融公庫			32	ガス，水道などの地方公営企業への資金供給	平20解散 地方公営企業等金融公庫に	
沖縄振興開発金融公庫			47	沖縄開発のための資金供給	沖縄振興開発金融公庫	

(注)　＊　もともと政府関係機関ではなかった組織。
　　　＊＊　中小企業総合事業団のなかで信用保険部門のみ，政府関係機関予算に含まれる。

うした流れも相まって公社等[2]の政府関係機関は民営化され，その範囲は，第7.4表の通り，9公庫2銀行となり，平成17（2005）年に「行政改革の重要方針」が閣議決定により政府系金融機関が民営化・統廃合され，政府機関は8機関（平成17年度）へと減り，現在は4機関とかなり縮小している。

　なお**公団**は戦時中の国策会社の1つである営団を継承する形で戦後食糧配給統制，産業設備・船舶建造促進などの目的で設立されたもので，ドッジ・ライン以後廃止をみた後，昭和30年代以降社会資本整備目的に新設されたものがほとんどであった。これらの公団は全額政府出資，役員任命，事業管理などの面でかつての公社同様な政府事業の性格をもつが，国会の予算統制から外される形をとっていたのである。**事業団**は公団のミニサイズ版であり，両者を区別することが困難とされていた。これら公団・事業団も平成17（2005）年に「行政

---

2)　公共企業体としての**4現業**とは造幣・印刷・郵政・林野の4つの特別会計部門をさしたが，ストライキ権が奪われていた。

改革の重要方針」が閣議決定に基づき**民営化**された[3]。

(5) 諸外国の予算等の区分

①**アメリカ**　アメリカの連邦政府予算は，一般的目的のための資金を経理する**連邦資金**と，社会保険等の特定の実施計画（プログラム）を遂行するために連邦政府に信託される資金を経理する**信託資金**からなっている。歳入は単なる見通しとして提示されるにすぎないが，歳出は歳出予算法という法律で成立する。

②**イギリス**　イギリスの国の予算は，租税収入等を財源にして経常的支出を賄う**総合国庫資金**と，財政資金等の貸付，国債発行・償還機能をもつ**国家貸付資金**からなっている。前者のうち議定費は議定費歳出法として成立させるもので既費や歳入見積りは議決対象とはならなく，日本の一般会計に相当するとされる。また後者は議決対象とはならなく，日本の財政投融資計画と国債整理基金特別会計にほぼ相当する。

③**ドイツ**　ドイツの連邦予算には一般会計と特別会計の別はなく，すべての収入と支出を連邦予算に計上するのを原則としている。ただし，他の連邦総生産と区別して管理される連邦特別財産がある。歳入・歳出額とともに，付録である予算一覧・資金調達一覧・信用資金計画を搭載した総予算が予算法として成立する。各省庁別の歳入・歳出からなる個別予算は議決の対象ではあるが予算法には含まれない。

④**フランス**　フランスの国の予算は日本の一般会計に相当する**一般会計**と，特定の歳入をもって特定の歳出に充当させる**付属予算**（budgets annexes）と**特別勘定**がある。歳入・歳出とも議決対象であり，予算法として成立する。

(6) 特別会計・政府関係機関の存在理由

特別会計は，①「国が特定の事業を行う場合」，②「特定の資金を保有して，その運用を行う場合」，③「一般の歳入歳出と区分して経理する必要がある場

---

[3] 公社・政府系金融機関（公庫・銀行）・公団・事業団・特殊会社・基金・機構といった，公共の利益や政策上の必要性から設立されてきた**特殊法人**（special corporation）の行う事業の非効率性がとりわけ問題視されたが，小西砂千夫教授によると，そうした事業見直しのためには組織を見直すべきであるとする発想を公共選択学派のブキャナンなどがとるという。正統派財政学と異なり，公共選択学派は政治家や官僚の利益追求行動が政策選択を歪めることを制約に入れて政策をデザインするとしている。小西砂千夫『特殊法人改革の誤解』（東洋経済新報社，平成14年，22〜24頁）。

合」に設けられると財政法第13条第2項で規定されている。しかし、①の事業の内容と②の資金が曖昧であり、③の区分経理が必要とされる具体的基準が明らかでない。

　一般会計を上回る規模の特別会計、そして政府関係機関の存在は、前述のように予算の**統一の原則**から問題がある。また完全性の原則（総計主義原則）からみて問題の多い会計処理を行っている特別会計・政府関係機関も目についた。国際的にみて、日本ほど多様な特別会計をもつところはない。フランスが一時そうであり、日本の特別会計はフランスの付属予算に類似したものという捉え方がなされたりしたが、現在フランスの付属予算は、印刷局、造幣局、郵便、電電、軍需工場等に限られ、その規模も大きなものでない。

　なぜ日本がそのように多くの特別会計をもつかは、日本の**官僚支配**の特別な構造からしか理解できない。特別会計予算は一般会計よりも、運用がより弾力的であり、それをもって行政執行の裏付けとできる。低成長時代に入って以降、シーリングがより強化された際、一般歳出への厳しい単年度シーリングを通り抜けるためにシーリングの対象外であった特別会計に歳出要求の一部を振り返るなどしていた。財政法第45条やこの当時に特別会計ごとに立脚していたその個別特別会計法に基づくと、①保険料・事業収入等は一般会計歳入・歳出への計上→特別会計繰入の手続が不要で、特別会計に**直入**できた。また②各特別会計の**剰余金**は翌年度の歳入に繰り入れられた。③例えば年金特別会計の**積立金**は年金給付財源に充当でき、積立金の活用ができた。④歳入の増加に応じて歳出の増加を補正予算によらずにできる**弾力条項**は現在も、認められている[4]。④各特別会計で借入ができ、起債権限もあった。

　また同時に、官僚は政府関係機関への監督と役員任命等を通して自省の縄張りを拡大してきた。各省庁は、政府関係機関以外に各種の公団、事業団、特別会社、特殊法人をつくって、国会統制から外れたところで、実質的予算拡大を求めた。こうした特別会計や政府関係機関のあり方は、財政民主主義の観点から問題が多いだけでなく、資金の効率的使用の観点からも問題が大きかったのである。

4）　各特別会計の歳入面で事業収入や保険料収入によりその財源が確保された場合、その事業や保険に関する支出は当然増えるはずである。こうした事態が生じるたびに議会の承認を求めるのは合理的でないことからこうした条項がある。

(7) 特別会計・政府関係機関の問題点

①多数の特別会計の存在と会計・勘定間取引による重複は、統一性原則の求める予算の通覧性を弱めるばかりでなく、予算の効率性をも低下させていた。また、各特別会計固有の制度が存在していることで予算は解読できないほど複雑になり、会計全体の透明性が確保されていなかった。所管の官僚には理解ができても、主権者である国民の代表（代理人）としてその専門的知識を発揮しなければならない議員は予算を細部まで読み解くことができず、国民にはきわめてわかりにくいものでその関心を削ぎ監視の目も行き届かないのであった。こうしたことが**隠れ借金**の常態化を招き、それが露見し問題となっていく。また②多額の繰越額が継続して生じていたものの、その処理方法が特別会計ごとの法律で決められており繰越額を例外的に認めている各制度の趣旨も明確でなかった。そして③予算積算と執行実績の差額で翌年度に繰り越されずに使用する必要がなくなった額である**不用額**[5]も継続して発生しており、ミクロ予算編成の目的、対象あるいは積算の狂い（過大見積り）を意味するともいえた（宮島洋「一般会計予算と決算」『公共セクターの効率化』東京大学出版会、平成3年）。

また政府関係機関を含む特殊法人は、政府の別働隊というべき外郭団体といえ、公社、公庫のほか、公団、事業団等々の形で拡大し、これが原因となって財政の安易な膨張が行われる傾向がみられた。これらの外郭団体は中央官僚の**天下り**の場として利用される一方、国会の財政監督が十分及ばないところがその存続根拠となっていた。これは財政民主主義の観点からも、問題はきわめて重大であるといわねばならないのであった。

こうしたことから、特別会計そして政府関係機関にとどまらない広く特殊法人全体にわたる改革が着手されるに至ったのである。

2　特別会計・政府関係機関の改革

(1) 通則規定と統合の必要

前述のように、特別会計は財政法第13条にその根拠を求めることができるが、同会計の設置理由を記した条項は概念が曖昧であり、特別会計通則法によ

---

[5] 不用額は正確には、補正後予算額（補正がなければ本予算額）に前年度繰越額等を加算した**歳出予算現額**から、会計年度内に支出が終わった**支出済歳出額**と翌年度への繰越額を控除した残額をいう。

る正確な規定が必要とされていたものの,条文化自体が難題とされてきた。しかし前述のような問題が顕わとなったため,平成19（2007）年にこれまで特別会計ごとに存在した個別特別会計法が一本化され,以下のような内容をもつ特別会計通則法が**特別会計法**の名で制定された。

　①**歳入歳出規定**（第6条）　　特別会計の歳入歳出は,一般会計からの繰入れも含めて,目的や使途を定めて明確化する。

　②**借入金規定**　　これまでの不要な借入金規定は廃止し,借入金で支弁する経費もしくはその使途を特定して,その限度は国会の議決で決され,償還計画を国会に提出する。

　③**剰余金の処理**（第8条第2項）　　合理的な見積りに基づく積立金や翌年度の歳出財源となる翌年度歳入繰入金を除いて,予算の定めによる一般会計繰入を規定した。

　④**勘定数**　　特別会計統合の意義を引き出すために統合後の**勘定数**を統合前の勘定数未満にする。

　⑤**その他**　　(ｱ)支出未済の繰越制度は廃止し,財務大臣の承認を要する明許繰越・事故繰越とする。(ｲ)弾力条項については法律上の根拠を明確化する。(ｳ)各会計共通の会計手続により予算・決算を作成するように総則に統一的に規定する,等である。

　また特別会計は,かつては第7.5表のように事業特別会計,管理特別会計,保険特別会計,融資特別会計,そして整理特別会計という5つにグループに分類されていたが,整理・統合が進められ[6],事業特別会計,資金運用特別会計,その他の3つに大きく分けられ,現在14会計存在している。

　政府関係機関については,そもそも政府関係機関とは何かを規定した法規がなかったので,財政法における政府関係機関の規定が必要であったが,それぞれの個別立法に基づいて設立されたものである。これらの機関の設立がなぜ必要であったのか疑問なものも多く,少なくとも同種の事業を行っているものは統合が必要であり,事業の見直しが必要であると指摘され続けてきたが,民営

---

6)　本書初版（昭和56年）以来,佐藤は以下のような特別会計の改革案を提示していた。「特別会計にまつわる問題点を考えると,特別会計は将来的には会計の性質に即した再分類を行い,それぞれの範疇に応じた編成替え,統合および所管替えを行う必要がある。その目安としてはこの機能別の区分を目安として5特別会計程度に統合することと,公共事業関係の特別会計のうち固有の収入の少ないものを一般会計に移すなどがあげられよう」というものである。とりわけ平成17年以来の特別会計改革はこのような方向に向かっているといえよう。

第7.5表 特別会計の種類・数の推移

年度	会計数	勘定数	旧種類	数	38会計当時の内容	38会計当時と現在の主な会計
昭和20(1945)	39		事業特別会計	11 ↓ 6	収益性を持ち得る事業→財貨・サービスの生産にあたる	造幣局(×),印刷局(×),郵政事業(×)
昭和21(1946)	26					
昭和30(1955)	35					
昭和39(1964)	41				収益性を持たない事業→社会資本整備にあたる	港湾整備(一),道路整備(一),治水(一)
昭和41(1966)	45					
昭和50(1975)	41		管理特別会計	8 ↓ 7	ものの管理および需給調節にあたる→財貨流通の促進・管理を役割	(食糧管理)→食料安定供給,外国為替資金
昭和60(1985)	38					
平成 5(1993)	38		保険特別会計	11 ↓ 10	民間ベースで運営が困難な保険	(厚生保険:国民年金)→年金,地震再保険
平成13(2001)	37					
平成20(2008)	21				民間類似の保険→民間保険との競合が問題	簡易生命保険(×)
平成21(2009)	21	53				
平成23(2011)	17	51	融資特別会計	3	財政投融資資金の調達と運用 ＝政府の金融活動を担当	(資金運用部,産業投資)→財政投融資
平成24(2012)	18	52				
平成26(2014)	15	35	整理特別会計	5	特定の資金の出入を管理	交付税及び譲与税配付金,国債整理基金
平成27(2015)	14	34				
平成28(2016)	14	34				

(注)下線は現存,(一)は一般会計化,(×)は廃止

第7.6表 一般会計予算・特別会計予算の純計

	金額(単位:兆円)		割合(単位:％)			金額(単位:兆円)		割合(単位:％)	
	平成27年度	平成30年度	平成27年度	平成30年度		平成27年度	平成30年度	平成27年度	平成30年度
租税・印紙収入	58.3	63.0	24.3	26.3	国債費	90.1	87.8	37.9	36.8
保険料及び再保険収入	40.6	45.2	17.0	18.9	社会保障関係費	83.0	89.8	34.9	37.6
資金等より受入	20.3	15.9	8.5	6.6	地方交付税交付金等	19.2	19.1	8.1	8.0
利子等収入	4.4	17.1	1.8	7.1	公共事業費	7.2	6.9	3.0	2.9
その他	16.9	4.4	7.1	1.8	文教及び科学振興費	5.6	5.4	2.4	2.3
公債及び借入金	99.0	94.2	41.3	39.3	防衛費	5.0	5.2	2.1	2.2
					その他	13.3	24.8	5.6	10.4
歳入総額	239.5	239.7	100.0	100.0	歳出総額	238.0	238.9	100.0	100.0

〔出所〕財務省資料。

化・独立行政法人化により,その数はかなり減少している。

(2) 一般会計・特別会計の純計

前述のように,会計・勘定間取引には重複があり,会計・勘定間で二重計算等の重複がみられ,国全体の財政状況の一覧性の確保ができないでいた。もちろん一般会計と特別会計だけが政府の範囲であるとは断定できない。そうであるが,第7.6表のように,平成20年度から主要経費別の歳出予算あるいは歳出決算の**純計**が公表されることになり,少なくとも予算上の財政状況の一覧性を

確保できるようになった。

(3) 政府事業の効率性の問題

　特別会計・政府関係機関は，行政整理や行政機構再編成がなされてきているが，特別会計および政府関係機関を一般会計から区分して行うのは，これらの別会計に事業としての独自性を与え，またこれを通して事業効果を高めることがねらいとされねばならない。特別会計の中に可及的に企業会計方式を導入し，政府関係機関については特別会計以上に企業会計的経理を整備すべきである。少なくとも政府事業の分野で事業別予算方式を導入せよといった提案，そして発生主義会計の結果を事業経営分析に役立てるため，財務諸表作成および決算報告の時期を早めよといった提案が考慮に値する[7]。

---

7) 政府関係機関が今日に至るように民営化等される前に，佐藤は以下のように政府関係機関の改革の方向性を示していた。「このように政府関係機関の会計には，発生主義記帳に近づける努力がなされる一方，事業の独自性を強めるため予算繰越し，流用等の弾力条項が認められ，また職員に支払わるべき給与総額の規定がなされたりしているが，これによって自主的経営が保障される仕組みにはなっていない。政府事業はその活動を経済的合理的に遂行する義務があるが，これが実行されていない一方で，料金・価格法定制緩和（国鉄が昭和52年12月，たばこ専売が55年3月）が先行する動きがみられたのである」。

第8章　予算改革の方向性

1　財政計画と予算

(1) 財政計画の意義

①**基本的特徴**　予算制度改革のためには，1年1年の予算のみでなく，財政計画に基づいた予算編成を政府に義務付けることも考慮に値するものである。それは，①通常5年といったその**長期性**，②財政の中・長期展望のような見積りでなく政府の政治的責任を伴った見通し的計画としての**拘束性**，③部分計画でなく財政全体の計画であるという意味での**完全性**，④**重点形成と優先順位の確定**があること，⑤**ローリング・プラン**（計画立案し運用する場合，毎年計画と実績との間にずれがあるか否かをみて，新たに計画を再編成する方法）および選択的数値の提示が可能なことといった基本的特徴を基盤においたものである。そこから，「**財政計画**とは，将来の支出およびその補填に予定された収入の完全な計上が行われ，多年度の財政政策の優先順位と重点が，政府により確定されるもの，そしてローリング等の可能なもの」とシュミットとヴィレは定義している（K. Schmidt und E. Wille, *Die Mehrjärige Finanzplanung*, Tübingen, 1970）。

②**財政計画の登場**　財政計画の最初のものはスウェーデンの**公共支出白書**にあるとされているが，こうした多年度財政計画，長（中）期財政計画の登場は1960年代に入ってからの欧米諸国の流行である。そして代表的なものはイギリス，ドイツのものであった[1]。

---

1)　イギリスでは，1961（昭和36）年のプラウデン委員会報告に基づき，1963（昭和38）年，1966（昭和41）年の実験ののち，1969（昭和44）年以降毎年，**公共支出計画**（public expenditure survey；PES）の形で，国会に提出されていた。中央・地方を含む広範な内容のもので，費用便益分析を取り入れた意欲的なものであったが次第に形骸化が指摘され，現在は1997（平成9）年以来作成されている**歳入見直し**（revenue review）を中期財政計画として踏まえながら予算編成をしている。旧西ドイツでは，1967（昭和42）年の**経済安定・成長促進法**（Gesetz zur Forderung der Stabilitat und des Wachstums der Wirtschaft；StWG）に基づき，公共投資計画を中心とする5か年の**中期財政計画**（Mittelfristige Finanzplanung；MiFriFi）として発足した。その後成立した財政計画委員会が，連邦・邦・市町村の調整機関として機能している。ドイツ統一後も継続されており，第8.1表には

(2) 財政計画の諸機能

①**財政政策的機能**　財政政策の長期的方向付けと，多年度の財政収支の健全化のために役立てられる。初年度の費用のみでなく，**事後的費用**ないし**後年度負担**を明確にするというメリットが期待される。

②**経済政策的機能**　財政計画は成長政策と景気政策の遂行に役立つという評価がある。**成長政策**は政府投資の計画化によって可能になる。そして**景気政策**は，(ア)公共投資計画の変更，(イ)歳入計画の変更，(ウ)多年度計画のローリングによる変更を通じて実施されるという捉え方がなされているが，景気政策は短期政策であって，「長期財政計画の核心は歳出の計画化である」という考え方と相いれぬものとみた方が妥当と思われる。

③**情報機能**　政府の意図と目標を国民にPRする効果が期待され，さらに財政政策に対する**関心**を高める教育効果があるとされている。財政政策に関する情報の多様化は望ましいことである。

④**財務統制機能**　将来の予算規模の拡大に上限を与え，これにより各省庁・圧力団体の予算要求を抑制する効果が期待されるが，1年1年の決定でなく多年度計画だと，逆に予算要求が活発化するおそれがあるという捉え方もある。

(3) 主要国の予算制度と財政計画

主要国の予算区分を第7章でみたが，ここでは後述の日本のそれを除いた，主要国の予算制度と財政計画の関係をみておきたい。

第8.1表　ドイツの中期財政計画（2018年6月閣議決定）
（単位：億万ユーロ，％）

年度 項目	2017 実績	2018 実績見込み	2019 予算案	2020 計	2021 画	2022
歳　　　出	330.7	343.6	356.8	363.2	369.3	375.5
(伸び率)	4.3	3.9	3.8	1.8	1.7	1.7
歳　　　入	330.7	343.6	356.8	363.2	369.3	375.5
税　　　収	309.4	321.3	333.0	333.5	346.8	359.7
(参考) 投資的支出	34.0	37.4	37.9	37.9	37.9	37.9

〔出所〕Bundesministerium der Finanzen, *Finanzplan des Bundes 2018 bis 2022* による。
（注）四捨五入のため，合計が合わない場合がある。

①**アメリカ**　アメリカにおける予算制度，特に予算編成方式の特徴として，次の点が指摘される。

(ア)**行政管理・予算庁**に近年の動向が示されている。なおアメリカでは，1970（昭和45）年より**財政の長期展望**（long-range budget outlook, long-range budget projection）がはじまり，1974（昭和45）年予算法で法的基礎をもつに至り，現在も**議会予算局**（Congressional Budget Office；CBO）が作成・公表している。

よる予算見積もり　　行政管理・予算庁 (Office of Management and Budget；OMB) が大統領直属機関として予算編成にあたるほか，歳入調達に責任をもつ財務省，そして経済見通しととるべき経済政策の勧告を行う**大統領経済諮問委員会** (Council of Economic Advisers；CEA) がこれに関与し，この3者のトロイカ方式による責任の分散があることがまずあげられる[2]。

　(イ)**予算審議**　　大統領はアメリカの長期財政計画といえる予算年度を含む向こう10年度分の**財政見通し**を付した予算教書を議会に提出する。予算教書で提出する予算案は経費支出についての勧告にすぎず議決対象とはならないが，各歳出予算法の原型となる。議会は独自の立場で個別歳出の**支出権限委譲法** (Appropriation Act) や**歳入法** (Revenue Act) を審議決定する。そこで，予算決定者としての議会の権限がすこぶる強いことが重要である。予算審議にあたっては，議会委員会や公聴会が活用されるのも，アメリカの特徴である。なお1974 (昭和49) 年**議会予算法**改正の結果，大規模な権限をもつ予算委員会が新たに設けられ，ここで歳出上限の決定，政府信用計画の審議承認，長期財政見通しの審議などを行う。

　(ウ)**歳出法の成立**　　OMB あるいは議会予算局 (Corgressional Budget Office；CBO) が議会審議資料として見積もった歳入見積もりは議決の必要はなく，**歳入法** (Revenue Act) として制定されるのみである。また，支出権限の3割ほどを占めるとされる国防等の**裁量的経費**については対象歳出の支出権限委譲法を前提に予算計上が授権され，**歳出予算法**を対象歳出毎に成立させることで歳出権限が付与される。また社会保障年金等の**義務的経費**については支出権限委譲法が成立すると毎年度支出が可能となり歳出予算法の成立を要しないとされている。なお，付与された支出権限は当該年度内に支出を完了する必要はなく，翌年度以降への予算繰越しも可能であり，この側面では支出の弾力的運用が保証されている。

　②**イギリス**　　予算編成権は内閣にあり，3～4年毎の中期財政計画である**財政見通し** (Spending Review) に基づき編成される。法案は形式的に議員提出とされており予算法案は財務大臣が議会に提出する。**統合国庫議定費歳出予算法**が下院優越原則に則り，委員会・本会議でそれぞれ審議・議決される。統合国庫既定費，歳入見積もり，国家貸付資金は議会の議決対象にならない。

---

2)　なお大統領は1973 (昭和48) 年以降補佐官制を通じ行政権限を集中することにつとめている。

③ドイツ　予算編成権は内閣にあり，第8.1表にあるような経済安定・成長促進法に規定され毎年度改定される財政計画（**中期財政計画**）に基づいて連邦財務省が編成を担当する。**予算法**は第7章で述べたように，歳入・歳出額とともに総予算を付して連邦議会で成立することになっている。

④フランス　予算編成権は内閣にあり，財務大臣が策定し予算法案を内閣が，予算年度を含むむこう3か年度分の財政計画である**複数年財政計画法案**とともに，議会に提出する。予算法案は複数年財政計画法で定められた歳出総額上限等を遵守して作成されている。議会では歳入，歳出ともに議決の対象とされる。

2　財政計画の問題点と日本の財政計画

(1) 実際上の問題点

①**目標と実績の乖離**　財政計画の拘束性が緩やかなため，目標と実績とが食い違うということが起こり，ここから計画は「数字の墓場」となることが懸念されている。

②**優先順位と重点の形成**　優先順位と重点の形成が要請されるが，積極的重点と消極的重点（増やしていく経費と減らしていく経費）の明示が，回を重ねるごとにぼやけ，すべてが重点となる「重点インフレーション」がおこる。財政計画導入の時点では明示的であったそれが，増分主義的計画作成というルーチンにはまり込むのである。

③**政府間協調**　公共団体間の協調が必要とされるにも拘らず，中央政府と地方自治体が異なった措置をとることが多く，例えば中央政府は保守，地方政府は革新といった場合，ないし逆の場合，この食い違いが起こる。地方自治の建前を侵さずに国と同一歩調をとることを強制できないのである。

④**財政計画の有効性と現実性**　旧西ドイツにおける財政計画10年の経験を顧みて，ヴィレは「出発点の計画熱の後，幻滅と疲労が宿るようになった」と述べている。またイギリスのプラウデン勧告以来15年の経験をみて，クラークは，年率10％ないし20％といったインフレーションが，公共支出計画作成の際のもっとも大きな問題となっているとしている。有効性と現実性をもつ財政計画の作成がいかに困難かを示すものである。

(2) 日本の財政計画導入

①**財政計画導入問題のはじまり**　昭和49 (1974) 年6月12日財政制度審議会企画部会小委員会中間報告で，一般会計の範囲での財政支出見通しを「当初は部内資料的なものとして実験的に作成」することが提案された[3]。

②**財政収支試算**　その後昭和51 (1976) 年2月に大蔵省は，赤字国債依存から脱却する年次を示した5か年の財政収支試算を，野党の要求に応ずる形で国会に提出した。その後毎年はじめ大蔵省が**財政収支試算**，自治省が**地方財政収支試算**を作成し，国会に提出しているが，目標年次や収支分類，選択肢の提示の仕方等に違いがみられた[4]。

③**財政収支試算から財政計画へ**　昭和54 (1979) 年7月30日財政制度審議会財政計画等特別部会中間報告で，財政収支試算とは異なった財政計画の作成を勧告した。違いは，財政収支試算が長期経済計画の基礎数値をもととした大蔵省推計であるのに対し，財政計画は各省庁との協力による積み上げ計算により，閣議承認を経て内閣で確認するものであることにある。この結果，昭和56 (1981) 年1月従来の財政収支試算は「**財政の中期展望**」と名前をかえて登場し，ここでは財政計画試案という位置付けがなされている。もっともこれがいままで述べてきた財政計画の基本的特徴を備えたものであるかどうかは多分に疑問である。

④**予算の後年度歳出・歳入への影響試算**　平成13 (2001) 年1月に首相を議長とする経済財政諮問会議が設置され[5]，以後，**予算の後年度歳出・歳入への影響試算**が毎年度公表されている。これは現在も，一定の前提条件を設けて次年度予算執行の下での制度や施策を踏まえた影響の試算として公表されているが，試算の域をでず，予算編成を拘束するものとはなっていない。

---

3) これに基づいて大蔵省は，昭和50年度予算編成にあたり，3年間の支出見通しをもった概算要求提出を各省庁に求めることとした。

4) 当初は昭和55年度に赤字国債脱却，ついで昭和57年度，昭和59年度と目標年次がのばされた。昭和53 (1978) 年初めの第3次試算以降，投資部門と経常部門とを区別した収支勘定予測がなされている。またこの第3次試算ではA，B，C，D，Eという5つの選択肢の提示があったが，昭和54年度の第4次試算では3つの選択肢，昭和55 (1980) 年の第5次試算以降は一本の試算となっている。

5) ここでまず財政の中長期ビジョンとしての「構造改革と経済財政の中期展望」が取りまとめられ，平成14 (2002) 年1月にそれが閣議決定された。これに基づいて財務省は「平成14年度予算の後年度歳出・歳入への影響試算」を公表した。この試算がそれまでの財政の中期展望を継承したものといえる。

(3) 基礎的財政収支（プライマリー・バランス）

昭和48（1973）年の石油危機を契機に低成長時代に入り，昭和50年度補正予算から特例国債（赤字国債）に依存するようになった。その当初は赤字公債からの脱却を目標としていたものの，バブル期を経て後に「**失われた20年**」と称される時代の初期にあたる平成9（1997）年の財政構造改革法の制定時になってもそれは実現できないでいた。平成8（1996）年12月19日に「財政健全化目標について」が閣議決定された。そこで，単年度の借金関連以外の財政収支，つまり税収等の歳入（歳入から公債や借入金等を除いた収入）から一般歳出等（歳出から公債の元利償還費を除いた支出）を差し引いた収支である**プライマリー・バランス**（primary balance）という用語が使われたが，**基礎的財政収支**ともいう。これは第8.1図のように示される[6]。

平成13（2001）年の経済財政諮問会議を経て示された**骨太の方針**では，①世代間の公平，②財政の持続可能性の回復のために債務残高を対GDP比で増大させない必要性を指摘した上で，2010年代初頭にプライマリー・バランスの黒

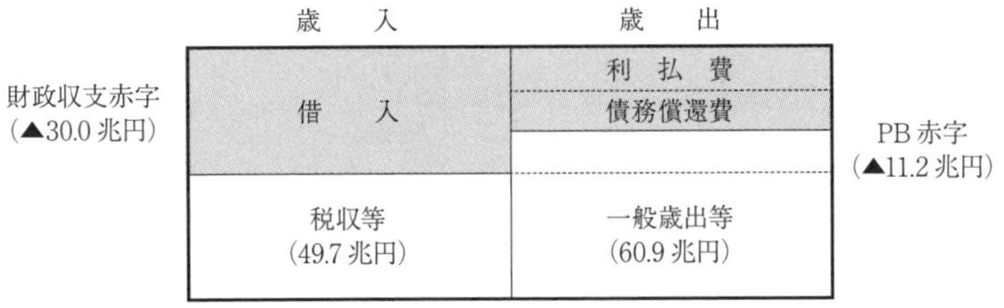

	歳　入	歳　出	
財政収支赤字 （▲30.0兆円）	借　入	利　払　費	PB赤字 （▲11.2兆円）
		債務償還費	
	税収等 （49.7兆円）	一般歳出等 （60.9兆円）	

（注）この数値は平成18年度一般会計予算のものであり，PB赤字の状態である。

第8.1図　基礎的財政収支（プライマリー・バランス）

---

[6] この当時はまだプライマリー・バランスという用語は一般には広く使われておらず，閣議決定でも「国債費を除く歳出を公債金（借金）以外の収入でまかなう」という注釈がつけられていた。巨額の財政赤字が顕在化しており，借金関連以外の歳出が歳入を上回るプライマリー・バランス赤字の状況が平成5年度から続いている。そして，平成13（2001）年5月18日の経済財政諮問会議でも触れられ，同年6月8日の財政制度等審議会財政制度分科会の財政構造改革部会中間報告でもプライマリー・バランス（基礎的財政収支）という概念が掲げられた。同報告では，国全体の財政の持続可能性（サステナビリティー）の確保を目指す過程で，「まずは，一国の経済力に比して債務残高が一定の比率以下に抑えられている状態を維持することが必要となるため，プライマリー・バランスに着目することが合理的である」とし，「プライマリー・バランス均衡とは，公債金収入を除いた歳入が利払費（一般会計の場合には，債務償還費が歳出に計上されているため，これも利払費とともに除く必要がある）を除いた歳出と均衡している状態」で，「経済成長率と金利が等しければ，プライマリー・バランス均衡の下で，債務残高の対GDP比は一定となる」と注釈を加えている。

字化を目指した。その後も，経済財政諮問会議の「中長期の経済財政に関する試算」でこの指標を用いて財政再建の議論が続けられているが，目標達成ができない状態が続いている。

(4) 各国の財政運営の原則と健全化目標

こうした流れの中で，第8.2表のように，中期財政計画等を通じて財政の健全化目標を掲げる国が多くなっている。とりわけ日本の財政悪化は群を抜いており，他国の事情を財務省資料などで大きく取り上げるようになってきている。

そこでは，OECD や IMF が推計している構造的財政収支や循環的財政収支という指標が用いられている。**循環的財政収支**は財政収支のうち，歳出・歳入の，後の章で扱う，ビルト・イン・スタビライザー効果など景気変動により変動する部分をいい，**構造的財政収支**は現実の財政収支から循環的財政収支を控除したものと定義されている。とりわけ財政赤字を考えるにあたり，不況期には税収が減少したり，失業保険手当等の政府歳出が増大したりして循環的財政収支は赤字になるが，好況に向かうにつれて減少してくるものである。これに対して，構造的財政収支赤字は財政構造の中に内在しているもので，好況に向かっても自動的には解消できないものとされ，政府が歳出削減策や歳入増加策を実施しないと改善されないものである。

3 PPBS の意義

(1) その概念

予算・決算については改革すべき点が数多く存在している。PPBS（Planning Programming Budgeting System）は，**Planning**（事業の**目標計画立案**），**Programming**（**費用便益分析**を利用した事業の**実施計画**の策定），**Budgeting**（単年度**予算編成**），**System**（方式）の略称であり，システム分析とプログラム予算の利用によって，行政府の予算決定に合理的手続きを導入する試みである。

システムとは相互関連をもつ諸要素の集合体をさし，**システム分析**とは，問題をその多面的構造において認識し，とるべき行動の選択肢を発見し，その作用を量的・質的に分析する手法をさす。また**プログラム予算**（Program Budget）とは，予算数値を投入物（input）についてではなく，最終生産物（output）に従っ

第8章 予算改革の方向性

第8.2表 財政健全化に向けた各国の規律と目標

先進国においては，憲法や法律で財政運営の原則を定めた上で，その達成に向けて具体的な財政健全化目標を定めている。

	財政運営の原則等（憲法・法律）
日本	財政法(1947年) ●国の歳出は，公債又は借入金以外の歳入を以て，その財源としなければならない。
ドイツ	連邦基本法(2009年) ●連邦及び州の予算は，原則，借入れなしに，均衡させなければならない。
フランス	憲法(2008年) ●財政の複数年にわたる方針を計画化法において定め，その方針は会計均衡の目標の中に位置づけられる。
イタリア	憲法(2012年) ●行政は，欧州連合の法規と一致するよう，予算の均衡及び公的債務の持続可能性を保障する。 ●国は，景気循環の後退期及び拡大期を考慮して，その予算の歳入と歳出の均衡を保障する。
英国	予算責任・会計検査法(2011年) ●財務省において，財政政策の策定・実施等に関する文章として，予算責任憲章を策定し，その中において，財政の目標を定めなければならない。 ●予算責任憲章は，下院の決議による承認が必要。

	具体的な目標
日本	経済財政運営と改革の基本方針2018 ●PB(国・地方) ⇒ 2025年度までに黒字化 ●債務残高(国・地方)対GDP比 ⇒ 同時に安定的な引下げ
EU	財政協定(2013年) ●財政収支対GDP ⇒ 均衡 　or ［債務残高が60％超の場合：構造的財政収支 ⇒ ▲0.5％以下 　　　債務残高が60％以下の場合：構造的財政収支 ⇒ ▲1.0％以下］ ※各国は上記の目標を憲法その他拘束力があり永続的な性格を有する法で規定することが求められている。 ●債務残高対GDP比 ⇒ 60％以下。60％を超える場合，超える部分を3ヵ年平均で年1/20以上削減
ドイツ	予算原則法(2013年) ●構造的財政収支(一般政府)対GDP比を▲0.5％以下とする。 （参考）中期財政計画2018～2022(2018年) ●財政収支(連邦政府) ⇒ 2019年から2022年まで均衡を維持 ●債務残高(一般政府)対GDP比 ⇒ 2019年に60％以下
フランス	複数年財政計画法2018～2022(2018年) ●構造的財政収支(一般政府)対GDP比を▲0.4％以下とする。 （参考）安定化プログラム2018(2018年) ●財政収支(一般政府)対GDP比 ⇒ 2022年までに黒字化 ●債務残高(一般政府)対GDP比 ⇒ 60％超の部分を3ヵ年平均で年1/20以上削減
イタリア	均衡財政原則の適用に関する法律(2012年) ●均衡予算の判定には構造的財政収支を用いる。 （参考）経済財政文書2018(2018年) ●構造的財政収支(一般政府)対GDP比 ⇒ 2020年までに均衡化 ●債務残高(一般政府)対GDP比 ⇒ 60％超の部分を3ヵ年平均で年1/20以上削減 ※この目標については，前政権時のものであり，新政権の目標は今後決定される見込み。
英国	予算責任憲章 ●構造的財政収支(公的部門)対GDP比 ⇒ 2020年度までに▲2％以下に削減 ●純債務残高(公的部門)対GDP比 ⇒ 2020年度には減少
米国	大統領予算教書(2018年) ●財政収支(連邦政府) ⇒ 2028年度までに対GDP比を▲1.4％に削減し，その後，2039年度までに均衡化 ●債務残高(連邦政府) ⇒ 2029年度以降，2043年度までに対GDP比を40％まで削減。
カナダ	予算計画(2018年) ●財政収支(連邦政府)対GDP比 ⇒均衡化 ●債務残高(連邦政府)対GDP比 ⇒ 2020年度までに2015年度(31.0％)よりも削減

〔出所〕財務省『日本の財政関係資料』（平成30年10月）を改編。
(注1)財政協定の対象国は，ユーロ加盟国18か国＋その他のEU加盟国7か国（イギリス，チェコ，クロアチア以外）。
(注2)構造的財政収支とは，実際の財政収支から，景気によって変動する要因や一時的な要因(EUでは，資産売却等の財政黒字要因のみが対象)を除いたもの。

て分類するものであり，いかに支出するかでなく，いかなる成果をあげるかの基準により，予算の価値を評価する。プログラム予算は第5章でふれた事業別予算と大体同じ意味に用いられ，PBと略される。

このようにPPBSは，計画と予算を結びつける形で，予算制度の合理化を意図するものであり，予算改革の一手法として評価しうるものなのであった。

(2) アメリカにおける発展

このような予算編成の新技術は，アメリカでは1960年代以降発展した。アメリカの元予算庁長官シュルツ（C. L. Schultze, *The Politics and Economics of Public Spending*, 1968。彼は予算庁に1965［昭和40］年6月～1968［昭和43］年1月在任した）によれば，アメリカにおける予算の発展は，①1800年以降1930年代までが，財政資金をいかに適正に支出するかという**財務統制**を予算の主たる機能とした資金統制（financial control）の時期，②ニュー・ディール以後，1939（昭和14）年のブラウンロー委員会と1949（昭和24）年のフーバー委員会の報告を経て，行政の効率的執行をねらいとした**事業別予算**が勧告され，効果ないし産出物表示の予算が次第に採用されるようになった行政管理統制（managerial control）の時期，③ケネディ政権下の1961（昭和36）年に，国防省の**マクナマラ予算**においてPPBSの手法が導入された。これは陸海空3軍の予算が無秩序に肥大化する傾向を是正するため，予算に効果判定方式を導入することが重要という反省に基づく戦略的計画化（strategic planning）の時期という時期区分を経ているとしている。

そして，PPBSは肥大化した予算の効率的配分をめざすものとして，1965（昭和40）年ジョンソン大統領により全政府レベルに導入が指令され，1968（昭和43）年実施に移された。これによって合理的事業計画が可能となり，また資金の効率的利用が可能となる途を開いた。これは従来の1年1年の**増分主義的予算編成**にかえ，**経済的合理的予算編成**を導入しようとするものであるが，これが政治的合理性と対立するのである。

(3) PPBSの挫折とその理由

PPBSはアメリカの予算編成に，戦略的計画化という新しい段階をもたらすことが期待されたが，この期待は現実には満たされなかった。PPBSは1971（昭和46）年以降撤回され，挫折したとみてよい。その理由は，①予算の諸目標

の戦略的計画化という課題にこれが応えられなかったことによる。上位の国家的課題の計画化が不可能であったため，計画は各省庁に委ねられ，従来どおりの伝統的・増分主義的予算編成が支配するようになった。②予算改革が行政改革を伴わなかったため，そうなったのであって，原因は官僚の抵抗にある。③議会も新しいシステムが行政府に有利な権力移動をもたらすのではないかという疑いをもち，これに反発した。予算改革は権力問題であることが，ここで証明された。

4　PPBS の概要と問題点

(1) PPBS の目的と特徴

シュルツは，PPBS の目的として次の6つをあげている。①目標の明確な設定，②目的との関連における産出物の評価，③全システム費用の測定，④多年度プログラム（実施計画）の策定，⑤代替的プログラム（実施計画）の比較，⑥政策プログラム（実施計画）と予算編成の結合である。ここには従来の予算編成にみられない新しい内容が盛られており，それは②の産出物評価，③と④の事後費用をふくめた全費用の測定，⑤の代替プログラム（実施計画）の比較などであり，これが PPBS の特徴と思われる。

(2) PPBS の構成

PPBS の形式的内容は，次の4つであった。

①プログラム（実施計画）別予算（program budgeting）　これは政策目標を確定し，これを第8.3表のようなカテゴリー，サブ・カテゴリー，プログラム・エレメントの形で区分し，予算科目と適合させるものであり，産出物表示が行われる。

②プログラム（実施計画）要綱（program memorandum）　主要なプログラム（実施計画）の勧告と，プログラム（実施計画）選択根拠の説明を行うものであり，PPBS 中もっとも重要な文書とされている。

③特別研究課題（special issues）　特定分野に費用便益分析を，ケース・スタディの形で明らかにするものである。

④プログラム（実施計画）および資金計画（program and financial plan）　多年度の事業計画と資金の見込み，財政収支見通し，事後費用の測定を行うもので

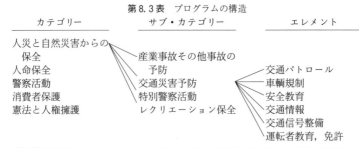

第 8.3 表　プログラムの構造

〔出所〕F.A.Kramer, *Contemporary Approaches to Public Budgeting* 1979, p.62. の例示による。

ある。

　これらは法的根拠をもってはじめられたものでなく，試行錯誤的な形ではじめられたものとみてよく，制度としての PPBS 廃止後も，アメリカの予算制度の中に取り入れられているものもある。すべての予算をプログラム予算の形で統一・再編成することが，最も困難な課題といえるのである。

(3) PPBS の問題点

　PPBS は，計画と予算を結びつける形で，予算制度の合理化を意図するものと評価しうるが，これには次のような困難がある。

　①**行政の計量化の困難**　　行政全体の経済効果の測定は一般に不可能とみてよく，道路・治水等の経済効果（産出物）表示は可能としても，外交・司法等の効果測定は難しい。産出物効果基準は，社会保障費と国防費の選択（パンかバターかの選択）を行うといった大局的選択に不適なのである[7]。

　②**中央集権化と情報の中央独占の危険**　　PPBS は，中央財務官僚と企画官僚の権限を強化するが，これは他の行政官僚と議会の反発をもたらすのである。

　③**導入にともなう技術的問題**　　理想モデルの開発とその実際への適用にあたって大量のデータを必要とし，即時の実用化がかなり困難な面を有してい

---

7) 例えばワシントン州の人命・財産保全計画（1975～1977）は，第 8.3 表のようなカテゴリー，サブ・カテゴリー，プログラム・エレメントに分けられる。このような交通災害対策の各種手段の費用効果の比較等は，それほど困難がないと思われる。しかし比較がエレメントからサブ・カテゴリー，カテゴリーと上り，そしてプログラム間の比較となると，それは専ら政治決定ということにならざるをえないと思われるのである。なお，貨幣価値で測れないものの測定は今日に至っても難しいことには変わりないが，費用便益分析でそれらの研究が進んでおり，そのさらなる深化が期待される。

た。PPB は大きな無駄をもたらすもので，それは"Paper Producing Budgeting"だという批判もあった。しかし，平成に入り世界的に目を見張るようなコンピューターの発展をみており，記録保存を確実する等の必要とされる対処をした上で，こうした問題を克服できる要素が今日かなり出てきている。

(4) PPBS から ZBB（ゼロ・ベース予算）へ

アメリカでは，PPBS の手法による予算合理化失敗のあとを受けて，より直接的な経費節減策を導入しようとする試みがなされた。これは**ゼロ・ベース予算**（Zero-Base Budgeting, 略して ZBB）といわれ，各部局が行う毎年度の予算要求を，それ以下に引き下げれば，当該事務の存在意義が失われる最小限水準から出発させようとするものである。その手法として，下位の管理者が担当分野の意思決定パッケージを作成し，上位の意思決定者が，そこに盛り込まれた費用・便益に関する情報を基としてランク付けないし選択を行うというやり方がとられる。

この ZBB の手順は，①意思決定単位（decision units）の決定，②意思決定パッケージ（decision packages）の工夫と作成，③意思決定パッケージの審査と順位付け（ranking），④予算要求案の準備という4段階に分かれる。これを図示すると，第8.2図のようになる。これだけをみれば，予算要求をいかに合理化するかが工夫の中心であり，それは予算過程のごく一部の改正にすぎないことがわかるのである。

ZBB は，民間会社であるテキサス・インスツルメント社がまず採用，カーター元大統領が知事であったジョージア州に導入され一定の成果を収めたのち，1977（昭和52）年カーター政権登場とともに連邦政府への導入がはかられた。しかし，「ZBB は PPBS の装いを新たにした再生物」という評価もあったように，意思決定をする際に問題がつきまとい廃止されたので，あまり成

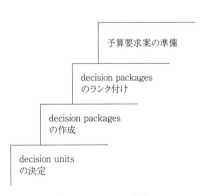

第8.2図　ZBB の段階

果はなかったとみてよい[8]。

(5) 日本の PPBS 研究と事業仕分け

　昭和 38・39（1963・1964）年の臨時行政調査会答申による事業別予算の提案があったが採用されることがなかった。その後，昭和 45（1970）年，財政制度審議会の PPBS 導入基盤整備の勧告に基づき，「科学的財務管理方法導入準備調査」が予算化され，地方団体レベルで応用化の試みがみられたが成果をみるに至らなかった。そして本家本元の米国での PPBS の挫折により，日本の予算編成にはほとんどその成果すら盛り込めずに終わってしまったとみてよい。

　平成 21（2009）年 9 月の政権交代に伴う新内閣成立により行政刷新会議が設置され，公開の場で外部の視点を入れつつ事業ごとに要否等を判定するとした**事業仕分け**が実施された。これはゼロ・ベース予算の考え方を取り入れながら予算編成の透明性を確保しようとするものであった。しかし，マンネリ化した予算編成のあり方に一石を投じる効果が一瞬あったといえるが，みるべき成果もなく終わってしまった。その問題点を明らかにすることは今後の予算改革にあたって重要なことである。

(6) 予算・財政計画と PPBS

　第 8.4 表は予算・財政計画・PPBS の 3 者の長短を比較したものであるが，

第 8.4 表　予算・財政計画・PPBS の長短

区　分	長　所	短　所
予　算	財務統制・行政管理手段として有効	単年度の視野，非弾力性，便益計算の欠除
財政計画	財政政策の長期展望，情報手段の増加	合理的事業計画の不十分，便益計算の欠除（組み合せは可能）
PPBS	合理的事業計画の可能性，費用便益分析の活用	全体的多部門計画の困難，効率性の過度評価の傾向，統計データおよび要員不足による即時応用化の困難

8）　PB から PPBS へ，そして ZBB への推移については，大川政三『財政の政治経済学』（春秋社，昭和 55 年）第 3, 4, 5 章を参照。同書は新しい予算編成方式を積極的に評価する立場に立つ。なお ZBB の内容については，加藤芳太郎「ゼロ・ベース予算の実際と問題点」（『レファレンス』昭和 54 年 11 月号所収）がその問題点を含め詳しく検討している。

PPBS の利点は，従来の年次予算やそれを引き延ばした中期財政計画に比して，費用便益分析（第 14 章参照）をそのものとして活用し，合理的事業計画を作成しうる点に求められる。PPBS 提案の意図がそこにあるが，他方で PPBS は費用便益分析の手法を部分的にしか利用できないこと（多部門計画の困難），経済的効率性の過度評価をもたらしやすいこと，技術的困難から即時利用が難しいことなどの難点がある。これ以上に政治的な困難があるが，PPBS の意図を財政計画に可及的におりこむこと，PPBS を実験的にいくつかの行政部門に導入することなど（フランスでは 1968［昭和 43］年以来 RCB［Rationalisation des Choix Budgetaires］の名称でこれが行われている）が，いくつかの国でなされており，これらの成否は PPBS の将来を占うものといえよう。

第Ⅲ部　経　　費

第9章 公共経済学の基礎理論

1 政府が存在するための経済的根拠とパレート最適

(1) 市場の失敗

今日の経済は公共部門と民間部門からなる**混合経済**として特徴付けられる。公共部門の発展は政府支出の膨張やこれと裏腹の関係にある租税負担増大の傾向として現れている。このように政府の役割が増大している中で政府の存在根拠を経済的に説明しようとする動きが昭和40年代になって活発化した。これは，資源配分をする際に，民間の自由競争に委ねた場合，市場メカニズムがうまく働かない**市場の失敗**（market failure）がもたらされる分野があり，政府がこれに介入し，対処していかなければならないためであると説明されている。こうした動きの中で公共経済学の考え方が生まれ出てきたといえる。

そのケースとして独占市場の存在，完備していない市場（保険や貸付の給付にうまく機能しない私的市場），公共財，外部性，情報の不完全性，失業・インフレーションおよび不均衡があげられる（藪下史郎訳『スティグリッツ公共経済学』東洋経済新報社，平成8年，第2章）。

(2) パレート最適（パレート改善）

市場の失敗を是正するために政府が存在するのであれば，政府は何を目標にしてその是正をすればよいのか。政策立案にあたってもそれを考える必要がある。その場合，経済理論ではパレート改善ないしパレート最適を考える。**経済学**（economics）は有限な資源と人間の無限の欲望と調和を考える学問であり，有限な資源をいかに配分するかをまず問題とする。その資源配分にあたり，資源を用いて生産し**利潤**（profit）を極大化する側面と，資源を消費し**効用**（utility；満足度）を極大化する側面を考える必要がある。こうした方向性で分析するには，分析を簡単にする必要もあり，ある一定の前提条件を設ける必要が出てくる。そのため非現実的であり机上の空論となりかねずその点を十分に注意する

必要があるが，市場の失敗を是正するための目標を明確にするためにこのような手法をとるのである。

理論的に考えたときに，資源が最適に配分されている状態は**パレート最適**(Pareto optimum)とよばれている。これは，スイスのローザンヌ大学教授である**パレート**(Vilfredo Frederico Damaso Pareto；1848～1923［大正12］)により発案されたものであり，ある人の効用を高めるには，他の人の効用のために用いられる資源をある人のために振り替えて他の人の満足を減らす以外に不可能である状態とされている。

第9.1図は，2財 X, Y を2個人 A, B からなる経済社会で生産し，消費することを前提条件として設定した経済を図示したものである。まず生産面をみると，同図の FF' は**生産可能（性）曲線**(production possibility curve)であり，これは限られた資源をすべて使い最大限に生産できる状態を示している。この曲線は**生産の効率性**も表しており，ある財の産出量を増やすためには他の財の産出量を減らす以外に不可能である状態を示している。その比率は**限界変形率**(marginal rate of transformation；MRT)といい，第9.1図では生産可能曲線と傾き ℓ との交点で表される。次に消費面をみると，例えばある個人 A の効用を一定にしたときの財 X と財 Y を消費する組合せは**無差別曲線**(indifference curve；この線上の消費の組合せはどれも効用が無差別に等しい) i_A で表される。このモデル経済の消費者である A, B の無差別曲線 i_A, i_B の交点の軌跡は**契約曲線**(contract curve)といわれ，**消費の効率性**も表しており，**エッジワースの箱図表**（ボックス・ダイアグラム）（第9.1図の OX_0QZ_0 ）に図示される。この曲線と傾き ℓ' との交点は消費のパレート最適を表しており，消費者 A の**経済的厚生**（経済的幸せ，ここでは効用）を増やすためには他の消費者 B の資源を取り上げて経済的厚生を減らす以外に不可能である状態を示している。その比率は**限界代替率**(marginal rate of substitution；MRS)といわれ，第9.1図では $MRS_A = MRS_B$ ということになる。

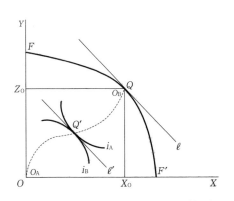

第9.1図　パレート最適とエッジワースの箱図表

このモデル経済全体の効率性を

実現するにあたっては，生産の効率性と消費の効率性が同時に達成されることを理論的には求められる。そのため，第9.1図の傾き ℓ と傾き ℓ' が等しくなる必要があり，それは MRT＝MRS となる。これはあくまで理論的帰結であり，現実経済での達成には困難を伴うが，複雑な現実の導き星として，理論的には資源配分が効率になっているこの状態にすることを理想的目標に掲げる意義が見出せるのである。

(3) 完全競争市場での価格・産出量

こうしたパレート最適な資源配分は完全競争市場の下で実現するとされている（**厚生経済学の基本原理**）。**完全競争市場**（perfect competition market）はいくつかの前提条件の下で成立する理論上の理想的市場とみてよいが，経済分析の基準となることが多い。この市場では価格は決まっており，経済主体は**価格受容者**（price taker）として行動するため，第9.2図のように図示できる。

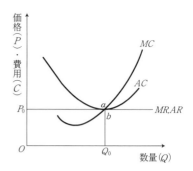

第9.2図　完全競争市場での価格産出高

まず，企業は**利潤極大化**を追求しているため，利潤極大の時点で生産をやめる必要があり，そうした限界点を探る必要がある。これは理論的には，最後の産出物にかけた費用である**限界費用**（marginal cost；MC）と最後の産出物の売上による**限界収入**（marginal revenue；MR）が等しくなったときとされる。例えば第9.1表の数値によると，3個目の産出物で $MC=3\cdot MR=3$ のとき（つまり $MC=MR$ のとき）が，それまで生産した1個目の利潤，2個目の利潤をも合計した

第9.1表　利潤極大と限界費用・限界収入の関係

限界費用（MC）	1	2	3	4	5
（例）りんごの生産販売	⇩🍎⇩	⇩🍎⇩	⇩🍎⇩	⇩🍎⇩	⇩🍎⇩
限界収入（MR）	3	3	3	3	3
利　　　潤	2	1	0	−1	−2
利　潤　合　計	2	3	3	2	1

（限界点）
$MC=MR$

総額でみたときに，最も利潤が高くなる．4個目の生産では赤字が生じてしまう．したがって，第9.2図の点 a で Q_0 生産したときが利潤極大となる．

次に，経済社会全体でパレート最適な点は，生産された産出物がすべて消費者に買い上げられ消費者の効用を最も高めるときである．それは企業の最終生産物にかけた費用（**限界費用**；MC）を消費者が喜んで**価格**（price；P_0）として買い上げてくれるところであり，第9.2図の点 b で Q_0 取引したときである．つまり価格 P_0 で Q_0 の生産・消費をするときに，理論的にパレート最適が実現するのである．

2　市場の失敗とその是正

(1) 独占市場・費用逓減産業の存在

独占市場を図示すると，第9.3図のように描ける．先にみたように経済理論では一般に，企業は限界収入 MR と限界費用 MC が一致した点で**利潤極大化**が達成される．これはいま問題となっている生産活動で，最後の生産物を生産したときの収入とその生産にかかった費用が等しくなった点 a が，ここまで生産したことによる利潤に加えて，この生産によってこれ以上の利潤が出るところでもないし，損失を被るところでもないからである．けれども，消費者主権に基づいた社会的に望ましい配分（**パレート最適な配分**）は価格 P_1 と限界費用が等しくなる点 b といえる．

そこで，社会的に最適な配分量 Q_1 と利潤極大化を目的とする企業の生産量 Q_0 との差を政府が**経済介入**して望ましい量に達するまで対処するというものである．同じような考え方は費用逓減産業の場合にも当てはめられるが，これについては第31章3で述べることにする．

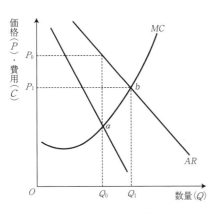

第9.3図　独占市場の存在

(2) 外部性の存在

現実の経済では必ずしもすべての経済活動を市場メカニズム（価格機構）で処理することはできな

い。この市場メカニズムに取り込めずに市場経済の外部（第9.4図の網かけ部分）で処理されるケースがあり，**ピグー**（Arthur Cecil Pigou；1877［明治10］～1959［昭和34］）により指摘された**外部性**（externality）といわれるものである。

これには，第9.4図にみられるように，プラス面とマイナス面がある。他の経済主体に有益な影響を及

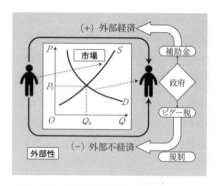

第9.4図　外部経済と外部不経済のイメージ

ぼす**正の外部性**（positive externality）ないしは**外部経済**（external economy）とよばれるものがあり，これを養蜂業と果樹園の例でピグーは説明している。教育なども正の外部性の例としてあげられるが，公的教育でカバーしきれずに私的教育で補充されていることを根拠に私立学校助成金が説明されることがある。つまり，第9.5図（A）のように市場の取引では価格表示されない**外部便益**（external benefit；図の D_e）が内在しており，それを市場取引として需要曲線で表せる**私的便益**（private benefit；図の D_p）に加えたものが**社会的便益**（social benefit；図の D_s）となる。企業は利潤極大化をはかるので，MC と私的便益が一致する点 a までの Q_0 しか生産しない。しかし社会的には供給曲線と社会的便益が一致する点 b で Q_1 生産することでパレート最適が実現する。そのためには Q_0 を Q_1 まで生産を増やすことが望ましいが，民間部門を構成する企業は，普通は利潤が見込めず，Q_0 しか生産しない。

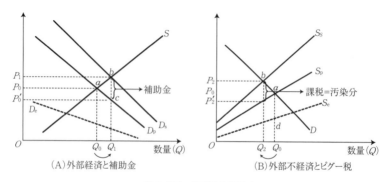

(A) 外部経済と補助金　　　　(B) 外部不経済とピグー税

第9.5図　外部性の説明

そのため，Q_0Q_1 の生産を増やすために，政府が，民間部門に**補助金**を交付して生産を増やすようにさせるか，あるいは政府自らが Q_0Q_1 分を**直接生産**するように，経済に介入するというのがその解決策となるのである。

これに対して，他の経済主体に不利な影響を及ぼす場合を**負の外部性**（negative externality）ないしは**外部不経済**（external diseconomy）とよんでいる。第9.5図（B）のように，ここで生じる，市場の取引では価格表示されない**外部費用**（external cost；図の S_e）と市場取引として供給曲線で表せる**私的費用**（private cost；図の S_p）に加えた**社会的費用**（social cost；図の S_s）の存在はピグーによって指摘され，その後カップが詳しく解明している（原著：1950［昭和25］年；篠原泰三訳『カップ私的企業と社会的費用』岩波書店，昭和34年）。ここでいう社会的費用とは，「第三者あるいは一般大衆が私的経済活動の結果被るあらゆる直接間接の損失」を含むものであり，「資本主義は費用不払いの経済である」とされている。企業活動の結果，負の外部性が発生してしまっても企業自体では負担されず，企業以外の個人あるいは社会全体で負担される費用が社会的費用であるが，これは市場の失敗の結果発生する。公的な迷惑（public nuisance）といわれる公害のような外部不経済に対しては，公害の排出源に対して，政府が公害税（公害賦課金）をかけるという形の対応がありうる。冷戦終結後に特に注目されるようになった環境問題に対処するために，**環境税**を賦課するという考え方もこの具体例であり，このようにして経済的なコストが従来よりも高くつくことになれば，公害や環境破壊の問題が解決方向に近づくことになろう。

第9.5図（B）で，企業は利潤極大化をはかるので，需要と私的費用が一致する点 a で Q_0 しか生産しない。しかしこれでは Q_0d の外部費用が生じている。

企業は利潤極大を追求するものであり，こうした事態を是正するためには政府が課税をして補償すべきであるとピグーは主張し，そのような税は**ピグー税**（ピグー的課税）とよばれている。企業が外部費用を考慮に入れるようになると需要と社会的費用が一致する点 b で産出量は Q_2 に減少し外部費用も減る。外部費用を完全になくすには生産そのものをやめるしかないということになる。

このピグー的課税を批判して，1960（昭和35）年にロナルド・コース（Ronald H. Coase；1910［明治43］～2013［平成25］）は当事者間の交渉により外部性を私的に解決できるとする**コースの定理**を発表した。しかし，それは当事者の数が少なく，交渉費用が交渉で得られる利益より小さい場合に限られてしまうのである。

3 公共財の理論

(1) 公共財の概念

　市場の失敗としてはこのほかに公共財の存在があげられ，これを政府支出と結びつけようという試みがなされてきた。ここでの**公共財**（public goods）とは，すべての人々に共通に消費される財であり，等量消費の財ないしサービスと規定される。

　そして，公共財には次の性質があるとされている。

　①**非競合性**（non-rivalness）　特定の個人の消費が他の個人の消費と競合しないこと。灯台の光のように，これはすべての人々に利用される。

　②**非排除性**（non-excludability）　誰かをその利用から排除するものでないこと。有料道路は料金を払わない人を排除するが，一般道路ではそうではない。

　公共財の規定についてはなおいろいろなアプローチがあり，結合性（jointness），分割不可能性（indivisibility），外部性といった基礎概念でこれを説明するものもいる（高島博『公共支出の財政理論［増補版］』多賀出版，昭和59年，22頁を参照）。すべての人々が等しく利用・消費する財であり，これが市場経済の外部で行われるものであるという点に公共財の特徴がある。

　以上のような性質をもった公共財の供給においては民間部門で供給できないとはいいきれないが，給付反対給付による市場経済原理はうまく機能せず，**予算を通じての公的供給の道が開かれる**こととなる。ここから公共財は市場の失敗の分野に供給される財となり，この財に対する評価は，負担すべき租税との関連で予算を通じて決定されることとなる。

(2) 公共財の種類

　公共財は第9.2表のように分類されることが多くなっている。**純粋公共財**（pure public goods）は非競合性と非排除性という性質を100％備えもつものとされ，**準公共財**（qausi-public goods）はそうした性質が不完全であり公共財と民間財（私的財；private goods）の中間領域に位置するものとされている[1]。マスグレ

---

1) 現実の公共財の大部分は純粋公共財と純粋私的財の中間にある。そして公共財の理論は当初，純粋公共財を中心とした分析であったが，この純粋公共財中心の仮定が理論の有効性を損なうもので

第9.2表　公共財と民間財の関係

財のタイプ	根拠	配分方法	例
100％公共財	純公的（社会的）欲求	公共部門による配分	国防
準公共(準民間)財	公的（社会的）欲求と私的欲求の混合	公共部門か民間部門による配分	教育
100％民間財	純私的欲求	民間部門による配分	鉛筆

〔出所〕　B. Herber, *Modern Public Finance*, 1971, p. 26.

イブは**社会財**（social goods；「公共財」のこと）と価値財とに区別しており，後者は公共財と民間財（私的財；private goods）の中間に位置するものとしている。**価値財**（merit goods）は民間財（私的財）としても供給できるが，消費者選好に委ねる限り，情報の不足や市場メカニズムの欠陥から十分に，供給されないので，公的介入を必要とする財とされている。学校給食，政府補助の低家賃住宅，授業料免除の学校教育などがその例としてあげられるが，価値財の認定を誰がするかなどの問題が多い[2]。

公共財を純粋公共財と地域化された公共財である**地方公共財**とに分け，前者は中央政府により，後者は地方政府により供給される財・サービスとする者もいる。公共財と民間財（私的財）の区別は，便益の帰属および費用負担との関連で取り上げられている。公共財の便益は広く国民一般に帰属するのに対し，民間財（私的財）の便益の帰属は特定の個人である。さらに，差別化された公共財，**準公共財**，**混合財**等々を公共財と民間財（私的財）の間におく考え方がある。しかし，これらを現実の経費分類に応用しようとしても，十分な成功をみることができない現状にある。

なお，非排除性を有しているが消費が競合的になる，利用したい人は誰でも無料で利用できる**共有資源（共有地）**という考え方がある。無料で自由に使えるため，費用を考えずに利用していると，社会全体で過剰利用を来し，資源の枯渇を招いてしまう。こうした**共有地の悲劇**を避けるために，政府はその利用量に関心を払う必要があるのである。

　　ないとされる。島田千秋『公共財供給の経済分析』（多賀出版，平成6年，3頁）を参照。
[2]　石弘光教授によると，公共財の区分は財の性質に基づき効率性の観点から区分されるのに対して，価値財は社会価値・国益から公平の基準に基づき区分されるとしている。石弘光『増税時代』（ちくま新書，平成24年）を参照。

(3) 公共財の最適供給

各人の経済生活を豊かにするために，限られた資源をいかに配分して，各人の効用（満足度）を極大化するかという資源配分問題が財政にも求められる。理論的に考えたときに，資源が最適に配分されている状態は前述のように，パレート最適とよばれている。

資源は公共部門と民間部門により配分されることになるが，これが最適になる状態は理論的には，2個人 A, B に公共財 Y と私的財 X を供給する最も単純なモデルで考えられ，第9.6図で説明される。

限られた資源をすべて使い最大限に生産できるのが**生産可能（性）曲線**

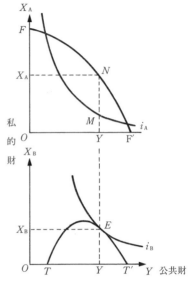

第9.6図 公共財の最適供給

FF' で表される。そして，個人 A の効用を一定にしたときの公共財と私的財（民間財）を消費する組合せは**無差別曲線** i_A である。ここで，パレート最適を実現するには，A の効用を一定にして B の効用を最大化することを考えなければならない。すると，生産量は最大 FF' 生産され，A の消費量は i_A に固定されるので，B の消費量はその差で示され，例えば，MN で表される。この差を特に取り出したのが第9.6図の B の消費可能曲線 TT' であり，例えば，先の MN は YE となる。この TT' で B の効用が最大になるのがパレート最適であり，それは B の無差別曲線 i_B と TT' の接点 E となる。ここでは

$$[i_B の傾き] = [TT' の傾き] \quad\quad (等式1)$$

は等しくなる。そして，TT' は FF' と i_A の差であるから，それぞれの傾きで考えても同じで，

$$[TT' の傾き] = [FF' の傾き] - [i_A の傾き] \quad\quad (等式2)$$

である。等式2に等式1を代入すると，

$$[FF' の傾き] = [i_A の傾き] + [i_B の傾き]$$

となる。理論的に表現すると，この FF' の傾きとは，限られた資源で公共財を1個多く生産するために公共財に資源を振り替えた分，私的財をどれだけ減ら

さなければならないかという比率を示す**限界変形率**（MRT）であり，**公共財の限界費用**（追加生産にかかる費用）である。また，i_A（i_B）の傾きは，A（B）の効用を一定にして変化させない場合に，公共財の消費量を1個増やしたら私的財を何個減らせばよいのかという比率を示す**限界代替率**（MRS）であり，**公共財の限界評価**（追加消費のために喜んで支払う額）である。そこで，**公共財の最適供給の条件**は，

$$\mathrm{MRT} = \mathrm{MRS}_A + \mathrm{MRS}_B$$

と表せて，この式より，公共財の限界費用が等量消費される公的財の各人の限界評価を合計した社会全体の限界評価に等しくなる供給量に決まったときに，公共財は最適に供給されると結論付けられ，これを研究者にちなみ**サミュエルソンの効率性条件**ともいう。

しかし，理論の世界ではこのように説明されうるものの，①この条件は各人の公共財への限界評価が把握できにくいこと，②各人が公共財に対する各人の受益の度合に応じて租税を支払うという利益主義的側面を暗に前提としているが租税の負担配分は必ずしもすべてこれで説明できないことなどから，現実の世界ではこの説明を成立させるのは困難なことが多いのである。

(4) 公共財の費用負担（リンダール均衡）

公共財の費用負担について**疑似市場メカニズム**を前提として，政府の課税行動を利用して各個人の公共財への需要を表示させてそれに一致する供給量を政府が見出し，公共財の最適供給も達成させる方法を**リンダール**（Erik R. Lindahl；1891［明治24］～1960［昭和35］）は考えた。

2個人A, Bに政府が課税をするが，Aの負担率をtとするとBは租税100％のうち残りの$1-t$の負担率となる。この租税負担率tを疑似市場で価格と考えて，**課税価格**とするという以上の前提条件で考えていく。第9.7図では課税価格が高くなれば公共財の需要量は少なくなり，課税価格が低くなれば公共財の需要量は多くなるので，それぞれの公共財への需要曲線は右下がりになる（なおBは原点を左上にしている

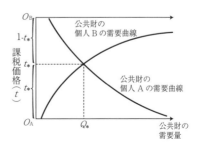

第9.7図　リンダール均衡

ので，本を開いたままの位置で第9.7図をみると右上がりに描かれている)。公共財は**等量消費**であるため，第9.7図では $Q*$ のとき，A に $t*$，B に $1-t*$ の課税価格で政府が課税すると，公共財の限界費用＝A の公共財への限界便益＋B の公共財への限界便益という公共財の最適供給条件を満たす。この均衡を**リンダール均衡**という。

ただしこの均衡には，A, B が公共財の需要を**過少表明**せずに「正しく表明すること」を前提として成立する。過少表明すれば租税負担が軽くなるため過少表明することが有利になる。したがって，市場で価格を目印に需要を表明するように，公共財に対する各人の利益に基づいてその需要を表明させ，その利益に応じた課税をして利益に応じて公共財の費用負担をさせるというリンダールの試みは現実にはうまく機能しない可能性が高いのである。

(5) 公共財理論の評価とフリー・ライダー問題

公共財理論は，公共財の供給を便益と負担の一致という観点から見直そうというものであるが，いろいろと困難な面が多い。純粋公共財は**無償給付**，準公共財（混合財）は**有償給付**が妥当ということになるが，純粋公共財に相当する政府活動を例示すること自体が困難である。純粋公共財の例とされる国防も，すべての人が等しく便益を受けるものでもなく，所得財産の多寡，攻撃にさらされる地域の所在などにより便益にも差がでてくるのである。したがって，よりいっそう公共財理論の現実的・積極的貢献が求められるのである。

また，現実世界では各人の公共財の限界評価などの情報は不完全にしか把握できないため公共財理論の現実化には困難がともなう。また，各個人は公共財が等量消費されることを知っているため，自己の選好（公共財への限界評価）を低く示し，自己の負担分を減らしたり回避したりしようとする。これは**フリー・ライダー（ただ乗り）問題**といわれるものである。こうしたフリー・ライダー行為は，公共財の便益を享受する集団の規模が大きいほど起こりやすい。自分はフリー・ライダーになるが他の個人はならないと仮定して，自己の選好を偽って表明する機会が広がるからである。このようにしてフリー・ライダーが増えるほど，最適な資源配分はますます達成されなくなるのである。

4 政府の失敗

①**政府の失敗の原因**　市場の失敗を是正するのが政府の存在する経済的根拠とされてきたものの，昭和48（1973）年の石油ショック以降，昭和50年代には，**政府の肥大化，財政の赤字・非効率**が議論され，強調されるようになった（宮島洋「財政学へのアプローチ」『財政・入門』JICC出版局，平成3年，10～11頁）。つまり，政府本来の役割とされる市場の失敗是正のための経済介入が不適切なものとなってしまう**政府の失敗**が指摘されてきたのである。こうしたことは，(ｱ)市場の失敗の是正する機能を過大評価した挙句，政府の経済機能を**集権化**したり過剰な**市場規制**をしたりすることに起因している。また，(ｲ)政府の情報収集能力等，政府の能力を**過大評価**していることもその原因とされる。

②**政府の失敗の是正**　政府の失敗を是正するためには，(ｱ)政府の経済機能を分権化すべく**民営化**や**規制緩和**が必要になってくるであろう。また，(ｲ)集権化された行財政機能を**地方分権化**することにより，受益・負担の明確化をすることも必要になってこよう。そして，(ｳ)行政の透明化・政治的責任の明確化・政策実現の強化のための節度ある首相・内閣といった行政府機能の強化も必要な面があろう。

③**NPMの動き**　政府の失敗を解決する手法として，民間部門の経営手法を政府部門に適用し，その経営能力を高めて，効率化や活性化をはかるという考え方が**ニュー・パブリック・マネジメント**（new public management；NPM，新公共経営）である。これは**公会計**の新たな分野を切り開いてきており，とりわけ日本の公共部門が，収益を現金の収入時点で認識し，費用を現金の支出時点で認識する**現金主義会計**に拠っているのに対して，価値が発生した時点で収益を認識し，価値が消費された時点で費用を認識する**発生主義会計**に基づこうとする考え方をしている。またNPMは1980年代半ば以降，行政管理理論に基づき欧米諸国での行財政改革に取り入れられたが，それには民間資金を利用して施設整備をしてそれにより公共サービスを提供しようという**PFI**（private finance initiative）や，従来は地方公共団体やその外郭団体が運営していた公共施設についてNPOや純粋な民間団体に管理運営を代行させる規制緩和といえる**指定管理者制度**がある。こうした動向は日本でもみられるようなった。

第10章 経費膨張と経費の性質

1 経費の意義

(1) 経費の概念

経費 (public expenditure, Öffentliche Ausgaben) は，公共支出，政府支出[1]といわれることもあるが，国家または公共団体がその任務を遂行するために行う貨幣支出である。現代国家の任務には生産基盤を維持することや国民福祉の向上があり，このため資本蓄積の物的条件を整備し，労働力の維持育成をはかり，また社会体制維持のため必要な措置をとる。公共事業費，社会保障費，教育費の支出，軍事費，国家機関費の支出などが，こうした任務達成のために行われる。

経費は国家または公共団体の行う**貨幣支出**としたが，市場経済原理に基づかない貨幣支出である無償の貨幣給付のほか，医療給付等金銭以外の方法で行われる**現物給付**が増大しているのが，現代国家の特徴である。もっとも現物給付といっても，貨幣を媒介してなされることが重要である。

(2) 経費の公共性

現代国家の経費は，生産基盤の維持・国民福祉の向上等を目的とするが，それは**公共目的**への支出の形で行われ，少なくともこうした目的を掲げない限り，経費支出は不可能となっている。経費はいかにあるべきかをめぐり，平等・普遍性の原則（社会原則）や国民経済的原則等の提唱があるが，**公共性**の意味は国また，時代により，異なった意味内容を与えられてきた。ハーバーマスは，公共性を歴史的カテゴリーとして取り扱い，市民的公共性，人民的公共性，独裁下の統制された公共性等を区別している（J. Habermas, *Struktuswandel der Öffentlichkeit*, 1962 [昭和37] 年 [独文]；細谷貞雄訳『ハーバーマス公共性の構造転換』

---

[1] 「経費」は政府各機関の現金支出を示す会計用語で，「支出」は経費よりも網羅する範囲がより広くかつ国民経済計算上の政府部門全体の支出を指すことが多いとされる。林健久『財政学講義 [第3版]』（東京大学出版会，平成14年）27頁を参照。

未来社, 昭和48年)。市民的公共性は, 絶対王政の恣意的政治支配に対し, 市民の基本権利を守る基準となりえたが, 公共性の名の下に国民の権利を抑制することも可能であり, また現実になされてきた (全体主義国家の場合など)。国家経費支出の実態からみて, それは公権力を背景とした資金再分配の仕組みであり, これが支配勢力に有利な形で営まれていることを否定できない。

(3) 経費論の重要性──財政と市場経済──

従来家計は「量入制出」(入るをはかって出ずるを制す) の原則, 国家財政は「量出制入」(出ずるをはかって入るを制す) の原則が妥当するとされてきた。そこでは, 必要な経費が与えられたものとしてあり, 国家財政需要を補填するため, いかにして摩擦なく収入を調達するかが, 財政本来の課題とされてきた (第Ⅰ部で述べたように, 財政が public finance の訳語である由縁でもある)。しかし現在は, 逆もまた真であって, 国家財政の場合も, 限られた収入をいかに有効に支出するかという効率的な財政運営が重要な課題となっている。

国家財政規模が, 西欧主要諸国において, 第1次世界大戦前 GNP比10%以下, 戦間期20〜30%, 第2次世界大戦後30%以上といった形で膨張したことが, 経費論の見直しの背景となっている。この経費膨張は何を原因としているか, いかなる経費構造の変化がみられ, その意義はどこにあるか, 経費の効率化のためどのような手続が必要かなどの考察が, 財政学の重要課題となっている。

2 ワグナーの経費膨張法則

(1) 法則の定義

①定義 「進歩した文明諸国において中央および地方政府の活動は, 恒常的に拡大する。この拡大は外延的 (extensiv) であり, 内包的 (intensiv) である。すなわち国家と地方は, 新しい任務を取り上げると同時に, 旧来のものを一層拡大する」(ワグナー『経済学の基礎』第3版, 1893 [明治26] 年 [独文])。

ワグナーの経費膨張法則は国家活動増大法則のあらわれであり, また公共財政需要増大法則ともいわれているものである。彼はこの考えを, 1863年『オーストリア国家予算論』(独文) で最初に明らかにし, 『財政学』(1872 [明治5] 年, 第3版1883 [明治16] 年 [独文]), そして『国家学辞典』(1911 [明治44] 年 [独文])

への寄稿等でも見解を明らかにしている。

　②国家活動の分野　　ワグナー（第2章3参照）によれば，国家活動は2つの国家目的の分野で発生する。すなわち，

　㋐法および権力目的の分野　　法および権力目的の分野で，国家が国内的対外的保護の任務を拡大し，軍隊・司法・立法・外交等の経費を膨張させる。

　㋑文化的福祉的目的の分野　　文化的福祉的目的の分野で，公衆衛生・医療・救貧・扶助・教育等の経費が増大する。

　ワグナーはこのうち後者をより重要な国家活動領域としており，「近代国家は，法治国家たることを超え，ますます文化国家・福祉国家となり，文化目的と福祉目的の領域への給付は不断に増大する」と述べている。

　③国家活動増大の要因　　これらの国家活動の増大をもたらす要因は，彼によれば，㋐文化の進歩と国民の新たな欲望の発生，㋑分業と競争の増大，㋒人口密度の増大と住民の地域的集中，㋓これらを背景とする交通・経済・法制の複雑化などであり，国営・公営事業の拡大などもここから導き出される。

(2)　「法則」の意味

　ワグナーは国家経費膨張を歴史的・統計的にみた明らかな傾向とし，ここで「**法則**」というのは「社会経済的現象の領域でこの表現が用いられるところの意味においてである」としている。もっともこの意味は漠然としているが，少なくとも自然科学的な因果論的法則がここで取り上げられているのではない。社会経済的現象の領域でみられる法則は，実験によって証明されるものでなく，自然科学的意味での法則となりえない。ヴィットマン（Wittmann）は，ワグナーの法則を客観的法則とみず，**政治的願望を込めた歴史予測**に類するものとみている。歴史的・統計的にみて明らかな傾向とみなしうるか否かも疑問であり，例えばイギリスの財政規模は，その自由主義段階には国民所得比で減少しているという事実が見落とされている。なお経費膨張は経費の絶対的膨張をさしていうのか，国民経済の発展との相対的関係でみていたのかについて，相対的膨張が彼の捉え方であったとみられている。いずれにしても，ワグナーの場合は十分な統計的検証を行った結果の法則化ではなく，その検証は後代に委ねられたのである。

(3) 関連した補完的法則

ワグナーの後継者たちによって第1次世界大戦と第2次世界大戦の戦間期に発展させられた歴史法則（財政学上のそれ）に，次の2つがある。

①ポーピッツの法則　「上位機関の財政の吸引力の法則」(Das Gesetz der Anziehungskraft des übergeordneten Haushalts) というのが本来の言い方であるが，これは**財政の中央集権化**傾向を指摘したものであり，(ア)経済政策と社会政策の統一の要求，(イ)弱小団体への上位機関の介入の必要増大（特に有力な収入源を中央政府がもつことに伴うそれ）などのため，これが起こるとしている（第25章2参照）。

②**ブレヒトの法則**　人口の都市集中と都市経費の割高を指摘するもので，「地方団体の規模増大に伴う行政費増大の法則」ともいわれる。人口集中地域では，地価，賃金・俸給，施設費等の単価が高い一方，公共サービスに対する需要がより強くあらわれるので，財政規模が増大せざるをえないとするものである。もっともこれに対しては，行政の種類により「規模の経済」が働くので，一概に経費の割高を指摘できないという批判もある[2]。

---

[2] ブレヒトの法則は，カーネギー財団がドイツの大学に贈った政治学講座の記念講演の中で明らかにされたものであり，Arnold Brecht, *Internationaler Vergleichder Öffentlichen Ausgaben*, 1932［昭和7年；独文］の形で公刊されている。それは「（公共）支出と人口集積との間の累進的相関性の法則」(des Gesetz der progressiven Parallelität zwischen Ausgaben und Bevölkerungsmassierung) と名付けられている。人口1人当たりの公共支出は，人口集積が大となるにつれて増大するというもので，その理由は大都市における公共支出のほとんどすべてが相対的に割高であることにある。住宅，福祉支出，学校，道路，交通手段，消防，警察，官吏俸給等公共支出の各面でコストが高く，これが都市の財政負担を大きなものとしている。ブレヒトはこれを，国際的な政治支出の比較に適用し，大都市（人口10万人以上の都市）の人口が総人口に占める比率と，人口1人当たり政府支出の比較を行っている。大都市人口比率はイギリス約38％，アメリカとドイツ約30％，フランス約15.5％であるが，ドイツとフランスを比較して，ドイツはフランスの倍の都市人口比率をもつにもかかわらず，臨時費支出を除く経常支出ではフランスを下回る人口1人当たり支出であるとする。フランスの高い軍事費支出と公債費負担が，住宅，交通，福祉，教育等内政関係の支出を貧困なものとしていることを指摘している。ブレヒトの国際財政比較論の基礎にある都市経費の割高の傾向を1つの法則とみることが正しいかどうか，経費の種類によって人口規模別の支出水準に逓増のみでなく逓減傾向もみられるのではないか，人口1人当たり支出水準に影響を与える因子は人口集積が唯一の要因かなどさまざまの問題があるのである。

3 経費膨張の現代的解釈

(1) ピーコックとワイズマンの仮説

第2次世界大戦後,イギリスの政府支出を第10.1図のように歴史的統計的に研究した**ピーコック**(Alan T. Peacock;1922 [大正11]〜2014 [平成16])と**ワイズマン**(Jack Wiseman;1919 [大正8]〜1991 [平成3])の研究『イギリスにおける公共支出の増大(*The Growth of Public Expenditure in the United Kingdom*)』(1961 [昭和36] 年 [英文]) が,その後の研究の出発点となった。両氏は 1890 (明治 23)〜1955 (昭和 30) 年のイギリスの政府支出が1人当たり7倍に増大したのに,この1人当たり

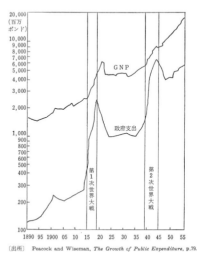

第10.1図 イギリスの政府支出と GNP の発展

GNP の伸びは 1.7 倍のみであったとする。この結果,$\frac{政府支出}{GNP}$ は 1890 (明治 23) 年の 9% から 1955 (昭和 30) 年の 37% へと増大し,それだけ国家活動の相対的膨張があったのであるが,この現象をどのように説明するかについて,転位効果と集中過程という2つの新しい観点を明らかにしている[3]。

①**転位効果**(displacement effect)　大規模な社会的混乱や戦争などの際に,租税負担と経費規模の限界と考えられていたものが破られ,その新しい水準が受け入れられること。そしてこの水準は混乱が過ぎ去った後も維持され,決して元の水準へは戻らないのであるが,このことを**転位効果**(おきかえ効果)といい,第10.2図の通り経費膨張にはある段階から次の段階への水準の飛躍が段

---

[3] ハーバー (Bernard P. Herber) は,転位効果を第10.2図によって説明している。集中過程についても,もしこれを同様な図で示すならば,第10.3図のようになるであろう。この場合,集中過程と同様な段階的な発展傾向が想定されてしかるべきであろう。そしてこうした傾向が,資本主義経済の発展過程で各国に共通にみられる傾向かどうか,またもしみられるとすれば原因は何かが問題となるのである。

階的 (stepwise) に行われることをさす。こうした現象が起こる理由は何かについて、両氏は次の点をあげている。

(ア) **国家経費観の変化** 従来の経費節約のスローガンにかわり、担税力に即した公平負担の観念と公共サービス拡充の要求があらわれるようになった。1930年代以降は、失業救済等のための国家経費の積極的活用が意図されるようになった。

(イ) **徴税技術の改善** 巨額の戦費を賄うための増税が受け入れられ、これが累進税率の引上げと課税最低限の引下げ、そして給与所得の源泉徴収制度の採用等の形で行われるようになった。

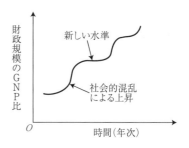

〔出所〕B. Herber, *Modern Public Finance*, 1971, p.379.

第10.2図　転位効果

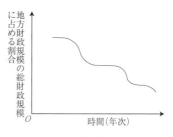

第10.3図　集中過程

(ウ) **政治組織の変化** 圧力団体に基礎をおく政党は、例外なく経費増大を求める機関となる一方、財布を握る財務大臣の地位が低下するようになった。

この転位効果仮説について、イギリスでは第1次世界大戦と第2次世界大戦がその画期となっているが、アメリカやドイツ、カナダ等では、1929（昭和4）年大恐慌が画期となるといった研究がでている（アンディック・ベベルカ、グプタ等）。また日本の場合、財政支出の転位効果はあまりみられないという特徴がある。ここから転位効果の適用範囲やその説明にはなおいろいろな問題があることがわかる。

②**集中過程**（concentration process）　**集中過程**とは中央政府が地方政府の権限を次第に集中していくことをいうが、その理由は、均一の公共サービスの要求と経済的能率の要求であるとする。集権化された政府の任務を戦後すぐ分権化することの困難も加わる。この**財政の中央集権化**のあらわれは、国税・地方税計に占める地方税収入の割合の低下、国・地方を含め総政府支出中の地方支出の低下などにあるとされている。

ここでも国による相違があり、この集中過程は、アメリカ・イギリス等に顕

著である一方，第2次世界大戦後に分権化を拡大した西ドイツや日本には少なくとも外見上あてはまらない。またイギリスそのものでも，1960年代以降地方政府の活動範囲拡大という逆の傾向がみられる。

(2) 現代官僚制と経費膨張

最後に，国家経費膨張を政治制度と官僚制度から説明する考え方についても触れる必要があろう。

①**ブキャナン**　　公共選択論の提唱者ブキャナンは，民主主義的政治体制の下でケインズ主義経済政策が適用される場合，財政膨張が不可避であるとする。また公共サービスの独占的供給者としての**官僚**は，財政膨張にその地位の保全を求めるという仮説も有力である。ここでは，(ア)官僚は中位の確実な投票者として政治的に配慮される。(イ)官僚は高級官僚と政党との癒着という形で，政治生活の中に組み込まれている。(ウ)官僚は公共サービスの独占的供給者として，民間サービスによる代置に反対する，といった観点が，その後次第に受け入れられるようになっている。もっともこうした考え方は，事態の一面を強調したものであって，それなりの意義はあるが，現代国家の経費膨張を捉える理論は，なおさまざまの角度からのそれによって補強されねばならない。

②**ニスカネン**　　同じようなことはニスカネン（William Niskanen; 1933［昭和8］～2011［平成23］）も主張している。彼によれば官僚は自らの効用を最大化するように行動し，その権限，名声は官僚の所属する省庁ないし部署の予算規模に比例するためその所属部署の**予算最大化**をする。そして，こうした官僚制度が資源配分の非効率性を生じさせるとしているが，経費を膨張させることはもちろんであろう。

4　生産的経費と不生産的経費

(1) 論争史的回顧

国家経費の性質をどうみるかについて，歴史上対立した見解があった。**アダム・スミス**は，国家経費を**不生産的**と考えたが，それは君主，裁判官，官吏，軍人等の労働は富を生み出すものでなく，不生産的労働であるとしたからであった。

これに対し，**フリードリッヒ・リスト**（Friedrich List; 1789～1846）は，「無形の

生産力」という概念を持ち出し，国家による行政活動は直接的に生産的といえないとしても，生産力そのものを生み出す源泉となるので，不生産的とはいえないとした。この考え方は，シュタイン，ワグナーなど正統派の財政学者によって受け継がれ，租税再生産説や公共投資財源としての**公債発行擁護論**となっていった。

(2) 多元的生産性概念

1930年代以降のフィスカル・ポリシー論は，生産性概念に多義的な解釈を与えたが，その例としてコルムとハンセンのそれがあげられる。

コルムは，生産性を，①自償的支出の生産性（政府事業の支出は収益をもたらし，それによって償われるので生産的である），②財政的生産性（建設事業投資等はより多くの税収増加をもたらすので，生産的である），③経済的生産性（教育費等の支出は労働の質を高め，労働生産性を高める）の3つに区分した（『公共支出の理論（*Theory of Public Expenditures*）』1936［昭和11］年）。

ハンセンは，公共支出と生産性の関係について，①効用創出面における生産性（財・サービスなど実質所得の流れを創り出す場合），②能率向上という角度からの生産性（新しい生産手段の創出による労働生産性の向上），そして③所得創造と雇用拡大面における生産性を区分した。最後の所得創造という角度からは，軍事費もまた生産的であるとした（都留重人訳『ハンセン財政政策と景気循環』日本評論新社，昭和25年，第9章参照）。

このように，生産性の概念は多義的に用いられ，これが国家経費増大の積極的支持の根拠となった。そしてこれが現代におけるチープ・ガバメントの主張を少数意見とするのに役立っていたのであった。租税負担ないし財政規模が国民所得の25％を超えるとインフレになるといったコーリン・クラークの**ネオ・チープ・ガバメント論**（1954［昭和29］年）が，ブキャナン等により見直されたが，なお少数意見である。その後の財政危機との関連で再び展開されている「効率的で簡素な政府」や「小さな政府」をめぐる動きがみられ，新自由主義の考え方に至るのであった。

第11章　経費の区分と日本の経費構造

1　経費の分類基準——財政制度——

(1) 機関別（所管官庁別）分類

　財政法第23条は「関係ある部局等の組織の別に区分」した予算の作成を規定している。議会に提出される予算は経費を支出する行政機関別に分類する，**機関別分類（所管別分類）**であり，この種の予算は行政官庁に財務統制を加える上で不可欠である。第11.1表には予算執行の責任主体を表している**所管別分類**での予算割合のうち，上位機関の状況を示してある。戦前の日本では**大蔵省**予算の割合が高く，また陸軍省予算と海軍省予算は合計すると一般会計の3分の1ほどを占めていた。ところが戦後になると防衛省（平成30年度）は5.3%といった形になっている。一般会計予算の配賦額の順位をみると，平成30年度（予算）で，①**厚生労働省** (31.9%)，②**財務省** (26.1%)，③総務省 (16.5%)，④国土交通省 (6.1%)，⑤文部科学省 (5.4%) であり，⑥防衛省以上6省庁で90%強となっている。戦前の**内務省**を継承した旧厚生省，旧自治省，旧建設省等の予算が大きく，内政に重点をおいた経費構造となっており，戦前の軍事費中心構造との違いはきわめて大きなものといえる[1]。

(2) 使途別分類

　財政資金がどのような形で国民経済に還流するかを示している**使途別分類**は，第11.2表に示されているように，日本では(ア)**人件費**（俸給・手当・旅費等），(イ)**物件費**（設備・備品・消耗品・原材料購入費），(ウ)**補助費・委託費**（地方団体その他

---

[1] 昭和30〜50年といった期間の経費構造の変化を研究した野口悠紀雄教授は，①各省庁別のセクショナリズムを背景とする硬直性はさして強くない。②社会の時代的要請による重点経費の変化が行われた。③公共事業によるフィスカル・ポリシーもかなりの程度行われたとし，増分主義の仮説に疑問を表明している（『季刊現代経済』昭和50年9月号所収論文）。しかし日本の予算が増分主義的予算編成によって大きな構造改革なく今日に至っていること，その間財政硬直化がますます高まっていることを否定できない。

第11.1表　予算所管別分類の上位機関の推移　　　　　（単位：％）

	大正9年(1920)	昭和15年(1940)		昭和40年(1965)	昭和60年(1985)		平成17年(1985)	平成30年(2018)
大 蔵 省	23.5	30.9	大 蔵 省	5.5	21.2	財 務 省	24.6	26.1
内 務 省	7.7	8.5	厚 生 省	13.6	18.3	厚生労働省	24.7	31.9
			自 治 省	19.5	18.4	総 務 省	21.8	16.5
			建 設 省	12.2	8.1	国土交通省	8.6	6.1
			総 理 府	16.9	12.6			
陸 軍 省	16.0	20.7				防 衛 省	-	5.3
海 軍 省	28.2	16.7						

〔出所〕財務省編『財政統計』（平成18年版からウェブ）．
（注）時代により省庁の再編があり，水平移動して見たときに必ずしも同一機関になるとは限らない．

第11.2表　一般会計歳出予算使途別分類の推移　　　　（単位：％）

	昭和9〜11平均(1934〜1936)	昭和30年(1955)	昭和40年(1965)	昭和50年(1975)	昭和60年(1985)	平成2年(1990)	平成12年(2000)	平成17年(2005)	平成30年(2018)
人件費	10.0	12.9	9.8	8.5	5.6	5.1	4.8	4.7	4.5
旅費	1.5	1.0	0.6	0.3	0.2	0.1	0.1	0.1	0.1
物件費	27.5	8.5	5.9	2.9	2.5	3.0	3.1	3.2	3.1
施設費	16.1	6.6	3.5	2.1	1.8	1.4	1.5	1.3	3.7
小 計	55.1	29.0	19.8	13.8	10.3	9.7	9.5	8.1	7.7
補助費・	14.5	30.4	29.0	34.4	29.2	25.2	26.2	29.6	31.3
他会計	19.4	23.7	43.6	44.5	54.8	6.3	59.2	58.5	55.8
小 計	33.9	54.1	72.6	78.9	80.4	85.6	85.4	88.1	87.2
その他	11.0	16.9	7.6	7.3	5.7	4.7	5.0	2.5	1.4
計	100.0	100.0	100.0	100.0	100.0	100.0	100.0	100.0	100.0

〔出所〕財務省編『財政統計』（平成18年版からウェブ）．

への補助金等），(エ)**他会計繰入**（特別会計や政府関係機関への繰入）と区別されている．人件費比率等を財政統制手段として用いることは可能であり，地方財政統制にこれが利用されている．また人件費の決定要因，人件費の政策的利用に関する研究などがその後新しく展開されつつある．物件費についても，消費的経費と投資的経費の区分など新しい分類と結びつけることができ，人件費・物件費と移転的経費の会計が政府支出を構成するものとなるが，日本で行われているような使途別分類は古い伝統的区分の域をでないのである[2]．

---

2) 人件費（Personalausgaben）と物件費（Sachausgaben）の区分は，現代国家の経費分類にあたって，なお有効な区分であるとするのが，『財政学全書（Handbuch der Finanzwissenschaft）』（第3版，第1巻，1975〜77年）（H. d. F. と略される）における経費論の立場である．ここでは，国家経費が大きく実質経費（Realausgaben）と移転的経費（Transferausgaben）とに分けられるので，国家経費は，①物件費，②人件費，③移転的経費となる．実質経費を物件費と人件費とに分ける場合，物件費は財購入，人件費はサービス購入となるが，例えば公共建造物の設計を公務員が行えば人件費，

戦前の国の一般会計は，物件費・施設費が44％であったが，戦後は急速に低下して，平成30年度には6.8％に低下，他方で補助費・委託費・他会計繰入が戦前（昭和9～11年平均）34％であったものが，平成30年度には87.2％，人件費は戦前10％内外で戦後も一時期それほどかわらなかったが，財政再建のはじまった昭和60年代以降5％台になり平成30年度には4.5％となっている。最も大きな変化は一般会計の50～60％が一般会計外の支出となっている点である。一般会計からの**他会計繰入**では，特別会計改革がなされているが特別会計への繰入の形をとり依然として高くなっている。

補助費・委託費は地方団体・特殊法人に対するものが多く，これがまた人件費・物件費にわかれるので，国民経済計算上の移転的経費・補助金とは範囲が異なっている。補助費・委託費はそれが有効に使われているかどうか，問題が多い。補助金整理が問題になっている中，特にこの内容を見直すことが必要となっている。

(3) 目的別・主要経費別分類

①**目的別分類**　　第11.3表は行政活動の目的別に経費を分類した**目的別分類**の推移を示したものである。戦前の昭和10年度の国の一般会計は，軍事費と国債費で60％強，恩給関係費を含めて70％で，残りを公共事業費，文教費等にあてていた。

戦後は総花的経費配分が特徴であり，社会保障関係費，教育文化費，地方財政費，防衛関係費，国土保全および開発費等にまんべんなく予算を配賦するも

民間に委託すれば物件費となる。したがって物件費には民間サービスの購入も含まれ，財・サービス購入を通じて民間経済に直接影響を与える経費が物件費として構成されることとなる。物件費は，国家行政組織の整備を中心とする一般国家支出と，直接民間経済に影響する経済的国家支出とにわけられるが，現代国家においては経済的国家支出ないし生産経済的支出が増大し，国家支出の構造が「純集合的需要」から「集合的利益をともなった私的需要」に重点を移しているというエールリッヒャーの指摘は，示唆に富むものである（Werner Ehrlicher, Öffentliche Sachausgaben, H. d. F, Bd. I, 1977, S.753-795）。

第2の費目である人件費は，公務部門の増大，公務職員組織の発展に対応して拡大しており，これは物件費に劣らぬ重要な影響を国民経済に与えるに至っている。公務員給与を規定する主要因は民間部門の賃金であるが，公務員組合組織の発展がその高さに影響を与えており，法的に禁止されている場合の多い公務員組合のストライキ権が人件費の規定因となっている。人件費は所得再分配・景気調整・雇用政策等々の経済政策の観点から操作しうるものであるが，制度的・政治的障害がその有効な利用を妨げているというのが，ベスの見解である（Dieter. Bös, Öffentliche Personalausgaben, H. d. F, Bd. I, 1977, S.797-859）。

第11.3表　一般会計歳出予算目的別分類の推移

	昭和10年度(1935)	昭和33年度(1958)	昭和40年度(1965)	昭和55年度(1980)	昭和60年度(1985)	平成17年度(2005)	平成30年度(2018)
総額	100.0	100.0	100.0	100.0	100.0	100.0	100.0
国家機関費	7.1	8.9	8.0	5.0	4.8	5.1	4.8
地方財政費	0.0	16.9	19.2	18.0	18.3	20.2	16.0
防衛関係費	46.3	11.2	8.2	5.2	6.0	5.7	5.3
国土保全及び開発費	5.8	14.8	18.7	13.4	11.0	8.7	6.2
産業経済費	4.1	5.8	8.5	9.0	6.8	3.5	2.8
教育文化費	6.8	12.5	12.8	10.6	9.3	6.7	5.3
社会保障関係費	1.4	12.2	17.0	21.4	20.7	25.6	34.2
恩給費	7.8	7.9	4.2	3.8	3.5	1.2	0.3
国債費	17.6	5.0	0.3	12.6	19.1	22.6	23.8
予備費	1.5	0.7	1.2	0.8	0.4	0.3	0.4
その他	1.6	2.1	1.1	0.2	0.1	0.2	1.0

〔出所〕財務省主計局編『財政統計』各年版から作成。

のとなっている。これは「集中型」より「分散型」への変化といってよく，その背景には社会構造，経済構造の大きな変化がある。昭和30年当時と昭和40年代はじめを比較すると，この間**社会保障関係費**と**地方財政関係費**が増大し，恩給費・防衛関係費等のそれが低落している。しかし昭和48（1973）年の石油危機を経て平成末期に至るまでに一般会計歳出予算でみると，**社会保障関係費，国債費，地方財政費**といった支出が義務的となっている経費に偏ってきており，その時々に必要とされる政策的な経費を割くことが難しくなってきていることがわかる。

②**主要経費別分類**　主要経費別分類はその時点での重点施策に対する予算を示しており年度によって経費が変化することがあり，長期的な支出動向の分析には**目的別分類**が用いられている。「開講にあたり」の第1表で最近の一般会計歳出決算の主要経費別分類がすでに掲げられていた。社会保障関係費，国債費，地方交付税交付金・特例交付金の順に占められていることがわかる。これで国の予算すべてではないので，これよりもより立ち入った**純計**でみたものも第1表にはあった。これによれば**国債費，社会保障関係費，地方交付税交付金・特例交付金**の順になっており，またその総額に占める割合にもやや違いがみられるのである。

2 経済効果による区分

1930年代以降国民所得理論および国民経済計算の発展を背景として,北欧諸国で新しい経費分類が発展し,第2次世界大戦後フランス等でも採用をみた。

(1) ピグーの移転的経費

新しい経費分類の手掛かりをつくったのが,ピグーの移転的経費と非移転的経費の区分である。彼は『財政学研究（*Studies in Public Finance*）』(1928［昭和3］年)では,**移転的経費**と**実質的経費**の区分を行ったが,後に(1947［昭和22］年同書第3版以後)実質的経費を非移転的経費と改めた。

移転的経費（transfer expenditure）とは,経費支出により国民所得の総量に変化を与えない経費である。恩給,内国債利子,補助金,社会保障給付がこれに入り,これらは貨幣の振替を意味するものとされた。

非移転的経費（non-transfer expenditure）とは,経費支出の結果,雇用増,生産増,所得増等の変化がもたらされるもので,人件費,物件費等労働力の購入と財購入にあてられる経費である。

国債利子払いは内国債の場合は移転的経費であるが,外国への利子払いはその結果,国内所得減となるので非移転的経費となる。

ピグーの貢献は移転的経費の概念を明らかにしたことであり,これは**シャウプ**の政府支出論における**無償給付**（家計ないし企業に対し対価なしに支給する給付）の強調に引き継がれている。今日移転的支出の政府支出に占める割合はきわめて大きなものとなっている。日本の『国民所得統計年報』や『国民経済計算年報』での一般政府の支出に占める移転的経費の割合は,昭和32(1957)年度の19.4％,昭和50(1975)年度の39.6％,昭和63(1988)年度の44.3％,平成7(1995)年度の43.5％,そして平成29(2017)年度の54.9％とこの種の移転的経費の増大には注目すべきものがある[3]。

---

3) ここで示した一般政府の支出に占める移転的経費の割合は,『国民所得統計年報』の「経常補助金」と「政府から個人への移転」の項目が『国民経済計算年報』の「補助金」と「社会保障給付・社会扶助金・無基金雇用者福祉給付」にほぼ相当するとされることから算出している。

(2) 国民経済計算と経費区分

旧 SNA（SNA は A System of National Accounts [国民経済計算体系] の略称）に基づく従来の**国民所得統計**は，日本では昭和 53（1978）年 8 月に新 SNA に全面的に切り替えられて**国民経済計算**となったが，国民所得統計と国民経済計算では概念，範囲および推計方法が異なり，計数的にも若干の差が生じている。なお，国民経済計算は 53SNA, 68SNA, 93SNA と改訂されており，現在は平成 21（2009）年に国際連合で合意された 2008SNA が最新の国際基準となっている。新 SNA に基づく国民経済計算での政府支出を区分するとおおむね次の 3 つに分けられよう。

①政府支出の区分

(ア)**移転的経費**　移転的経費は国民所得の増減に関係のない振替支出である。補助金，社会保障給付・社会扶助金（生活保護費・遺族等年金・奨学金など）・無基金雇用者福祉給付（基金がなくとも雇い主が雇用者に支払う福祉給付），その他の反対給付のない経常移転，資本移転（政府の民間企業に対する資本補助金，相続税，贈与税など）がある。

(イ)**投資的経費**　投資的経費は，実物資本の形成に役立つ経費で，1 年以上の耐久財の購入がこれにあたるが，軍事目的の投資支出は除外される。総固定資本形成のうち公的固定資本形成（公共投資）がある。

(ウ)**消費的経費**　消費的経費は，人件費と消耗品の購入にあてられる。また軍事支出が一般にこれに入る。政府最終消費支出がそれである。

第 11.4 表はこうした分類の実態を表すもので，2015（平成 27）年の経済取引別中央政府支出を示したものである。日本は雇用者報酬が 6.6％となっているがこれは統計内で最低であり，最高はトルコ（表では OECD に含まれる）の

第 11.4 表　経済取引別中央政府支出の構造（2015 [平成 27] 年）　　（単位：％）

	中間消費	雇用者報酬	補助金	財産所得	社会給付	その他の経常支出	資本支出
日　　本	7.0	6.6	1.3	8.9	1.1	60.6	14.5
アメリカ	8.2	10.0	1.4	10.7	48.3	14.2	7.1
イギリス	14.0	14.7	1.3	5.9	34.9	21.5	7.8
ド イ ツ	8.2	7.6	2.2	7.4	16.0	48.4	10.2
フランス	6.5	27.4	8.3	7.5	19.0	21.1	10.1
イタリア	4.3	19.2	3.4	13.7	3.2	47.3	8.8
スウェーデン	8.5	9.8	3.4	1.8	22.8	45.9	7.8
Ｏ Ｅ Ｃ Ｄ	10.1	16.8	2.6	7.2	16.6	35.6	11.1

〔出所〕OECD, *Government at a Glance*, 2017.

30.2％である。社会給付はアメリカ合衆国が48.3％で最高である。しかしこうした数値は，各国の政治構造の影響がありどの段階の政府がどの業務を担当するか，あるいは政策意思決定により，政府支出の割合に変化が出てくることを統計書（*Government at a Glance*）自体に注意書きされている。

②**国民経済計算と政府支出**　国民所得計算ないし国民経済計算によれば，GNP（国民総生産）＝民間投資＋民間消費＋**政府投資**＋**政府消費**±海外余剰となり，政府勘定が中に組み込まれる。しかし政府支出にはこのほか，移転的経費が入るので，財政支出は，**政府投資＋政府消費＋移転的経費**となる。移転的経費は国民所得の増減に関係のない振替支出であるというところから，国民所得計算上の取扱いが決められるが，移転的経費が所得の増減に無関係かどうかには疑問がある。例えば移転的経費が消費財に対する需要増をもたらし，間接的に投資財生産に影響するといった関連を無視できないのである。

(3) 複式予算

なお，投資的経費とその財源を経理するのが**資本勘定**であり，消費的経費とその財源を経理するのが**経常勘定**である。この2つの勘定で予算を編成するのが**複式予算**（double budget）であり，この種の予算は北欧諸国が最初に導入している。

(4) 経費の経済効果と政治効果

経費の経済効果には，便益効果と需要効果に区別される。**便益効果**とは，民間部門の費用節約，損害の減少などを通して政府支出が国民に与える便益をさす。これに対し**需要効果**とは，政府支出が乗数効果を通して投資および消費を拡大することをさす。例えば1兆円の公共投資が行われ，初年度2兆円の需要増加があった場合，乗数効果は2であるという（第23章2参照）。

経済効果以上に重要なのは，**経費の政治効果**であり，今日の政党政治の下では，財政支出は**得票最大化の動機**による意思決定に基づいて行われる。特定の利益集団に対して与えられる補助金，特定の地域に重点的に行われる公共投資等は，経済効果よりも政治効果を意図してなされるものであることを無視できないのである。

3 国民経済計算と経費

(1) 政府の機能別分類による財政支出

日本の財政制度の下での経費は次節以降でみていくが，各国の経費を国際比較するにあたっては，国際的にある程度統一された分類に基づいたものに拠らなければならない。各国の財政制度の下で得られる統計は，前提となる財政制度が国により異なるため，対象とされるものの基盤を統一する必要があるからである。この場合，基盤が比較的統一されている**国民経済計算**（SNA）を利用することがある。

財政支出については1999（平成11）年に国際連合が示した，**政府の機能別分類**（classification of functions of government, **COFOG**）とよばれる目的別支出分類を使うようになってきている[4]。具体的には，①一般公共サービス（行政・立法機関，財政業務，一般行政，公的債務取引，公共サービスの研究開発等），②国防・防衛（軍事防衛，民間防衛等），③公共秩序・安全（警察，消防，裁判所，刑務所等），④経済業務（経済，通商，労働関係，農林水産業・燃料・エネルギーなど各種産業関連），⑤環境保護（廃棄物管理，廃水管理，公害対策等），⑥住宅・地域アメニティ（住宅開発，地域開発，上水道，街灯等），⑦医療・保健（医療用品，外来サービス，病院サービス，公衆衛生サービス等），⑧娯楽・文化・宗教（娯楽・スポーツサービス，放送・出版サービス，宗教・その他の地域サービス等），⑨教育（幼児教育，初等教育，中等教育，高等教育，教育に関する研究開発等），⑩社会保護（傷病・障害，老齢，遺族，家庭・児童，失業，住居，社会的疎外等）の10項目に分けられている。

第11.5表は2015（平成27）年の政府機能別中央政府支出を示したものである。これによると日本は，一般行政サービスが35.3％で最も高く，次いで社会保護となっている。アメリカは社会保護が32.7％で次いで保健が29.0％であり，連邦政府が社会保障関係の任務を担っていることがうかがえる。ドイツ，フランス，イタリア，スウェーデンも中央政府が一般行政サービス，社会保護への支出が高いことがわかる。またフランス，イタリア，日本は経済業務の支出もやや多い傾向が読み取れる。教育支出についてはアメリカの連邦政府はきわめて低いが，それはアメリカの教育制度のうち初等・中等教育が古典的地方

---

4) 目的別支出分類は，「所管別」や「使途別」支出分類に比べて整備されていない国が多いとされ，とりわけ発展途上国ではCOFOGが途上国支援等の際に導入されることが多い。

第11.5表　政府機能別中央政府支出の構造（2015［平成27］年）

	日本	アメリカ	イギリス	ドイツ	フランス	イタリア	スウェーデン
	100.0	100.0	100.0	100.0	100.0	100.0	100.0
一般公共サービス	35.3	13.3	12.0	29.0	28.3	27.7	32.6
防　　　　衛	5.3	14.6	5.4	8.4	7.6	4.1	3.8
公共の秩序・安全	1.5	1.4	4.2	1.3	5.7	5.6	3.7
経　済　業　務	11.8	4.7	6.5	9.0	16.3	12.8	9.7
環　境　保　護	1.1	0.0	1.0	1.5	0.6	0.4	0.5
住宅・地域アメニティ	3.2	1.6	4.2	0.6	1.3	0.8	0.3
保　　　　健	11.1	29.0	19.4	1.7	1.0	11.8	4.0
娯楽・文化・宗教	0.2	0.1	1.2	0.7	1.2	1.6	1.2
教　　　　育	6.0	2.6	10.6	2.7	16.8	12.0	5.8
社　会　保　護	24.6	32.7	35.5	45.1	21.2	23.5	38.4

〔出所〕OECD, *National Accounts of OECD Countries, General Government Accounts*, 2017 より作成。

自治に由来する歴史を有しているためといえよう。

しかし，政府の機能別分類による財政支出の国際比較により，OECD加盟国の動向を知ることができるものの，各国さまざまな制度に立脚しているため，これで必ずしも実態を完璧にとらえられるというわけではないことに注意する必要がある。

(2) 債務残高の国際比較

各国の債務の国際比較をするにあたっては近年，一般政府の債務残高の対GDP比のデータを使い説明することが多くなっている。第11.1図は1993（平成3）年から2018（平成30）年の，平成時代をほぼ網羅した先進主要国のそれが示されている。最も特筆すべきは日本の動向である。日

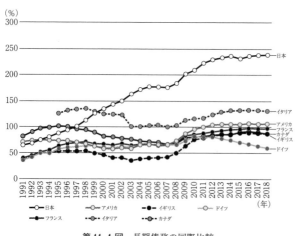

第11.1図　長期債務の国際比較

本の長期債務は平成のはじめは他の先進主要国とほぼ同じ割合を占めていたものの，いわゆる「失われた20年」の間に唯一，この数値が激増した国である。この間，景気の立て直しを目指しフィスカル・ポリシーがとられたりしたが，その効果どころか債務を累積してしまったといえるのである。

1999（平成11）年にはイタリアを抜き，その後も増加し続け，2018（平成30）年にはGDPの238.2％の債務を抱えている。これは，続くイタリアが130.3％であるので，そのほぼ2倍になっているといえる。

4　日本の経費——公共事業費と防衛費——

(1) 公共事業費

①**公共事業の仕組み**　公共事業は，(ア)国の**直轄事業**，(イ)**補助事業**，(ウ)**地方単独事業**からなる。(ア)は国が主体となって行う事業であるが，地方団体の受益を根拠として，地方団体より一定の**直轄事業負担金**をとる（その可否は国と地方団体との1つの争点となっている）。(イ)は地方団体が主体となり，国の補助金を受けて行う事業である。補助金はほとんどの場合事業費に対する一定割合の形で与えられるが，この補助率は事業の種類によって異なり，また後進地域の補助率嵩上げなどの措置がとられている。地方団体の負担する事業費については，補助裏起債の形で地方債発行が認められる場合が多い。(ウ)は地方団体が自前の資金で地方独自の事業（プロジェクト）を実施するものである。この場合にも建設事業資金の調達には地方債があてられる場合が多い。

この公共事業を事業主体別にみると，国20％，地方80％（府県・市町村半々），資金負担別にみると，国が40％，地方が60％という形になっている（総務省統計による）。なお公共事業の新設・改良でみると，直轄事業負担金（地元負担）は道路法第50条5，河川法第63条2，港湾法第52条，空港法第6条3で都道府県の負担金を分担させる際に都道府県と協議することとされ，道路・河川・港湾・航空の直轄事業負担金の都道府県分は3分の1負担となっている。

②**公共事業費の問題点**　以上でみたように，日本の公共事業はその3分の2ないしそれ以上が地方団体の担当とする**地方公共事業**の形をとっている。ところが，地方団体の公共事業は，その財源上の制約から，**景気循環順応的**（pro-cyclical）な動きをする。好況期に事業量を増大し，不況期に縮小するという動きである。景気政策の担当者として，地方団体は不適任であるが，その理由の

第 11.6 表　公共投資乗数の低下（名目値，初年度）

モデル名	パイロットモデル SP-15(昭和49年12月)	第2次世界経済モデル(昭和60年3月)	第5次世界経済モデル(平成6年12月)	短期日本経済マクロ計量モデル(平成10年12月)
推計期間	昭和 32～46 年	昭和41年第1四半期～57年第1四半期	昭和58年第1四半期～平成4年第4四半期	昭和60～平成9年
乗数	2.27	1.47	1.32	1.31

（注）　第5次世界経済モデルまでは，財政政策名目1兆円当たりの乗数，短期日本経済マクロ計量モデルでは名目の公的固定資本形成を名目 GDP の 1％相当分だけ継続的に増加した場合の乗数。

1つに，地方公共事業の受注者は中小零細事業が主であり，不況期の事業抑制が直ちに事業の倒産につながるといった連関があることがあげられる。もちろん地方団体の中にも大規模団体と小規模団体の違いがあり，不況対策を地域産業の振興の形で行うことは，地方団体の任務である。しかし景気対策の担い手は中央政府である一方，地方団体の任務は地域住民の福祉の向上にあるので，国の景気政策に地方公共事業を従属させることには自ら限度がある。日本の場合こうした限度がそのものとして無視されている点が最も大きな問題である[5]。

(2)　**防衛費**

①その概要　公共財はその定義になお問題があるものの，第9章で述べたように**純粋公共財**の典型として国防があげられる。日本では，昭和25（1950）年に警察予備隊，昭和27（1952）年に保安隊，昭和29（1954）年に自衛隊創設の形で防衛力の整備がなされている。憲法第9条のため陸海空軍その他の戦力は保持できないことになっているが，自衛隊は戦力でないという立場に立って，防衛力整備が進められている。第1次防衛力整備計画（昭和33～35年）以後，第

---

[5]　日本の公共事業政策は，戦後の昭和20年代には災害復旧事業，昭和30年代には道路整備事業，昭和40年代以降は住宅等**生活関連社会資本**の整備を中心に運営されてきたが，その後**産業関連社会資本**に重点をおく公共事業費支出が，道路族，鉄道族，農業団体等圧力団体と結びつき，財政資金の配分が政治的に歪められた形で行われるという問題が指摘された。平成になると社会資本は一定の整備はみられたものの，とりわけ高度経済成長期に整備されたものがその耐用年数を経過してきており，その補修・付替等の問題が生じている。公共事業は，第11.6表のように高度経済成長期と比べての乗数効果の低下による政策的意義の薄れや，時代的にも内容的にも無意味な事業計画の存在も指摘され，とりわけ平成10年代には歳出の効率化・合理化の典型的費目とみなされ大幅な削減対象となってきた。「痛みを伴う改革」として行われたものであるが，第11.7表にみられるように一般会計に占める公共事業関係費の割合は平成7年度の17.0％から平成17年度には9.8％にも落ち込んでしまった。しかし公共事業が全く必要ないとはいえない。ここでアダム・スミス以来，国家ないし政府の最低限の仕事とされてきた公共事業のあり方について原点に帰った見直しが求められている。

第11.7表 防衛関係費・公共事業関係費の一般会計歳出決算の推移（昭和45年度～平成27年度）
(単位：百万円, %)

	昭和45年度 (1970)	昭和50年度 (1975)	昭和60年度 (1985)	平成7年度 (1995)	平成17年度 (2005)	平成22年度 (2010)	平成27年度 (2015)
防衛関係費	590,595	1,386,072	3,178,856	4,719,971	4,877,580	4,669,637	5,130,330
一般会計に占める割合	7.2	6.6	6.0	6.3	5.7	4.9	5.2
公共事業関係費	1,440,619	3,487,028	6,890,620	12,794,987	85,519,592	95,312,342	98,230,324
一般会計に占める割合	17.6	16.7	13.0	17.0	9.8	6.1	6.5
治山治水対策事業費	2.9	2.7	2.0	2.6	1.3	0.7	0.9
道路整備事業費	7.1	5.3	3.5	4.4	2.1	0.9	1.4
港湾漁港空港整備事業費	1.4	1.3	1.0	1.2	0.6	0.5	0.4
災害復旧等事業費	1.4	1.8	0.9	1.4	0.8	0.1	0.2

2次計画（昭和37～41年），第3次計画（昭和42～46年），第4次計画（昭和47～51年）と続き，昭和52年度以降は基盤防衛力の欠落機能の充実と質的向上を目指し，計画は1年ごとに経済財政事情を勘案する単年度方式が採用され，防衛費はGNPの1％以内とするという**GNP1％枠**が設けられた。しかし，昭和62年度予算で防衛費が1％を突破したため，中期防衛力整備計画に定める所要経費の枠内で決定するという**総額明示方式**が採用されている。

第11.7表にみられるように一般会計に占める防衛関係費の割合は平成に入り，5％程度で推移していることがわかる。平成30年度における防衛関係費の一般会計予算に占める割合は5.3％であり，予算の約40％が人件・糧食費に割かれている。なお一般会計・特別会計の純計では歳出総額の1.5％を占めるにすぎない。防衛費予算の特徴としては，継続費および国庫債務負担行為の額が大きいことがあげられる（第6章1参照）。また平成30年度予算には，在日米軍関連経費として，(ア)**在日米軍駐留経費負担** 1,968億円に加え[6]，(イ)周辺対策，施設借料，漁業補償等の経費1,820億円，(ウ)沖縄県民の負担軽減実質のためのSACO（Special Action Committee on Okinawa）関係経費51億円，(エ)米軍再編関係経費2,161億円が計上されている。

②**防衛費低位の評価** 日本の防衛費の大きさをめぐり，広義の軍事費である軍人恩給，対外処理費等を含めて考えねばならないという意見があるが，そ

---

6) 在日米軍駐留経費負担は昭和後期に，日本は円高や多額の対米貿易黒字等により経済規模が大きいもののそれに見合う軍事負担をしていないことに対して，財政難に直面していたアメリカが日米地位協定の枠を超える負担に対して不満をもち，相応の負担を求めたことにはじまる。昭和53（1978）年に日本が在日米軍基地で働く日本人従業員給与の一部を在日米軍駐留経費として負担した。そのほか，基地内の光熱・水道費，施設建設費等が含まれており，俗に「思いやり予算」といわれるのがこれである。

れらを含めても戦後日本の防衛費は比較的低いといわねばならない。また，昭和 38（1963）年に米軍援助打切りにより，防衛生産の国産化が進み，経済の軍事化は日本経済の深部において定着しているという意見があるが，これも過大評価といえる。ただ防衛省発注に大きな市場を見出している防衛産業の動向には，十分注意を払う必要がある。経済不況からの脱出の方途として，防衛費拡大が意図されるという過去の経験が繰り返されるおそれもある。

　平成 19（2007）年には防衛庁が**防衛省**となったが，平成に入り冷戦は終結したものの，新たな緊張関係が生じている。とりわけ第 2 次世界大戦を通じて戦争の惨禍を経験した日本国民のほとんどは戦争に否定的見解をもっているであろう。しかし，世界にはさまざまな考え方をもつ人間が存在しているのも事実である。防衛支出が世界の人間生活の維持のためにどうあるべきかを改めて問う必要がある。

第12章　社会保障の財政

1　財政と社会保障

(1)　社会保障の語義と定義

　社会保障は英語の"social security"の訳とされているが，その語義をみると，socialは「他人との関係」を意味し，securityはラテン語に語源があり「心配がない（seはwithout，curaはcare［心配，気遣い，気がかり，憂い］）」ということになる。つまり，「他人との関係から生ずる心配ないし憂いがない」といったところがその語義とみてよい。この用語自体が最初に使われたのは，1935（昭和10）年にアメリカ合衆国でニューディール政策の一環として制定された**社会保障法**とされている。

　社会保障の国際的基準を定義したものとして画期的とされるのは，1944（昭和19）年のILO（国際労働機関）第26回総会における**フィラデルフィア宣言**である。日本では社会保障制度審議会による**昭和25年勧告**で社会保障制度が定義されている。これによると，①社会保険，②公的扶助，③社会福祉，④公衆衛生・医療，⑤老人保健を**狭義の社会保障制度**とし，これらに⑥恩給，⑦戦争犠牲者援護を加えたものを**広義の社会保障制度**としている。

(2)　社会保障と財政の関係

　①**世界の社会保障と財政の歴史**　そもそも社会保障の萌芽は，1601年の**エリザベス救貧法**にさかのぼるといわれる。これはイギリスで設けられた世界初の公的扶助制度である。けれども，それは個人の責任である失業，疾病，貧困を国王の恩恵により最低限救済しようというもので，資材を与えて懲罰的に仕事をさせるものであった。この頃の**公的扶助**等はその運営と財源（財政収入）・給付（財政支出）は一般財政制度に包接されていた（宮島洋「社会保障と財政・税制」『社会保障と経済2』東京大学出版会，平成22年）。

　けれども19世紀になると，大量の失業者の常態化や社会主義思想の発展に

より貧困の構造的な性格が白日の下にさらされ，労働運動や社会主義運動が激化した。そのため社会主義運動の回避や労働者の懐柔策が必要となり，社会保険制度が導入されるに至ったのである。その端緒となったのが，1883（明治16）年に世界初の社会保険制度とされるドイツの**ビスマルク**による**疾病保険**であり，**飴と鞭の政策**としてよく知られている。1911（明治44）年にはドイツ国保険法が制定され各種社会保険が統一され，また同年イギリスでは国民保険法の制定により，健康保険と世界初とされる**失業保険**が設けられた。そして1919（大正8）年，**ワイマール憲法**（ドイツ）で「人間に値する」生存を保障する権利である**社会権**（**生存権**）が規定された。また1942（昭和17）年には「ゆりかごから墓場まで」で知られる**ベバリッジ報告**がイギリスで出され，第2次世界大戦後は社会保険制度が福祉国家の主柱となった。そのため運営は特別制度（特別公会計や特別法人）により，基本財源が特別制度固有の独立財源（社会保険料）に転換されて，社会保障制度が一般財政制度から自立化されていったとされる。

②**日本の社会保障と財政の歴史**　日本の社会保障制度の萌芽は明治7（1874）年の**恤救規則**にあるとされるが，それは昭和4（1929）年に貧民対策としての**救護法**に発展した。また，昭和2年（1927）年には労務管理手段として**健康保険**が導入された。それでも戦前の社会保障制度は未発達といえ，準戦時・戦時体制下で，昭和13（1938）年に**国民健康保険**，昭和17（1942）年に労働者年金保険（1944［昭和19］年に**厚生年金保険**と改称）が創設されたにすぎない。戦後，日本国憲法第25条で生存権が規定されたこともあり，昭和21（1946）年の**生活保護法**，昭和22（1947）年の**労働者災害補償保険法**，**失業保険法**，**児童福祉法**，昭和24（1949）年の**身体障害者福祉法**と，国民福祉に関する法律が次第に制定された。

　社会保障制度の本格化は，昭和34（1959）年に国民健康保険法が全面改正され全国民に医療保険を適用する**国民皆保険**の仕組みが昭和36（1961）年までに整い，昭和34（1959）年に自営業者等を対象として**国民年金法**が制定され昭和36（1961）年全面実施され，全国民に公的年金制度を適用するとした**国民皆年金**が達成されたことである。政府支出の大幅増加は「福祉元年」といわれた昭和48（1973）年度以降であった。そして，平成12（2000）年には時代を映し出す**介護保険**が創設されたのである。

2　社会保障の財源と負担および実施主体

(1) 財源の種類と根拠

社会保障制度を支えるためには財源が必要となる。

①社会保険料・利用者負担　まず，社会保障サービスの便益はたいていの場合は直接的に個人に帰着する。この側面が強い場合，私的性格を有しているとみられ，その便益の対価を個人が負担するという利用者負担の構図が浮かび上がり**社会保険料**や**利用者負担**が根拠付けられる。

②公費負担　社会保障サービスは所得再分配の性格をも有している。生存のためには個人の能力では対応しきれない場合があるが，今日の社会では生存権を保障することが求められている。こうした場合，政府による所得移転が必要となり，租税や公債を財源とした**公費負担**が正当化される[1]。

③資産収入　社会保障制度が確立した場合，制度内の積立金からの運用収入（利子，配当金等）が生じる。こうした**資産収入**も，社会保障の重要な財源となる。

(2) 社会保障関係経費の負担

主要国の社会保障関係経費の負担者をみると，①**社会保険料**を(ア)保険加入者による**被保険者拠出**，(イ)雇い主による拠出分の**事業主負担**（事業主拠出），②**公費負担**，③その他に分けられる。

日本の社会保障の財政は，国・地方の公費負担と個人および企業の保険料によって維持される。国がいかなる場合に国庫負担を行うかについて，**国庫負担の3原則**が指摘されている。(ア)**国庫負担均等の原則**（最低生活費はすべての人々に均しく保証さるべきである），(イ)**受益者負担能力限界の原則**（負担能力のない者には国が給付財源を保証すべきである。身体障害者年金や母子年金の場合が，その例としてあげられる），(ウ)**整理資源国庫負担の原則**（インフレーションによる積立金の目減りや，年金給付水準の引上げにより生ずる過去の保険料の不足額は国の責任において補

---

1) 租税の場合，使途指定のない一般税・普通税による場合と社会保障目的に使途指定された目的税が考えられる。日本の現行租税制度では福祉目的で徴収している租税に国民健康保険税があり，これは市町村によっては国民健康保険料として徴収しているところもあり，両者は実質的にはほとんど違いはないとされている。

償すべきである）というものである。もちろんこの原則は実際の各種社会保険に対する国庫負担の率を決めるものでない。実際的にはそれぞれの制度の沿革によって，負担率，負担対象などが異なる。

(3) 社会保障関係経費の財源構成

各国の社会保障関係経費の財源構成をみると，各国の社会保障に対する考え方を反映して，大略3類型に分類できる。

①**北欧型**　イギリスやスウェーデンのように，まず，**公的扶助**を中心に，社会保険は**均一拠出・均一給付**というフラット性を原則として，すべての国民が無差別平等主義の基本理念に沿う運営をしている国である。社会保障財源に占める公費負担の割合が高く，社会保障制度における政府の役割が比較的大きい。そのため，国民間の給付格差が生じにくいものの，財源確保の状況によっては低給付になるおそれが大きい。

②**大陸型**　ドイツやフランスなどは，歴史的に社会保障は**社会保険**が主軸となり，職域や階層ごとに制度が形成され，所得に応じた保険料を負担し，払い込んだ保険料に比例して給付を受けるという**所得比例主義**に基づいている。所得水準や経済成長に応じて保険料負担と給付水準の引上げが可能であるが，同一制度に基づく給付ではない。そのため所属する制度間の給付格差が受給者に反映し，それが国民間の格差問題に発展している。

③**アメリカ型**　アメリカでは全国民を対象とする公的医療保険制度はなく，**給与税**（payroll tax）という租税方式の年金保険がある。高齢，疾病，失業などのリスクに対する備えは基本的に個人主義的な自己責任で対処すべきとする考え方が強く根づいている。連邦政府による65歳以上高齢者と一定の障害者を対象に実施する**メディケア**（Medicare［medical care〈医療保障〉の略］：高齢者医療保険制度）と，州政府が低所得者を対象に実施する**メディケイド**（Medicaid：医療扶助制度）などがわずかに存在しているのみである。2009（平成21）年にオバマ大統領が広範囲に国民を網羅する公的医療保険の創設（**オバマケア**）を進めようとしたが難航している。

なお，日本の社会保障関係経費の財源負担はこれらの混合型になっており，社会保障制度全体でみたときには，被保険者拠出，事業主負担，公費負担がほぼ均一に区分できる。

3　日本の社会保障の財政制度

(1)　社会保障関係費および民生費の推移

①国の一般会計歳出における社会保障関係費　第12.1表には主要経費別分類で社会保障関係費が掲げられている。㋐生活保護費（生活保護法に基づく経費が中心で，地方団体に負担金・補助金として交付），㋑社会福祉費（老人福祉法，身体障害者福祉法，児童福祉法等に基づく経費が中心で実施主体の地方団体に負担金・補助金として交付），㋒年金医療介護保険給付費（平成27年度までの分類であった社会保険費にほぼ相当；医療保険，年金保険，介護保険等の給付費や事務費を国の特別会計や地方の事業会計に負担金・補助金として繰入，交付），㋓保健衛生対策費（国民の健康の保持増進を目的とする経費），㋔雇用労災対策費（かつての失業対策費にほぼ相当；失業者の就業促進をはかる経費や雇用保険国庫負担金等）の5費目から構成されている。

第12.1表　国と地方の社会保障関係の経費の状況

国の一般会計歳出決算総額における社会保障関係費の状況

	昭和45年度 (1970)	昭和50年度 (1975)	昭和60年度 (1985)	平成7年度 (1995)	平成17年度 (2005)		平成22年度 (2010)	平成27年度 (2015)
社会保障関係費	1,151,530	4,135,634	9,901,569	14,542,891	20,603,086	社会保障関係費	28,248,922	31,397,661
一般会計に占める割合	14.1	19.8	18.7	19.3	24.1	一般会計に占める割合	29.6	32.0
	内			訳				
生活保護費	19.2	13.3	11.0	8.0	9.6	年金医療介護保険給付費	72.0	73.5
社会福祉費	10.1	15.3	20.8	25.4	8.1	生活保護費	8.7	9.0
社会保険費	51.2	58.1	59.7	59.4	78.0	社会福祉費	15.3	15.5
保健衛生対策費	12.3	6.4	4.7	4.6	2.5	保健衛生対策費	2.2	1.5
失業対策費	7.2	6.8	3.8	2.6	1.9	雇用労災対策費	1.8	0.5

地方の普通会計歳出決算総額における社会保障関係経費の状況

	平成11年度 (1999)	平成12年度 (2000)	平成19年度 (2006)	平成20年度 (2008)	平成21年度 (2009)	平成22年度 (2010)	平成25年度 (2013)	平成26年度 (2014)	平成27年度 (2015)
社会保障関係経費総額	195,035	175,275	205,232	217,591	245,544	258,710	279,353	287,559	296,455
普通会計決算合計額に占める割合									
民生費	77.2	76.4	82.7	81.9	80.5	82.4	84.0	85.0	85.2
社会福祉費	19.0	20.8	23.2	21.9	21.4	19.6	20.2	21.7	22.2
老人福祉費	27.5	20.2	20.7	22.1	23.2	21.2	20.3	20.5	20.7
児童福祉費	20.0	23.0	24.8	24.4	22.6	27.6	25.7	26.9	26.6
生活保護費	10.5	12.3	13.9	13.5	13.2	13.9	14.2	14.0	13.6
衛生費（清掃費は除く）	19.4	20.9	15.9	15.1	15.8	14.5	13.8	13.5	13.5
労働費：失業対策費ほか	3.4	2.7	1.3	3.0	3.7	3.1	2.2	1.5	1.3

〔出所〕財務省（大蔵省）主計局編『財政統計』各年版，総務省編『地方財政白書』各年版により作成。

第12.1表上部の動向からも，日本の社会保障財政は拠出制の**社会保険**が中心でかつ医療保険や年金保険への国庫負担が日本の財政を圧迫しており，無拠出制の社会福祉は立ち遅れているとの批判が明らかになろう。

　②**地方の普通会計歳出における民生費等**　　日本の地方団体の社会保障関係経費は第12.1表下部にあるように，**民生費**と衛生費および労働費の一部（失業対策費）である。主軸の民生費は，(ｱ)**社会福祉費**（知的障害者等の福祉対策や総合的福祉対策に要する経費等），(ｲ)**老人福祉費**（老人福祉行政に関する経費），(ｳ)**児童福祉費**（保育所・児童館等の整備運営経費，児童手当等），(ｴ)**生活保護費**（生活保護法に基づく扶助費等），そして(ｵ)**災害救助費**に区分される。さらにマクロ的にみたとき，老人福祉施設等への支出は都道府県が，保育所等への支出は市町村の支出が多いのも特徴である。

(2) 社会保険と財政

　日本の社会保障制度では，社会保険の占める割合が際立って高く，社会保険ではその4分の1を公費負担によっている。そもそも保険とは，生活上想定されるリスクに備えそれを減少させるために加入し，所定の保険料を拠出し，リスクに見舞われた際に給付を受ける権利を得ておくものである。私的保険はその性質がきわめて強いものである。**社会保険**はこのような**保険原理**に加えて，所得再分配的観点からの**扶助原理**を有しているといわれている。したがって，保険料とともに公費により賄われることが正当化される。社会保険の中でも，老人保健，介護保険，国民健康保険，国民年金に対する公費負担が高い。これらは高齢者，自営業者，農家等，保険料拠出能力の弱い者に対するものといえる。こうしたことから，日本の社会保険は財政学的には所得再分配的な政策コストの要素が強いといわれたりしている。

(3) 年金保険とその財政

　①**公的年金制度**　　年金保険は，老齢，障害，死亡などといったリスクを保険事故として，一定の保険料拠出実績を条件に，保険事故に対応した所得保障の受給権を被保険者に与えるものである。第12.2表にみられるように，老齢年金はその生成過程から基本的に職域あるいは地域にわかれており，その負担と給付の制度間格差が問題となっている。①職域で生成された被用者年金である**厚生年金**，②厚生年金に加入できない者，すなわち自営業者や農家あるいは

第12.2表　公的年金制度の概況（平成30年12月）

制度	区分	被保険者	保険料率（％）本人	保険料率（％）事業主	支給開始年齢(歳)	国庫負担
国民年金	第1号被保険者 第2号被保険者 第3号被保険者	20歳以上60歳未満の自営業者 サラリーマン サラリーマンの配偶者	16,340円 第3号被保険者の保険料負担なし、配偶者加入の被用者年金で負担	—	65	基礎年金に係る費用の2分の1
被用者年金	厚生年金（旧・厚生年金） （国家公務員共済組合） （地方公務員共済組合） （私立学校教職員共済組合）	民間サラリーマン 国家公務員 地方公務員 私立学校教職員	9.15	9.15	段階的に65歳に引上げ	

(注1) 厚生年金の保険料率は、本人と事業主で折半することになっている。なお、このように事業主（雇用者）から被用者（勤労者）が受け取る給与以外の非現金給付や経済的利益を**フリンジ・ベネフィット**（fringe benefits；付加給付）といい、これは所得課税上の問題をしばしば引き起こす。
(注2) 平成27年10月以降、公務員等の共済年金は厚生年金となった。

学生等は地域ベースで生成された**国民年金**に加入する。厚生年金加入者は国民年金にも加入しているものとみなされ、いわゆる**2階建て年金**となったが、これは昭和61（1986）年の年金制度改革により公的年金加入者には**基礎年金**として国民年金が共通化されたためである。その理由として加入制度の違いによる年金負担と給付の不公平を是正することが前面に出されたりしたが、背後には就業構造や産業構造の変化に伴う年金の財政基盤の弱さがあり、比較的余裕のあった厚生年金等との統合で国民年金の財政基盤の拡充がはかられたと辛口にみる向きもある。

②超高齢社会　老齢年金は、基本的には20歳以上60歳未満の国民すべてに国民年金法を強制的に適用し、25年間の保険料拠出を最低要件として、老齢に達し稼得機会を失った場合に生活安定と福祉向上を目的に、65歳から支給を開始するものである。なお、65歳以上人口の総人口に占める割合を**高齢化率**というが、国際連合の専門機関である世界保健機構（WHO）は高齢化率が7％を超えると**高齢化社会**（aging society）、14％を超えると**高齢社会**（aged society）、そして21％を超えると**超高齢社会**（super-aged society）と定義している。日本では高齢化率が昭和45（1970）年に7％、平成6（1994）年に14％を超え、平成17（2005）年に20.2％（平成22［2010］年に23.0％）に達した。

③社会保険の財政方式　社会保険の財政方式は、次の通り区別される。(ア)**賦課方式**は保険料ないし社会保障関係税を現役（就労）世代に課し、退職世代の年金費用を賄う方式である。現在の日本では少子高齢化により現役世代が減少し退職世代が増加していて、現役世代の負担が増加することとなる。これに対

して，(イ)**積立方式**は現役時代に保険料を多年度にわたって積み立て，積立金とその運用利子収入にも重要な財源を求めて退職後の年金費用として賄う方式である。支払った保険料の割には，高い給付が得られる見込みが多いので，社会保険導入時にはこの方が受け入れられやすい。しかし積立方式で発足した社会保険も，インフレーションによる目減りや，受給対象の拡大で，積立金が取り崩され，賦課方式に移行することになる。

日本の公的年金では1階部分といわれる基礎年金では賦課方式が採用されており，2階部分にあたる厚生年金は修正積立方式（制度が未成熟な段階では給付費を上回る保険料を課して制度の安定をはかり，成熟するにつれて賦課方式に移行していく財政方式）で運営されているとされる。

④**基礎年金国庫負担**　平成21（2009）年度から**基礎年金国庫負担**は従来の基礎年金の3分の1から2分の1へと引き上げられた。これは厳しく財政再建に臨んでいたいわゆる小泉改革の「飴」の政策とみてよい。暗に消費税率を引き上げて財源を確保することが想定されたが，それは先送りとなった。平成21・22年度は**特別会計剰余金**（いわゆる霞ヶ関埋蔵金）で，平成23年度は鉄道建設・運輸施設整備支援機構の利益剰余金等で対応したが，頼みの剰余金が枯渇した平成24年度には年金積立金を管理する独立行政法人に約束手形のような**年金交付公債**を発行する事態になった。この公債は受領側の独立行政法人が現金化するまで国の支払いは生じず，現金主義の予算には当面計上しなくてすみ，一般会計から除外できた。そして求めに応じて年金積立金（特別会計）をいったん取り崩して支払ったとしても，最終的には将来の消費税で埋め合わせることが暗に想定されたものである。

⑤**マクロ経済スライド方式**　保険料水準固定方式を採用した場合には，保険料負担が上限で固定されて少子化が進行する中では十分な保険料収入が期待できず，十分な年金給付がなされないのではないかという懸念が生じる。それに対処すべく現役人口の減少や平均余命の伸び等の社会情報に合わせて年金の給付水準を自動的に調整する仕組みとして設けられたのが**マクロ経済スライド方式**である。これにより，保険料率の引上げを抑制できるとされたが，将来的には給付水準の低下や不安定さを残す問題が指摘されている。

(4) 医療保険とその財政

①公的医療保険制度　**医療保険**は，傷病といったリスクを保険事故とし

て，一定の保険料拠出実績を条件に，保険事故に対応した医療サービス保障の受給権を被保険者に与えるというものである。日本の公的医療保険のうち，(ア)**職域保険**は，大略民間企業に勤務する被用者（サラリーマン）が加入する**健康保険**と，公務員や私立学校教職員などの加入する**各種共済**に分けられる。健康保険は健康保険組合等が保険者となり，共済保険は共済組合等が保険者となっているが，支払賃金の一定割合に保険料が賦課され，これを被用者本人と事業主で折半している。国庫負担は健康保険にはあるが，各種共済にはなく，両保険で財源にやや違いがある。これに対して，(イ)**地域保険**は健康保険や各種共済に加入できない者，自営業者や農家あるいは学生等が加入する**国民健康保険**である。これは日本最大の医療保険であり，市町村等が保険者となり，被保険者と被扶養者の区別はなく全員が保険料の負担義務を負い，給付に際しても原則区分はない。また保険料は世帯ごとに応益割として定額，負担能力に応じた応能割を賦課するが，保険者により賦課算定方式は異なっている。

②**高齢者医療保険制度** 　老人福祉法が改正され**福祉元年**とされた昭和48（1973）年には70歳以上の医療費の無料化がなされた。しかし受診率が急増し医療保険の圧迫，高齢化の進行にともない国民健康保険への高齢者の集中が起こった。そのため昭和57（1982）年に，老人医療に再び自己負担を設けることや各医療保険に加入者数に応じた老人医療費の負担を求めるという老人保健拠出金を設けるなどの内容を含んだ**老人保健制度**が成立したのであった。ところがこれも，急速な高齢化による国民医療費の増加とそれに伴う財政逼迫から，平成18（2006）年の医療制度改革関連法により平成20（2008）年4月から**後期高齢者医療制度**に変わった。これは，都道府県単位の広域連合が保険者となり，被保険者とされた75歳以上（寝たきり等の場合は65歳）の高齢者を対象として，均等割額と所得割率で算定された保険料を負担し，受診に際しては原則医療費の1割を窓口で支払い，残りは保険負担というものである。保険料に広域連合によって格差があるなどの問題も指摘されている。

③**公的医療保険の存在根拠** 　民間保険は利潤追求を目的としていてリスクに応じた保険料負担のできない者を保険から排除する選択がなされる。しかしリスクの高い者に対しても保障することが，**公平**の観点から，あるいは**温情主義**の立場から求められ，ここに政府が医療保険に介入することが根拠付けられる。また，市場では売り手と買い手の間に取引する財等の情報に差があるとする**情報の非対称性**が存在する。すると財の適正価格の形成が妨げられ，ある保

険料を保険会社が設定するとリスクの低い者はその保険から離脱しリスクの高い者が残り保険維持のためには保険料を引き上げる必要が生じ，保険料引上げ後には残った中でリスクの低い者が離脱していく。良いものを選ぶのが選択とすると，こうした現象を**逆選択**（adverse selection）という。この構図が繰り返されると，最後には保険市場が成立しなくなってしまう。また収益性の高いところにのみサービスを提供するという**クリーム・スキミング**（cream skimming）の問題が起きがちとなる。こうした市場の失敗を是正するために医療保険に政府が介入する必要があると考えられる。

④**医療費の財源負担**　医療保険に対する公費負担は財政基盤が脆弱な保険者に給付費の一部を支給し保険者の財政力の均衡をはかるとして，後期高齢者医療制度と国民健康保険の給付費負担が高い。

(5) 介護保険とその財政

①**介護保険制度**　日本の介護保険の歴史は浅く，平成12（2000）年に保険制度として導入された。しかし，介護を必要とする人への救済は従来からあった。それは，制度上は社会福祉に分類されており，住民の申請に基づき行政が社会福祉サービスの決定と給付を決定する行政処分である**措置制度**で，利用者がサービスを選択することはできなかった。こうした選別主義を脱し，社会保険により広く国民がサービスを受けられる仕組みをつくり上げ，しかも財源には給付に対応した保険料を導入して財源の安定性をもたせることを意図した介護保険が創設されたのである。

介護保険は原則，保険者である市町村単位で運営され，40歳以上住民を被保険者として，要介護認定（介護を要する状態についての公的認定）に基づいて65歳以上の第1号被保険者に，在宅，施設両面での必要な福祉サービス，医療サービスなどの現物給付を主として提供するものである。

②**介護保険の財政問題**　介護サービスは居宅サービスを中心にその利用が急速に増加している。これは高齢者などを特別扱いせずに，普通（normal）の生活を送れる社会がノーマルな社会であるとする**ノーマライゼーション**（［等生化］）（normalization）の理念にかなうものであり，入浴・食事・機能回復などのサービスを昼間に老人福祉施設等で行う**デイケア**（day care）や，高齢者が居宅で安心して利用できる在宅介護や家事支援などの**コミュニティケア**（community care）のさらなる充実が求められている証であろう。しかし，被保

険者数の伸びは，サービス受給者の伸びや総費用の伸びをかなり下回っており，介護保険制度維持の問題として顕在化している。

(6) 保育とその財政

①保育ないし教育とその財政　幼稚園と保育所を一体化させる，**幼保一元化**という言葉が頻繁に使われるように，乳幼児の保育と教育には現在ほとんどその違いを感じない。古くは比較的高所得者の幼児が就学前に学習することが教育で幼稚園が担い，低所得で共稼ぎをせざるをえない家庭の乳幼児が保育に欠ける状態に陥ったときに保育所が保育を担うという暗黙の前提が存在していた。つまり児童福祉法にいう「保育に欠ける」という事態の背後には，貧困が見え隠れしており，社会保障制度の網で救わなければならなかったのである。そのため官庁も教育は文部科学省（文部省）が，保育は厚生労働省（厚生省）が管轄してきたのである。

保育所は地方公共団体が設立する**公立保育所（園）**と社会福祉法人等が都道府県等の認可を得て設置する**私立保育所（園）**があり，これらが**認可保育施設**であるのに対して，それ以外は**認可外保育施設**に分類されている。認可保育所は「保育に欠ける」児童の保育を市町村（行政処分）により入所決定するという措置制度によって対処してきたが，平成9（1997）年の児童福祉法改正により利用者が選択した保育所を市町村に申請し入所決定する**利用制度**に変わっている。認可保育所の運営費の財源構成は，平成16（2004）年の三位一体改革により公立保育所運営費負担金を，地

[A] 国が定める基準による保育所運営費の財源構成

国基準の通常保育経費

国庫負担金	県負担金	保育料（国基準）	市町村負担金
・国が定める運営費から保育料を差し引いた額の2分の1	・国が定める運営費から保育料を差し引いた額の4分の1	・国が定める保育料徴収基準による保育料	・国が定める運営費から保育料を差し引いた額の4分の1

[B] 市町村が定める保育料による保育所運営費の財源構成

国庫負担金	県負担金	保育料（市町村基準）	保育料軽減分	市町村負担金	超過支弁費
・国が定める運営費から保育料を差し引いた額の2分の1	・国が定める運営費から保育料を差し引いた額の4分の1	・市町村が独自に定める保育料徴収基準による保育料	・国基準と市町村基準の差額	・国が定める運営費から保育料を差し引いた額の4分の1	・私立保育園への運営費補助金及び市単独扶助費等 ・公立保育園運営のための追加経費

事実上の保育経費

〔出所〕関口浩「保育所運営費負担金の一般財源化と費用負担」『社会志林』第52巻第4号，平成18年。
（注1）網かけ部分が市町村による事実上の超過負担となっている。
（注2）公立保育所については平成16年度の改正前のものである。

第12.1図　保育サービスの費用負担の状況

方交付税の基準需要額に算入する一般財源化がなされた。そのため，それまで増加していた保育所運営費は，平成16（2004）年度に保育所運営費負担金が私立保育園に限られたため2,665億円にまでほぼ半減した[2]。

②保育ないし子育てをめぐる財政問題　児童の家庭の生活安定と児童の健全育成を目的とする**児童手当**が創設されたのは昭和46（1971）年であり，翌年度から実施された。当初は就学前の第3子からであり，平成4（1992）年からは第1子からも支給されることとなったが，これらには所得制限があった。平成22（2010）年4月には**子ども手当**が導入されたが，従来の児童手当に，児童手当支給額との増額分や対象範囲の拡大（中学生・従来の親の所得制限）分を10分の10（全額）国負担でかぶせる形で，中学生以下の子ども1人当たり一律1万3,000円支給した。それは旧児童手当を修正した子どものための手当を経て，平成24（2012）年4月から，所得税の年少扶養控除を復活させ，親の所得制限以上の者にも当分の間5,000円を特例給付する形をとって**児童手当**に戻った。

　また公的な教育支出がOECD諸国で最低水準であることや高等学校進学率が95％を超えているといった理由から，政権交代後に**高等学校授業料無償化政策**がとられている。これは所得税の特定扶養親族（16～18歳まで）に対する扶養控除上乗せ分25万円の廃止で2,000億円の財源を確保した。けれども支給面で公立と私立高校で生徒の授業料負担に格差が生じる問題，授業料無償化と控除廃止の制度変更により負担増になる家庭が生じる問題，そして学ぶ気力のない生徒を国費で支弁する問題など，さまざまな問題が指摘された。平成27（2015）年から支給にあたり親の所得制限が設けられた。

2）　平成16年度の改正以前の公立保育所運営費の財源構成は第12.1図のように，国基準の通常保育経費がはじめに算定されて，これに財源が割り当てられることとなる。まず各保護者が負担する額は国が定める住民税の支払階層区分別，つまり納税の多寡に応じた保育料となる。この保育料の合計額が国基準の通常保育経費の2分の1を占め，残りの2分の1を公費負担としている。公費負担分はその2分の1（国基準の通常保育経費の4分の1）が国庫負担，4分の1（国基準の通常保育経費の8分の1）が都道府県負担，そして残りの4分の1（国基準の通常保育経費の8分の1）が市町村負担とされている。けれども実施主体の市町村は国基準の保育料より低い額の保育料を設定していることが多く，この保育料軽減分と，国基準の通常保育経費では実際の保育所運営は厳しく，公立保育所運営の追加経費や私立保育園への運営費補助金を独自に用意し負担していた。いわゆる**超過負担**である。

第13章　教育の財政

1　教育の財政理論

(1) **教育財政の意義**

　日本で**教育財政**という言葉が本格的に使われるようになったのはGHQの招きで米国教育使節団が来日したことが大きいとされる。その終戦直後，教育財政という用語をめぐり論争がみられた。それは財政という以上，公的資金調達をするものであるから米国のように教育固有の財源に**財産税**（property tax）をあてている国では教育財政が成り立つが日本のように教育固有の財源がない国では教育財政は成り立たないとする見解と，日本にも当然教育のための財源を収入・支出の両面で考える必要性があることから教育財政は成り立つという見解である。こうした論争の結末をみるまでもなく，今日では，教育財政は，財政学の射程範囲が拡張されてきたこともあり，先の論争の後者の見解が当然となっている。

(2) **教育への政府介入の根拠**

　教育は準公共財ないし価値財とされる。**価値財**は消費者選好に委ねると市場メカニズムの欠陥から十分に供給されないため公的介入が必要とされる財である。そうした観点から，教育への政府の介入は以下の理由から根拠付けられよう。①教育は**正の外部性**を有している。教育を受けることにより生産性が向上し，それは個人所得を増加させ納税額を増やすことにつながる。また道徳心を身につけさせることで，例えば犯罪率をさせ警察費の低下に役立つ。②**教育融資市場**がうまく機能しないために，融資を受けられない家庭は社会的総余剰の増加をもたらす教育を子弟（子女）に受けさせる機会をもてなくなる。そのため政府が直接公教育を提供すること等が必要となる。③教育により子弟の**将来所得**の増加よりも家族の現在消費を重視する家庭が少なからず存在する。こうした家庭の子弟を公教育等により救済する必要がある。④高所得の家庭ほど子

弟のための教育に多くの費用を注ぎ込める余裕があり，またその傾向がみられる。これでは伝統的な階層基準の社会構造を固定化させてしまう。こうした構造を変更し，**社会経済的可動性**をもたらすことが民主社会の目標ともいえる。そのための再分配政策を政府がはかる必要がある。

こうしたことから教育に政府が介入する必要があるのである（H. Rosen and T. Gayer. *Public Finance* [10th ed.]，そして関口浩訳『ハーバーガー費用便益分析入門』法政大学出版局，平成30年，第9章）。

(3) 教育の費用負担理論

教育を受けたことによる便益は生活水準の向上につながるものであるが，そこには一国民ないし住民としての生活を安定した豊かなものにして効用を高める消費者的便益と所得稼得能力を高める生産者的便益がある。これらの**便益**は第一次的には教育を受けた個人に帰属するが，それはより広く社会全体に便益が漏出（スピル・オーバー）する。こうした**便益のスピル・オーバー効果**（spillover effect）をもつ限り，教育は私的財にとどまるものではなく，公益性を含んだ準公共財ないし価値財といえるのである（W. Hirsch, The Post-Proposition 13 Environment in California and Its Consequences for Education, *Collective Choice in Education*, 1981. そして大川政三「経済発展と補助金」『財政学(2)』有斐閣，昭和45年）。

第13.1図では，D_p は教育を受けて個人的に享受した便益に関する教育の需要曲線を表し，D_e は教育の公益性に関する教育の需要曲線を表している。D_s は D_e と D_p を合わせたもので，社会全体の教育の需要曲線であり，S は教育の供給曲線を表している。政府が介入しないで市場メカニズムに任せると教育に対する私的需要曲線 D_p と教育の供給曲線 S が交差する E_0 で均衡し，教育は P_0 の価格で Q_0 供給される。しかし，理論的には均衡点 E_1 で，教育の公益性を含めた教育に対する社会的需要曲線 D_s

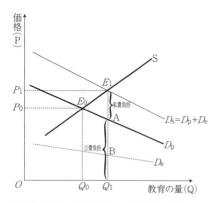

〔出所〕関口浩「保育・教育無償化要求の嵐」『生活経済政策』第265号．生活経済政策研究所，平成31年3月，34頁。

第13.1図 教育需要と教育供給による公費負担と私費負担の説明

と教育の供給曲線 S とが一致する必要がある。そこでそうした最適状態に至るためには価格 P_1 のうち，Q_1A を私費負担し，残りの AE_1 について政府が介入して公費負担する必要がある。

こうした教育への公費負担，とりわけ**全額公費負担**（無償給付）に近づくほど資源配分の無駄を考慮する必要がある。**資源配分の無駄**は，**教育の公共性**と有償から無償にした場合の個人の**教育需要の弾力性**に依存すると理論的には考えられる。教育の公益性が高い義務教育はすでにその多くを公費負担がされている。そうした義務教育で私的負担している部分も含めて全額公費負担に踏み切ってもそれによる義務教育への需要増はそれほど多くなく，資源の過大配分はあまり問題とはならない。しかし，大学等の高等教育になるに従って，教育需要の価格弾力性が大きい（授業料等教育価格が変化したときに教育需要が大きく変化する）ので，全額公費負担に踏み切る方向に向かうにつれて**資源の過大配分**を生じる度合が高まるのである。

2 日本における公教育財政

(1) 義務教育制度とその財政

第 13.1 表 $\frac{(C)}{(A)}$ の示すように，国民所得に占める教育費の割合は，明治後期か

第 13.1 表 国内総生産・行政費・公教育費

	国民所得（A）	行政費（B）	公教育費（C）	$\frac{(C)}{(A)}$	$\frac{(C)}{(B)}$
明治 18 年度（1885）	612 百万円	90,987 千円	10,910 千円	1.78 %	11.99 %
明治 28 年度（1895）	1,203	138,832	14,244	1.18	10.26
明治 38 年度（1905）	2,168	548,566	42,821	1.98	7.81
大正 4 年度（1915）	3,811	876,618	90,161	2.37	10.29
大正 14 年度（1925）	13,064	2,810,544	442,428	3.39	15.74
昭和 10 年度（1935）	15,203	4,301,751	497,080	3.27	11.56
昭和 25 年度（1950）	33,815 億円	914,648 百万円	159,818 百万円	4.73	17.47
	国内総生産（A）	行政費（B）	公教育費（C）	$\frac{(C)}{(A)}$	$\frac{(C)}{(B)}$
昭和 30 年度（1955）	85,979	1,724,217	372,006	4.33	21.58
昭和 40 年度（1965）	337,653	6,235,917	1,385,011	4.10	22.21
昭和 50 年度（1975）	1,523,616	36,397,245	8,118,914	5.33	22.31
昭和 60 年度（1985）	3,303,968	90,049,680	16,568,138	5.01	18.40
平成 7 年度（1995）	5,167,065	143,579,377	23,766,348	4.60	16.55
平成 17 年度（2005）	5,258,139	147,762,633	23,101,607	4.39	15.63
平成 27 年度（2015）	5,321,914	164,760,565	23,102,605	4.34	14.02

〔出所〕昭和 25 年度までは文部省編『日本の教育統計 明治〜昭和』昭和 46 年，39 頁，昭和 30 年度以降は文部科学省編『文部科学統計要覧（平成 30 年版）』により作成。

ら昭和初期にかけては2〜4％，第2次世界大戦後は4〜5％を占め，行政費（国および地方の経常会計の合計）の中では，戦前は10〜15％，戦後は20％以上を占めるようになっていた。けれども第13.1表 $\frac{(C)}{(B)}$ にみられるように，昭和50年度の22.31％をピークに下がり続け，平成27年度には14.02％と戦前の水中に戻っている。これは低成長にともなう赤字国債発行等による財政の悪化と少子化が影響していることがわかる。

　教育に対する政府介入を意味する公教育体制は，日本では，明治5（1872）年に**学制公布**，明治12（1879）年に小学校への就学についての父兄の責任の規定，明治19（1886）年の**小学校令**で義務教育4年の普通義務教育制の規定等によって基礎付けられた。この種の義務教育の重視は，経済発展のために必要な労働力の確保などのために導かれたものであった。

　そしてこの義務教育の費用は，国費によることなく，全額が市町村と市町村住民の負担となり，**市町村税**を主たる財源として賄われることとなった。当初は義務教育学校においても**授業料**を徴収するのが建前であったが，明治32（1899）年に**授業料徴収廃止**が決められ，無償義務教育制が制度として成立した。義務教育に伴う施設および教員人件費の捻出は，ただでさえ貧弱な市町村，特に町村の財政にとって大きすぎる負担であり，農村財政窮迫化の原因となった。町村税収入に対する教育費の割合は，大正6（1917）〜10（1921）年には60.9％，大正11（1922）〜15（1926）年には75.7％，昭和2（1927）〜6（1931）年には実に91.1％に達したが，これは町村の税収が教育費の支弁だけでほとんどなくなってしまうことを意味した。こうした状況を受けて，国は大正7（1918）年になってようやく**市町村義務教育費国庫負担法**を判定し，小学校教員俸給の約20％にあたる1,000万円を下らない額を補助することにした。この額はその後，大正15（1926）年には7,000万円，昭和5（1930）年には8,500万円へと増額され，小学校費の34％，教員俸給の53％に相当するものにまで増大した。しかしなお農村の疲弊は甚だしく，小学校教員の俸給を期日に支払いえない町村が全国市町村の1割に及ぶといった状態があらわれるに至った[1]。結局昭和15（1940）年の中央地方を通ずるいわゆる**昭和15年の税制改革**の際，**義務教育費国庫負担法**に改正され，(ア)従来の定額国庫負担金を教員俸給の2分の1という定率に改めるとともに，(イ)小学校教員の俸給費の負担を市町村から道府県に移

---

1)　藤田武夫『日本地方財政発展史』（河出書房，昭和24年）の257頁を参照。

すという改革を行った。

(2) 戦後の義務教育国庫負担制度

戦後日本国憲法や教育基本法が公布されて，**義務教育無償**の原則が確立され[2]，また明治 40 (1907) 年以降 6 か年とされてきた義務教育の年限を 9 か年に延長するいわゆる 6・3 制がはじまり，さらに**教育委員会**制度が発足するなど[3]，日本の教育制度は大きく変革された。義務教育財政の改革案として，昭和 24 (1949) 年には**シャウプ勧告**が，義務教育国庫負担を含む各種の教育費補助金を統合し，**地方財政平衡交付金**に吸収することを提案したのが重要である。しかしこの制度を実施した結果，義務教育学校の 1 学級当たりの教員数や教員給与水準は従来よりも低下し，地方格差はかえって増大するという現象が現れた。そしてこれは，平衡交付金は使途が指定されないため，教育費に充当すべき金額がかえって確保されないという結果をもたらすためであるといった議論が強くなった。そこで昭和 27 (1952) 年に再び戦前の趣旨を復活して，現行の**義務教育費国庫負担法**が制定されたが，これは小中学校費のうち府県負担の教職員給与費の 2 分の 1 と，市町村負担の教材費の一部 (昭和 33 年度以降 2 分の 1) を国家財政の負担とするものである。その他の義務教育関係の補助金には，公立文教施設整備費補助の形で，校舎・運動場整備，理科教育設備，学校給食施設整備等のため，そして学校用地取得のための補助などが行われた。戦前においては，国の教育費支出の節約は，軍事費を中心とする国家経費膨張の重圧をその原因としていたが，この種の制約条件が憲法の建前上とり除かれた戦後においても，地方財政と国民の負担による国の**安上がり文教政策**という特徴は変わっていない。また，第 13.2 表は，国公私立学校在学数の中での私立学校在学者数の割合を示したものだが，高等教育の場合，戦前から一貫して私学

---

2) 憲法第 26 条第 2 項は「すべての国民は，法律の定めるところにより，その保護する子女に普通教育を受けさせる義務を負う。義務教育は，これを無償とする」と規定している。また教育基本法第 4 条にも同じ規定があるが，学校教育法第 6 条では「学校においては，授業料を徴収することができる」とし，公立義務教育学校の授業料不徴収は例外であるとしている。

3) 戦後の教育委員会法は公選の教育委員会に対して，教育予算案の作成権を認め，その歳出予算案を長が減額する場合にはあらかじめ教育委員会の意見を求めねばならないと規定するものであった。これが現行の制度の下では，地方教育費の予算編成権は地方公共団体の長に属するものとされ，ただ教育予算案の作成にあたって，長は教育委員会の意見をきかなければならない (地方教育行政の組織及び運営に関する法律 [昭和 31 年] 第 29 条) とされるにとどまっている。これにより教育委員会の財政上の権限は著しく後退したのである。

の割合が国公立と等しいか，あるいはこれを上回る形になっている。ここから国の文教政策は，一貫して安上がりの政策をとってきたことが指摘されるのである。

終戦直後は混乱期でありともかくも，高度経済成長期で財政にも余裕のあった時期ですら，教育の費用負担を積極的に国が負う姿勢はなかったといってよい。この時期にはケインズの好況期のフィスカル・ポリシーの理論は完全に無視され減税さえしていたのであった。こうした高度経済成長期にこそ，減税予定分の一部で保育・教育の無償化をしておけば，「日本は教育費負担を渋る国」という商標を貼られることはなかったのかもしれない。そして昭和48 (1973) 年の石油危機を契機に低成長となり，特例国債依存の体質が年を追うごとにますます強まった。平成10年代の**三位一体改革**の際，平成15年度から平成18年度まで**国庫補助負担金**の**一般財源化**が大規模になされた。義務教育国庫負担金については，平成15年度から順次一般財源化がなされ，平成18年度から義務教育国庫負担金の国庫負担は3分の1になっているのである[4]。

昭和末期から平成初期にバブル時代はあったものの，平成時代のいわゆる「失われた20年」には「ワニの口」（財務省がよく使用する用語で，各年度の税収と歳出の動向を示した折れ線グラフの乖離状態）がいっそう開き続けてしまっている。いま政府が取り組もうとしているのは，「ワニの口」が開き続けている中で，しかも新たな財源を見つける術もないほどの状態で，平成の最後になって「保育・教育の無償化要求の嵐」をなだめるために，その嵐に過分に応じた無謀と

第13.2表　私立学校在学者数の割合
(単位：％)

年次	中等教育	高等教育
明治38年度 (1905)	15.0	52.3
大正 4年度 (1915)	17.8	49.9
大正14年度 (1925)	21.8	56.0
昭和10年度 (1935)	24.8	62.2
昭和25年度 (1950)	15.5	46.2
昭和30年度 (1955)	19.7	61.9
昭和40年度 (1965)	32.8	71.3
昭和50年度 (1975)	30.2	77.4
平成 7年度 (1995)	30.2	75.0
平成17年度 (2005)	29.7	73.7
平成27年度 (2015)	31.3	73.1

〔出所〕文部省編『日本の成長と教育』昭和37年，文部科学省編『文部科学統計要覧』により作成。

---

4) 平成15年度の一般財源化の88.8％にあたる2,082億円を共済長期負担金および公務災害補償基金負担金から，平成16年度の一般財源化の46.3％にあたる2,201億円を退職手当および児童手当から一般財源化しており，各年度の一般財源化の主柱になっていた。平成17年度は平成16 (2004) 年の政府・与党の合意に基づき，税源移譲額8,500億円（暫定）のうち4,250億円（暫定）分（平成18年度一般財源化額の37.8％）にあたる義務教育国庫負担金および公立養護学校教育費国庫負担金が一般財源化された。平成18年度は平成17 (2005) 年の政府・与党の合意で義務教育国庫負担金および公立養護学校教育費国庫負担金の国庫負担率を2分の1から3分の1に引き下げることとしたため，その影響額8,467億円のうち，平成17年度に実施済みの4,250億円（暫定）を控除した残額4,217億円（平成18年度一般財源化額の32.8％）が一般財源化された。

もいえる予算編成なのである。

3　日本の教育の財政制度

(1)　教育財源

　アメリカ合衆国では伝統的には教育固有の財源として**財産税**（日本の固定資産税）をあてることにより教育の古典的地方自治を維持してきた。しかし1978（昭和53）年のカリフォルニア州における**提案13号**（プロポジション13）以降，財産税の課税に制限がかかり，教育財源として州補助金に依存する構造になっているところもある。日本では教育固有の租税が存在したことはなく，基本的にすべての租税がその年度の予算編成により教育費に配分されている。

(2)　教育費の概念

　教育費＝教育に要する経費といっても，公教育と私教育の区別は微妙であり，学校教育と学校以外の教育，教育本来のサービスと補助サービスの区別にも問題があるところから，一義的には確定しえない内容をもっている。ここでは教育費の概念の中に含まれるべき経費の範囲が問題となるが，まず，①学校以外の機関（家庭・軍隊・企業など）の**教育訓練費**を教育費の中に含ませないでよいかどうかが問題となろう。文部科学省が公私教育費の総額として統計をとっているのは，国公私立の**学校教育費**に，**社会教育費**と**教育行政費**を加えたものであり，**家庭教育費**や**企業内教育費**を含んでいない。学校教育以外の教育に関する経費は，文部科学省所管以外の青少年教育関係の支出そして科学技術研究に対する支出をも含め，今後ともその増大が予想されるので，その取扱いには十分な配慮を払わなければならないのである。②教育費は家計の負担ないし父兄の支出する教育費という形でも捉えうるが，この場合の教育費に授業料のみを算入するか，給食費，教科書・学用品の購入費，通学定期代なども含めるかが問題となる[5]。

---

[5]　文部科学省の「子供の学習費調査」は，これらを含めた広義の教育費を取り扱っている。しかし，通常の家計調査では，給食費は食費，制服購入費は被服費，通学費は交通費にといった分類がとられるのであり，内閣府統計局の家計調査や農林水産省の農家生計費統計と文部科学省の調査との違いが指摘されている。なお，教育費の範囲は時代により異なることが注意されねばならない。従来家計で賄われていた昼食代が文部科学省所管の歳出に移ったり，徒弟教育や企業内訓練が学校職業教育に発展したりしている。これらの点は教育費の歴史的比較や国際的比較にあたって無視できな

(2) 国と地方の財政における教育費

①国の一般会計歳出における文教および科学振興費　国の支出する教育費は教育文化費，文教費等いろいろなよび名があるが，主要経費別分類ではこれに科学技術振興費を加えて，**文教および科学技術振興費**とされている[6]。ここでは第 13.3 表の通り，(ア)**義務教育費国庫負担金**，(イ)**科学技術振興費**（ライフサイエンスなどの基礎的研究，宇宙開発，海洋開発，コンピュータなど情報通信［IT］の研究開発等の振興のための経費），(ウ)文教施設費，(エ)教育振興助成費，(オ)育英事業費と区分されている。

ここで**文教施設費**は，公立の小・中・高等学校の校舎改築等施設整備のための支出であるが昭和 40 年代には学校校舎建設に対する補助率の引上げ，校地取得費についての助成（かつて補助の対象とならなかった）が問題となった。**教育振興助成費**は，昭和 38 年度よりはじまり昭和 44 年度で完全実施となった義務教育教科書の無償供与が含まれている。国立大学の独立行政法人化の検討が閣議決定されたのと特別会計の改革により，国立大学が国立大学法人となった平成 16 年度から，昭和 39 年度に創設された**国立学校特別会計**が廃止された。そして**私立学校振興費**等が含まれていた教育振興助成費の区分に，国立学校特別会計へ繰入に入っていた**国立大学法人運営費**，国立大学法人施設整備費等が移

第 13.3 表　文教および科学振興費の推移（昭和 40 年度～平成 27 年度）　　(単位：％)

	昭和40年度 (1965)	昭和50年度 (1975)	昭和60年度 (1985)	平成7年度 (1995)	平成17年度 (2005)	平成27年度 (2015)
義務教育費国庫負担金	51.5	49.2	49.0	41.1	36.6	27.3
国立学校特別会計へ繰入	27.4	21.5	22.0	28.3	－	－
科 学 技 術 振 興 費	8.9	11.9	7.7	13.4	22.3	25.6
文 教 施 設 費	4.8	8.3	7.9	4.7	2.8	2.0
教 育 振 興 助 成 費	5.6	7.8	11.6	11.0	36.0	43.4
育 英 事 業 費	1.8	1.3	1.7	1.5	2.3	1.7
計	100.0	100.0	100.0	100.0	100.0	100.0

〔出所〕財務省主計局編『財政統計』各年版により作成。

　　い点である。この調査は昭和 27 年度に文部省が「父兄が負担する教育費調査」として開始し，その後「父兄が支出した教育費調査」に改称，昭和 57 年度には「保護者が支出した教育費調査」と改称，そして平成 6 年度に調査項目・対象等を見直し，新たに「子どもの学習費調査」として引き継がれ，現在は「子供の学習費調査」という名称で，隔年で調査を実施している。

6)　本来公費で負担すべき経費にあてられたとみられる税外負担額は，昭和 43 年度 145 億円，義務教育生徒 1 人当たり 1,000 円内外とされていたが，税外負担の概念のとり方により実際はもっと多いものとみられる（自治省財政局編『地方財政のしくみとその運営の実態』地方財務協会，昭和 45 年，137 頁）。なお税外負担の実態については，宮本憲一「教育費はなぜ重い」（伊東光晴ほか『住みよい日本』所収，岩波書店，昭和 39 年）参照。

り，そのまま一般会計で経理されるようになった。そのため平成17年度にはそれまでの10％台から40％前後に増加している。しかし，個々の費目は毎年度減少傾向にあり，教育研究への支障が懸念されている。経済的理由により修学困難な者に奨学金の貸与等するための**育英事業費**は日本育英会による高校生以上を対象とした育英資金供与（貸与）で，奨学生数は昭和44年度には31.3万人で平成28年度には131万人に増え，1兆465億円の**奨学金**を貸与しており，これは日本全体の奨学金事業の90％を占めるとされる。しかし，依然として諸外国に比べ1人当たり金額の絶対水準がすこぶる低く，授業料問題との関連で，その引上げや無利子貸与等が課題となっている。

②**地方教育費** 地方自治体の負担する教育費は，(1)**学校教育費**，(2)**社会教育費**，(3)**教育行政費**等よりなるが，使途別では第13.4表にみられるように，学校運営費および学校施設整備を含む(1)の学校教育費が80～90％とその大部分を占める。また財源別でみると，義務教育費国庫負担金の一部が一般財源化された平成17年度以降，金額ベースで減少がみられるほか，義務教育費国庫負担金の地方教育費財源に占める割合がそれまで20％台を占めていたものが10％ほどに減少している。その分，都道府県支出金が増えている。

一般に地方自治体が小・中学校等の義務教育の運営にかけている費用はかなりの規模のものであり，府県歳出の16～17％，市町村歳出の12％弱を占めている。府県にあっては教職員人件費支出，市町村にあっては学校施設，設備の自己負担金が主たる教育費支出の内容となるが，自主財源の乏しい地方団体では，人件費の一部や教材費，設備備品費などを公費によらず，PTA寄付金や学

第13.4表 地方教育費の推移（昭和25年度～平成28年度）

	総額（単位：百万円）	財源（単位：％）					使途（単位：％）					
		地方債・寄附金以外の公費				地方債	学校教育費				社会教育費	教育行政費
		合計	国庫補助金	都道府県支出金	市町村支出金		合計	小学校	中学校	高等学校		
昭和25年度 (1950)	156,295	85.6	3.8	52.1	29.8	3.8	96.7	44.7	36.4	14.4	3.3	－
昭和30年度 (1955)	337,974	92.3	25.1	43.4	23.7	2.7	93.7	47.7	27.7	16.7	2.3	4.0
昭和40年度 (1965)	1,185,227	93.1	25.1	44.4	23.6	3.3	92.2	42.8	26.1	20.9	3.5	4.4
昭和50年度 (1975)	6,956,277	90.3	24.1	40.5	25.8	9.0	90.4	44.6	23.3	18.5	5.5	4.2
昭和60年度 (1985)	13,739,959	93.6	21.6	42.1	29.9	5.9	86.8	38.6	24.4	19.0	8.9	2.1
平成7年度 (1995)	18,954,927	92.4	17.3	42.9	32.2	7.3	79.8	35.6	20.6	18.0	14.8	5.4
平成17年度 (2005)	16,994,655	96.6	13.7	50.3	32.5	3.2	82.1	37.3	20.4	17.6	12.0	5.9
平成27年度 (2015)	16,196,811	94.1	11.8	51.3	31.0	5.9	84.1	37.6	21.4	17.1	10.0	5.9
平成28年度 (2016)	16,030,096	94.6	11.4	52.0	31.1	5.3	83.9	37.0	21.2	17.3	10.0	6.1

〔出所〕文部科学省編『地方教育費調査』各年度版により作成。

校徴収金の形で，住民に転嫁している例も多い[7]。

(3) 公費負担と私費負担

①公費負担の傾向　公教育の発展にともない，国家と地方自治体の分担する教育費支出は著しく増大している。公教育の費用，分担においては，当初市町村の負担割合が圧倒的に大きかったが，その後次第に府県の負担する割合が多くなり，さらにそれ以上に国の負担割合が増大して現在に至っている。

②公費負担と私費負担　教育の私教育から公教育への発展につれ，**公費負担**，特に国庫負担部分の増大が傾向として指摘されたが，これによって私家計の教育費負担である**私費負担**が目立って軽減されたかどうかというと，少なくとも日本の場合，きわめて疑わしいのである。第13.5表は先進主要国での教育段階別の教育支出の公費負担・私費負担の別であるが，日本は全段階でOECD平均より若干低くなっているが，ことさらそれだけを指摘する場合がある。しかし他国をみるとさまざまな実態を読み取ることができる。これは各国の教育制度の相違や財政事情が大きく関係してくることにも十分注意しなければならない。

第13.5表　教育支出の公私負担割合（対GDP比）（2014［平成26］年度）　（単位：％）

	初等教育			中等教育前期			中等教育後期等			高等教育			全課程		
	公費	私費	合計	公費	私費	合計	公費	私費	合計	公費	私費	合計	公費	私費	合計
日　　本	1.25	0.01	1.26	0.74	0.05	0.78	0.71	0.16	0.87	0.52	1.01	1.54	3.22	1.23	4.45
アメリカ	1.53	0.12	1.65	0.84	0.07	0.91	0.88	0.12	0.99	0.93	1.75	2.68	4.17	2.06	6.23
イギリス	1.85	0.19	2.04	0.96	0.15	1.11	1.41	0.28	1.69	0.55	1.25	1.81	4.77	1.87	6.65
ド イ ツ	0.63	0.01	0.65	1.21	0.04	1.26	0.83	0.33	1.16	1.06	0.17	1.23	3.73	0.56	4.30
フランス	1.13	0.05	1.19	1.23	0.08	1.32	1.17	0.12	1.29	1.21	0.27	1.48	4.75	0.53	5.28
イタリア	0.99	0.06	1.06	0.69	0.03	0.72	1.14	0.09	1.23	0.73	0.24	0.96	3.55	0.42	3.97
スウェーデン	1.75	0.00	1.75	0.81	0.00	0.81	1.12	0.00	1.12	1.52	0.17	1.69	5.20	0.17	5.37
OECD平均	1.43	0.09	1.52	0.91	0.07	0.98	1.07	0.14	1.21	1.08	0.48	1.55	4.43	0.78	5.20

〔出所〕OECD, *Government at a Glance 2017* により作成。

---

7)　現在小中学校の義務教育は無償で提供される建前となっているが，PTA寄付金その他税外負担による父兄の負担は解消されず，また特に都市では学習塾や家庭教師による追加的教育費も大きなものとなっている。高等学校・大学（特に私立のそれ）となれば，家計の負担する割合はきわめて大きなものとなる。高度経済成長期の昭和38（1963）年に，地方財政法の一部改正による義務教育費私費負担禁止の規定（給与費や学校建物の維持・修繕のための私費負担禁止），義務教育諸学校における教科書無償給与の実施などがあったこと，人件費補助を含む私学経常費補助，日本育英会の奨学金の増額などの措置がとられたが，いずれも十分な効果を生まないか，あるいは問題の多い措置ばかりであるとの指摘が当時なされていた。事態は現在でもあまり変わったとはいえない。

第14章 費用便益分析

1 費用便益分析の展開

(1) 費用便益分析の概念

費用便益分析（cost-benefit analysis, Nutzen-Kosten Analysen）は，公共支出を意思決定するための厚生経済学的手法といわれている。**厚生経済学**（welfare economics）は資源配分により経済的厚生（経済的幸せ；economic welfare）にいかなる影響が及ぶかを考える学問であるから，財政学の観点からみると，費用便益分析は，財政資金の効率的な使用によりわれわれおよびその子孫の生活水準の改善にどのような影響を及ぼすかを考えるものといえよう（関口浩訳『ハーバーガー費用便益分析入門』法政大学出版局，平成30年，第1章）。

費用便益分析はCB分析と略していわれることもあるが，民間企業における利潤極大化の目標を政府の支出活動にもあてはめようとするものでもある。民間企業の場合の利潤極大化に対応するのが，政府支出の場合の社会生産物極大化の目標である。ここからCB分析は，国民経済的経済性計算ともいわれているが，これは国家経費膨張と租税負担の増大を背景とした財政資金の効率化の要請に応えようとするものである。国家経費が国民総生産の10％以下といった局面では，単に節約が問題となるにすぎないが，それが30％，40％といった水準になると，支出の効率性を高めることが大きな課題となる。

もちろん政府支出の目標は，**社会生産物の極大化**（経済成長の促進）に限られず，**所得分配**や**経済安定**もその重要目標である。政府支出が，いかなる人，集団，地域に帰属し，いかなる分配関係の変更をもたらすか，またそれはどのような経済安定効果をもたらすかも重要である。ここから，こうした諸目標の達成に必要な措置の効果の判定を含めて**費用効果分析**（cost-effect analysis）という概念を用いる場合があるが，費用便益分析の主たる関心は社会生産物極大化の達成にあるとみてよく，これがその特徴をなしているのである。

(2) その展開過程

政府支出の効率性をはかる必要という考え方は古くからあり、その先駆としてデュピュイの「公共事業の有効性の尺度について」(1844年[仏語])があげられている。しかし学説および実践の発展は1930年代に入ってからであり、それは特にアメリカの水資源経済（治水事業）との関連で発展した。すなわち、1902(明治35)年の河川港湾法を経て、1936(昭和11)年洪水制御法(Flood Control Act)が制定されたが、ここで「見積られた費用を超えて便益が発生すること」が事業の要件とされた。ここから費用と便益を評価する統一基準についての研究が進み、1952(昭和27)年予算局回章A－47(「水資源経済のプロジェクト評価の基準について」)の発令をみたりした。その後CB分析は、公共事業から軍事費支出その他の領域への拡大適用をみて、1961(昭和36)年のマクナマラのプログラム予算、1965(昭和40)年のPPBS指令となったことは第8章で前述した通りであり、このPPBSの1つの中核がCB分析なのである。

費用便益分析は旧西ドイツにおいても、1960年代末の財政改革に関連して取り上げられ、1969(昭和44)年改正の財政法第7条2で「便益費用調査」(Nutzen-Kosten-Untersuchung)の作成が義務付けられたりした。特に重要な適用範囲は、交通と研究開発事業(プロジェクト)の領域とされている。

日本でもこの種の研究は、公共事業の各種のそれについて行われており、港湾整備事業、ニュー・タウン、水利、道路等にその例がある。

(3) その適用例

ここでは、水資源経済の研究で大きな役割を果たしたエクスタインのブリンク渓谷治水事業の例をみると(『財政学(Public Finance)』第4版，1979[昭和54]，第2章；平田寛一郎訳『エクスタイン財政学』改訂版，東洋経済新報社，昭和57年所収)、彼はここで年平均費用と年平均損害額の比較を、無計画の場合、堤防建設の場合(A計画)、小規模ダム建設の場合(B計画)、中規模ダム建設の場合(C計画)、大規模ダム建設の場合(D計画)の5つについて比較している。これは第14.1表の通りであり、限界便益と限界費用の一致の原則に一番近いC計画が最適としているが、これは年平均費用と年平均便益の差の最大の計画である。ここで年平均費用とか年平均便益とかがどのような内容のものかが問題となる。水資源開発の便益と費用は誰にどのような形で帰属するか、便益（ここでは損害減少額）を貨幣価値で評価することはどの範囲で可能かといった点が問題となる。

第14.1表　治水事業の費用便益計算例

(単位：貨幣単位)

計　画	年平均費用	年平均損害	損害減少額(便益)	限界便益	限界費用	便益-費用
な　し	0	38,000	0	0	0	0
A計画（堤防）	3,000	32,000	6,000	6,000	3,000	3,000
B計画（小規模ダム）	10,000	22,000	16,000	10,000	7,000	6,000
C計画（中規模ダム）	18,000	13,000	25,000	9,000	8,000	7,000
D計画（大規模ダム）	30,000	6,000	32,000	7,000	12,000	2,000

〔出所〕　O. Eckstein, *Public Finance*, 3rd. ed., p. 23.

2　費用便益分析の基本概念

(1) 費用・便益の測定

財政学ではその収入面については多くの政府が付加価値税，財産税，個人所得税，そして法人所得税が租税収入の大半を占めており一般化して考えることができるが，支出面についてはさまざまな**事業**（project）が存在し一般化が難しく，個々の支出を評価することによってしか無駄な支出を削減し，政府の経済的効率を高めることを期待できない（関口浩訳『ハーバーガー費用便益分析入門』法政大学出版局，平成30年，日本の読者の皆さんへ）。そのため個々の事業の費用と便益を算定する必要が出てくるのである。

①**事業の決定基準**　さまざまな政府支出を通じて事業が遂行されるが，その事業の遂行の可否は，基本的には事業の総便益が総費用より高いということである。経済活動するにあたっては資源の制約を受ける。そのため資源の選択により増やされた財・サービスから得られた便益と，それと引き換えに選択しないことで減らされる財・サービスの費用を比較する必要がある。こうしたことから，総費用から総便益を控除した純便益を最大にするというのが事業決定の基準となる[1]。

---

1) これを算式で表すと，総便益（gross benefit；B）−総費用（gross cost；C）=純便益（net benefit）>0 ということになり，$B-C>0$ と表せる。また**フェルドシュタイン**（Martin Feldstein；1939［昭和14］〜）は，公的事業ないし公共投資を**純社会的便益**（net social benefit; NSB）の大きさによって判断すべきだとし，これはまた純消費の大きさによってはかるべきだとしている。公共投資の直接的結果としての消費の増加を B_1，民間投資による消費財の増加の間接的便益を B_2，そして民間から公共部門に資源が移転されることによる**社会的機会費用**を B_3 とすると，NSB = $B_1 + B_2 - B_3$ と

②**割引率の考慮**　ところが財政活動は単年度で終了するものの方がむしろ少なく，中長期的な財政運営がなされる。そのため費用も便益も中長期的に発生してくる。そうした将来の費用や将来の便益も含めて，事業遂行の可否を現時点で判断しなければならない。ところが将来費用や将来便益には，銀行の預貯金に利子がつくように，そうした価値増殖分がついている。それを考えて，関連する将来費用や将来便益を**現在価値**（present value）に直して，現時点で判断する必要が出ている。

現在価値をA_0とし，年間利子率をrとした場合，1年後の価値A_1は$(1+r)A_0$と表せる。この計算を逆にすると，1年後の価値A_1から現在価値A_0が求められる。それは$\frac{A_1}{(1+r)}=A_0$である。この利子がつくのと逆の計算をするのは将来価値を現在価値に換算することであり，その換算する（割り引く）率を**割引率**（discount rate）とよんでいる。

こうして割引率で割り引かれた各期（何年後かということ）の純便益の現在価値の合計が0より大きければ，その事業を遂行することを費用便益分析からは是認できるという答えが出せるのである[2]。

③**費用の算定**　費用便益分析で用いる費用は会計学上の費用やわれわれが一般に考える費用ではなく，もう少し広範な観点からの経済学上の**費用**（cost）で考える。それは前述のように，資源の稀少性があるために経済活動にあたっては，どの経済活動を行うか選択肢がいくつかある中で，いずれか1つを選んで資源を使う判断しないとならないからである。その資源利用にあたり結果として選んだ選択肢と引き換えに，選ばなかったことで減らされる財・サービスの費用を考える必要がある。そうした費用を**機会費用**（opportunity cost）とよんでいる。これが経済学上の費用である。それは選ばなかった次善の選択肢をもし選んでいたらそこから得られたはずの便益が，選択しなかったために犠牲に

なる。社会的機会費用は一般に民間部門にとどめておかれた資本からの予想収益と政府投資の便益との差額と規定されているが，ここでは直接費用・間接費用・無形費用を含めた広義の機会費用が控除項目とされる。

2) これを算式では，注1から1年後の事業決定基準は1年後の純便益：$(B_1-C_1)>0$，…，t年後の事業決定基準はt年後の純便益：$(B_t-C_t)>0$と表せる。これら1年後の純便益を割引率で割り引くと$\frac{(B_1-C_1)}{(1+r)}$，…，t年後の純便益を割引率で割り引くと$\frac{(B_t-C_t)}{(1+r)^t}$と表せる。この各期の純便益の合計額が0より大きければ事業が是認されるので，$B_0-C_0+\frac{(B_1-C_1)}{(1+r)}+\frac{(B_2-C_2)}{(1+r)^2}+\cdots+\frac{(B_t-C_t)}{(1+r)^t}>0$であればよいということになる。算式についても，きわめて常識的なことを表しているだけなので，たじろがずによく考えて挑んでほしい。

されて機会費用が生じると考えるわけである。なお，第14.1図のように，選択した事業に実際に要する会計学上の費用である**直接費用**も，その財・サービスに支出してしまうと他の財やサービスの充当できないことから，機会費用と考えられるのである。

マスグレイブはこれについて大学教育を具体例として説明している。大学教育の費用には(ア)大学の運営のための

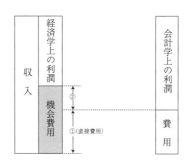

〔出所〕関口浩訳『ハーバーガー費用便益分析入門』法政大学出版局，平成30年，10頁

第14.1図　経済学的費用と会計学的費用

資本費・経常費，(イ)放棄された稼得額，(ウ)教科書代，通学費，その他の付随的な生活費があり，(イ)，(ウ)は学生が負担する費用であるとしている。このうち，(イ)が機会費用であり，それは大学教育を受ける選択をしたために就労しなかったことにより稼得できなかった額である。

④**便益の算定**　事業を遂行するからには便益が出ないとならない。つまり**便益**（benefit）は事業をしたことによる貢献分といえる。とりわけ便益が貨幣価値を有していれば分析がしやすいのであるが，貨幣価値を有していない場合も多い。しかし現実にはそうした貨幣ではかりかねる政策や実施計画（プログラム）といった事業の実施有無について政府経費の支出妥当性の観点から考える事態に直面する。

例えば道路を直線化したことによる便益を考える場合，時間節約による便益が移動時間×時間価値で求まるとしても，客観的な時間価値の測定は難しい。こうした場合，時給などを用いて時間価値とすることが多いが，ハーバーガーはこれでは過剰評価になりがちであり，このように測定の難しいものも，事例を重ねることで次第に平均化した現実に即した値が求まることがあるとしている。そして博士論文指導をしたトーマス・リスコの研究成果を紹介する。第14.2図のように，同一区間を自動車と電車を利用した場合，往復で自動車は80分の時間節約ができる。しかし，駐車料等の所要費用が8ドルかかる。この調査結果から，時間節約により1時間（60分）当たり6ドルかかることが現実に即して判明するというものである。

こうして当該事業実施による最終消費者の経済的厚生の増加を便益として捉えることになるのである。

⑤ **影の価格**　平均的な市民は「お金では人間生活の損失を充分には埋め合わせられない」と考えるかもしれないが，残念ながら悪い事態が生じたときにも金銭で償い解決をはからなければならないこともある。そして，現実にはそうした貨幣ではかりかねる便益や費用を有する政策や実施計画（プログラム）も多く，その事業の実施有無を判断し政府経費の支出妥当性を考えなければ

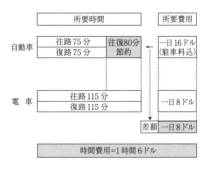

〔出所〕Aenold C.Harberger, *Introduction to Cost-Benefit Analysis*.
（関口浩訳『ハーバーガー費用便益分析入門』法政大学出版局, 平成30年, 68, 92頁）

第14.2図　時間価値の測定

ならない事態に直面する。そうした場合，費用や便益を把握するためには経済理論でいう完全競争市場で成立する市場価格を求めることになる。完全競争市場はいくつかの前提条件の下に成り立つ理論上の理想的な市場で，真の経済的費用や真の経済的便益が市場価格で示されるとされているからである。しかし現実の産出物は完全競争市場で価格付けられているわけではなく，表面的に真の価格でないものが出現していることが多い。したがって，そうした表面に出てきている真の価格でない価格の影に隠れている真の価格である**影の価格**（shadow price）を求めればよいことになる。こうした影の価格は，例えば世界銀行の政策と実践から知ることができ，機会費用を用いて評価するとハーバーガーは紹介している（関口浩訳『ハーバーガー費用便益分析入門』法政大学出版局, 平成30年, 19, 36頁）。

(2) 感度分析

以上のように費用便益分析を行うにあたっては，分析に際して前提条件を設定して行わなければならないことが多い。それは非現実性を帯びてしまうことがしばしばあるかもしれない。そこでそうした欠点を極力排するために，割引率，費用，便益，対象期間等の前提条件自体を変更して，不確定な要素を排除しようとする試みがなされている。

このように分析の前提条件や推計値を変化させて事業評価にそれらの変化によりどれだけ影響が与えられるかを定量的に算定することを**感度分析**（sensitivity analysis; sensitivity test）という。

3 CB 分析の問題点

(1) 事業決定基準の問題

CB 分析が適用されるのは,なによりも**公的事業**(public project),公共事業ないし公共投資の分野であるが,事業決定基準ないし公共投資基準(public investment criteria)の問題があげられる。

公的事業ないし公共投資は要するに費用を上回る便益が見出される場合にのみ実施すべきだということである。この便益と費用の比較については,①総便益(B)と総費用(C)を比較し,$\frac{B}{C}>1$ の場合を基準とすべしという考え方があるが,便益も費用も同時に発生するとは限らない。そこで②年平均便益(b)と年平均費用(c)とを比較し,$b>c$ の場合を基準とするという考え方がでてくる。便益と費用は長期にわたって発生するものであるから,こうして年割の平均計算が必要となるが,便益と費用にはさらに個人の時間選好の問題が入ってくる。現在の便益および費用は従来の便益および費用よりも大きい。そこでそれぞれの将来価値を現在価値に置き換えるため,③割引かれた便益(B)と費用(C)との比較を行い,$B>C$ の場合これを選択するということになる。しかし公的事業ないし公共事業に適用されるべき**社会的割引率**は,市場利子率か資本収益率か,あるいはこれを無視すべきかなど問題が多いのである[3]。

---

3) 公共投資基準は次の算式であらわされることが多い。

$$\sum_{t=1}^{T}\frac{B_t}{(1+i)^t} > \sum_{t=1}^{T}\frac{C_t}{(1+i)^t}$$

T は分析が適用される年数,i は割引率,B_t, C_t は t 年次における便益と費用であり,シグマ(Σ)は和を意味する。これは便益と費用の現在価値の総計を比較したもので,この差が初期投資額 C_0 を超えるとき,当該事業(プロジェクト)は積極的価値をもつとされるのである。

なぜこうした現在価値による比較が必要であるかは,便益および費用が時間的に異なった発生形態をとるからである。この事情は第14.3図の示す通りであり,事業成立後の便益と費用の差がプラスであるだけでなく,それが初期投資期における費用と便益の差をカバーするものであることが必要とされるのである。

なお本図における便益と費用の流れは設備の耐用年数が終われば終結する。この耐用年数の選び方も大きな規定因となる。

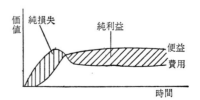

〔出所〕Lee and Johnson, *Public Budgeting Systems*, 1978, p.166.

第14.3図 費用・便益と時間との関係

(2) 便益と費用測定の問題

ここで問題となるのは,便益および費用の正確な定義である。

便益には,**直接的便益**(追加的生産物,所得・消費増加額,または損害減少額)と**間接的便益**(上記の2次的効果),そして無形の便益が含まれるが,無形の便益(快適度,景観等)は貨幣表示が困難である。

他方で費用は,**直接費用**(狭義の建設費)のほか**間接費用**(管理費等),無形費用が含まれ,**社会的機会費用**といった正確な定義と測定が困難な費用が含まれる。直接費用のうち,減価償却費をどれだけ計上するかも,資産耐用年数の決定を含め,費用の幅を左右するものとなる。環境破壊等の外部費用の測定は,政策的に操作されやすく,ここから分析者(アナリスト)による評価が重要となり,ここに主観的なそれが入り込む余地が多い。

特定事業(プロジェクト)の便益と費用,実物および金銭によるそれ,直接・間接,有形・無形等の算定項目を例示したのが第14.2表である。これによっても,それぞれの推計がいかに困難な問題を含むかがわかるのである。

第14.2表 特定プロジェクトの便益と費用

区分			便益	費用
(灌漑プロジェクト) 実物	直接	有形	農産物増加	パイプ設置費
		無形	地域美化	野趣喪失
	間接	有形	土壌改善	水流転換
		無形	農村社会保全	野生生物破壊
金銭			農業設備産業の地位の相対的改善	
(教育プロジェクト) 実物	直接	有形	将来の稼得増	学生稼得減
				教員給与,建物・教材費
	間接	無形	富裕な生活	
		有形	犯罪予防費減	余暇の喪失
			知的選挙民の増加	
金銭			教員所得の相対的増加	

〔出所〕 Musgrave and Musgrave, *Public Finance in Theory and Practice*, 1976, p. 160.

(3) CB分析の利用可能性

このように不確定要因が多いため,ここから便益の過大評価と費用の過小評価とがなされ,政治的力関係によって歪められた特定の公的事業ないし公共事業の合理化の手段として,これが利用されるおそれがある。その場合,科学が「支配階級の意図の弁解のことば」(大内兵衛『財政学大綱(中巻)』,岩波書店,昭和5年,序文を参照)として役立てられることとなる。

CB分析の実際の利用には,制度的・政治的な制約があることも無視できない。望ましい事業(プロジェクト)が発見された場合でも,土地所有権や水利権の制度的規定がこれを制約する。縦割の行政機構による大規模共同事業の困難も加わる。また公共投資が実行される予算の仕組みは,義務的経費と当然増的

経費を中心に，大部分が固定化されており，CB 分析の手法により経費配分が大きく取り入れられる可能性は少ない。

　CB 分析の利用範囲は，水資源経済，交通経済，土地利用等物的公共投資領域に限られている。教育，研究開発等についてもその適用の試みがいろいろなされているが，これが予算の仕組みを大きく変えていく見通しは当面存在しない[4]。

　もっとも小規模な地方自治体レベルでの投資プロジェクト策定の際これが有効という指摘があり，例えば交通災害対策としてシート・ベルト着用，交通規制強化，歩道橋建設，信号増加，道路幅拡充，交通教育等々各種の手段を考えるとき，費用効果の比率をその基準とするというやり方であるが，これはある程度経験的に明らかになる程のものである。

　CB 分析には問題が多いという指摘も否定できないが，政府経費を効率的に使用するための判断を主権者である国民に広く理解してもらうためには不可欠な研究分野である。経済学者のボスキン（Michael J. Boskin；1945 [昭和 20] ～）によると，**費用便益分析**は各国ですべての場合に改善されたとまではいえないが，ハーバーガーらの研究により改善されつつあるとしている。問題点を地道に改善し，政府支出の解明に役立たせる必要が，日本の長期債務残高が国・地方とも世界的にみても巨額に上っている現在，ますます強まっているといえる。

---

[4] 日本における費用・便益分析のケース・スタディとしては，貝塚啓明教授の千里ニュー・タウン研究（『財政支出の経済分析』増補版，創文社，昭和 56 年，第Ⅱ部第 3 章），牛嶋正教授の淀川水系水資源開発プロジェクト研究などがある。また外国の事例の紹介として，高島博教授のロンドン・ビクトリア線の CB 分析（『公共支出の財政理論』多賀出版，昭和 56 年，第 9 章），大川政三教授のアメリカ高等教育の CB 分析の紹介（『財政の政治経済学』春秋社，昭和 55 年，第 7 章）などが注目される。

第Ⅳ部 租　　税

第15章　租税論の基礎

1　租税の意義

(1)　租税とは何か

　租税（tax, Steuer）とは何かについていろいろな定義があるが，その本質的特徴は，「納税義務者が強制的にそしてなんら特別の対価なしに行わねばならぬ貨幣移転」（K. シュミット）であるという点である。**強制性**と**無償性**（無償で調達される）がその特徴であり，これが租税と公共料金，使用料・手数料，受益者負担金等と異なる点である（第1.2図参照）。個別的にも一般的にも，租税の場合には**給付反対給付の原理**が働かず，その徴収は需要補填原理によってなされる。もっとも給付反対給付の原理が，租税の場合全く働かないかどうかについては，異論があり，公共サービスの対価としての納税を主張する者も多い。しかし租税の本質的特徴として強制性と原則的に無償性を認めることには，多くの学者の一致がある。

　なお租税という日本語は，租は「田畑の収穫を官に給付するもの」，税は「これをおさめた倉」の意味とされている。この場合は当然現物であるが，近代の租税は**貨幣**形態をとることが重要であり，実際，貨幣形態によらない租税，すなわち労役および**物納**のものは例外的である。

(2)　租税の目的

　租税が何のために徴収されるかについては，その主目的と副目的とが区別される。**主目的**は財政需要の補填にあり，**副目的**として他の行政目的，特に経済政策的・社会政策的目的があげられる。

　この副目的は従来，17～18世紀イギリスのアルコール飲料課税，関税にみられたような保健目的，奢侈禁止目的，貿易振興目的などであったが，19世紀末以降において租税の社会政策的目的が強調された（第2章3参照）のに続いて，1930年代以降の現代経済においては，租税を経済政策的目的（資本蓄積，景気調

整,社会資本整備の目的等)に役立てる志向が強くなってきた。さらに1960年代以降は,国際収支改善,産業構造改善目的の課税など,課税目的の多角化が進行している。

(3) 租税の根拠

租税はなぜとられるのかをめぐり,租税利益説と租税義務説との対立した考え方があるが,現代国家では後者が支配的である。**租税利益説**は,租税の支払いと租税を財源とする公共サービスとが等価関係にあるとみるもので,17~18世紀のイギリスやフランスでの**社会契約説**による国家観を基礎に発展した(この説は**等価説,対価説,保険料説**等々といわれている)。しかし19世紀中葉以降になると,公共サービスの受益を意識しない人々を強制的な納税義務に服せしめるため,国家を有機体としてとらえ(**国家有機体説**),国家の成員としての国民はすべて義務として納税すべきだとする**租税義務説**が発展した(第2章3参照)。正統派の財政学者は大体これにしたがったが,傍流としてヴィクセル,リンダール等の利益説が展開され,これが現代財政理論によって見直されようとしている[1]。

(4) 租税の負担配分

課税の根拠とならんで,租税を納税者にいかに配分すれば公平な負担になるかということは永遠の課題といってよい。この租税負担の配分の基準をめぐっては公共団体のサービスから受ける利益に応じて負担額を決定すべきであるとする**利益説**(**応益課税原則**)と,支払能力ないし給付能力を基準として租税負担額を確定しなければならないとする**能力説**(**応能課税原則**)の対立という形で論議されてきている。

まず,利益説という場合に,**一般的利益**(国民全体が受ける利益)と**個別的利益**(各個人が国家から受ける利益)を区別する必要があるとする説がある。それは,課税根拠論で一般的利益を想定し,租税配分基準として個別利益を想定しているのは首尾一貫しないからである。一般的利益に対するのは強制的公課ないし租税であり,個別的利益に対するのは手数料・使用料,その他の受益者負担となるからである。

---

[1] 日本人独特の租税の根拠あるいは納税意識については,佐藤進『文学にあらわれた日本人の納税意識』(東京大学出版会,昭和62年)を参照。

次に，能力説という場合に，経済的給付能力の平等者に対する課税上の平等な取扱い（水平的公平）と不平等者の課税上の不平等な取扱い（垂直的公平）が問題になる。人間は人間そ

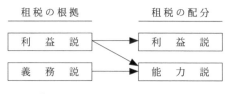

第15.1図　租税の根拠と配分の関係

のものとして平等であるが，年齢，健康，家族状況，職業，経済状況などそれぞれにおいて異なる。この場合の取扱いは課税に際して，全員同一額を納税するという絶対的平等であってはならなく，個人的経済的給付能力を考慮した相対的平等が望ましいということになる。そして，この個人的経済的能力（経済力）は稀少な資源を支配する力であり，これを課税のために利用できなくなってしまった資源からの効用の損失＝**犠牲**（sacrifice）と捉える**犠牲説**がある[2]。この場合，犠牲を各人で等しくすることが租税負担の平等となる。なお，租税の根拠と租税負担の関係を示すと，第15.1図のようになる。

2　租税原則と租税体系

(1) 租税原則

　租税原則論とは，租税はどのようなものであらねばならぬかを明らかにするものであり，第15.1表に示されている**スミスの課税4原則**と**ワグナーの課税9原則**が有名である。スミス（第2章2参照）のそれは納税者である市民サイドからの原則論であり，ワグナー（第2章3参照）のそれは徴税者の立場から財政収入上の原則を重視すると同時に，負担配分において最低生活費免税や税率の累進をともなった公正を説くものである。
　さらに，これらをとり入れたのが，第15.2表にみられる**ノイマルク**（Fritz Neumark；1900［明治33］～1991［平成3］）によって展開されている18原則である

---

[2] この犠牲説の1つとして，ワグナー以後の代表的なものに**租税最小犠牲説**がある。これは限界効用理論の「所得が増大すればするだけ，所得単位当たりの効用は逓減する」あるいは「限界効用は所得の増加量と逆比例的に減少する」という命題を根拠とする。
　ここから，高所得の犠牲は，低所得の犠牲に比して小さく，高所得には比較的大きな租税負担に耐える能力があるという推論が出てくる。そして，個人および社会全体の犠牲を最小にするような税が最も望ましいという結論（租税最小犠牲説）が導かれる。しかし，この説には課税によって犠牲に供される各個人の満足ないし効用の質の問題を無視しているという批判がある。

第15章　租税論の基礎　175

第15.1表　スミスの課税4原則とワグナーの課税9原則

スミスの4原則	ワグナーの9原則
Ⅰ．公　　　平	Ⅰ．財政政策上の原則 　1．収入の十分性（収入が十分であること） 　2．収入の弾力性（収入が弾力的に操作できること） Ⅱ．国民経済上の原則 　3．税源選択の妥当性（税源が所得か財産かを誤らぬこと） 　4．税種選択の妥当性（納税者への影響や転嫁を見きわめて課税すること） Ⅲ．公正の原則 　5．負担の普遍性（普遍的な負担，ただし最低生活費免除） 　6．負担の公平（経済力に応じた課税）
Ⅱ．明　　　確 Ⅲ．便　　　宜 Ⅳ．徴 税 費 最 小	Ⅳ．税務行政上の原則 　7．明　　　確（課税が明確なこと） 　8．便　　　宜（納税手続が便利なこと） 　9．徴税費最小（徴税費が少ないものであること）

が，これはスミスとワグナーの原則を公正，国民経済，税務行政のそれぞれの原則について発展させ，現代の租税原則として提案しようとするものである（『租税原則論』1970［昭和45］年［独文］）。それぞれの原則は異なった要求に基づくものであるから，その内部に矛盾があり，租税政策の実際の運用はこの矛盾の運用の政治的調整の形で行われることになる。

なお，戦後の財政学の大御所ともいえるマスグレイブもその夫人との著書で第15.3表にあるように，望ましい課税の要件を示しており**マスグレイブの7条件**とよばれている[3]。

(2) 租税体系

①**租税の分類**　　上記のような租税原則論に基づいて，望ましい税体系のあり方を論ずるのが**租税体系論**である。これは**理想的租税体系**（ideal tax system）をめぐる議論であるといってよい。第15.2図の横軸には所得・資産か消費かといった租税賦課の対象となる**課税物件**ないし**課税客体**（地方税法上の名称）がとられており，縦軸には個人か法人かという税務当局への納税義務を負う**納税**

---

[3]　マスグレイブ夫妻の『財政学の理論と実際（Public Finance in Theory and Practice）』（初版1973［昭和48］年，第5版1989［平成元］年；第3版の訳：木下和夫監修・大阪大学財政研究会訳『マスグレイブ財政学—理論・制度・政治—』Ⅰ〜Ⅲ［有斐閣，昭和58〜59年］）では第4版までは望ましい課税の要件を6つあげていたが，最終版の第5版では7つに増えている。

第15.2表　F. ノイマルクの租税原則

Ⅰ．国庫収入上・財政政策上の原則
　1．十分性（一国の税制は，公共団体の財源補填を十分可能にするものでなければならない）
　2．伸張性（追加的収入を短期間に調達しうるような税制が望ましい）
Ⅱ．倫理的・社会政策的原則
　3．普遍性（すべての人々が例外なく適法に納税せしめらるべきである）
　4．公平（等しい地位にある人々は等しい課税上の取扱いを受けるべきである）
　5．給付能力比例（課税は個人的給付能力に適合する形でなされなければならない）
　6．所得・財産の再分配（所得と財産の公正な分配を達成するものでなければならない）
Ⅲ．経済政策的原則
　7．租税の個別介入措置排除（市場経済への直接的介入はできるだけ避けるべきである）
　8．個人領域への介入最小化（納税者の私的個人的状態への不当な介入は避けるべきである）
　9．競争中立性（競争の好ましからざる制限は排除すべきである）
　10．課税の積極的弾力性（景気調整目的の増減税を弾力的に行いうる税制が望ましい）
　11．課税の積極的（自動的）弾力性（自動安定効果がもたらされる税制が望ましい）
　12．成長政策実現（経済成長を長期的に促進する税が望ましい）
Ⅳ．税法上・税務行政上の原則
　13．整合性と体系性（目標間の整合性を保つと同時に，個々の措置の間に矛盾のない税制が望ましい）
　14．明瞭性（税法規定が明瞭性をもち多義的解釈をもたらさないものがよい）
　15．実行可能性（効率的な適用と実行が可能な税制でなければならない）
　16．継続性（税法はいったん成立したらすぐ変更するようなことは避けなければならない）
　17．廉価性（徴税費最小）（徴税費および納税者の費用が最小であることが望ましい）
　18．便宜（納税者の便宜を尊重しなければならない）

第15.3表　マスグレイブの7条件

1. 十分性	税収は十分であるべきこと
2. 公平	租税負担の配分は公平であるべきこと
3. 負担者	租税は課税対象が問題であるだけではなく，最終負担者（転嫁先）も問題となる
4. 中立（効率性）	租税は効率的市場での経済的決定に対する干渉を最小にするように選択されるべきこと。そうした干渉は「超過負担」を課すことになるので超過負担を最小限にとどめなければならない
5. 経済安定と成長	租税構造は経済安定と成長のための財政政策（フィスカル・ポリシー）を容易に実行できるものであるべきこと
6. 明確性	租税制度は公正かつ恣意的でない執行を可能とし，かつ納税者にとり理解しやすいものであるべきこと
7. 費用最小	税務当局および納税者の双方にとって費用を他の目的と両立しうる限り，できるだけ最小にするべきこと

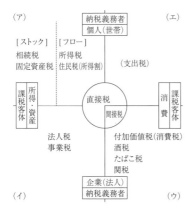

〔出所〕佐藤進・宮島洋『財政』東洋経済新聞社,
昭和58年, 104頁を改編.

第15.2図　主要な租税の分類

義務者がとられている。(ア),(イ),(ウ),(エ)の4象限に分けられたそれぞれに, 基本的には第32章の第32.1図および第32.2図にある現行の日本の租税(国税・地方税)が分類されている。

②**直接税と間接税**　租税転嫁(納税義務者の税負担を他者に移し替えるプロセス)がなく税が直接納税者に帰着する税を**直接税**といい, 租税転嫁が行われ間接的に実際の納税者が確定される税を**間接税**という。もっとも, 租税転嫁の実態は不明であるので, 立法者によって転嫁を予定されない税が直接税, 転嫁を予定された税が間接税という理解がなされてきた。それによれば, 第15.2図にもみられるように, (ア)のフローに所得税, 住民税, (ア)のストックに相続税, 固定資産税が, (イ)には法人税, 事業税がありこれらは直接税であり, (ウ)にある付加価値税(日本の消費税), 酒税, たばこ税, 関税等は間接税である[4]。

　租税分類上, (ア)に属する所得税や収益税を**基幹税**とし, 非常の場合は**臨時税**として財産税を加え, これらを補うのに(ウ)に属する消費税をもってするというのがシェフレやワグナーの租税体系論であった。要するに直接税と間接税の適当な組合せが必要というものであり, 直接税を中心にして, 間接税で補充する税体系が望ましいとするのが正統派の考え方であった。

③**人税と物税**　**人税**(Personalsteuer)は納税者の給付能力に応じた負担配分が意図される税であり, **物税**(Realsteuer)は納税者の給付能力と無関係に課される租税であって, 給付能力と関係ない**外形標準**(第29章1参照)が課税の基礎となるのである。この区分による人税には所得税, 富裕税, 遺産取得税が入り, 物税には収益税(地租, 家屋税, 営業税), 消費税(一般消費税と個別消費税)が入る。こうした区分による税体系では人税が最も重要な租税であるが, 一般消

---

[4]　第15.2図の租税分類を日本の租税制度ではなく, 一般的な租税分類で区分すると, (ア)には人頭税, 個人所得税, 財産税, 収益税, (イ)には法人所得税, 外形標準企業税, (ウ)には関税, 個別消費税, 一般消費税, 流通税, (エ)には支出税(総合消費税)が属する。(ア),(イ),(エ)は直接税であり, (ウ)は間接税となる。

費税の物税にも重要な地位が与えられるべきだというのが，ノイマルクの考え方である。彼によれば，財政収入力があり，伸張性に富み，また経済的合理的な税制は所得税，法人税，財産税，一般消費税，相続税の5つからなるものである。そして，所得税・法人税で税収の50％，一般消費税で税収の13以上40％以下をあげ，残りを財産税，相続税，自動車関係税，収益税に委ねるべきだということになる。ハラーは，(ア)基幹税として所得税，付加価値税，(イ)補完税として相続税，財産税，個別消費税，(ウ)特別税として石油税，自動車税等の等価原則による税をあげているが，大綱においてはノイマルクと同じ考え方とみてよかろう。いずれも彼らの活躍した時期における西欧の税制を背景とした租税体系論であり，多分に歴史的・イデオロギー的なものである。

④**単税と複税** 歴史的理想な税制のあり方をめぐり，単一の租税からなる**単税**制度の主張があり，フランス重農学派の地租単一税論，ドイツ社会民主党の累進所得税単一税論，ヘンリー・ジョージの土地単一税論などがあった。しかし，これらは多分に理念的・非現実的なものであり，実行可能性をもたず，現実の税制は多数の税を組み合わせた**複税**制度からなっている。

そこで，複税により構成される租税体系の中心となる税である基幹税の変遷をみてみると，中世の財産税，重商主義期の消費税・関税，19世紀の収益税，20世紀の所得税・法人税，第2次世界大戦後の付加価値税といった発展となる。そして，歴史的税制の発展過程をみると，1つだけの租税が支配的であったということはなく，税制の支配的結合は，(ア)収益税と消費税の組合せから，(イ)所得税と消費税の組合せへ，そして(ウ)所得税と売上税の組合せに移っているというのが，ハラーの指摘である（『財政学全書（H.d.F）』第3版，第2巻，193頁参照［独文］）が，これは単に事実を述べたにとどまる。今日の税制改革で望ましい租税体系を構築するのに，所得（ヒト）・消費（モノ）・資産（カネ）のバランスをいかにうまくとるかということがしばしば問題とされるが，複税により構成される望ましい租税体系は歴史的に変化することは確かである。なお，歴史的税制の形成は国によってさまざまである。

だが，西欧諸国の税制の発展をみると，**税制の近似化**の傾向が進行しており，これは大恐慌以後において著しいというのがシュピターラーの説である。今日ほとんどすべての国が給与所得税の源泉徴収制度を採用していること，主要工業国の中央政府税制は所得税と付加価値税への集中が顕著であることがその例としてあげられる。税制の近似化の背景には，(ア)各国における経費膨張圧力，

(イ)国際経済交流の発展（特にヨーロッパにみられる EU の結成にともなう税制の統合など），(ウ)負担均衡化の要請がある。もっともこの税制近似化の傾向には，多くの例外があることはもちろんである。なお，イギリスでミード報告の後継ともいえる税制改革報告書として 2010（平成 22）年に出されたイギリスのマーリーズ・レビューでも経済活動のグローバル化等の新たな状況を踏まえての望ましい複税制度を検討している。

(3) 税率の種類

租税負担は税額の多寡により決まるが，税額は通常，租税賦課の目標となる物や事実である対象を数量化または金額化してあらわした**課税物件**ないし**課税客体**から優遇措置分等を控除した課税の基盤となる**課税標準**（tax base）に**税率**（tax rate；課税標準に適用される税額の割合）を乗じて算定される。つまり，税率は課税標準の一定量に対して一定の税額を定めた時に定まるのである。

①**比例税率**（proportional rate, flat rate）　課税標準の大きさにかかわらず均一の税率を適用するものである。

②**累進税率**（progressive rate）　課税標準が高くなるに従って次第に高い税率を適用するものである。これには 1 個の課税物件に対して 1 つの税率を適用する**単純累進**と，1 個の物件をいくつかの段階に区分して各段階に漸次累進税率を適用し各段階の税額を合計する**超過累進**とに分けられる。単純累進では限界のところで税額の飛躍が生じるが，超過累進ではそれがないので日本を含め，累進税率というと現実的には超過累進をいうことが多い。この超過累進税率は課税標準の増加分に対する税額の増加分の割合である**限界税率**（marginal rate）ともよばれ，課税標準に対する税額の割合である**平均税率**（average rate）と区別される。なお，第 15.4 表には日本の所得税税率と税額算定方法が示されているが，現在所得階層と税率は 7 つに区分されている。

③**逆進税率**（regressive rate）　構造的には累進税率の逆であって，所得高や財産高が小さくなるにつれて，これに対する租税の割合が次第に大きくなる場合である。しかし，この逆進税率を税法の中に持ち込む例はないとみてよいが，生活必需品課税などの場合に現実的にこのような作用がみられる。例えば，日本の消費税の所得に対する租税負担率や各人が全く同じ税額を支払う**人頭税**にあらわれる。

④**累退税率**（degressive rate）　累進税率の一種であり，税率の累進を一定限

第15.4表　日本の所得税の税率とその計算例

課税所得金額	平成7年	平成11年	平成19年	平成27年
～195万円	10	10	5%	5%
～330万円			10%	10%
～695万円	20	20	20%	20%
～900万円			23%	23%
～1,800万円	30	30	33%	33%
1,800万円～				
～3,000万円	40	37	40%	40%
3,000万円～	50			
4,000万円～				45%

＊課税所得金額1,200万円の場合の計算例(平成11年時で算定)

```
0        330万円         900万円    1,200万円
    税率10%      20%          30%
```

300万×10% ････････････････････････････ 330,000円
570万(330万円を超え 900万円までの部分)×20% ･････ 1,140,000円
300万(900万円を超え1,200万円までの部分)×30% ･････ 900,000円
　　　　　　　　　　　　　　合　　　計　　2,370,000円

度でとどめ，それ以上の部分は比例税率を適用するものである(井藤半彌『財政学』第12版，千倉書房，昭和47年，85頁参照)。

以上の税率を図示したものが第15.3図であるが，このほかに税負担との関連での区分である税法上定められ税率である**形式税率**と租税特別措置による減免を考慮した後の実際の税負担率である**実効税率**に区分される。また，地方税では地方税法により地方団体が課税する場合に

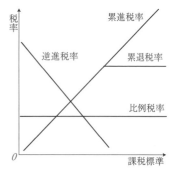

第15.3図　税率の種類

通常よるべき税率である**標準税率**，それ以上課してはならない税率である**制限税率**，そして標準税率を超えて制限税率以下の税率である**超過税率**の区分がある（第29章1参照）。

(4) 超過負担

ところで，英米の財政学書で租税原則論を論じたものはデュー（John F. Due）や，シャウプ勧告により日本の戦後税制の基盤を築いたシャウプ（「開講にあた

り」3，第3章5参照）の著作にそれがみられるが，詳しく論じたものは全般的には少ないといえる。デューによれば，租税原則としては①経済的効率，②公平，③徴税費および納税費最小の3原則があげられるとしている（『政府財政論（*Government Finance*)』第5版, 1973［昭和48］年［英文］）。このうち③は①に含まれるので租税原則としては，租税システムによって市場でなされた効率的な資源配分に影響を及ぼしてはならないとする**経済的効率**（または**中立性**ということもある）と公平の2つにまとまることになる。これらは現代の欧米における税制改革においてもその指針とされることが多い。

　このうち，経済的効率との関連で論議されているのが超過負担の問題である。**超過負担**（excess burden）とは，課税によって徴税額の他に要する追加的な負担（厚生上のコスト）のことであり，資源配分上の無駄のことである。その一例を第15.4図を用いて説明すると，課税前には需要曲線 D_b 供給曲線 S_b の交点 i で均衡している。そのとき，人々がここで問題とされている商品に支払ってもかまわないと考える金額と実際に支払う金額との差額が**消費者余剰** aih と表される。ここに従量税としての個別消費税 t_b が賦課されて，供給曲線は税額分上がって S_b' となる。そこで，課税後の均衡は点 f で達成される。このとき，総税収は単位当たり税額が gh，均衡取引数量が hd（数量 q_2 分）であるから，四角形 $gfdh$ で示される。そして，課税後の消費者余剰は agf であるので，残った三角形 fid の部分が超過負担（**死重損失**）とされる。この経済的無駄の研究の嚆矢はハーバーガーであり，そのため超過負担のことを彼に因んで**ハーバーガーの三角形**ともいう。この超過負担は本来，効用を尺度として測定されるもので

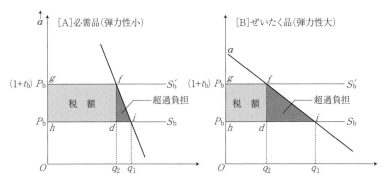

〔出所〕H.Rosen, *Public Finance*, 4th ed,1995, p.313. から作成。

第15.4図　超過負担と逆弾力性のルール

あるが現実的にはそれが困難なためにこのように貨幣の尺度で近似させている。

この超過負担と商品の需要の価格弾力性に着目して，弾力性の小さい必需品は超過負担が小さい（第15.4図[A]）ので，経済的効率の観点からは税率を高めてもよいとされ，弾力性の大きい奢侈品（ぜいたく品）は超過負担が大きい（第15.4図[B]）ので，経済的効率の観点からは税率を低くする必要があるという考え方がある。これは恩師の一人であるピグー以来の商品に対する望ましい課税方法の問題を追究した**ラムゼイ**（Frank P. Ramsey；1903[明治36]〜1930[昭和5]）によって指摘されたもので，**逆弾力性のルール**とよばれている。そしてここから，需要の変化分を供給の変化分と等しくするようにするのが超過負担を最小にするという**ラムゼイ・ルール**が出てくる。逆弾力性のルールは経済的効率性を満たすものの，いま1つの課税原則とされる公平の原則と相いれない（トレード・オフ）関係にあるが，望ましい租税は負担配分の公平だけではなく，超過負担の最小化をはかるべきであるとされる**最適課税論**によっている。このことは，従来の公平を重視した租税原則の盲点をつくものとして評価されうるが，経済的効率性自体，租税原則に特有のものでないと考えられ，また逆弾力性のルールを現実の租税システムに適用するにはなお困難が指摘され，今後の展開が望まれる。

3　租税の転嫁・帰着

(1) 租税転嫁とその形態

租税の転嫁・帰着は，租税の最終負担者は誰かを明らかにするものである。ここで，**転嫁**（shifting）とは，租税の賦課から最終負担者に至るプロセスをいい，**帰着**（incidence）とは，実際の負担者が確定される課税の結果をさしていう。もっとも日本ではこの両者を含めて転嫁という言葉を慣用している。

転嫁には各種の形態があるが，それは次の通りである。

①前転　第15.5図のように，取引の後位者に租税が転嫁される場合のことを**前転**（前方転嫁；forward incidence）といい，製造業者→小売商→消費者といった経路をとるものである。

②後転　第15.5図のように，前段階の取引者である原料供給者や労働者に企業経営者が負担を転嫁する場合を**後転**（後方転嫁；backward incidence）という。

③ 還元　市場利子率で税額を**資本還元**（capitalization；将来の予想収益マイナス予想費用の流れを適切な割引率を用いて現在価値で表すこと）して，資産の購買価格から差し引いて，将来の税負担を免れること（例えば第15.6図のように，2,000万円の土地に毎年10万円の税がかかる場合，市場利子率を5％とし，資本還元した200万円を差し引いて，1,800万円で購入すれば，将来にわたって税負担を免れるのと同じこととなる。数式では2,000万円 − 〔10万円÷0.05〕= 1,800万円と表せる）。

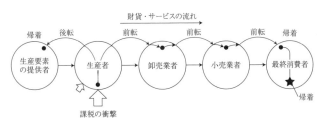

第15.5図　租税転嫁の過程

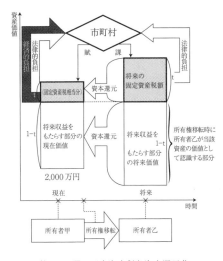

第15.6図　固定資産税と資本還元化

④ 変質　課税の結果生産過程や流通過程の改善がなされ，コストが減少して，損失が利益に転化することを**変質**（transformation）といい，**消転**ということもある。

これらの各種の転嫁形態は，広い意味での租税効果のあらわれである。

(2)　転嫁理論

租税転嫁論は，経済社会の一部分だけを均衡の対象として他の状況は不変とする分析である**部分均衡分析**によるのがかつては支配的であったが，ハーバーガーなどの先駆的な研究により，部分均衡分析のように経済相互の関係を捨象して簡単化する

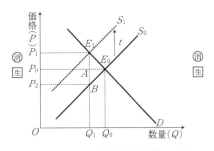

第15.7図　個別消費税（従量税）の転嫁

のではなく，経済のさまざまな部分の相互の影響や相互依存関係を考慮してそれらが同時に均衡するとみて分析する手法である**一般均衡分析**による研究が進展してきている。

①**転嫁の決定要因**　転嫁するか否か，転嫁するとしたら一部か全部かといったことは㈠市場状態（完全競争，独占，寡占），

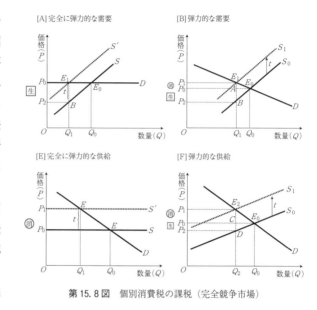

第15.8図　個別消費税の課税（完全競争市場）

㈡需要と供給の弾力性，㈢産業の条件に大きく影響を受ける。

②**部分均衡分析（基本）**　最も基本的な転嫁をみるために，経済分析上の理想市場とされる完全競争市場で酒税やたばこ税のような従量税の個別消費税が課税される前提条件で考える。これは第15.7図のように表せて，課税前は需要曲線 D と供給曲線 S_0 が E_0 で均衡し，この財は価格 P_0 で Q_0 販売されている。ここに t の個別消費税（従量税）が生産者に課せられたとする。完全競争市場のため生産者は課税されると税引価格と限界費用（供給曲線）を一致させようとする。すると，課税後の供給曲線は税額 t だけ上方移動した S_1 となる。そして課税後の均衡点は需要曲線 D と交差する E_1 となり，消費者価格が P_1 で租税負担が E_1A，生産者価格が P_2 で租税負担が AB となり，取引数量は Q_1 となる。このように消費者に転嫁が起こることを観察できる。

③**部分均衡分析（財の弾力性の違い）**　第15.8図には個別消費税が課税される財についてさまざまな弾力性の場合が図示されている。[B]には**需要の価格弾力性が弾力的な財**（価格変化により需要量が大きく変化する奢侈財［ぜいたく品］がその例）が描かれている。ここに個別消費税 t が課税されると均衡が E_0 から E_1 に移り，消費者価格は P_1，生産者価格は P_2 となる。奢侈財は消費者にとっては相対的に不要な財ともいえ，課税（＝価格変化）されれば需要量を大きく減

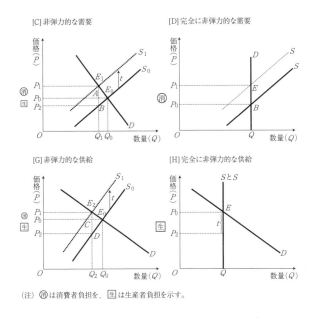

らしてしまう。こうしたことから、租税の消費者負担 E_1A ＜租税の生産者負担 AB となっている。[A] はこれが極端になった財で、**完全に弾力的な財**（価格の小さな変化でも需要量がかなり大きく変化する財）である。そのため消費者は需要をやめることも想定され、生産者が E_1B 分を全額負担することとなる。

また [C] には**需要の価格弾力性が非弾力的な財**（価格変化があっても需要量に大きな変化のない必需財がその例）が描かれている。ここに個別消費税 t が課税されると均衡が E_0 から E_1 に移り、消費者価格は P_1、生産者価格は P_2 となる。必需財は消費者にとって相対的に不可欠な財ともいえ、課税（＝価格変化）されても需要量を大きく減らさない。こうしたことから、租税の消費者負担 E_1A ＞租税の生産者負担 AB となっている。[D] はこれが極端になった財で、**完全に非弾力的な財**（価格に変化があっても需要量に変化はない財）である。そのため課税されても消費者は需要をやめないので、消費者が E_1B 分を全額負担することとなる。

供給の価格弾力性は時間と密接な関係があるとされるが、長い期間をとれば生産設備の拡張などにより生産量を大きく調整できる。こうしたミクロ経済学の基礎理論を踏まえて、第15.8図の [E] ～ [H] を考える。[E] には**供給の弾力性が完全に弾力的な財**が、[F] には**供給の弾力性が弾力的な財**が、[G] は**供給の弾力性が非弾力的な財**が、[H] は**供給の弾力性が完全に非弾力的な財**がそれぞれ描かれている。上のように考えると、[E] では全額消費者負担、[H] が全額生産者負担になることが明らかになるであろう。

④**一般均衡分析**（ハーバーガー・モデル）　ハーバーガーは世界ではじめて一般均衡分析により法人税転嫁を明らかにした。今日それは**ハーバーガー・モデル**とよばれ，さまざまな租税の転嫁を一般均衡分析で語る際の基盤となっている。ハーバーガー・モデルを概観すると，経済全体の生産を法人部門と非法人部門で行う等，まず分析の枠組み（前提条件）を設定する。そこで法人税を課税することになるが，その際に，両部門の資本収益率が均等化されることが当該経済を均衡させるために重要であると考える。そしてさまざまな場合を検討する。例えば封鎖経済で，法人税課税後も両部門で資本収益率を均等化させるには，第15.9図のように，法人部門への法人税課税前に法人税を反映した分，課税前資本収益率を引き上げておくことが求められる。それは究極的には，法人税分は法人部門の生産物の需要者，すなわち消費者に前転（前方転嫁）され負担されることになる。このほか開放経済では，法人税賦課により国際資本市場が原因となり資本収益率を変化させたり，国際生産物市場が原因となり生産物価格を変化させたりできず，租税支払は労働力への支払で吸収緩和されるしかなく，労働者に法人税が後転（後方転嫁）されるとしている。このように法人税は直接税であり，納税義務者である企業が負担するという表面的な法人税負担論を信奉し続けてきた世界に対して，この法人税転嫁論は激震を与えたのであった。

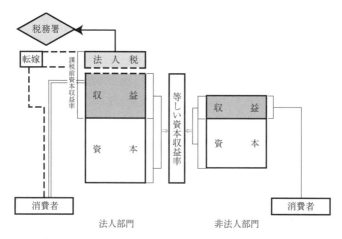

第15.9図　ハーバーガー・モデル（封鎖経済の例）のイメージ

第16章　個人と家計の税金

1　所得税の理論と実際

(1)　所得概念

　所得税（income tax, Einkommensteuer）は所得を課税対象とする税であるが，その所得とは何かについて，2つの大きな学説の流れがある。

　①周期説ないし源泉説　　周期説ないし源泉説が第1の考え方であり，これは所得源泉と結びついて規則的・周期的にもたらされる所得のみを所得とみるものである。所得源泉別の課税を行うイギリスおよびフランスの制度と関連しつつ発展した。イギリスの所得税制度は5つの所得源泉を分かつ（five schedule）制度をとってきたが，これは基本的には最近まで継承されていた（A 地代・家賃，B 農業利潤，C 利子・配当，D 商工業利潤，E 給料・年金）。

　しかしそのイギリスも2000年代になると，以下に述べる経済力増加説に立脚するようになっている。

　②純資産増加説ないし経済力増加説　　第2の考え方は**純資産増加説**ないし**経済力増加説**といわれるもので，贈与やとみくじ収入といった偶発的所得を含め，また資産価値増加分を含める一方，資産価値減少を控除して所得を算定すべしとするものである。つまり，有限な資源を支配する力である**経済力**のあらゆる純益を所得税の課税ベースに算入するという**包括的所得概念**を主張しているものであり，総合所得の申告納税制度と結びついて，ドイツとアメリカで発展した。これが現代の支配的学説であり，この学説による包括的所得概念は，ドイツのG. v. シャンツ，アメリカのヘイグおよびサイモンズの名前と結びつけられて，**シャンツ-ヘイグ-サイモンズ概念**といわれる。

　ドイツのヴュルツブルク大学教授で，神戸正雄教授の恩師の一人でもあるシャンツ（Georg von Schanz；1853～1931［昭和6］）によれば，「所得とは与えられた期間中の経済主体の純資産の増加」であり，ここで彼は，所得の規則性・周期性は必要なメルクマールとならないとし，包括的所得概念を主張した（『フィ

ナンツ・アルヒーフ』誌論文，1896［明治 29］年［独文］)。

米国のコロンビア大学教授で，シャウプ税制使節団の一員ヴィックリー (William S. Vickrey；1914［大正 3］～1996［平成 8］)の恩師の 1 人である**ヘイグ** (Robert M. Haig；1908［明治 41］～1952［昭和 27］) は，やや異なる角度から「所得とは 2 時点間の経済力の純増加の貨幣価値」であるとした (「所得概念」なる論文，1921［大正 10］年［英文］)。さらに米国のシカゴ大学教授の**サイモンズ** (Henry C. Simons；1925［大正 14］～1972［昭和 47］) は「消費に用いられた権利の市場価値と期首・期末間の保有財産権価値の変化の代数和 (Y［所得；yield≒income］= C ［消費；consumption］+ ΔW［資産；wealth］)」と定義した。それは消費および期間中の富の増加を意味するものとした。$Y = (A_1 + C) - A_0$ の形であらわされるもので，Y = 個人所得，C = 期間中の消費額，A_0 = 期首の資産額，A_1 = 期末の資産額である。このヘイグおよびサイモンズの所得概念は，公平な課税の要求に応じる包括的所得税ベース (comprehensive income tax base) として，所得税のあり方を考える場合の導きの星となるものである。現実の各国の所得税が，この原理にどれだけ忠実かが大きな問題となっており，実際は理念と大きくくいちがっている。

(2) 所得税と給付能力課税

所得税を通じ公平な課税を実現する手段とされているのが，次の 3 つである。

①**最低生活費免税**　**最低生活費** (existence minimum) 以下の所得は課税から免除するということであるが，この最低生活費を数量的に規定するには困難が伴う。日本ではこれを決めるため，**収支均衡点方式** (貯蓄のはじまる限界の所得をそれとするもの)，および**マーケット・バスケット方式** (1 日の生活に最低必要な食料品の価格を推計し，エンゲル係数で逆算して最低限所得を求めるもの) などがとられてきた。この場合も実際は，財政需要や税務行政上の都合による操作がなされる。

②**累進税率**　所得税の税率の**累進** (progression) は，イギリスでは 1910 (明治 43) 年にロイド・ジョージの改革ではじめて導入された。それより前 1890 (明治 23) 年に相続税への累進税率の導入，同じ頃経済学説における**限界効用理論**の展開があり，これが累進税率採用の理論的基礎となった。限界効用理論によれば，「租税による犠牲は所得が増大すればするほど減少する」ので，高所得

者の犠牲は低所得者のそれより少ないものとされた。具体的な累進税率の構成については，さまざまな議論があり，例えばコーエン・スチュアートの提案として知られる第16.1表のようなモデルがつくられた。ここでは，課税物件（所得）を区分した**所得階層**（**所得ブラケット**）の刻みは幾何級数的，税率の刻みは算術的に増加させるというものである。

第16.1表 累進税率のモデル

課税所得	税率
1,000 ドル	6%
1,001～ 2,000	7
2,001～ 4,000	8
4,001～ 8,000	9
8,001～16,000	10

しかし，この種の累進税率の構成が所得税の公平を確保するものかどうかは実際の所得分布がどのようになっているかによる。日本の所得税率は第15.4表にすでに示したが，累進税率の構造は各国によってまた時代によって異なっており，これを決定するものは各国の国庫政策的・経済政策的・社会政策的要求であるということになる。

③**所得種類別差別課税**　　所得種類の違いによる担税力の違いにより，税率に差を設けようとする所得税を**分類所得税**というが，これは社会政策的要求に応じようとするもので，**不労所得**（資産所得）**重課**，**勤労所得**（稼得所得）**軽課**という標語の下に，1907（明治40）年にアスキスの税制改革で導入された。日本の場合，**昭和15年税制改革**で，総合所得税と分類所得税の2本立てとなったが，後者は不動産所得10％，事業所得8.5％，勤労所得6％といった所得種類により税率に差を設ける**差別税率**をとっていた。所得種類別課税は分類所得税の理念というべきものであったが，第2次世界大戦後この理念が崩れた。そして，各種の所得を総合して課税するという**総合所得税**一本となった。これは，資産所得は高度累進税率の適用を受けるはずであるので，差別課税の必要がないというのが主たる理由であるが，現実には資産所得軽課，勤労所得重課といった不公平が顕著になった。

(3) 給付能力課税のその他の問題

①**所得税の課税単位問題**　　所得税は個人が納めるのか世帯が納めるのかという**課税単位**が問題となる。日本は前者の**個人単位**を，ヨーロッパ諸国は後者の**世帯単位**をとるのが普通である。そこで，世帯単位をとると夫婦所得が合算されて課税されるため，高い累進税率の適用による負担重課が「婚姻への刑罰」の形で発生した。これを解決すべく導入されたのが**2分2乗法**である。これは

夫婦合計所得を半額に（2分）して低い税率を適用した税額を合算（2倍）して納税するというものである。アメリカでは1948（昭和23）年に夫婦所得の2分2乗法採用，ドイツでは旧西ドイツで1958（昭和33）年に違憲訴訟を経て同法採用となった。しかし，これにより既婚者が優遇され，また中高所得層ほど軽減割合が高いという批判が高まった。そこで1969（昭和44）年アメリカでは内国歳入法改正により，独身者用と既婚者用を区別した複数税率を採用した。また，フランスではこの考え方を拡大して家族数Nに応じた**N分N乗法**を採用している。

②**給与所得源泉徴収による不公平**　所得税の課税方法として，納付税額を納税者が申告するという**申告納税**制度と，所得を支払う源泉で税額を徴収するという**源泉徴収**制度がある。給与所得の源泉徴収は比較的近年のことであり，1920年代はじめにドイツで賃金税（Lohnsteuer）の形で導入された。それが大きな収入をあげているという観点から，戦時期の日本（昭和15[1940]年），イギリス（1943[昭和18]年），アメリカ（1944[昭和19]年）に相次いで導入された。戦時下の税務職員不足が企業を**源泉徴収義務者**（徴収納付義務者）として徴税を代行させる方式をとらせたのであるが，これは戦後も維持された。この制度には(ｱ)租税回避の排除，(ｲ)徴税費の節約，(ｳ)短期間の現在所得に課税可能という利点が見出だせる。しかし，この制度の定着が，他の申告納税所得と給与所得との所得捕捉率の差を発生させた。そして，(ｳ)との関連で，源泉徴収給与所得税は毎月，申告所得税は年2回の**予定納税**（前年の所得税額が一定額以上の申告人の場合）と**確定申告**といった納税の差による不公平が発生する。そこで，ここからさまざまの対応策がとられているが，十分とはいえない現状である。

③**キャピタル・ゲイン課税**　現代の所得税の理念である総合所得申告納税の制度はキャピタル・ゲイン課税の不備により大きく崩されている。**キャピタル・ゲイン**（capital gain；譲渡所得，資本利得）は株式および土地（その他不動産）などの資産の保有および販売に基づいて発生する利益のことであり，株および土地の値上がり利益であるといってよい。このキャピタル・ゲインに対する課税は(ｱ)少数の富裕者に対する所得集中の抑制ならびに勤労者・中小所得者の負担緩和と，(ｲ)土地の値上がりなど不労所得に課税する必要性が課税根拠とされる。しかしこれには，(ｱ)未実現利益の課税上の取扱い，(ｲ)**キャピタル・ロス**（capital loss；資本損失）の取扱い等をめぐり困難な問題がある。アメリカでは1913（大正2）年以来，キャピタル・ゲイン課税を維持しているが，供給サイド

の経済学を重視したレーガン政権では経済再建税法（1981［昭和56］年）により貯蓄・投資意欲促進の目的で課税緩和が続いた。しかし，1986（昭和61）年税制改革法で総合課税化による課税強化がはかられた（横田信武「キャピタル・ゲインの実現に及ぼす課税の影響」『早稲田商学』第360・361合併号，平成6年を参照）。ドイツでは原則課税ではあるが，取引の種類により異なった取扱いがなされている。日本の場合，昭和28（1953）年以来有価証券譲渡所得の非課税がなされてきたが，平成元（1989）年4月以降原則的に，申告分離課税とされている。

　④**負の所得税の問題**　　所得税の**課税最低限**（課税と非課税の境目）と最低生活維持のために必要な水準とされる**貧困線**（poverty line）を一致させ，貧困線以下の所得に対する所得保障給付と所得税とを結びつける提案が，**負の所得税**（negative income tax）である。最初の提案はイギリスのJ.E.ライズ・ウィリアムズによるもので，彼女の著書（*Something to Look Forward to*）ですべての国民が国家から一定の社会配当（social dividend）を受けて生活必要部分を保証される制度に切り替えるべきだとした。それが負の所得税へと進むのであるが，これは1960年代のアメリカで貧困問題解決策として提起されたものであり，2つのタイプがある。

　(ア)その1つがロルフの**割戻し所得税案**といわれるものである。税額控除（tax credit）方式によるそれとみてもよい。ここでは，税額をT，総所得をY，税率をr，定額給付をC，給付人数をuとして，$T = Yr - Cu$の式に基づき，$Yr = Cu$であればTはゼロ，$Yr > Cu$であれば所得税を納税，$Yr < Cu$であれば割戻しが行われる。例えば$r = 20\%$，$Cu = 1400$ドル（成人400ドル，児童300ドルとした夫婦子2人の世帯を想定）とすれば，総所得7,000ドル以上が納税，以下が割戻しということになる。

　(イ)いま1つが**貧困ギャップ補填方式**といわれるもので，フリードマンの主唱にかかるもの（『資本主義と自由』1962［昭和37］年［英文］）である。ここでは，貧困線を4人世帯で3,000ドルと想定し，最低所得保障を1,500ドル，負の所得税率を50％とする。その場合第16.1図の示すように，所得ゼロの人は1,500ドル，所得1,000ドルの人は1,000ドル，所得1,500ドルの人は750ドルといった給付を受

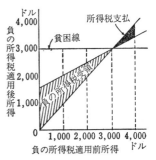

第16.1図　負の所得税の例
　　　　　　（50％税率の場合）

けることになる。貧困線と現実所得の差を完全に補填するのではなく，その一部（この場合50％）を補填する趣旨は，費用の節約と労働インセンティブ（誘因）の活用の2点にある。これにより従来の生活保護の欠陥とされるディスインセンティブ効果は解消されるが，最低保障所得を高めるという要請には反する。

　負の所得税構想は1つのアイデアであるが，実行上のメリットは必ずしも高く評価しえない。貧困問題の解決は何よりも社会保障給付の充実の形で行われねばならず，またこの社会保障給付の充実は税制全体との関連で取り上げねばならない問題と思われるからである。

　⑤**支出税**（総合消費税）　　所得税が最も公平であるとする考え方が誤りであり，個人の年間の総支出を課税ベースとして課税する方が，財産の売り食いにより奢侈生活を営んでいる人々も課税できるので公平であるという主張をしたのが**カルドア**（Nicolas Kaldor；1908［明治41］～1986（昭和61））である。そこで彼は，貯蓄や投資支出を除いた年間の消費支出の合計額を課税ベースとして，その支出者に直接税として累進課税する**支出税**（総合消費税）を提唱した（時子山常三郎監訳・平田寛一郎ほか訳『カルドア総合消費税』東洋経済新報社，昭和38年）。この種の税は貯蓄促進効果や投資促進効果があり，所得税や法人税よりもすぐれているというのである。公平の尺度として，所得と消費（ないし支出）のどちらが適切であるかは租税思想史上の大きな問題であったが，このような新しい角度からの検討が求められており，その背後に現行の直接税，特に所得税に多くの抜け穴ができて，公平性が薄れてきているという事情がある。しかし，この種の議論に対しては，その抜け穴をふさぐのが先決であるという考え方が出てくるのが当然である。

　カルドアの支出税は現代になりインドとセイロンでわずかの期間実施されたが古典的支出税といわれる。それはその後，その改良型の支出税が出て現代的支出税といわれることがあるからであり，1970年代にアメリカのハーバード大学教授で税法学者の**アンドリュース**が提唱した。しかし，この現代的支出税は理論にとどまり，世界各国で支出税を採用している国は現在のところ存在しない。それでも，各国で問題の多い所得税制の改革をするにあたり，公平な課税は所得課税で達成されるのか消費課税で達成されるかがしばしば議論されてきた。1976（昭和51）年の**ロディン報告**（スウェーデン），1977（昭和52）年の**ブループリント**（アメリカ），そして1978（昭和53）年の**ミード報告**（イギリス）が支出税の論議をしたものとして，とりわけ有名である。

(4) 日本の所得課税

①所得税の算定方法 日本の所得税の税額は，

$$\underbrace{\underbrace{\text{②-(ア)総所得金額（所得）}}_{\text{(収入金額－必要経費等)}} - 所得控除}_{\text{②-(イ)課税所得}} \times \underbrace{累進税率}_{\text{②-(ウ)}} - \underbrace{税額控除}_{\text{②-(エ)}}$$

の式で基本的には算定される。

②所得税法における所得と税額 (ア)所得は10種の所得からなり，これを総合合算したものであるが，総合所得の申告納税制度は昭和22（1947）年からである。10種の所得とは ⓐ**利子所得**（預貯金，国債等の利子），ⓑ**配当所得**（株式，出資等の配当），ⓒ**事業所得**（商工業，農業等の事業による），ⓓ**不動産所得**（土地，家屋等の賃貸），ⓔ**給与所得**（給料，賃金，賞与等），ⓕ**退職所得**（退職手当，一時恩給等），ⓖ**譲渡所得**（土地，家屋等の売却益），ⓗ**山林所得**（山林の立木売却益），ⓘ**一時所得**（クイズ賞金，生命保険契約の満期返戻金等），ⓙ**雑所得**（恩給，年金，ほか上述の所得にあてはまらない所得）である。これらの所得を総合合算する建前であるが，総合されない所得も多く，これが課税の公平を害している。すなわち，利子所得は所得税と住民税で20％を**源泉分離課税**され，配当所得や土地譲渡所得の一部もそれを選択しうる。公的年金所得は雑所得に入る。(イ)**課税所得**（taxable income）の算定は，上記の所得から第16.2表の**所得控除**（deduction；個々の事情に基づいた担税力に適した課税を実現するためのもの）を差し引いてなされる。所得税ではこれらの基本的諸控除を合計して所得金額が一定額以下となる場合，課税されないがこの限界を**課税最低限**という。(ウ)税率についてはすでに第15章で触れたが，(エ)**税額控除**（tax credit）とは税率適用後の税額から一定額の控除がなされることであり，所得の大小にかかわりなく，同一事情にある納税者の所得税軽減額が常に等しくなり，所得控除と効果が違ってくる。

③所得税負担の実態 納税者の約85％が給与所得者によって占められ，給与所得者の70％以上が所得税納税者となっている。これに対し，事業所得者はその30％，農業者はその20％しか所得税をおさめて

第16.2表　所得税の課税最低限の内訳
（給与所得者の場合）

区　分		独　身	夫　婦	夫婦子2人
課税最低限		1,211千円	1,688千円	2,854千円
内訳	給与所得控除	650	650	965
	基礎控除	380	380	380
	配偶者控除	—	380	380
	扶養控除	—	—	—
	特定扶養控除	—	—	630
	社会保険料控除	182	253	428

〔出所〕『図説日本の税制（平成30年度版）』財経詳報社，87頁。
（注）1．夫婦子2人の場合，子のうち1人が特定扶養親族，1人が16歳未満として計算している。
　　　2．一定の社会保険料が控除されるものとして計算している。

いない。これは事業所得の算定にあたって，必要経費控除が広範に認められていることと，所得捕捉度に差があるためである。所得税納税者は，昭和9～11 (1934～1936) 年当時約95万人であったが，昭和25 (1950) 年の994万人から現在の約5,000万人へと増大している。所得税の大衆課税化が休みなく続いているとみてよいのである。もちろん給与所得水準の上昇がその背後にあるが，給与所得者と事業所得者，農業者との不均衡が目立ち，その所得捕捉率の相違からクロヨン（トーゴーサン）問題といわれた。また不公平税制として指摘されているのが，利子・配当課税，譲渡所得課税，医師税制等である。

④**所得税との関係でみた住民税**　日本では，市町村および府県の住民税と所得税とが併課されているが，住民税と所得税との違いは次の点にある[1]。㋐諸控除の額の違いからくる課税最低限の差が第1であり，給与所得者の標準世帯（夫婦2子）で所得税285.4万円に対し住民税234.5万円（平成30年度）である。㋑所得税は**当年所得課税**であるのに対し，住民税は**前年所得課税**である。㋒平成18 (2006) 年度まで税率の構成に違いがあり，市町村民税は3, 8, 10％の3段階の軽度累進税率，府県民税は2％と3％の2本の税率であったが，三位一体の改革による税源移譲により平成19 (2007) 年度から，市町村民税6％，道府県民税4％と比例税率になっている。このほか住民税には，所得税にない，所得額とは無関係に均等の額により税負担を求める**均等割**があるが（市町村3,000円，都道府県1,000円），これは地方税における応益原則と負担分任原則をその根拠としている（第29章1参照）。

2　資産課税の理論と実際

(1)　資産課税の諸形態

個人の資産ないし富に対する課税は，A. 資産そのものに対する課税と，B. 資産の移転に対する税とに分けられる。そしてこれらはさらに小区分され，第16.3表のような構成となる。

---

1) 所得税と住民税の関係をより合理的なものとするため，①所得税の付加税として住民税を構成する案，②所得税・住民税の課税最低限を統一し，所得税・住民税を統合した累進税をとる案，③所得税は累進税，地方税は比例税として構成する地方所得税案などいろいろあるが，この種の改革をめぐってコンセンサスを得る見込みが平成9 (1997) 年の地方分権推進委員会時点ではあり得なかった。しかし，平成の地方分権の流れの中で③が採用されることとなった。

第16.3表　資産課税の諸形態

```
A. 資産課税           ┌ 1. 富裕税
   taxes on wealth    │    net wealth tax
   stock              └ 2. 資本課徴
                           capital levy
                                              ┌ a. 遺産税
B. 資産移転税         ┌ 1. 相続税              │    estate duty
   taxes on wealth    │    succession duties  └ b. 遺産取得税
   transfer           └ 2. 贈与税                   inheritance tax
                           gift tax
```

いまこのそれぞれについて説明すると，A.1.の**富裕税**（net wealth tax）は，富の集中防止と所得税補完税としての機能を発揮するため，シャウプ勧告に基づき，日本で昭和25～28（1950～1953）年度実施されたものの，日本ではその後廃止されたが，西欧諸国では所得税補完税として定着をみている。A.2.の**資本課徴**（capital levy）は，戦後の国債償還や富の再分配を目的に行う臨時財産税であった。日本の昭和21（1946）年11月の財産税は，10万円以上の個人資産に，昭和21（1946）年3月の評価額に基づいて25～90％の課税を行ったもので，これが斜陽族（旧資産家階級）の没落を促した。

B.1.の**相続税**（succession duties）はさらに2分できる。歴史的にみると，被相続人（死亡者）の遺産に一括して死亡者に課税するというB.1.a.の**遺産税**（estate duty）の沿革で重要なのは1894（明治27）年イギリスのハーコートの税制改革によるそれである。これは1,000ポンド以上の遺産に1～8％の累進税率での課税を行うものであり，財産の遺贈者の財産に着目し，遺言執行者のところで課税する。イギリスの遺産税は，第1次世界大戦まで税収の15％余を占める大きな税目であった。

B.1.b.の**遺産取得税**（inheritance tax）は，遺産を取得した人に対して，その相続分に応じて課税するものであり，遺産分割促進効果をもつ。ヨーロッパ大陸諸国（EU諸国）の税制は，主としてこの方式により，遺産取得者の状況，遺贈者との関係等をなんらかの形で考慮する。

B.2.の**贈与税**（gift tax）は，相続税回避のための**生前贈与**を抑制する機能をもつものである。贈与を資産増加とみて，これに所得税を課する考え方もあるが，独立課税の形をとる場合が多い。

第16.4表は各国のB（資産移転税）課税状況の推移を示したものである。

第 16.4 表　相続税（遺産税・遺産取得税）・贈与税の税収総額に占める割合　　　　　　　　　　　　　　　　　　　　（単位：％）

	1965 (昭40)	1980 (昭55)	1990 (平2)	2000 (平12)	2010 (平22)	2016 (平28)
日　　本	0.71	0.71	1.47	1.31	1.14	1.29
アメリカ	2.06	1.15	1.01	1.23	0.56	0.53
イギリス	2.62	0.59	0.65	0.62	0.52	0.74
ド イ ツ	0.22	0.18	0.34	0.39	0.49	0.60
フランス	0.56	0.57	0.95	1.07	0.91	1.21

〔出所〕OECD, *Revenue Statistics 2018* に基づき算定。

なお地方税レベルで，日本の**固定資産税**，アメリカの**財産税**（property tax）は資産課税であるが，資産の再分配を意図せぬ**形式的財産税**であり，日本のそれは**収益税的財産税**といわれる。これは人税でなく物税であり，比例税が課せられる点で，上記の資産課税の諸形態と異なる。

(2) 相続税・贈与税の理論と実際

①累積的取得税の理論　相続税は遺産税から遺産取得税へと発展しているとみてよいが，理論的にはさらにそれを超えて，累積的取得税方式が最善とされている。遺産税は遺産を残す人への課税であるので，そこでは世代をとび越えての贈与や生前贈与などの負担回避を促しやすい。これに対し遺産取得税は，贈与税と組み合わせて実行する場合，取得者の担税力に応じた課税が行われ，また遺産分割額に応じて税率が低下するため，富の分割を促進しやすい。**累積的取得税**は，個人が一生の間に取得した相続および贈与を累積的に課税するものであり，相続と贈与のたびに累積取得額に対し累進税率を適用し，そこから従来の税額を差し引くことによって，相続税額を確定する。個人に認められる基礎控除は一回限りに制限され，これらによって担税力に応じた課税がなされる。**シャウプ勧告**による相続税がこれであったが，資料保管の困難といった税務行政上の理由等で廃止された。相続税についてはその後さらに，資産の受益期間に応じた累積的取得課税の提案が行われており，1974（昭和49）年イギリスの**ミード委員会報告**では，受贈者の年齢に応じた差別税率の提案がなされているが，これはなお実現の見込みなき理論にとどまっている。負の所得税提案と対応した負の財産税の提案として，**サンドフォード**（Cedric T. Sandford；1924〔大正13〕〜2004〔平成16〕）のものがあり，これはすべての国民が成年に達したとき，成業資金ないし学業資金として500ポンドといった定額給付を受けるというものであるが，これについても同じである。

②日本の相続税・贈与税　日本の相続税は昭和33 (1958) 年から，**遺産税的要素を加味した遺産取得税**の方式をとる。これは遺産総額から債務や葬式費用を差し引き，さらにそこから基礎控除額（平成27年以降，3,000万円プラス法定相続人数×600万円）を引いて税額を計算し，これを実際の相続分に応じて相続人に配分するというものである。なお配偶者については，特別な軽課措置がある[2]。また平成の「失われた20年」の時期に，生前贈与をしやすくして高齢者保有資産を次世代に円滑に移転する等の政策から，平成15 (2003) 年に**相続時精算課税**方式が併用され，従前からの方式といずれかを選択することとなっている。

贈与税は，年間110万円の基礎控除を超えた贈与について，相続税同様な高度累進税率 (10～55%) の課税を行うものである。平成12 (2000) 年までの60万円の基礎控除の場合，これを6%の利子で計算し，30年続けると5,000万円，50年間で1億8,500万円になるといった計算があり，億万長者が無税で数億の資産を子孫に残す可能性をもつものと批判されていた。

(3) 富裕税と固定資産税の地位

①富裕税　富裕税は人の資産を総合し，これに担税力を認めて課税する**経常財産税**であり，臨時財産税である資本課徴と異なる。また財産の移転の際に課せられる相続税・贈与税と異なり，財産ないし富そのものに対する課税である。この種の税は，現在中欧・北欧などの約10か国が採用しており，税率0.2～3%といった軽度累進税率を適用して，所得税の補完税とするというのがその趣旨である。日本でシャウプ勧告に基づいて課せられた富裕税（昭和25～28［1950～1953］年）は，500万円以上の資産に0.5～3%の課税を行うものであった。当時所得税最高税率は所得50万円以上55%で頭打ちとなるため，高額所得者の負担公平化のため，500万円以上という富裕税の対象が設けられた。収益率10%という想定であり，資産を標準とする課税は，資産を高収益分野に転換するインセンティブ（刺激）となることが期待された。さらに富裕税は，貯蓄元本の把握を通して，資産所得とのクロス・チェックを可能にする。高額の資産を申告させることは，相続税の行政を効率化することも期待された。

その反面，富裕税の欠陥として，(ア)貯蓄減少という効果をもたらすこと，(イ)

---

[2] **農地の相続**については，農業継続を前提とした納税猶予制度が3大都市圏特定市の市街化区域農地を除き租税特別措置法の形で定められていた。

資産のうち不動産と動産の把握度の差から不公平が生ずること，㈬納税者と資産所有者の同一性(アイデンティティ)の確認が困難なことなどが指摘されている。日本の場合，富裕税はかつて一般消費税導入問題との関連で，その再設が問題となったりしたが，所得税補完税としての本税の地位は今後とも問題となっていくものと思われる。

　②**固定資産税**　　固定資産税（real estate tax）は，シャウプ勧告によりそれまでの**地租**，**家屋税**等を引き継ぎ，市町村の有力な独立財源として設定されたものであり，土地・家屋・償却資産（工場設備等）の「**適正な時価**」の 1.4% を納税せしめるものである（地方税法第 341 条）。この「適正な時価」は，正常な条件での取引価格をさすものとされ，**固定資産評価額**とよばれて 3 年に一度評価替される[3]。この税は個人にも法人にも課せられるが，個人と法人とで**不均一課税**を行うべきだとする説，課税に応能負担の観点を取入れ，これを実質的財産税に転換せよという説がある。日本の固定資産税に類似した税が，アメリカの**財産税**（property tax）であるが，1978（昭和 53）年 6 月その大幅減税を求めたカリフォルニア州の住民投票である**提案 13 号**（プロポジション 13）により，納税者の反乱が各州に波及した。財産税は教育財源とされてきたため，これにより学校区の固有財源の減少を余儀なくされ，州による補助が強まっている[4]。日本の場合，納税者の反乱といった動きはないが，それは固定資産税が安定した独立地方財源として定着しているためである。固定資産税を財産税に転換せよという要求は，国税レベルの富裕税の欠如によるものと思われ，これがまた富裕税復活の必要を示しているといえる。

3）　資産評価には，①**市場価格**ないし取引価格（fair market value, Marktwert），②**収益価格**（rental value, Ertragswert），③**資本価格**（capital value, Kapitalwert）のそれぞれによる評価がある。それぞれ一長一短があり，資産評価は公平な資産課税をめぐる最も大きな技術的問題となる。なお，平成 6 年度の評価替えから固定資産評価額を地価公示価格の約 7 割とする **7 割評価**が実施されているが問題が多い。関口浩「固定資産税と都市計画税の諸問題」（『金沢経済大学論集』第 30 巻第 3 号，平成 9 年所収）を参照。

4）　カリフォルニア州の教育財源と財産税の関係については，関口浩「提案 13 号によるカリフォルニアの教育財政の変貌——ワーナー・Z. ハーシュ教授の所説を中心にして——」（『政経論叢』第 87 巻第 3・4 号：池宮城秀正教授定年退職記念号，明治大学政治経済学会，平成 31 年）を参照。

第17章　会社と企業の税金

1　法人税と所得税

(1) 法人の捉え方と二重課税問題

①**法人所得と二重課税**　　法人税（corporation tax, Korperschaftsteuer）は，法人の所得（利潤）に対する税である。法人は企業の支配的形態であり，今日の企業は株式会社という法人形態で営まれるのが普通である。したがって，会社と企業に対する税の中心は法人税である。

この法人の所得は，第17.1図のように，**内部留保**と**配当**とからなるが，配当は法人利潤の一部である一方，これを受け取る個人のところでは，個人株主の所得となる。ここから，法人の支払配当に対する法人税と，個人の受取配当に対する個人所得税との間の**二重課税**（二重負担）の問題が発生する。

②**法人の捉え方**　　この問題に対しては，法人擬制説と法人実在説からの2つの対応がある。(ア)**法人擬制説**は，法人を個人の集合とみて，法人そのものはなんら実体を有しないとする説であり，ここから法人のところで課税すれば個人には課税せず，逆に個人のところで課税すれば法人は課税しないのが建前となる。これに対し，(イ)**法人実在説**は，法人を個人と同様な意思と担税力をもった独立の社会的存在とみるものであり，ここから二重課税調整は必要ないとする。アメリカは後者によるが，EU諸国では前者の流れが強くなってきており，新たな論争が展開されている。もっとも論争そのものは19世紀後半から行われているものである。

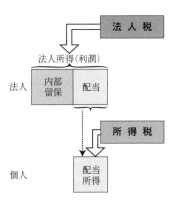

第17.1図　法人税の二重課税問題

(2) 二重課税の調整方法

①**支払配当段階で調整するもの**　　これ

はさらに，(ア)配当損金算入方式，(イ)配当軽課方式にわかれる。(ア)**配当損金算入方式**は，支払法人のところでは課税せず，配当を受け取った個人のところで全額課税するものであるが，現在これを採用するところはないとみてよい（法人利潤である配当を損金とみなすのは理論上無理がある）。(イ)**配当軽課方式**は，配当を内部留保より軽く課税するもので，1953（昭和28）年以降の旧西ドイツ，昭和36（1961）年以降の日本で行われていた（第17.1表参照）。軽課税率を次第に下げてゼロにすれば配当損金算入方式と同じになる。そこまでいかない不完全な調整方式が(イ)であるとみてよい。

②**受取配当段階で調整するもの**　これはさらに，(ア)インピュテーション方式（配当グロス・アップ方式，帰属計算方式），(イ)配当税額控除方式からなる。
(ア)**インピュテーション方式**（法人税株主帰属方式）は，EU諸国における法人税統合のモデルとされていたもので，税込み配当（グロスの配当）を個人所得に上積みし，これに累進税率を適用して所得税額を計算し，ここから配当法人税分を控除するものである。$d=$配当手取額，$c=$配当法人税額，$p=$所得税実効税率とすると，$(d+c)p-c$ であらわされる。これにより，配当に関する法人税と所得税の二重課税は排除されるが，法人内部留保に対する課税の未調整はなお残る。なおドイツでは2002（平成14）年から受取配当の2分の1を控除する制度に変わり，フランスでも2004（平成16）年から受取配当一部控除方式に変わり，インピュテーション方式は廃止された。(イ)**配当税額控除方式**は，受取配当の一定割合を所得税額から控除するもので，概算調整方式といえる。シャウプ勧告

第17.1表　法人税率の変遷

（単位：％）

区分		昭和63年度(抜本改正前)	平成元年度(経過措置)	平成2年度(改正後)	平成10年度(改正後)	平成11年度(法人税率本則)	平成21年度(改正後)	平成22年度(改正後)	平成24年度(改正後)	平成27年度(改正後)	平成28年度(改正後)	平成29年度(改正後)	平成30年度(改正後)
普通法人	留保分	42	40	37.5	34.5	30	30	30	25.5	23.9	23.4	23.4	23.2
	配当分	32	35										
中小法人の軽減税率(年所得800万円以下部分)	留保分	30	29	28	25	22	18	18(注1)	15(注1)	15(注1)	15(注1)	15(注1)	15(注1)
	配当分	24	26										
協同組合等	留保分	27	27	27	25	22	22	22(注2)	19(注2)	19(注2)	19(注2)	19(注2)	19(注2)
	配当分	22	25										
公益法人等 特定医療法人		27	27	27	25	22	22又は30(注2)	22又は30(注2)	19又は25.5(注2)	19又は23.9(注2)	19又は23.4(注2)	19又は23.4(注2)	19又は23.2(注2)

〔出所〕財務省資料。
(注1) 資本金の額等が5億円以上である法人等との間にその法人等による完全支配関係があるもの等を除く。
(注2) 年所得800万円までは15％。

では25％の配当税額控除，現在は10％（一定額以上は5％）の配当税額控除を日本はとっている。アメリカでは，個人株主段階で一定の配当所得に軽減税率が適用されていて，1936（昭和11）年に個人株主段階における法人税と所得税の調整措置を廃止している。

③**完全調整方式** 法人税と所得税の**完全統合**（full integration）を目指すのが，1966（昭和41）年のカナダ王室委員会提案の**カーター方式**である。これは配当のみでなく，内部留保をも株主に帰属計算し，税込み法人所得を個人株主の所得に上積みして所得税額を計算し，ここから法人税額を控除するものである。r＝内部留保帰属計算分，d＝配当，c＝法人税額，p＝個人所得税実効税率とした場合，$(r+d+c)p-c$ であらわされる。ここでは，法人税は個人株主の所得税の源泉徴収として位置付けられている。カーター方式では，所得税最高税率を法人税率と揃えることが提案されており，このため個人所得税実効税率が低い中小所得者には税の還付が行われることとなり，ここにこの方式のメリットの1つがある。

(3) 法人税の独立と日本での二重課税調整

法人税は当初，法人税という税目で単独には課税されておらず，近代的租税をすでに課していた欧米諸国でも所得税の中で個人所得と法人所得が課税されていた。法人税として独立の租税が設定されたのは1920（大正9）年にドイツで，それまで各州で課税していた所得税を連邦課税とする際に，個人所得に対しては所得税，法人所得に対しては**法人税**と称したのがはじめとされる。

日本では所得税法は明治20（1887）年の発足にかかるが，発足時より明治32（1899）年の改正に至るまで，法人所得は非課税であった。明治32（1899）年の税制改正で所得税を3つの所得に分け，そのうち**第1種所得**を法人所得としてそれまで非課税であったものを比例税率で課税し，配当個人所得税を非課税としたのが法人税の萌芽である。その後配当所得税非課税に非難が高まった結果，大正9（1920）年から配当の60％を個人所得に合算し総合課税することとした。この配当算入割合はその後次第に引き上げられ，**昭和15年の税制改革**で所得税から法人税が独立し，法人実在説による独立課税方式が確立した。すなわち法人と個人とがそれぞれ別個の納税主体とされ，その間の調整を行わない方式が確立された。昭和16（1941）年で国税の27.4％を占めていた。ところが，戦後**シャウプ勧告**により，「法人は与えられた事業を遂行するために作られた個

人の集合である」という法人擬制説に基づく改革提案がなされ，昭和25年度以降25％の配当税額控除による二重課税調整が行われることとなった。また昭和36年度には株式市場振興のため，配当軽課税率が西ドイツの例に倣って導入されたが，制度の簡素化などの要請により昭和63（1988）年税制改革で廃止され，第17.1表のように，今日の日本の法人税は二重課税排除をねらう法人擬制説に立脚して受取配当税額控除方式により，配当二重課税の調整をしている。

(4) 法人税の転嫁と二重課税

　法人税の負担調整問題を考えるにあたって，法人税の転嫁の実態をどのように考えるかが，ある意味で決定的な役割を演ずる。二重課税調整は，法人税が株主の負担になるという前提に基づいてはじめて必要になるものであって，もし法人税が転嫁され，それが売上税のような機能を演ずるのであったら，法人および株主サイドでの負担調整は不必要となる。

　①ハーバーガー　　ハーバーガー（Arnold C. Harberger）は，前述のように一般均衡分析を世界ではじめて用いた法人税転嫁の研究「法人税の転嫁帰着（*The Incidence of the Corporation Tax*）」（1962［昭和37］年［英文］）で法人税転嫁を示した。ハーバーガー・モデルはこの種の分析の基盤となっているが，法人税の転嫁は，前転の形よりも労働部門への後転，そして非法人部門への負担転嫁の形がより重要としている。

　②マスグレイブとクルジザニアーク　　法人は法人税率の引上げにもかかわらず，税率引上げより以上に資本収益率を高めるという形で，100％をこえる法人税転嫁が行われてきたという事実を明らかにすることによって人々に衝撃を与えたのが，クルジザニアーク（Marian. Krzyzaniak）とマスグレイブ（Richard A. Musgrave）の研究『法人所得税の転嫁（*The Shifting of the Corporation Income Tax*）』（1963［昭和38］年［英文］）であった。このK-Mモデル（クルジザニアーク-マスグレイレブ・モデル）によれば，アメリカの法人税転嫁は株式資本ベースで124％といった割合に達する。100％以上の法人税転嫁が行われたのは，㈎寡占状態のもとでは，税率引上げが価格引上げのシグナルとして受け取られる。㈏さらに企業は税を完全に回収するのに熱中するあまり，目標以上に進む。㈐インフレーションの結果利潤が過大に評価されたり，政府支出による企業利潤増大の保証が転嫁度を高めたりするなどの理由によるとされている。

　このK-Mモデルによる推計については，さまざまの批判があり，例えば

グードは，法人税率引上げが原因となって法人利潤率（資本収益率）が高まったという考え方に疑問を表明し，むしろ高い法人利潤率が高い法人税率を可能にしたとみている。

　転嫁の概念は各人によって異なっているが，それは法人税転嫁がきわめて複雑な現実を反映したものだからといえる。法人税の転嫁は実態分析がきわめて難しく，その分析モデルの設定の仕方により，結果が変わってしまうところがある[1]。

2　法人所得と法人税率

(1) 法人税税額と法人所得の算定

①**法人税の算定方法**　　法人税の税額は，

$$\{\underbrace{(総益金)}_{(1)-①②} - \underbrace{(総損金)}_{(1)-①③}\} \times \underbrace{税率}_{(2)}$$

の式で基本的には算定される。法人所得の概念として支配的な学説は**純資産増加説**ないし**経済力増加説**であるが，法人税の場合は一義的な所得概念によらないで，総益金から総損金を控除したものを**法人所得**とし，益金と損金にそれぞれ入るものを列挙する形で**課税所得**が算定される。日本の場合も所得計算原理として資産増加説をとっているが，多くの除外例があり，この建前の貫徹が妨げられている。そして，**総益金**は純資産増加の原因となるもののすべて，**総損金**は純資産減少の原因となるものすべてを含むとされる。ここで第17.2図に示されているよう

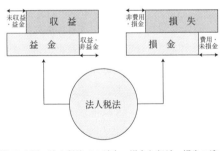

第17.2図　法人税法での益金・損金と収益・損失の違い

---

[1]　スティグリッツも法人税の転嫁帰着問題を問うよりも「法人税は何か」をまず考える必要性を説いている。日本でも，法人擬制説と法人実在説といった法人観をめぐる論議を不毛の議論として退けつつ，擬制説を支持していること，法人税転嫁の実態を不明としたまま，法人税の部分転嫁を前提としてこれと問題の多い部分的二重課税調整を結びつけようとしていることなどが現実問題として存在しているのである。

に，法人税法で規定される益金と損金が，一般に認識される収益と費用ないし損失とずれていることに気を配る必要がある。一般に認識される収益と費用は，法人税法ではなく，会計学で学ぶ企業会計で用いられるものにより近いとされる。ここから益金と損金の計算に影響を与える各種の要因が重要となる。

　②**益金計算に影響を与える要因**　㋐法人が他の法人から受け取る配当を益金に算入するかしないかという法人受取配当の取扱いが問題となる。二重課税排除の建前からは益金不算入，二重課税を認める場合には益金算入となるが，日本の場合は前者に傾斜している。これには法人間の株の持ち合いを促進するので，廃止ないし制限すべきだという批判がある。㋑資産価値の増加である資産評価益が生まれれば，純資産増加説による所得概念を遵守する場合などは課税すべきであるという考え方にもなるが，資産の売却による利益が現実に発生しない未実現利益である限り，益金に算入すべきでないとする考え方があり，日本は後者の考え方をとる。

　③**損金計算に影響を与える要因**　㋐製品・半製品・棚卸資産（在庫資産）の評価方法については，古くから取得されたものから販売ないし使用していくとする**先入先出法**（FIFO）や販売される財の原価を最近の仕入価格で表示する**後入先出法**（LIFO）等，異なった方法があるが，後者はインフレ状態の場合には企業に有利な計算方法とされる。日本では評価方法を任意に選べることになっている。㋑企業の設備資産の耐用年数に応じ，取得価格の一定割合を積立，その更新に当てるべく損金算入を認められたものに**減価償却**（depreciation）がある。この償却方法には耐用年数に応じて毎年同額の償却額を計上する**定額法**や毎年同率の償却費を計上する**定率法**などがあり，さらに通常の償却のほか，初年度特別償却，割増償却等の**特別償却**がある。これらは設備投資等を促進するために，通常よりも多額の減価償却費の損金算入を認めて，設備導入時の租税負担を軽減するという政策目的がある。日本の場合，割増償却が戦後の資本蓄積に大きな役割を演じたが，アメリカではサプライサイド経済学に依拠したレーガン政権が**加速度償却**を認めたものの，それは財政赤字の増大を招いた。㋒その他損金項目として，役員報酬，交際費，寄付金，租税公課の取扱いが問題となり，それぞれの損金算入範囲について，具体的規定がある。例えば**交際費**の場合，その支出の実態に対する社会の強い批判から損金不算入が順次引き上げられていたが，平成 26 年度改正で消費拡大に資するため法人の状況によらず飲食の支出（社会接待費を除く）の 50％ を損金算入とした。**寄付金**の場合，

法人所得の 6.25％ と資本金の 0.375％ の合計額の 2 分の 1 を損金算入限度とするなどであるが，これはさらに制限すべきであるという意見も無視できない。

(エ) **引当金**は費用性ないし損金性が強いとされ，企業会計原則から承認されているのに対して，**準備金**は利潤留保の計画が強く，政策的にのみ認められる特別措置とされている。前者には貸倒引当金，返品調整引当金の 2 つの引当金が法人税法に規定されており，これらの繰入のみ損金算入が認められている。後者には輸入製品国内市場開拓準備金，海外投資等損失準備金，渇水準備金などがある。しかし，この区別を明確につけることは困難であり，利潤の費用化は引当金の場合も準備金の場合もそれほど異ならないとみてよい。

④ **欠損金の繰り越し・繰り戻し**　法人所得の算定は上に示した式の通りであるが，損金が益金を上回る場合には，純損失の**繰り越し**（carry over），**繰り戻し**（carry back）の措置がとられる。日本の場合，前者は 9 年間（平成 23 年度改正），後者は前 1 年（法人税法第 80 条）とされる。ただし，これは基本的に青色申告法人（原則複式簿記により帳簿を記帳し，税務署長の承認を受けて青色の申告書で申告でき，一般の白色申告に比べて準備金，減価償却などで特典が認められる）で帳簿書類の保存を適用要件として認められる。負担の均衡化として一定の根拠をもつが，青色申告法人に有利な措置である。

(2) 法人税率

　法人税は所得税と異なって普通は，**比例税率**をとる。これは①法人は個人と異なり，限界効用による効用や犠牲の逓減といった理論を適用しえなかったり，②二重課税を調整する場合，法人税は比例税率の方が調整しやすいからである。しかし，法人実在説に立てば，この 2 つの理由は消滅する。法人の場合でも，個人と同様な意思決定がなされ，ここで所得の効用についての判断が行われる。また③二重課税の調整にあたり比例税率の方が調整しやすいということ，④累進税率は消費者としての個人の所得分配の格差を考慮した負担公平論に基づくものであり，企業組織には本来なじむものではないことが理由とされる。現実の各国における法人税率はアメリカの連邦法人所得税が 21％（2018 年～），イギリスが 19％（2017 年～），ドイツが 15％（2008 年；加えて法人税額の 5.5％ の連帯付加税や市町村税の営業税がある），フランスが 33.33％ となっている。

(3) 地方法人二税

ところで，日本では法人税のほか，法人事業税（府県税）と法人住民税（府県税と市町村税）が加わる。**事業税**は戦前の**営業税**を継承した物税とされるが，その課税標準は法人事業税の場合，法人税の算定の例による法人所得であり，国税と同じ税源に課税するものである。税率は標準税率で事業の内容により異なるが，この税は法人所得計算の際に損金算入が認められる。税率は①資本金1億円超の普通法人で(ア)付加価値割 1.2%，(イ)資本割 0.5%，(ウ)所得割 0.3, 0.5, 0.7%であり，②資本金1億円以下の普通法人等で所得割 3.4, 5.1, 6.7%となっている。また**法人住民税**は法人税に対する定率（府県民税 3.2%，市町村税 9.7%）であり，法人税付加税の性格から**法人税割**とよばれる。また平成 26（2014）年から法人税の納税義務のある法人を納税義務者とする**地方法人税**が創設された。

第 17.3 図には法人税の**実効税負担率**が示されているが，これは法人税，法人事業税，法人住民税を総合したものであり，この値が高いか低いかをめぐり論議されている。

なお法人税の**実効税率**（effective tax rate）といった場合，税法上の特別措置の影響を除いたときの課税標準の実質的な税負担率がその定義としてよく用いられる。しかし実効税率の捉え方はいくつかの説あり，どれをとるべきか一義的な解答を見出せない現実がある。ここでは一般によく用いられる財務省の算定する法人実効税率を示しておく。日本で課税される法人所得は法人税（国税），法人事業税（地方），法人住民税（地方）である。ここから，法人課税は［法人税率・課税所得］＝法人税額｝＋｛住民税率・

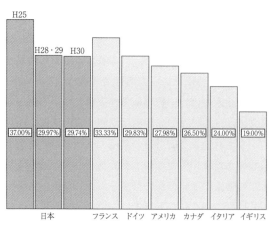

〔出所〕『図説 日本の税制（平成30年度版）』財経詳報社，313頁。

（注1）法人所得に対する税率（国税・地方税）。地方税は，日本は標準税率，アメリカはカリフォルニア州，ドイツは全国平均，カナダはオンタリオ州。フランスにおいては，課税所得のうち50万ユーロ以下の部分の税率は28％。なお法人所得に対する税負担の一部が損金算入される場合には，その調整後の税率を表示。

（注2）フランスにおいては，2018年から税率を段階的に引き下げ，2022年には 25％となる予定。イギリスにおいては，2020年度から17％に引き下げる予定。

第17.3図 法人実効税率の国際比較（2018［平成30］年1月現在）

［法人税率・課税所得【＝法人税額】］｝【＝法人住民税額】＋［事業税率・課税所得］【＝事業税】となる。法人税と事業税は課税所得に各税率を乗じているが，法人住民税は法人税額に税率をかけている。そのため，その違いを考慮して税率だけを取り出すと，［法人税率＋法人税率×住民税率＋事業税率］＝［法人税率×（1＋住民税率）＋事業税率］が課税標準である課税所得に対する合計税率となる。これら法人税，法人事業税，法人住民税のうち，法人事業税は法人税の支払事業年度の課税所得を算定するにあたり損金算入が認められる。そのため，利子を割り戻すときの計算のように，課税所得を（1＋事業税率）で割れば，事業税を損金算入した法人の課税所得となる。こうした複雑な操作をして，

$$法人実効税率＝\frac{法人税率×（1＋住民税率）＋事業税率}{1＋事業税率}$$

という式を導き出して，これを法人課税の実効税率としている。

　前述の通り事業税の損金算入は負担軽減措置であり，そもそもの実効税率の定義に沿って，課税標準である課税所得を求めている。けれども各種の準備金，引当金，特別償却，法人受取配当非課税なども負担軽減措置であり，これらを含めていないことによる問題点が指摘されている。そのため実効税率という場合，そこで示されている実効税率の実態がどのようなものかを吟味した上で注意深く考察しなければならない。

(4) 法人税以外の負担

　また，法人税自体だけではなく，法人税以外の負担（事業主負担分の社会保障負担や固定資産税など）を考慮する必要がある。それらが高い場合法人税の課税ベースからそれらが控除されるとすると，法人税の課税ベースは小さくなり，法人税収入の減少する「税収の空洞化」が生じるからである。ドイツでは事業主負担分の社会保障負担が日本の2倍，フランスではほぼ3倍であり，法人の租税負担が軽いというわけではないのである（神野直彦「わが国の法人税改革の行方」『税務弘報』中央経済社，平成9年10月号を参照）。

3　法人税のあり方

(1) 二重課税肯定論と否定論

　二重課税排除を純化するか，法人独立課税を強化するかが，基本問題である。

①二重課税排除論　この論者にはかつての EU 諸国でのインピュテーション方式を支持する見解があり，㋐法人の資金調達と事業形態への中立性（配当二重課税による株式資本調達の不利の是正），㋑株式市場の発展と自己資本の強化，㋒大株主と小株主との間の課税の公平な確立などをその論拠としている。㋒の公平論の立場からの主張は，配当二重課税の結果，大株主が配当より内部留保を選好し，内部留保強化による株の値上がり株式譲渡所得（キャピタル・ゲイン）増加を意図することによって，小株主の利害と対立するという事情に裏付けられている。もっとも，完全調整方式でなく，配当のみの二重課税排除が公平論の観点からどれだけ支持できるかは疑問である。

②法人独立課税論　この論では㋐法人組織体としての独立性，㋑法人の大きな担税力，㋒応益課税的根拠からの法人重課論，㋓法人の社会的責任論，㋔経済政策遂行上の根拠，㋕課税の効率性の面からの優越性（所得発生源での課税）などがあげられる。

(2) 法人の社会的責任

①資本所有と経営の分離　日本における法人支配の実態については「会社による会社支配」を説く議論が有力であるが，それだけでは抽象的で，誰が会社を動かしているかが明らかではない。今日の株式会社において**資本所有と経営の分離**がなされていることを指摘したのは，バーリ（Adolf A. Berle）とミーンズ（Gardiner C. Means）である。日本の場合，大企業の経営者の多くは従業員から出世した使用人経営者であり，ここから「経営者支配」の実態が明らかになるように見える。しかし，このサラリーマン重役も日本の会社の実質的支配者ではなく，支配しているのはその背後にある資本そのものとみるべきである。そして，会社の目的は利潤をあげることにあり，経営者はこの目的のためにしばしば国際的規模で納税回避等の社会的に無責任な行動に走るのである。

②法人の社会的責任　**法人の社会的責任**とは，法人がその社会的地位と使命に応じた責任ある行動をとるということである。企業は自由な営業活動を行いうるが，それには社会的に許容される一定の枠がある。法人課税との関連では，企業がもたらす社会的費用の公正な負担，法人間株式持合を促進する受取配当益金不算入の是正，法人税転嫁との関係での原価公表を含めた経理公開の促進などが今後とも問題となるものと思われる。

第18章　一般消費税と個別消費税

1　付加価値税

(1)　付加価値税とその基礎概念

　付加価値税は，Taxe sur la Valeur Ajoutee の名の下にフランスで 1954（昭和29）年に導入され，1967（昭和42）年には西ドイツ（Mehrwertsteuer ないし Netto-Umsatzsteuer といわれる），1973（昭和48）年にはイギリス（Value Added Tax）で導入されて，現在に及んでいる第2次世界大戦後の新種の税である。日本でもシャウプ勧告に基づき1950（昭和25）年から1953（昭和28）年まで**附加価値税**の名で立法化された経緯をもち実施されれば世界初であったが，実施に至らず廃止された。**消費税**という名称で導入されたのは1989（平成元）年4月である。
　第18.1表からわかるように，付加価値税は課税対象が原則として包括的である**一般消費税**の一形態とみられており，この一般消費税に対するのが，酒・たばこ・砂糖等一部の個別物品に課せられる**個別消費税**である。付加価値税

第18.1表　消費課税の体系

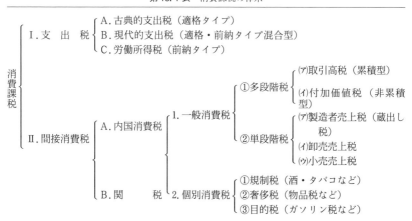

〔出所〕宮島洋『租税論の展開と日本の税制』日本評論社，昭和61年，51頁を改編。

は，企業課税の一形態として構想することも可能であり，その例として 1963（昭和 38）年から 1966（昭和 41）年にかけて実施されたアメリカのミシガン州企業活動税（business activity tax）があげられるが，現実に普及しているのは，企業が納税し，消費者が負担する一般消費税の一種としてのそれである。

一般消費税の形態には，①多くの取引段階に課税する**多段階売上税**と，②特定の取引段階に課税する**単段階売上税**とがあり，①の例が昭和 22～24（1947～1949）年の日本の取引高税，ECC 諸国の付加価値税の前身である売上税，②の例が，製造者税（1990［平成 2］年末までのカナダ），卸売売上税（オーストラリア），小売売上税（アメリカの州・市町村）などである。

付加価値税は小売売上税と類似した税とみられるが，それは**付加価値**＝企業が他企業からの購入に付加した価値＝各企業で生じた国民所得（利潤＋賃金＋利子），小売売上高＝各段階の企業の付加価値の合計という関係にあるからである。この関係を図示すると第 18.1 図のようになる。いずれにしても，多段階売上税と付加価値税・小売売上税とは異なる[1]。

付加価値と国民所得概念との

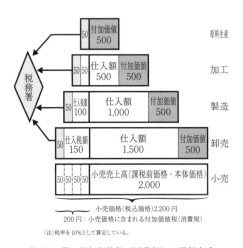

第 18.1 図 付加価値税（消費税）の課税方式

---

1) ハーバーによって，売上税，付加価値税，小売売上税の課税標準を比較したのが第 18.2 表である。販売価格を課税標準とする売上税の場合，取引段階を集約する垂直的結合企業が有利となることがここからわかる。

第 18.2 表 売上税，付加価値税，小売売上税の課税標準比較

	販売価格	付加価値	小売売上
採掘前の鉱石	0 ドル	0 ドル	― ドル
鉱石採掘	1	1	―
鉱石精練	2	1	―
金属加工	4	2	―
卸　　売	5	1	―
小　　売	6	1	6
課税標準	18	6	6

〔出所〕 B. Herber, *Modern Public Finance*, 1971, p. 201.

関係をみると，次のようになる。

① 所得型付加価値 $= NI = C + I - D = W + P$
② 消費型付加価値 $= C = W + P + D - I = GNP - I$

ここで NI は国民所得，C は消費，I は投資，D は減価償却，W は賃金，P は利潤である。この式は付加価値の算定方法をも示しており，**① 所得型付加価値は加算法**（$W + P$）により，**② 消費型付加価値は控除法**（マクロ的には $GNP - I$，各企業レベルでは売上 − 仕入）によるのが普通である[2]。なお税額計算の際は後述のように，控除法がさらに仕入控除法と税額控除法とに区別される。

(2) EU 型付加価値税

① EU 型付加価値税の特徴　　ローマ条約第 99 条により EEC 諸国の売上税統合が進められるようになり，1962（昭和 37）年のノイマルク報告を経て，1967（昭和 42）年 4 月の EEC 理事会指令により，共通付加価値税の形態が決められた。それは，(ア)財・サービスのすべてを含み，小売段階にまで及ぶ包括的なものであること，(イ)前段階税額控除方式と投資財即時全額控除を含む消費型の付加価値に対する税であること，(ウ)小規模企業と農業に課税特例を認めるものであることなどを特徴とする。

② 控除方式　　ここで，(ア)前段階税額控除方式と(イ)前段階売上高控除方式（仕入高控除方式）を明らかにすることにより，EU 型付加価値税の特徴を明らかにしうるであろう。

(ア)**前段階税額控除方式**（tax from tax method）は，売上に対する税（Otr）から仕入に対する税（Itr）を控除する形で税額を算定するもの，(イ)**前段階売上高（仕入高）控除方式**（sales less purchase method）は，売上から仕入を控除した付加価値に対し課税するものである。$(O - I)tr$ の形で税額が算定される。(ア)方式は**インボイス方式**ともいわれるが，それは税額控除が納品証ないし**仕送状**（インボイス）に記載された税額についてなされるからである。自己の納税額の多寡が前段階取引者の納品証に記載された税額に依存するので，正確な申告が相互監視されるようになり，ここから**自動制御効果**（self control effect）が生まれるのが

---

[2] 加算法と控除法による付加価値のずれについては，関口智「シャウプ勧告の附加価値税の源流──アメリカ財務省報告書の政策意図と現実──」（『地方税』第 49 巻 10 号，平成 10 年，107〜145 頁の特に 123〜129 頁）および関口智「現代企業税制改革の源流──シャウプ法人事業税改革の意図と企業会計──」（『証券経済研究』第 23 号，平成 12 年，175〜197 頁の特に 182〜191 頁）を参照。

EU方式の特徴である。

さてこの(ア),(イ)の2方式は免税品が存在せず,税率も一本の場合は同じ効果をもたらすが,例えば免税品を仕入れた場合,(ア)方式では売上にまるまる税率が適用されるのに対し,(イ)方式では免税品もその仕入高は控除の対象となり,ここでは付加価値に応じた課税がなされる。(ア)方式では免税効果が続く取引段階で打ち消されるのであって,これを EU 方式がもつ**取戻し効果**(catching up effect, Nachholwirkung)という。イギリスではこれをさらに**サンドウィッチ効果**とよんでいるが,それは課税品と課税品の間に免税品が入ると,免税の効果が失われることをさす。例えば食料品を販売段階で免税にしても,食料品を仕入れて飲食に供する段階で課税すれば,食料品免税の効果は打ち消される。また小規模零細事業を免税にすると,免税業者からの仕入は税額控除の対象とならないため,取引相手から忌避されるといった不都合が生ずる。ポーマーのいうように,この取戻し効果は,「国庫収入上の根拠から望ましいとされるが,免税が努力される目標とほとんどすべての場合に矛盾する」のである(D. Pohmer, Allgemeine Umsatzsteuer, H. d. F., Bd. Ⅱ, S.692)。このことは後述の第18.4表で具体的に説明される。

(3) 付加価値税の経済効果

EU 型付加価値税の利点として,中立性,税額算定の正確性があげられているが,これは EU 型付加価値税の前身である売上税に比較してのことである。またこの税の経済政策的有効性が指摘されているが,付加価値税の経済効果は,税の仕組み(所得型か消費型か)のほか,新設か代替かによって大きく異なる。特に問題となるのは,①物価騰貴促進作用,②国際収支効果,③投資促進効果である。

①**物価騰貴促進作用**　物価騰貴促進作用は,付加価値税の転嫁可能性にかかっており,前段階税額控除方式ないしインボイス方式の場合,転嫁の可能性が大きいとしても,小売段階での転嫁にはなお不確実性が残る。所得型の付加価値税の場合,転嫁はさらに不確実性を増す。しかし一般消費税としての付加価値税の導入は,特にそれが新設される場合は,確実な物価騰貴をもたらすとみなければならない。

②**国際収支効果**　消費型の付加価値に対する課税の場合,WTO 規約に従って,輸出の際の税に払い戻しと,同種財の輸入の際の輸入平衡税の賦課が

認められる。これを**国境税調整**（border tax adjustment）という。ここから直接税に重きをおく国より間接税中心の国の方が貿易上有利という考え方がなされ，これが付加価値税支持の論拠となったりした。しかし税の新設の場合は，価格が騰貴するので，税金を還付されても貿易上有利になるということはない。ここからこの論拠の支持者は少なくなっている。

③**投資促進効果**　付加価値税の投資促進効果は，投資財が他の仕入財同様，購入時に一括控除され，場合によっては税の払戻しが受けられることからくる。設備投資を継続的に行う企業にとって有利となるが，この有利性も投資が縮小ないし停止すれば消滅する一時的なものである。ただ企業投資はこうした有利性の幻想に基づいて刺激されるのであって，付加価値税が技術革新に役立つというのもその限りにおいてである。

(4) 付加価値税とフィスカル・ポリシー

なお付加価値税[3]はフィスカル・ポリシーの有力な手段とされている。それは，①広いベースをもつ消費課税として消費需要を直接規制できる。②税の納期や税額控除の方法の操作によって景気政策的運営ができる。③税率操作を通し国際収支対策を実行しうるなどであるが，もちろんこれにはさまざまの障害がありうる。EUの共通付加価値税で税率調整が第2期の課題とされているが，この調整そのものは税のフィスカル・ポリシーとしての利用を制約するのである。

2　日本における「消費税」導入問題

(1) 日本での付加価値税（「消費税」）導入の前史

日本における一般消費税導入の最初の提案は，昭和12（1937）年の**馬場税制改革案**であり，ここで**取引税**の名称の下に，取引価格の0.1%（百貨店は0.3%）を課することが提案された。しかし内閣瓦解のため実現をみず，代わりに翌年戦費財源調達と消費抑制を目的とした**物品税法**の成立をみた。

続いて戦後昭和23（1948）年に**取引高税**の導入があり，物品販売業ほか39業種の取引高に1%の課税を行った。インフレの進行過程で必要な収入をあげる

---

[3] 付加価値税についてのより専門的研究にあたっては佐藤進『付加価値税論』（税務経理協会，昭和48年）を参照されたい。

ことが期待されたが，定着しなかった。本税の徴収はアメリカのオハイオ州の売上税を模して，印紙貼用による納付を行わせる形でなされたが，手続が煩雑なほか，租税回避が工夫され，また取引段階を経るごとに負担が累積する雪崩税であるといった反対が出て，わずか1年4か月の施行の後廃止された。

続いての一般消費税提案は，冒頭で述べたシャウプ勧告による府県税としての附加価値税であり，これは事業税に代わるものとして，昭和25（1950）年に**地方税法**にとり入れられるに至った。それは，事業所得に対する過重な累積負担を緩和すると同時に，府県に国税改正の結果に依存しない自主独立財源を与えるという趣旨のものであった。シャウプ勧告は，なお，「事業および労働者がその地方に存在するために必要な都道府県施策の経費支払いを，事業とその顧客が援助することは当然」とし，この税を**応益説的根拠**から基礎付けた。課税方式は，売上マイナス特定支出（仕入）という**前段階取引高控除方式**によるものが基本であったが，昭和26（1951）年の税法改正で，利潤・賃金・利子等の**加算法**による方式をも青色申告法人の場合認めることにした。しかし当時，附加価値税は世界中に例をみない税であったこともあり，納税者の反対が強かったため実施延期を重ね，昭和29（1954）年廃止となった。

(2) 付加価値税の現代的意義

EU諸国における付加価値税導入以降，各国に普及しつつあるその種の税の歴史的意義を問うと，それは何よりも肥大化する現代国家，リバイアサンとしての現代国家の収入源として着目されているのである。現代税制の中心は第16章でみた企業ないし事業者を仲立ちとして徴収する源泉徴収所得税であるが，付加価値税形態の大型間接税も，企業ないし事業者を徴税者として，広く国民大衆から税を集める仕組みである。かつては間接税は知らず知らずのうちに納税するので租税抵抗の少ない税，所得税は納税の自覚に基づいた税という区別がなされたが，所得税も源泉徴収給与所得税の場合，知らず知らずのうちに納めるというケースが多い。付加価値税形態の大型間接税の場合も販売価格と別記の形で税額の表示である**外税方式**を行えば納税の自覚が促されるということになろう。しかし，間接税はかつて大内兵衛教授によって，『財政学大綱（中巻）』（岩波書店，昭和6年）で「国家の負担を社会の貧乏階級に担わせる制度だ」というラッサールの言葉を引用して批判されたように，民主主義を空洞化する税の仕組みであることには変わりなく，その空洞化の度合は直接税に比べ

間接税，そして大型間接税の方がより大きいといえる。

(3) 一般消費税と売上税

日本の「消費税」は後述するように，EU型付加価値税形態の大型間接税といえる。この税の導入前には，政府税制改革案としての大型間接税導入構想が2つ存在し，それらを消費税と対比させたのが第18.3表である。まずは，昭和54 (1979) 年当時の**一般消費税**案である。これは「開講にあたり」でみたようにこの当時，財政赤字問題が生じ，比較的ストレートに増税により財政再建をする目標を打ち出して，昭和53 (1978) 年秋から年末にかけての政府税制調査会の一般消費税素案・同大綱を基に，大平内閣により昭和55 (1980) 年4月から導入を意図されたものであった。しかし，昭和54 (1979) 年秋の総選挙直前にその意図の撤回がなされ，同年末の国会では「一般消費税（仮称）によらない財政再建」が全会一致で決議されたのである。次の構想である昭和62 (1987) 年の**売上税**法案は，所得税・法人税の減税と同額の増税をするということを掲げて，前年11月から12月にかけての自民党税調による集中審議で，「売上税」という問題の多い名称の決定，非課税限度1億円という項目の決定，非課税品目51,

第18.3表　一般消費税・売上税・消費税の比較

区分	一般消費税 (S53.12 一般消費税大綱)	売上税 (S62.1売上税法案)	消費税 (S63.7消費税法案)
目的	財政再建	所得税・法人税減税	高齢化社会の財政準備，所得税・法人税・相続税減税
課税方式	仕入控除方式	税額控除票方式	一般消費税型 (帳簿方式)
免税点 (推定納税 義務者数)	2,000万円 (140～150万人)	1億円 (90万人)	3,000万円 (190万人)
非課税取引	8項目	51項目 (政策非課税多数)	11項目 (政策非課税制限，食料品課税)
税率	5％	5％	3％
簡易課税選択可能限度	―	年売上 1億円以下	年売上 5億円以下
地方への税源配分	5％の一部を地方消費税（府県税）として配分	売上税の7分の1を地方譲与税，のこりの20％を地方交付税で配分	消費税の5分の1を地方譲与税，のこりの24％を地方交付税で配分

税率5％等の決定がなされたものである。この法案は拙速による決定であったことと，大型間接税は導入しないという中曽根首相の公約違反がたたって，法案の実質審議に入れないまま，売上税関連法案の廃案が決まったのである。

(4) 「消費税」の仕組みと問題点

①導入の目的　自民党税制改革大綱では「長寿・福祉社会をより確実なものとして維持していくため」という目的が表面に出されていたものの，政府の税制改革法案では「将来の展望を踏まえつつ，国民の租税に対する不公平を払しょくするとともに，所得，消費，資産等に対する課税を適切に組み合わせることにより均衡がとれた税体系を構築すること」が税制改革の趣旨とされた。新税導入の趣旨がやや漠然としていたが，高齢化社会の財政準備と所得税・法人税・相続税減税の財源調達がその目的であったといえよう。

②課税方式　消費税は消費型の付加価値に対する税とされたが，その付加価値税の算定は税額控除方式とされた。つまり，第18.1図からもわかるように，課税売上高に対する売上税額から，課税仕入高に対する仕入税額を控除する形でなされる。この際，免税業者からの仕入は課税仕入高に含まれるが，非課税取引に該当する者は除かれる。ここで，免税業者の仕入にも**みなし税額控除**を認めたのは，第18.4表で説明される。同表ＢのⅡが免税業者であったとすると，ＢのⅢ業者は前段階の税額が０となってしまうので，同表Ａの免税業者が存在しない場合と比べるとわかるように，納税額が増加してしまうのである。その結果，免税業者との取引を回避する行動が生じる可能性が大きくなってしまう（本章1参照）。このみなし税額控除は免税業者に多い小規模零細企業

第18.4表　前段階税額控除方式のしくみ

	取引段階	仕入高	売上高	付加価値	税率	前段階税額	算定方法 (税額＝売上高×税率) －（前段階税額）	納付税額
A	Ⅰ	0	100	100	5 ％	0	(100×0.05－0)	5
	Ⅱ	100	200	100	5	5	(200×0.05－5)	5
	Ⅲ	200	300	100	5	10	(300×0.05－10)	5
								計15
B	Ⅰ	0	100	(100)	5 ％	0	(100×0.05－0)	5
	Ⅱ	100	200	(100)	免税	5	(免税〔－5〕)	0
	Ⅲ	200	300	(100)	5	0	(300×0.05－0)	15
								計20

に対する社会政策的配慮に基づくものとされたが，日本では消費税への反対の論点を解消するという政治的配慮によるところも大きかったといえる。しかし，この前段階税額控除方式は，政府税調が多数意見とした EU 型の**インボイス（仕送り状）方式**ではなく，帳簿などに基づいて税額を算定する**帳簿方式**が採用された。これは納税事務負担への配慮とされたが平成 9（1997）年 4 月から帳簿方式をとりつつも請求書等（インボイス）の保存の要件が加わった。

③**税率**　導入当初は 3％，平成 9（1997）年 4 月からは地方消費税 1％分を含めて 5％となった。税率として低いことと，単一税率であることが特徴である。また平成 11 年度一般会計予算の予算総則に消費税の一定割合を**高齢者 3 経費**（基礎年金，高齢者医療，介護保険）に充当することが書かれて以来，消費税を社会保障財源とする考え方が特に議論することなく当然のこととなりつつある。そうした中で，平成 26（2014）年 4 月に税率が 8％（国税 6.3％，地方消費税分が消費税額の $\frac{17}{63}$）となっている。そして令和元（2019）年 10 月には標準税率が 10％（国税 7.8％，地方消費税分が消費税額の $\frac{22}{78}$）とし消費税の一定割合を**社会保障 4 経費**（基礎年金，高齢者医療，介護保険，子ども・子育て支援）に充当すること，飲食料品等には**軽減税率**の 8％（国税 6.24％，地方消費税分が消費税額の $\frac{22}{78}$）を適用することが予定されている。

現在，イギリスでは標準税率 20％，食料品，水，国内旅客輸送などが税率をゼロとして前段階税額を還付する**ゼロ税率**（実質免税）を採用していたりで，ドイツでは食料品，水，国内近距離旅客輸送などは標準税率 19％の約半分 7％の軽減税率を採用している。EU 各国は 1993（平成 5）年 1 月から**税制調和**（タックス・ハーモナイゼーション）のために付加価値税の標準税率を 15％以上，軽減税率は 5％以上であれば 2 段階まで設定できるとされている。

なお，**地方消費税**は消費税と併課されるが，税の帰属地と消費地を一致させるために消費基準に基づく清算とよばれるマクロ的調整を各都道府県間で行い税収が決められる。さらに，その 2 分の 1 が人口や従業員数で按分され市町村に交付される。これは地方分権の推進と地域福祉の充実等のために地方財源を充実する目的で創設されたが，従来の消費税の 40％を譲与された消費譲与税とほとんど変わりなく，地方分権の推進の目的と合致するかが疑問視されている[4]。

---

[4]　地方消費税の創設などを理由に奢侈課税の一形態である**特別地方消費税**が平成 12（2000）年 3 月をもって廃止された。同税は大正 8（1919）年 4 月に石川県金沢市の市税である**遊興税**として創設

④**非課税取引**　消費としてなじまない取引と政策的配慮を要するものを非課税としているがかなり制限されており，特に政策的非課税分野を制限しているのが特徴でもある。問題は，不動産業，証券会社等の巨大産業によって営まれている土地，有価証券などの取引が非課税である反面，食料品等が課税され，社会的政策的配慮が欠けていた点で EU 諸国の付加価値税と大きく異なるとされていた。これは軽減税率とはまた別の問題を生み出すのである。

⑤**簡易課税制度**　当初，課税売上高 4 億円以下の事業者に納税事務負担軽減のために，卸売業が売上の 90％，小売業 80％，製造業 70％，その他が 60％を仕入と見做した税額控除を認めた。これは不正確な納税であり，消費税導入のねらいである税の中立性を大きく崩すものであった。そのため平成 9 (1997) 年から課税売上高 2 億円とされ，現在は 5,000 万円以下の事業者に引き下げられた。

　このように，竹下内閣が平成元 (1989) 年 4 月に導入した付加価値税としての「消費税」は業界の意向を最大限に取り入れて，導入に対する抵抗を少なくしようとする日本的な改革であったが，問題の多かった限界控除制度（小規模事業者の課税売上高に応じて納付税額を軽減し，課税の影響を緩和する制度）を廃止するなど，最初の思惑通り弊害が目立つようになった段階での正規の課税に切り替えてきている傾向がみられる。

3　個別消費税をめぐる問題

(1) 個別消費税か特殊財貨税か

　一般消費税以外の個別消費財に対する消費税の歴史はきわめて古く，17 世紀のエクサイズ，アクチーゼが近代的消費税のはじまりとされている。酒・たばこ・塩・砂糖・茶・コーヒーなどへの課税が，次第に生活必需品課税を除く，多収性のある個別消費財への課税である**個別消費税**に収斂されて現在に至っている。そののち，これは第 1 次世界大戦後のこととみてよいが，自動車税，自動車燃料課税（ガソリン税）が登場して次第に重きを占めてくるが，これは従来の個別消費財に対する課税とやや性格を異にしている。すなわち，これは生

されたことに独立税としての起源があるが，付加税中心主義の時代における地方分権推進の生き証人でもあった。関口浩「奢侈課税としての遊興税の生成とその変遷――大正期における石川県金沢市の特別税創設の意義――」（『金沢経済大学論集』第 31 巻第 2・3 合併号，平成 9 年所収）を参照。

産手段に対する税となる可能性をもつ一方，その負担者が必ずしも消費者と限られぬ税である。ここから，ハンスマイヤーは個別消費税というよりも，特殊財貨税という表現が適当であり，これは特殊財・サービスの生産・販売・消費に対する税を網羅する概念として構成すべきであるとしている。またこうした把握によって，エネルギー課税や公害防止賦課金，EC諸国（EU諸国）が農産物価格調整のために用いている対外価格調整賦課金といった現代の新しい課税の動向を正しく把握できるとしている（Karl-Heinrich. Hansmeyer, Steuern auf spezielle Güter, H. d. F., Bd. Ⅱ, S. 709-885）。

　この議論はある意味で説得的であるが，従来の個別消費税も，その中には生産手段に対する税が含まれ，また税の最終的帰着が必ずしも消費者に至らないものが存在した。しかしそれらは多くの場合，消費者への帰着を想定しうる税であり，立法者が個別財・サービスの消費を最終的負担局面として前提としている税である。したがって個別消費税の概念を全く誤りとして退けるわけにはいかない。

(2) 日本の個別消費税

　日本の国税収入のうち42.4%，国税・地方税計の税収の33.1%が**間接税**である[5]（平成31年度当初予算）。国税間接税のほぼ半分と地方税間接税の約20%が一般消費税タイプの税収となったが，個別消費税もいまなお息づいている。

　すなわち国税の場合，①嗜好品課税（酒税・たばこ税），②流通税（印紙税・有価証券取引税），③道路整備等特定財源（揮発油税・自動車重量税等），④関税・トン税がいわゆる間接税収入を形づくる。また，日本の国税中に占める間接税の割合は第18.5表からもわかるように，消費税導入後徐々に増加してきている。

　間接税は酒税やたばこ税のように数量当たりで課税する**従量税**と，消費税のように金額を課税標準とする**従価税**とも分類できる。前者は課税標準が重量ないし容量であるので税収が物価変動と関係なく一定であるが，後者は課税標準が価格であるため税収が物価変動と関係し，不況期には適切な税収をあげえな

---

[5] 直接税と間接税の分類には，同じ転嫁の有無を基準としながら，一般的な財政制度上の分類と厳密な経済学的分析に基づく分類とが必ずしも一致しないという曖昧さがある。『国民経済計算』では，生産コストを形成するという根拠から，財政的分類で直接税とされている地価税や固定資産税は間接税に分類されている。直接税と間接税の分類は常識的にはわかりやすいが，明確さと厳密さには欠けているといわざるをえないとの指摘がある。宮島洋「租税体系」(『新訂財政学』放送大学教育振興会，平成12年，89頁)を参照。

いことなど問題がある。しかし、価格で測った税負担率は前者が一定であるのに対して後者はインフレ期に低下し、デフレ期には上昇するなどの変化をする。近年環境問題との関連で、**環境税**が話題になるが、これにより環境破壊を緩和・防止するためには化石燃料の消費量の抑制が必要であるがそれには従量税が望ましいといえる。

第18.5表 税収に占める間接税の割合
(単位％)

	国税中に占める割合	国税・地方税計に占める割合
昭和10年	65.0	45.1
25	45.0	37.5
30	48.6	40.3
40	40.8	34.9
50	30.7	25.9
60	27.2	22.4
平成 7年	33.9	25.6
17	39.7	30.5
27	44.0	34.3
30 (見込)	42.4	33.1

〔出所〕総務省編『地方税に関する参考計数資料（平成31年度）』14頁。

第19章　受益者負担

1　受益者負担概念とその展開

　受益者負担の概念はきわめて多種多様であり，これは歴史的に発展してきている。もっとも狭い意味での受益者負担は，公共事業における分担金である**特別課徴**（special assessment）に認められる一方，受益者負担を広義に解して課税における**応益原則**（利益に応じた課税）の意味に用いたり，本来受益者負担概念になじむと思われぬ公共料金一般にこれを適用したりする考え方がある。そしてこの狭義における受益者負担と最広義における受益者負担との間には，いろいろな受益者負担の変種がある。汚染者負担（PPP原則に基づく賦課）などがそれである。以下では，狭義および広義における受益者負担をその内容に即して考察する。なお受益者負担の問題は，地方財政にかかわる問題が多いので，第29章3も参照されたい。

(1)　**狭義の受益者負担**

　①**特別課徴金**　その第1が前述の公共事業に伴う**特別課徴金**（special assessment）であり，これは19世紀末から1920年代にかけて，アメリカの諸都市で発展したものとされている。これは道路，下水道，公園等の建設整備や河川改修などの工事費の一部を，公共工事により利益を受ける不動産所有者に負担させるものであった。日本でも，大正8（1919）年の**都市計画法**制定以後，第2次世界大戦にかけて都市計画事業の財源として用いられたが，戦後の中断をへて，昭和30年代末以降は下水道受益者負担金として普及をみている。この**下水道受益者負担金**は，都市計画法第75条に基づき，市町村の条例によって，事業費の一部を土地所有者に負担させるのである。

　なお**公共事業**関係の受益者負担は下水道の場合だけでなく，その他の公共事業にも適用されている。例えば特定土地改良工事特別会計（昭和32［1957］年設置）において，国営の干拓事業，灌漑排水工事を行う場合，工事終了後に受益者

負担金がとられた。さらに港湾整備特別会計(昭和36［1961］年設置)の特定港湾施設工事勘定において、受益者である鉄鋼・石油会社等から、事業費の40〜50％にあたる受益者負担金がとられた。また治水特別会計(昭和35［1960］年設置)において、電気事業者等に受益者負担が課されるなどがその例である(中桐宏文「受益者負担」大川政三編『財政論』有斐閣、昭和50年、第4章を参照)。これら公共事業関係の受益者負担は、本来個人ないし民間で行うべき分野を公共事業として行う場合、あるいは公共事業の結果一産業部門に利益が生まれる場合の受益者負担の例である。いずれの場合も公共事業の結果、「特別な利益」の発生することが、この種の負担金の根拠となっている。この「特別な利益」は開発利益の一種で、この**開発利益**の**公共還元**の手段が、受益者負担である。諸外国における開発利益還元の試みとして、イギリスの**改良料**(betterment charge)、**開発税**(development tax)、ドイツの**土地増価税**(Bodenwertzuwachssteuer)、**計画価格調整金**(Planungswertausgleich)がある。この種の特別課徴を地代課税の形で提唱したのがJ.S.ミルであり、また土地単一税の形で主張したのがヘンリー・ジョージであるといわれるが(第15章2参照)、これが「不労所得重課」、「開発利益吸収」といったスローガンの形で現在にも受け継がれている。もっとも実効ある措置を一貫して取っている国は存在しないが、それは土地評価にかかわる技術的問題、土地とその他資産との不公平等の問題等を解決できず、また土地所有者等の政治的抵抗を排除できないからである。

　②**開発者負担**　最狭義の受益者負担に類似する制度が**開発者負担**制度であり、これは狭義の受益者負担の第2のものとみてよいと思われる。この開発者負担制度は、日本で昭和40年代以降普及しているもので、宅地開発業者から負担金や公共施設の用地の提供を求めるものである。昭和42(1967)年5月兵庫県川西市の「宅地開発指導要綱」がそのはじまりで、これは0.1ヘクタール以上といった一定の規模以上の宅地開発について、公共公益施設の現物提供、用地の無償または減価提供、そして負担金等を定めるものである。

　この開発者負担制度は、民間宅地開発業者(デベロッパー)が開発行為を行った場合に生ずる地価の上昇等の「特別の利益」を根拠に、地方公共団体が開発主体に種々の負担を課する制度である。この点で最狭義の受益者負担である特別課徴金と似ているが、違う点としては、開発者負担の開発主体が民間であること(特別課徴金の場合は公共団体が開発主体)、開発者負担の受益限度が不明確であること、開発業者の負担義務は公共団体と開発業者との協議によって発生す

ることなどである。法的根拠が不十分な「要綱」による指導には限界があることも，当然指摘されねばならない。日本の開発者負担制度による公共公益負担が地価上昇をよび，これが宅地開発の足かせとなっているという指摘が行われる一方，この制度を「権限なき自治体行政の傑作」として評価する考え方がある（田中啓一『受益者負担論』東洋経済新報社，昭和54年を参照）。

③**原因者負担**　狭義の受益者負担の第3が，原因者負担（損傷者負担・汚染者負担を含む）である。**原因者負担**は，特定のものの行為によって公共施設を整備する必要が生じた場合，この費用を原因者（または損傷者）に負担させるものである。バス会社が道路工事費の一部を負担する場合，法定量以上の下水の排水施設を設けた者が下水道の改築に必要な工事費を負担する場合などがこの例である。

そしてこの原因者負担制度の発展した形態がPPPといわれる汚染者負担であり，これは例えば公害を防止するのに必要な経費を原因者に負担させるものとして，各国の公害法規の中に定着するようになった。この汚染者負担については次節でやや詳しく検討する。

(2) 広義の受益者負担

①**目的税**　狭義の受益者負担に比較的近いものからみていくと，第1が目的税である。**目的税**（earmarked tax）は特定の支出目的と結びついた税であり，国税レベルでは自動車燃料関係諸税（**揮発油税，石油ガス税**），**航空機燃料税**と**自動車重量税**が中心で，道路整備財源に用いられるものが多い。地方税では道路目的税（**自動車取得税，軽油引取税**）のほか，都市環境整備関係の目的税（**都市計画税，宅地開発税，事業所税等**）が目立っている[1]。そして生活環境整備と結びついた目的税の創設が昭和40年代以降の特徴である。このうち例えば自動車重量税や航空機燃料税（後者は空港整備財源と騒音対策事業財源に充当）には，原因者負担との類似性があり，**宅地開発税**は開発者負担の一種である（この宅地開発税は手続が複雑等の理由で採用普及をみるに至らず，代わって指導要綱等による開発者負

---

1) 目的税の視点から都市計画税を論じたものとして，関口浩「目的税としての都市計画税」（『早稲田商学』第360・361合併号，平成6年所収）を参照。なお，日本における都市計画のはじまりは明治期の市区改正事業であり，東京を帝都とするか，商都とするかで論争がみられた。近代日本の実業界の礎を築いた渋沢栄一は商都としての東京建設を主張した。詳細は佐藤進『日本の自治文化——日本人と地方自治——』（ぎょうせい，平成4年）の第12章を参照。

担が普及したものである)。比較的新しい目的税に**事業所税**(昭和50 [1975] 年 10 月より実施)があるが,この税の根拠は大都市所在の事務所・事業所が都市における集積の利益の享受者であるという応益原則にあることに注目したい。

②**使用料・手数料** 広義の受益者負担の第2は,使用料・手数料であり,国の場合の国立学校授業料,都道府県の場合の高等学校授業料が,**施設使用料**の代表的なものとなっている。なお地方公共団体レベルでは,公営住宅使用料,**保育所使用料**等が使用料の大宗であり,手数料はゴミ処理手数料,各種証明書**発行手数料**(国の機関によるそれもある)が主な内容となっている。使用料・手数料はいずれも料金であり,**使用料**は公共施設の利用に対する対価,**手数料**は特定の者のためにする事務の対価である。この区別は,1893 (明治26) 年のプロイセンの市町村税法改革時の**行政手数料**(Verwaltungsgebühren)と**使用料**(Benutzungsgebühren)の区別によるものとされており,この古い公収入概念に**利用者負担**(user charge)の名の下に新しい内容を盛ろうとする試みがあるが,必ずしもそれに成功していない(例えばPeter Bohley, Gebühren und Beiträge, *H. d. F.* Bd. II, S. 915-947 参照)。

③**公共料金** 広義の受益者負担の第3が,一般に**公共料金**とよばれるものであり,国のレベルではかつての米価,鉄道運賃,あるいは現在もある健康保険掛金など,地方自治体レベルでは,一般に公益企業料金がこれにあたり,中でも水道,病院,交通の3大事業の料金が,それぞれの事業の赤字問題とからんで大きく取り上げられるようになっている。そしてこれらの分野への受益者負担原則導入の主張は,一般に**原価主義**による料金決定と同義のものとして主張されている。これらの公共サービスを一般会計からの租税資金投入によって原価を割る形で供給し続ける時は,他の施策に回す財源が減少する一方,企業の合理化が遅らされる。料金決定のあり方をめぐっては,**限界費用価格**によるか**平均費用価格**によるか(第31章3参照),基本料金と度数料金の形で料金を分ける**二部料金制**や昼間料金と夜間料金,営業用サービス料金と生活用サービス料金とを分ける**差別料金制**の採用が適切であるかなどが論議されている。一般に公共料金を受益者負担の一種とみるのは受益者負担の拡大解釈であり,日本の場合,国の財政負担を削減するための公共料金引上げが受益者負担強化の名の下に主張されている。受益者負担の本来のあり方は開発利益の公共還元といった狭義のそれにあることを忘れてはならない。

以上狭義・広義の受益者負担の諸カテゴリーを表示すると,第19.1表のよう

第19.1表　受益者負担のカテゴリー

		種　　類	代　表　例
狭義	1	特別課徴金	下水道受益者負担金
	2	開発者負担	宅地開発指導要綱
	3	原因者負担（汚染者負担）	道路工事負担，（公害防止費負担）
広義	4	目的税	揮発油税，都市計画税
	5	使用料・手数料	国公立学校授業料，公営住宅使用料
	6	公共料金	交通運賃，水道料金

になる。

2　汚染者負担原則（PPP）

(1)　PPP の国際的認知

汚染者負担原則（polluter pays principle；PPP）とは，公害の発生源となる企業等に対して公害防止費用を負担させるとする原則であるが，環境問題ないし公害問題が大きくクローズ・アップされるようになった段階で，受益者負担を企業の社会的責任と関連付けて再検討する動きをあらわすものである。この PPP は 1972（昭和 47）年と 1974（昭和 49）年の **OECD**（経済協力開発機構）の理事会採択の形で，国際的に認知されるようになった。PPP の定義を説明文書により明瞭にすると次の通りである（OECD, *The Polluter Pays Principle, Definition, Analysis, Implementation*, 1975［昭和 50］［英文］）。第 1 に，PPP の対象となる費用は，汚染規制と防止措置にともなう費用であるが，「この費用が賦課金の賦課の結果生ずるか，汚染の減少をもたらす直接規制の結果生ずるかを問わない」のである。ここでは**直接規制**もまた負担をもたらすものとして取り上げられている。直接規制と**賦課金徴収**の 2 つのうちでは，一般的に後者が有効であるとされている[2]。第 2 は，環境を受容可能な状況に保全するための費用という場合の「受容可能な状況」は公共団体により決定されるものであり，これは限られた情報資料の下での集合的選択という政治過程であることである。第 3 は，こ

---

2) 直接規制か賦課金（チャージ）かについて，OECD の説明文書は後者の利点をより多く認めるものである。両者を比較した場合，直接規制には行政費が多くかかり，違反者をもたらしやすく，また規制値決定の技術的困難がある。これに対し，賦課金は，汚染者に減少さすべき汚染の量に応じて支払わせるといった形の場合，汚染者に汚染減少の刺激を与える一方，損害復旧のための資金がここからえられるといった利点があるとするのであるが，この比較はやや単純にすぎる。

れはPPPを理解する上でのキー・ポイントとなるが「汚染者が環境費用の一部ないし全部を価格に転嫁するか，あるいはそれを吸収するかは問題でない」ということである。これをさらに説明すると，汚染者負担とは，汚染者が「最初の支払者」である負担をいい，これが汚染者のところにとどまるか，消費者への費用転嫁をもたらすかは問わないとするものである。「消費者への転嫁はPPPを決して無効にするものではない」というのがここでの理解である。

(2) PPPにおける費用算定問題

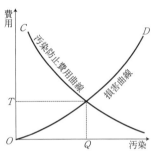

第19.1図　適切な賦課金の決定

PPPの一般的原則的問題として，汚染に伴う費用をどのようにし決定するか，汚染者負担は「誰が何のために支払うか」という問題がある。

適切な賦課金の設定については，ベッカーマンが図表を用いて説明している。これは第19.1図の通りであり，OTが最適の賦課金とされている。ここでCは汚染防止費用の曲線で，Dは社会的損害曲線である。ベッカーマンによれば，両曲線の交錯する点が，最適の汚染規模であり，これはOTの費用のところで，OQの汚染がなされることを意味する。この最適汚染水準は，汚染者に対する賦課金がOTに等しいところで決められれば達成される。企業はOTなる賦課金に対応してOQの環境汚染を行うのである。PPPは汚染を全くゼロにすることをねらうものでない一方，賦課金等の実際の額は汚染が減少するか否かの試行錯誤の形で決まってくることになる。したがって賦課金の額をあらかじめ決定することは困難ということになる。汚染防止費用の中に何を含めるか，汚染に伴う損害をどのように評価するかも大きな問題である。

汚染に伴う費用を「誰が何のために支払うか」という問題については，①誰が汚染者かという問題は容易に決めえない問題であり，例えば自動車の場合のように，直接利用者より生産者が責任をもつべきである場合が多い。②また現実の汚染者だけでなく，潜在的汚染者に負担を負わせることを考えねばならぬ場合があり，海洋汚染防止費の捻出などがその例である。③何のために支払うかについては，復旧できない損害についての損害費の支払いは無意味である。

また汚染防止に必要な措置費を支払わせるのがその目的である場合，この措置費に公害行政費用，監視費用，技術開発費用まで含ませうるかといった問題がある。このような指摘にみられるように，PPPの実施にあたってはさまざまな未解決の問題がある[3]。

---

[3] 1974（昭和49）年11月14日OECD理事会勧告「PPPの実行について」は，1972（昭和47）年の指導原則について再確認すると同時に，実施にあたっての注意を述べている。ここでは，国の環境政策と社会経済政策には密接な関連のあることが指摘され，①汚染規制措置の実行が失業発生等の社会経済上の問題を発生させる場合には，限られた期間について政府補助金の交付が認められるとしている。②また新しい汚染規制技術を開発するための補助金は，PPPと矛盾するものではないとしている。もちろん一般的規則として，汚染者に補助金を与えたり，税制上の優遇措置をとったりしてはならぬが，①特定の困難に陥った部門にのみ，②過渡的に，③そして貿易と投資に偏りを生ぜしめない限りで補助手段が認められるというものである。これはPPPの内容を薄め，骨抜きにすると同時に，PPPの不明瞭さを増大させるものといえる。

第Ⅴ部　財政と金融

第20章　財政金融論と財政投融資

1　財政学と金融論

　財政学は公共部門の資金問題，**金融論**は民間部門の資金問題を取り扱うが，貨幣経済を分析の主題とするという点では同じである。もちろんこの2つの学問分野では，財政学は所得税率表を固有の研究領域とする一方，金融論は銀行準備金を固有の研究領域とするといった違いがある。(塩崎潤監訳『シャウプ財政学』，有斐閣，昭和49年，666頁を参照) しかし民間資本市場での政府取引である公債発行，民間投融資の補完活動を行う財政投融資などは，2つの学問領域の双方からのアプローチが可能である。ここから**財政金融**の境界領域の研究が押し進められており，その先駆的業績として，鈴木武雄『近代財政金融』(春秋社，昭和32年) があげられる (「はじめに」3参照)[1]。

　なお近代経済学の分野では，財政金融の両面からのアプローチが普通となっており，ここから金融政策と財政政策との適切な組合せに関するポリシー・ミックス論が登場したりしている。

　財政政策と金融政策の関係は，歴史的に大きく変化して現在に至っている。①1920年代に至るまでは，景気調整の主導者として金融政策が重視されていたが，②昭和4 (1929) 年恐慌以後，公定歩合政策等金融政策の無効化の認識から，公共投資を中心とする財政政策の重要性が増大した。③第2次世界大戦後は，インフレ対策としての金融政策が再び重視される一方，経済成長政策に財政政策をあてるといった組合せが唱えられるようになった。そして，④1960年代に入ると，財政を重視する**ケインズ学派**と，金融の総量的規制を主張する**マネタリスト**の対立が目立つようになった。

---

[1] 鈴木武雄教授については，加藤三郎「財政と金融の境界領域の研究——鈴木武雄」(佐藤進編『日本の財政学——その先駆者の群像——』ぎょうせい，昭和61年，前編第13章所収) を参照。

2　財政金融一体化の背景

　財政金融政策両面からのアプローチが重要視されるようになった結果，財政金融一体化が唱えられるようになったが，そうなった背景として，公共部門の拡大が第1にあげられる。公共部門の拡大は，財政資金の対民間収入の拡大といった形で，民間金融市場に大きな影響を与えるようになった。第2に公共部門の資本投下と資金調達の両面において，「貸手としての政府」の活動と，「借手としての政府」の活動が目立つようになった。さらに第3として政府と中央銀行の関係の変化があげられる。

(1)　財政資金対民間収支

　財政収支が黒字の場合は，対民間収支が**揚超**（民間からの現金受け入れが多くなること）となり，金融市場が収縮する。逆に財政収支赤字の場合は，対民間収支が**払超**（民間への支払いが多くなること，散超ともいう）となり，金融市場の緩和をもたらす。この影響は公共部門の規模が増大すればするほど重要性を増す。

　財政収支差額の変動は，さまざまの要因によって起こる。租税納期に応じて収納される収入調達の時期と，支払計画に従って支払われる支出の時期の食い違いが1つの要因である。日本の場合，このほか，かつては**食糧管理特別会計**の存在による収支の季節的変動（収穫ないし買入時に払超），そして現在もある**外国為替資金特別会計**を通じての収支変動（国際収支黒字の場合払超，国際収支赤字の場合揚超）といった固有の変動要因がある。

(2)　「貸手としての政府」と「借手としての政府」

　「貸手としての政府」は**財政投融資**活動ないし**政策金融**活動といわれるものをさし，その意義は昭和後期にはきわめて重要となるに至った。「借手としての政府」は，**国債**，**地方債**，**政府保証債**の増大となってあらわれているほか，財政投融資活動の原資調達面では「借手としての政府」の活動の増大も明らかである。これらの問題については，続く章でやや詳しく述べる。

(3)　政府と中央銀行の関係の変化

　政府と中央銀行の関係にはさまざまのタイプがあるが，さしあたりイギリス

型と旧西ドイツ型を区別したい。前者は，中央銀行が政府のコントロールの下におかれる形で，財政金融の**一体性**を保つもの，後者は中央銀行の政府に対する相対的**独立性**が法的に明示されているものである。中央集権体制と分権的体制の差であるといってよいが，この相違はある意味で相対的である。

日本の場合，日本銀行は「国家ノ政策ニ即シ通貨ノ調節，金融ノ調整及信用制度ノ保持育成ニ任ズルヲ以テ目的トス」（日本銀行法第1条，昭和17年）とされ，また「専ラ国家目的ノ達成ヲ使命トシテ運営」さるべきこと（同第2条）が規定されていた。西ドイツ連邦銀行法（1957［昭和32］年）におけるような，中央銀行の任務としての通貨安定目的の明示，連邦政府の指示からの一定の独立といった規定がなかった。その反面，**日本銀行法**（日銀法）では主務大臣の命令権が明示される（第43条）など，国の経済政策支持義務が一方的に強調されているが，これは多かれ少なかれ現代国家における中央銀行の性格を示すものとみられた。いずれにしても政府と中央銀行の関係の変化が，財政金融一体化の背景にあるというべきであった。

平成10（1998）年4月より**新日銀法**が施行され，**日銀の独立性**が強化されたが，その時点での政府と日本銀行政策委員会の構成員の関係により，実質的な独立性には濃淡がみられる。

3 財政投融資

(1) 財政投融資の概念

歴史的にみると，新しい種類の国家支出形態としての財政投融資活動が発展してきたが，**財政投融資**（treasury investment and loan）は，これを定義すれば，実物資本（生産手段として利用される目的で生産された特定の財）の形成を行うのに必要な財政資金を出資や貸付の形で供給する**国家の金融活動**である。

財政投融資と財政支出との違いは，前者が**有償資金**の供給を行うのに対して，後者は財やサービスの購入ないし移転的経費の支払いといったいわば出し切りの支出を行う点にある。財政投融資は，財政資金の金融的投資を意味し，資金が貸し付けられ，回収・回転を予定されている点で，通常の財政支出と異なるのである。

財政投融資は広義の**財政投資**（公共投資・政府投資）の一部であり，政府が行う投資活動のうち，出資ないし貸付の形でなされるものをさす。財政投資の中

で，公共事業支出はG—W（Gは貨幣ないし資金，Wは財ないし実物資本）で完了するのに対し，財政投融資はG—GないしG—W—Gとなり，投下された資本が回収・回転することが予定されている。政府系金融機関を通しての間接投融資（**政策金融**）の場合は，G—G—W—G—Gとなる。回収・回転が予定されているといっても，民間の金融活動のように，より大きな貨幣の回収を意図するものではない。むしろ財政投融資は，国家的支持を必要とする産業分野への低利資金供給を，しばしば採算を度外視する形で行うものである。この点で財政支出と似ているが，とりわけ平成13年度の改革前の財政投融資資金の原資の大部分は，有利確実な運用を義務付けられている有償資金であったので，不採算部門への融資には理論的には限界があった。公共目的への運用と有利運用との矛盾が，財政投融資固有の葛藤を形成していたのである。

(2) 平成13年度の改革前の財政投融資の沿革

日本の財政投融資の前史は明治初年の準備金，明治23（1890）年以降の大蔵省預金部（局）の活動にまでさかのぼるものであるが，戦前の財政投融資活動は赤字国債の引受けと地方財政救済資金として次第に利用されるようになり，例えば昭和10（1935）年の預金部資金の41％が国債に，23％が地方債に運用されていた。

第2次世界大戦後に大蔵省預金部は，昭和26（1951）年に**大蔵省資金運用部**として改組され，昭和27（1952）年には簡易生命保険の分離，昭和28（1953）年には対日援助見返資金を吸収した**産業投資特別会計**の設立がなされ，また同年国鉄・電電公社の政府保証債の発行開始などを背景に，「財政投融資計画」の作成と，予算参考資料としての国会提出が行われるようになった。

平成13年度改正前までの**財政投融資計画**は，第20.1図にみられるように**原資計画**と**運用計画**とからなっていた。**財政投融資原資**は，**資金運用部資金**（郵便貯金・厚生年金・国民年金とからなる），**産業投資特別会計**，**簡易生命保険資金**，**公募債借入金**（政府保証債および政府保証借入金）の4つからなっていた。**財政投融資運用**は，**特別会計**，そして政府関係機関，公団・事業団，特殊会社といった公共の利益や政策的観点から能率的経営を行うべく国の一定の監督のもと自主的・弾力的経営を行う**特殊法人**，また**地方公共団体**に対するものからなっていた。この融資対象機関は昭和末期で約60機関であり，当初は10数機関にすぎなかったのが，昭和30年代以降，公団・事業団の乱設を背景にこのように増

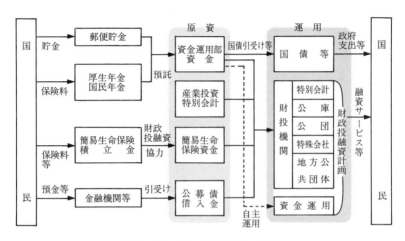

第20.1図　従来の財政投融資の仕組み

大した。

　財政投融資計画の歩みの画期をなすものは，昭和36（1961）年度の改正であった。ここで，①学識経験者のみからなる資金運用審議会の設置，②財政投融資使途別分類の公表，③年金還元融資枠の設定の形での，保険料拠出者の生活向上・福祉増進に直接寄与する分野への融資の義務付けがなされた。これは拠出制国民年金の発足（国民皆年金制度がほぼこれによって到達された）の時点での改正措置であり，年金積立金増加額の少なくとも25％を還元融資にあてるべきことを規定したものであるが，平成元（1989）年には83.4％で還元されていた。

(3) 平成13年度の改革前の財政投融資計画の問題点

　①財政投融資原資のあり方　　財政投融資の大きな問題点の1つに，「借手としての政府活動」を意味する原資調達の問題があった。昭和30年代中期以降，財投原資増加の推進力であった**国民年金**，そして**厚生年金**保険の年金積立金の増加は，少子・高齢社会を迎えて多くを期待しえなくなってきていた。また**郵便貯金**については，郵貯と民間金融機関とのイコール・フッティング論（競合問題）などから，その見直しを迫られていた。

　②財政運用分野・運用対象の問題　　財政投融資は一般会計の約60％の規模を占めていて巨大な政府の「貸手としての活動」を担っており，**第2の予算**といわれたりしたが，その資金運用のあり方が大きな問題となっていた。財政投

融資計画の編成は，当初は石炭・電力・鉄鋼・海運等の基幹産業向け融資を中心としてきた。その後昭和30年代に道路・運輸・通信等産業基盤関係へ，昭和40年代以降は住宅・生活環境整備に重点を移すようになった。また昭和40年代以降は国債の**資金運用部引受**が常態化していた[2]。昭和50年代に入ると未消化率は30％超となっており平成9（1997）年にはその半分程度に下がっていたものの，**財投運用資金の使い残し**の問題が大きく取り上げられるようになった。このようなことから財投解体論も登場し，運用計画の再編成が必至となっていたのであった[3]。

③**財投計画の国会審議の問題**　第2の予算といわれることもあった財政投融資が，原資・運用の両面をトータルな形で捉えた計画を国会で審議・議決するものにはほとんどなっていなかった。財政投融資計画の国会での審議・議決をめぐる議論は，日本における**財政民主主義**の発展をはかる目安と目されていたが，ここにこの制度の大きな欠陥の1つがあったのである[4]。

(4) 平成13年度の財政投融資改革の背景と方針

以上のような財政投融資の問題点に加え，①郵便貯金や年金積立金といった

---

2) 財投資金による国債引受については，中期債の発行が予定した形で進まない一方，金融機関による割当消化は限界に達しているという考え方から，資金運用部資金による国債引受増額の是非が論じられ，国債発行額に占めるそのシェアは増大の傾向にあった（昭和50 [1975] 年に 19.7％が平成7 [1995] 年には 27.1％）。資金運用部引受は貯蓄性資金による引受であるので，インフレーションの心配のないこと，民間資金需要が停滞している局面で余裕資金を国債引受にあてるのが適切であることなどが支持理由であった。その反面資金運用部保有国債の日銀売却によって引受資金を調達することが行われると，上記の利点が失われる。また政府資金による引受の場合，民間消化の場合のような歯止めが失われる。さらに財投資金の公共目的への運用，そして有利確実な運用という趣旨に照らして，赤字国債引受が果たして妥当か否かなどの問題もあった。

3) 野口悠紀雄「財政投融資計画解体のすすめ」（『エコノミスト』毎日新聞社，昭和54年12月11日号所収：野口悠紀雄『財政危機の構造』東洋経済新報社，昭和55年に収録）を参照。昭和48年度以降計画額の2割内外の使い残しが財投計画で発生しているが，すでに歴史的使命を達成したと思われる機関が多額の財投資金を受け取る一方，融資先をめぐり「政策金融による民間金融のクラウディング効果」が生じているという指摘である。これらの財投機関の整理は，必要資金を自己努力により市中から調達するという方式に切りかえる（そのため財政資金の供給を停止する）ことによって自然淘汰の形でなされるというのが，同教授の主張であるが，こうした提案が大規模に実現される可能性は少ない。

4) これを単なる予算参考資料としてではなく，国会審議対象とせよという要求が野党よりなされ，昭和48（1973）年3月資金運用部資金と簡保資金の長期運用（5年以上のそれ）については，その予定額を**特別会計予算総則**に記載するという改正措置がとられるようになったがこれは部分的改正であった。

比較的潤沢な資金が資金運用部に預託されることを背景に**無駄な投融資**がなされていっそう**特殊法人の肥大化**や**非効率**が発生したこと，②年金等の預託者への配慮により金利面で**調達コスト**が高くなる現状が指摘できること，③国の補助金等の**政策コスト**を十分に分析しないで融資することが常態となり，後年度負担の増大につながっているといった問題点も指摘された。

そこで，平成13（2001）年度の財政投融資計画はその規模および機能の吟味と縮小を行い，市場金利を基準として効率性を目指し，特殊法人等の整理する行政改革を進めることとなった。

(5) 平成13年度からの財政投融資計画

①**計画外原資**　　資金調達面では，(ア)財政力の弱い地方団体への直接融資を除いて，郵便貯金と年金積立金の資金運用部への全額預託義務は廃止され，金融市場を通じて**自主運用**をすることとなった。また，(イ)特殊法人等は基本的に資金を自己調達することとなり**財投機関債**を公募発行することとなった。これは問題となる機関が資金調達可能な機関であるかを市場の評価にさらすことをねらいとしたものである。

②**財政投融資計画原資**　　新たな財政投融資計画は第20.2図のように，(ア)政府保証，(イ)財政融資，(ウ)産業投資の3つの手法で資金供給を行っている。

まず，(ア)財投機関債の発行が困難な政府関係機関や独立行政法人等が金融市

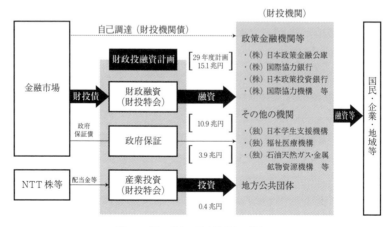

第20.2図　現在の財政投融資の仕組み

場で発行する債券や借入金について，政府が元利払いを保証する**政府保証債**がある。さらに，(イ)不利な条件を強いられるような重要施策実施機関や超長期資金を必要とする事業等には，国（**財政融資資金**）が**財投債**の発行により市場で資金調達してそれを貸しつけるもので，一般会計と区分した新しい**財政投融資資金特別会計**で経理することとなった。これにより財政投融資は縮小してきているが，財投を必要とする領域もなお存在している。また(ウ)政策的必要性が高く収益が期待できるが危険性（リスク）が高く民間だけでは十分資金供給できない事業に，**財政融資資金投資勘定**等を通じて，**産業投資**するものがある。

4　政策金融

(1) 政策金融の変貌

政策金融は，かつての財政投融資活動のうち，政府系金融機関を通じて行われる民間への投融資をさす。財政投融資は，政府事業に対する投融資や，地方公共団体に対する投融資をも含むが，これらを除いた対民間の投融資を政府系金融機関を媒介して行わしめるのが政策金融である。こうした政府系金融機関のほとんどは，平成13年度の財政投融資改革の流れの中で順次，民営化等されており，現在のところ純粋な意味でのこうした機関は，やがて民営化することが見込まれている**沖縄振興開発金融公庫**を残すのみである。

(2) 政策金融の地位

政策金融の特徴は，①金融手段による間接的優遇である点で，補助金や租税特別措置と異なること，②租税資金を節約しつつ，金融手段で政策目的を追求するものであることなどである。個別企業にとっての政策金融の有利性は，低利資金借入による利子節約にあり，これは，①低利であればあるほど，②融資額が大きければ大きいほど，また③融資期間が長ければ長いほど大であった。また政策金融は，資金不足の際の流動性の補填にそのメリットがあり，この資金を自己資金ベースの拡大に利用できるならば，民間金融機関からの資金調達の余地も拡大する。ここから政策金融は，企業リスクの大きい民間部門と採算性の基礎の弱い民間部門の補強手段として，有力な地位を占めるものとなっていた。

第21章　公債と公債負担論

1　公債の意義と種類

(1) 政府の借金

　公債（public debt, öffentliche Anleihe）は政府の借金であり，「借手としての政府」の活動をあらわすものである。それは金融的に調達される政府収入であるので，国家権力に基づいて強制的に徴収される租税と異なる。租税同様の強制性をもった公債（強制公債）は別であるが，その場合でも公債は利子の支払いと一定期間後の返済を約束した債務証書の形をとる。そしてこの債務証書は，毎年確定された利子収入をもたらす権利証書として，証券市場において流通する。それは**擬制資本**の一種であって，何ら価値実体のない証書が一定価格で取引される。土地や株式も擬制資本であるが，国債は擬制的性質が最も明らかなものといえる。

　なお公債は，その返済財源を租税に求めるので，公債は**租税の前取り**（先取り）であるという規定がなされる。

(2) 公債の成立と発展

　公債は近代財政の構成要素として，近代的租税と並行して発展してきた。公債は近代税制の成立を前提とすると同時に，近代銀行体制および証券市場の発達を前提とする。そしてその発行は，近代国家の財政上の必要特に軍事費調達や鉄道建設財源調達の必要からであり，それは一時巨額の財源を調達するための臨時的手段としてであった。ところが，これが次第に，臨時非常の手段から常時不可欠の収入源となるようになった。そして経済発展が進展してくる中で，公債は慢性不況下の資本救済手段として利用されるようになった。

　さらに昭和4（1929）年の世界恐慌以降，フィスカル・ポリシーの手段として利用され，次第に経常化するようになった。なぜこうした**公債経常化**がおこったのかをみると，公債累積が高い租税負担と併存するようになり，**高価な政府**

の下で公債残高の削減が次第に不可能となったからであった。ここで公債償還政策にかわって公債管理政策が登場するようになった。また第2次世界大戦後の顕著な傾向として，**公債短期化**が進むようになり，戦前においては数十年ないし無期公債が存在したのに，**長期国債**といっても償還期限10年以下が普通となり，1年以下の**短期債**，2～5年の**中期債**も増大し，公債の短期化とともに，**準貨幣**(ニア・マネー)としての公債の過剰流動性に及ぼす影響が懸念されるようになった。

(3) 公債の種類

公債はいくつかの観点から以下の通り，分類ができる。

①**発行主体別**　国が発行する**国債**と地方団体が発行する**地方債**とが区別され，さらに準公債としての**政府保証債**が区別される。国債と地方債との違いは，第Ⅶ部(第30章)で後述のように，中央銀行との結びつきが密接か薄いかにある。しかしいずれの公債も，税収を償還財源とするのに対し，政府保証債は，事業の料金収入等を裏付けとする。しかし最終的には租税が担保されているので，準公債とされるのである。

②**発行方法別**　**公募発行**と**中央銀行引受**の2つがあり，前者はさらに市中金融機関引受と公衆引受(証券会社などを介してのそれ)とに分けられる。なお公募公債には，通常の利付債のほか，募集時に一定の利子を割引いて低価発行を行う割引債がある。公募発行と中央銀行引受発行とではその経済効果が異なることは続いて述べる通りである。

③**償還期限別**　公債の償還期限の有無により2つに分けられる。償還期限がなく政府は毎年一定の利子を支払うだけで元金は永久に返済しなくてもよい**無期公債**があり，イギリスの**コンソル公債**がそれである。**有期公債**は償還期間により，長期債，中期債，短期債に区別される。アメリカの国債(米国財務省証券)は Bonds といわれる期限10年以上の長期債と，Notes といわれる期限1～10年の中期債，Bills といわれる期限3～12か月の短期債に分けられる。日本の場合，国債は償還期限15，20，30，40年の**超長期国債**，期限10年の**長期国債**，2，5年の**中期国債**，1年の**短期国債**，**政府短期証券**(FB)(財務省証券，外国為替資金証券，石油証券，食糧証券の4種で，期間2か月～1年)に分けられる。

④**募集地別**　**内国債**と**外国債**が区別されるが，前者は国内資金による引受，後者は外国資金による引受の場合である。経済効果からみて，前者は国内資金の移転，後者は国外資金の流入による国内資金増といった違いが指摘され

ている（地方債は外債に似ているといわれるが，それは当該地方団体への外部資金の流入を意味する場合が多いからである）。

⑤**発行目的別**　**生産的公債**と**不生産的公債**とが区別され，前者の例として鉄道公債，後者の例として軍事公債があげられるが，生産的・不生産的の概念は必ずしも明らかでない。

なお日本の場合，国の収入となり経費を賄う**普通国債**，国庫の年度内の一時的な資金繰りを賄う**政府短期証券**，国の支払い手段でありながら当面は国の収入とならない小切手のような**交付国債**という発行目的別の分類がある。

⑥**発行根拠法別**　**建設公債**と**赤字公債**の区別がなされ，前者は公共事業費，出資金・貸付金の財源として発行され，財政法第4条第1項に基づくため**四条国債**ともいわれ，後者は税収不足を補填するものとされ，特例公債法に基づくため**特例国債**ともいわれる。

このほか，東日本大震災の復興財源にあてるための**復興債**，年金財源のための法律に基づく**年金特例国債**，特別会計法に基づき満期を迎えた債券の償還財源として新たに発行する**借換債**（国債整理基金特別会計国債），特別会計法に基づき財政投融資計画の財源としての**財投債**（財政投融資特別会計国債）がある。これらは，法的根拠はともかく，その性質・機能においてあまり相違はない。これら国債の償還財源は租税であることには変わりないのである。

2　公債原則論と負担論の展開

(1)　伝統的公債原則

公債発行はいかなる場合に正当化されるかを論ずるのが**公債原則論**である。伝統的公債原則論は以下のように，公債発行の是非を，政府資金の支出対象ないし**使途基準**によって判断しようとするものであった。

①**古典学派の見解**　スミスやリカード等の古典学派の考え方は，公債は政府の浪費を刺激し，民間資本蓄積を阻害するとして**公債排撃論**を主張した（第2章3参照）。これに対して，J.S. ミルは外債や遊休資本の稼動化のための公債を認めた。

②**ドイツ財政思想ないし正統派の見解**　さらに公債の積極的弁護論として，ディーツェル（Carl A. Dietzel, 1829〜1884［明治17］）および**ワグナー**の公債原則論が展開されたが，それは政府支出一般の生産性を認めつつ，**経常支出財**

源としては租税を，**臨時支出**ないし投資支出財源としては公債をという政府支出の使途との関連で，公債を合理化しようというものであった。そしてそこでは，公債は収益性ある事業の投資の場合には当然認められ，さらに公共資本形成にあてられる場合にも，それは将来の租税資金の増大をもたらすから正当化されるとした（ディーツェルの公債論については池田浩太郎訳『ディーツェル公債の経済理論』千倉書房，昭和52年）。

(2) 現代の公債原則

昭和4（1929）年の世界恐慌以後の現代の公債原則として，景気状況との関連で公債発行の是非を判定しようという考え方が前面にでてくるようになった。所得および雇用を高めるため，短期の予算均衡を崩して赤字支出を展開するのが合理的とされ，その財源としての公債発行が正当化されるというものであり，判断の基準は使途基準から**景気状況基準**へと発展した。

そこで，現在通用している公債原則をまとめると次のようになる。①不況期には**有効需要**をはかるため目的をもった公債を積極的に活用すべきである。②支出が一時的に巨額の場合，戦争や大規模災害の場合の起債はやむをえない。③**収益性**ある国営・公営企業の投資財源としての公債発行には問題がない。④私経済的収益性のない公共投資財源としての公債発行も，**資産**を将来世代に遺すものであるから認めて差支えない。

ここであげた②，③，④は，ディーツェル，ワグナー段階ですでに認められているものである。これに不況克服のための赤字公債発行支持論が加わった。これにより公債発行の歯止めがますます崩され，ここから財政節度の喪失，インフレ経常化の危険が増幅するようになった[1]。

(3) 公債負担論における公平負担の考え方

上記の公債原則論との関連で無視できないのは，公債負担論の角度からの公

---

1) 公債原則論を比較的詳しく扱ったものに，松野賢吾『公債経済論』（新紀元社，昭和28年）があり，ここではスツッケンの公債原則論が高く評価されている（R. Stucken, Kredit als finanzwirtschaftliches Deckungsmittel, *Finanzarchiv*, 1938 [独文]）。これによれば，公債発行が是認さるべき場合は，①一時的に経費が収入を超える場合（会計年度内に収支均衡が達成される場合），②好況年次と不況年次との均衡を目的として不況期に発行される場合（一景気循環期内に収支均衡が達成される場合），③経費増加の年度とそうでない年度，収入低下の年度とそうでない年度との均衡化のため発行される場合（後年度における税率引上げを前提として収支均衡が多年度について回復される場合）。この③のケースは不確定であり，多年度均衡化のプロセスが明確でない。

平負担の考え方である。ここで公平負担という場合，2種類の公平が区別される。

①**世代間公平**（intergeneration-equity）　大規模の災害や戦争などによる1回限りの大きな公共支出は，比較的長期間，比較的多くの世代によって分割負担せしめるのが望ましい。

②**利用者負担原則**（pay-as-you-use-principle）　公共投資に基づく便益の利用は長期間続くので，負担は利用度に応じて各人に分割さるべきである。これは住民移動が頻繁に行われる地方団体の場合，特にあてはまるものとされている。

ここから**マスグレイブ**は，第21.1表の通り，経常サービスを公債によって賄うことは，資本支出を租税で賄うこととならんで不公平であるとする。また経常支出を租税により賄うことが，資本支出を公債で賄う

第21.1表　財源調達方法と公平

支出＼財源	経常サービス	資本支出
租　税	公　平	不公平
公　債	不公平	公　平

こととならんで公平であるとする。この議論は，経常費を租税，臨時費を公債という**伝統的公債原則論**に従うものである。もっともこの種の公平負担の考え方は，公債発行が経常化し，租税とならんで**公債の経常財源化**している今日，必ずしも適切でなくなっているとみるべきであろう。

(4)　**公債負担論の状況——貨幣負担・実物負担の区別——**

公債負担には，租税による利子払いおよび返済の局面で発生する**貨幣負担**と，民間貯蓄削減・資本形成減少による国民所得減といった**実物負担**とが区別される。スミスやリカードが主として論じたのは後者であり，ここから**公債排撃論**（第2章2参照）が展開されたのであるが，その後展開された**公債弁護論**（第10章4参照）からみると，公債はむしろ民間資本形成を促進し，あるいは補完するものとなる。これをめぐってその後さまざまの議論が展開されているが，公債負担の問題を考える場合には，公債費の増大による財政硬直化の進行，公債利子費最小化の要請による金融政策面の制約，公債の過度の発行にともなうインフレーションの危険の増大といった広義の国民経済的負担をも重視しなければならない。

(5) 公債負担論の状況——将来世代負担・現代世代負担の区別——

公債は将来世代の負担になるか,現代の世代の負担になるかをめぐっては諸説ある。

①新正統派の見解　新正統派とはブキャナンにより名付けられたものであるが,この学派にはケインズの影響を受けた**ラーナー**(Abba. P. Lerner；1903[明治36]～1982[昭和57])がいる。彼は補正的財政政策を重視する**機能的財政論**の立場をとり,財政赤字が不健全であるという考え方を否定していた。こうした考え方を背景にもち内国債と外国債を区分し,内国債の場合,公債発行時点で利用できる資源は公債発行によるにしても租税によるにしても,民間部門が使用できたはずの一国の資源を公共部門が使用することにより資源の減少となる。そして将来世代という同一世代内で公債を保有していない納税者から公債保有者への移転という形で互いに所得再分配をしたにすぎず,将来世代へ負担は生じないと考えた。しかし外国債の場合は,発行時点では利用可能な資源が増加するが,償還時には海外の公債保有者に対して元利償還するため将来世代の消費水準がその分低下して将来世代に負担を生じるとした。1940～1950年代にはこのような世代間の負担転嫁には否定的な見解が支配していた。

②ブキャナンの見解　ブキャナンは取引が一方的な強制力により行われる**非自発的取引**にともない負担が生じると考え,現在世代が貯蓄として公債を購入するのは自発的取引であり負担が生じない。しかし公債償還のために将来世代に租税を課すことは非自発的取引であり,将来世代に負担があるとする。

また公債は租税に比べ安易な発行がされ財政赤字をもたらし,これは**財政民主主義**に反するとしている。

③ボーエン＝デービス＝カップの見解　**ボーエン**(H. R. Bouen),**デービス**(J. H. Davis),そして**カップ**(K. W. Kapp)は特定世代の生涯にわたる私的財の消費量の減少を負担と考えた。そして公債発行時の世代は公債購入により私的財の消費量が減少するが公債償還時に消費を取り戻せる。しかし将来世代は,償還と増税が同時になされ公債費保有者の所得が減少し世代全体の生涯消費量は減少するので,公債は将来世代の負担となるとしている。

④バローの見解　1970年代に**合理的期待派**のバロー(Robert. J. Barro；1944[昭和19]～)は,同一世代で公債発行・償還が行われるならば公債発行は課税の延期であるにすぎないとする**リカードの等価原理**を世代間に拡張させて,世代間の意図的移転の存在を考えた。つまり現在世代は,現在公債発行があり,

元利償還が次世代で行われるとすると，元利償還のための課税により相続人である次世代の消費水準が低下する。そこで，それを考慮してその租税負担分について**遺産**（bequest）を増やす形で残すというものである。この見解によれば，将来世代の負担はなくなる。けれども，現在の公債発行に対する将来の租税負担額が算定できないなどの問題点が指摘されている。

⑤**世代会計**　1990年代に入り，課税や公債発行などのフィスカル・ポリシーによる各世代別の負担と便益を比較して，**純租税額**（net tax）を明らかにしようとする**世代会計**（generation accounting）の考え方が注目されている。しかし，前記のような公債発行の経常化と公債の短期化，そして富裕者による相対的に大きな保有割合を前提し，また税制の大衆課税的構造を前提すれば，公債は同一世代内の逆再分配効果をもつといわなければならない。

(6) ドーマーの定理

1940年代にアメリカの経済学者ドーマー（Evsey D. Domar；1914［大正3］〜1997［平成9］）によって提唱された，財政赤字の維持可能性に関する条件を**ドーマーの定理**（Domar's theorem）とよんでいる[2]。毎年の公債発行の増加率がGDP増加率と等しいならば，国債残高の対GDP比は一定の値に収束して財政破綻は生じないとする概念である。

つまり名目GDPの成長率が長期金利を上回れば（**ドーマーの条件**），財政破綻しないということになる。そして利子率が経済成長率より高い場合は，公債残高の対GDP比は無限大に発散し財政破綻し，利子率が経済成長率より低い場合でも，公債残高の対GDP比は高い値で収束する可能性があるとしている。また，ここからプライマリー・バランスの下では，名目GDP成長率が名目利子率を上回れば財政赤字は維持可能といえるとする見解がある。

---

[2] ドーマーは『*American Economic Review*』誌に「公債負担と国民所得（The Burden of the Debt and National Income）」を投稿し，国民所得に対する公債残高の比率は，国民所得の一定割合の公債が発行され続けるとしても，公債残高は無限に増大するとは限らない。国民所得が一定の比率で成長するならば，国民所得に対する公債残高の比率は一定の値に収束するとしている。そして，それを以下のように数式で説明してる。国民所得を Y，国民所得の成長率を r，公債残高を D とし，Y と D の初期値を Y_0, D_0，毎期の公債残高の国民所得に対する比率を α とすると，$Y = Y_0 e^{rt}$，$D = D_0 + \alpha Y_0 \int e^{rt} dt$ であり，$D = D_0 + \alpha Y_0 \int e^{rt} dt = D_0 + \alpha Y_0 \cdot \frac{1}{r[e^{rt}]} = D_0 + \alpha \frac{Y_0}{r} \cdot e^{rt} - \alpha \frac{Y_0}{r} = D_0 + \alpha \frac{Y_0}{r}(e^{rt} - 1)$ となる。$\frac{D}{Y} = \frac{D_0}{Y_0} e^{rt} + \alpha \frac{Y_0}{r}(e^{rt} - 1) \times \left(\frac{1}{Y_0} e^{rt}\right) = \frac{D_0}{Y_0} e^{rt} + \frac{\alpha}{r}(1 - e^{-rt})$ であり，$Lim\left\{\frac{D_0}{Y_0} e^{rt} + \frac{\alpha}{r}(1 - e^{-rt})\right\} = \frac{\alpha}{r}$ となる。

第22章　公債管理政策と日本の公債制度

1　公債管理政策

(1)　公債管理政策とは

　戦前は公債発行・償還政策が公債政策の主軸であったが，第2次世界大戦後アメリカを中心に公債管理政策の発展をみた。

　公債管理政策（debt management policy）は，公債残高の構成をかえることによって流動性を操作し，これを通じて安定・成長政策を実行しようとするものである。例えば長期債を短期債に切り替えれば**準貨幣**（near money）の増加となり，経済刺激策が助長される。逆に短期債を流動性の少ない長期債に切り替えれば，経済安定政策に資することとなる。そして長期債は高利，短期債は低利であるので，公債残高の操作は，公債利子負担に大きな影響を及ぼす。

　ここから利子負担最小化という国庫の要求と，中央銀行の緊縮的金融政策との矛盾が生じ，アメリカでは1951（昭和26）年財務省と連邦準備当局とのアコード（合意）の成立をみた。それは政府資金の大量安価調整という財務当局の要求と，インフレ抑制のための自主的金融政策手段の確保という中央銀行当局の要求の妥協を目指すものであった。

(2)　アメリカの公債管理政策

　アメリカの公債管理政策には，①これを安定政策手段として積極的に評価するもの（ロルフ，トービン等），②利子負担最小を主眼として構成しようとするもの（W．スミス）などの異なった考え方があるが，③公債管理政策そのものを否定する考え方（フリードマン等）もあり，その方向が定まっていない。

　現代の公債政策は，公債残高の構成の操作といった狭義の管理政策を超えて，公債発行・償還政策を含むものとして構成されねばならぬ[1]。

---

1)　国債管理政策の範囲について，蝋山昌一教授は，新規発行にかかわる問題，既発債にかかわる問題，償還にかかわる問題を区分し，さらにそれぞれを構造的問題と操作的問題にわけ，第22.1表の

(3) 公債管理政策と経済効果

そこで以下，起債政策と償還政策のそれぞれの経済効果についてみたい。

①起債政策　公債発行の効果は，中央銀行引受，市中銀行引受，個人消化のそれぞれにより異なる。**中央銀行引受**は新規貨幣の創設を意味し，**インフレ促進効果**をもつ。**市中銀行引受**は，銀行がその貯蓄性資金の範囲内で引き受ける場合，需要効果なしとみてよいが，ここで**信用創造**が行われる場合には，インフレ効果をもつ。**個人消化**の場合は，消費削減と政府支出拡大が相殺されるので，需要効果はない。

②公債償還政策　償還のための租税増徴による**デフレ効果**と，償還による流動性効果がある。公債元本縮小による収縮効果もあり，特に中央銀行保有公債の償還を租税によって行う場合には顕著なデフレ効果がある。他方市中銀行保有公債の償還を中央銀行の通貨増発によって賄う場合には，インフレ効果が増幅される。

第22.1表　国債管理問題の区分け

性格＼対象	構造的問題	操作的問題	
新規発行	割当方式	発行条件	引受配分
	市場方式		
既発行	流通市場隔離	流通利回り操作	
	流通市場整備	最適構成	
償還	借換方式	償還・借換比率，借換条件	

〔出所〕　蝋山昌一「『市場型』国債管理政策の課題と展望」『週刊　金融財政事情』金融財政事情研究会，昭和55年1月2日号。

2　日本の公債制度とその問題

(1) 日本の公債発行の原則

公債については，財政法第4～7条に基本規定がある。

①均衡財政の原則　財政法第4条は「国の歳出は，公債又は借入金以外の歳入を以て，その財源としなければならない」と規定しつつ，財政規律の理念として，収入不足への国債発行による財源補填を認めていない。

②建設国債の原則　財政法第4条但し書きで，「但し，公共事業費，出資金及び貸付金の財源については，国会の議決を経た金額の範囲内で，公債を発行し又は借入金をなすことができる」としている。そしてその発行額は予算総則で国会の議決を経た金額の範囲内であること，また償還計画を国会に提出する

ような区分けを行っている。ここでは国債管理問題が広義に捉えられていることがわかる。

こと，さらに公共事業費の範囲は予算総則で毎年度国会の議決を経ることが規定されている[2]。

建設国債発行を認めていることは，(ア)長期計画に基づき全国的な社会資本の整備を促進することができ，(イ)長期の社会資本サービスの利用時負担が可能となり，受益・負担の世代間公平が達成されるということによる。

なお，財政法第4条第1項が原則，第2項が例外とすれば，昭和41 (1966) 年度以降の建設公債発行は，この例外を原則とするものである。また後述の特例公債（赤字公債）の発行は，明らかに財政法の建前を大きく崩すものである[3]。

③**市中消化の原則**　財政法第5条は公債発行を「日本銀行にこれを引き受けさせ」てはならないと**日銀引受発行の禁止**をして，発行された国債は金融機関を通じて一般市民に購入してもらうという**市中消化の原則**を規定している。これは第2次世界大戦中に日銀引受けで公債が乱発され，戦後に悪性のインフレーションを招いたことへの反省によるとされている。

けれども，「但し，特別の事由がある場合」この限りでないとしている。実際は発行後1年を経た**公債の日銀買入**は可能という取扱いがなされてきた。また日銀引受禁止は，短期債については適用されず，むしろ財政法第7条でこれを認めている。

(2)赤字国債発行への抜け穴

財政法第4条では前述の通り「国の歳出は，公債又は借入金以外の歳入を以て，その財源としなければならない」として，**赤字国債**の発行を認めていない。そのため赤字国債の発行はできないのが大原則である。そのため，財政法第4条に定める以外の公債を発行するという抜け穴的方法，つまり年度ごとに単年

---

2) この場合の公共事業費は主要経費別分類の公共事業費に限定されずに，福祉・医療，文教・科学技術，農林水産業の施設整備費等も含まれている。しかし公債財源の対象経費に限定されるため，施設整備のための特定財源や負担金は除外されている。

3) 類似の法制的規定を行っているのがドイツ連邦共和国基本法第115条第1項であり，そこでは「公債発行は，予算に見積もられた投資のための支出の額（die Summe der im Haushaltsplan veranschlagten Ausgaben fur Investitionen）を超えてはならない」と規定されている。もっとも続けて「例外は全体経済的均衡をみだすことを防止するためにのみ許される」とあり，ここでは不況時の赤字公債も認められている。1970（昭和45）年改正の現行基本法が，使途基準の公債原則を相変わらず守るものか，景気状況基準のそれに転換したかをめぐって議論が行われている。

度立法の形で**公債特例法**を国会で議決し，**特例国債**として発行している[4]。

戦後最初に発行したのは昭和40 (1965) 年度であるが，昭和50年度補正予算以降は平成はじめのバブル期を除いてその発行が常態化している。また平成24 (2012) 年度にはねじれ国会が原因で単年度立法がなかなか制定できず，ようやく妥協した後，平成24年度は単年度立法ではなく「財政運営に必要な財源の確保を図るための公債の発行の特例に関する法律」と称して，平成27年度予算までの3年分について赤字国債の発行を規定した。その後は平成28年度予算以降では5年分を規定したものとなっており，財政法第4条の規定（「国の歳出は，公債又は借入金以外の歳入を以て，その財源としなければならない」）を有名無実のものとしている。

(3) 国債の発行方式

国債の発行方式は，3つの方式に大別される。

①**市中発行方式**　公募入札を基本に市場実勢を反映した条件設定で国債を市中発行する方式である。(ア)財務省が提示した発行条件（発行予定額，償還期限，表面利率（クーポン・レート））などに対して，入札参加者が落札希望価格（または利回り）と落札希望額を入札した状況に基づいて発行価格と発行額を決定する**価格（利回り）競争入札**や，(イ)小入札参加者に配慮した非競争入札などがある。

②**個人向け販売**　(ア)**個人向け国債**は，証券会社，銀行等の金融機関や郵便局での募集により発行され，国は取扱機関に手数料を支払う。平成15 (2003) 年3月に個人の国債保有を促進するため個人向け国債（変動10年）の発行を開始した。(イ)個人投資家の国債の購入機会をさらに広げるため，一般の利付国債（2年・5年・10年利付国債）の新型窓口販売方式が平成19 (2007) 年10月から開始された。

③**公的部門発行方式（日銀乗換）**　財政法第5条では日本銀行による国債の引受けを禁止しているが，同条但し書で「特別の事由がある場合において，国会の議決を経た金額の範囲内で」例外を認めている。これにより通説では，日本銀行が保有する国債の償還額の範囲内で借換債を引き受けられるとしている。これを**日銀乗換**という。

---

[4] 法律の名称は「昭和40年度における財政処理の特別措置に関する法律」，「昭和50年度の公債の発行の特例に関する法律」，「平成7年度における租税収入の減少を補うための公債の発行の特例に関する法律」，「平成11年度における公債の発行の特例に関する法律」等々，各年度でやや異なることがある。

(4) 公債の償還と国債整理基金特別会計

①**償還財源** 国債の償還を確実に行うために一般会計および特別会計で発行する国債の償還は，すべて国債整理基金を通じて行われる。㋐**決算剰余金繰入**については財政法第6条で，剰余金（前々年度までのもの）の2分の1以上を償還財源にあてることとしている。㋑特別会計法第42条第2項・第3項に一般会計等から前年度期首国債残高の1.6％（≒60分の1）を**国債整理基金特別会計**に繰り入れる**定率繰入（差減額繰入）**がある。また㋒特別会計法第42条第5項で一般会計等から償還財源の状況に応じた**予算繰入**を規定している。

②**償還方法** ㋐当初建設国債について，建設国債の見合資産（政府が公共事業などを通じて建設した建築物など）の平均的な効用発揮期間（会計学にいう償却期間）がおおむね60年であることから，この期間内に現金償還を終了するという考え方をとり，第22.1図のように，毎年度，前年度期首国債残高に対してほぼ60分の1に相当する1.6％を国債整理基金特別会計に繰り入れる制度があった。これを **60年償還ルール**という。しかし，このことに対しては長期にすぎるという批判がある。㋑赤字国債はそもそも発行自体に問題があるが，昭和50(1975)年度補正予算で発行して以来常態化していた。そのため赤字国債の10年国債が償還を迎えた昭和60年度以降，建設国債の60年償還ルールを赤字国債・借換債にも援用している。これは60年償還する根拠が全くなく，財政法第4条の意味がますます薄れてしまっているのである。㋒財投債の償還は，租税

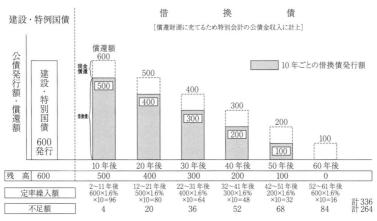

〔出所〕財務省編『債務管理リポート2017―国の債務管理と公的債務の現状』

第22.1図 60年償還ルール

などで賄われる普通国債と異なり，財政融資資金の貸付回収金などにより賄われているため，毎年度，償還に必要な金額を国債整理基金特別会計に**財政投融資特別会計**から繰り入れて償還をしている。また(エ)復興債（借換債を含む）の償還は将来世代に負担を先送りさせないために60年償還ルールをせずに令和19（2036）年度までに償還することになっている。

なお，租税財源等の経常一般財源による償還を**現金償還**といい，これによれば国債残高は減少する。これに対して，借換債発行による収入で償還する方法を**借換償還**というが，この場合は当然国債残高に変化は起きない。

(5) 国債の問題点

①**建設国債の問題点**　(ア)建設国債は地域開発の利益誘導に使用され，いわゆる「箱物行政」や景気対策に安易に利用されてしまう。また(イ)償却期間が長く，政策決定から施設完成までの間に，公共事業の必要性と社会経済情勢の変化が乖離してしまうおそれをはらんでいる。

②**赤字国債の問題点**　財政法第4条は長期利用可能な資産あるいは将来の金銭収入という元利償還の裏付けがない国債は将来世代への負担転嫁となるためこれを禁止している。しかし，赤字国債発行はもはや常態化しており，現在世代の利己主義が常態化しているともいえるのである。

(6) 日本の国債管理政策

公債残高の構成を変えて，公債が経済に与える影響を操作するといった意味での**公債管理政策**は，日本の場合，ほとんど存在しないとみてよい。

日本の国債政策は大量発行国債をいかにして割当消化するかに重点がおかれてきた。国債流通市場が存在しなかったため，人為的隔離的市場での割当消化がなされてきた。昭和40年度補正予算以降の国債の消化は，財政投融資資金（資金運用部資金）による引受を除いた額の90％について**国債引受シンジケート団**（国債募集引受団）を通じて金融機関に割り当て，残り10％を証券会社を通じて公衆に売るという形で行われてきた。金融機関引受分については，発行後1年経過すれば日銀が買い入れる形をとったので，引受手にとっては，1年の短期公債という結果となった。なお個人消化促進のため，昭和43（1968）年4月以降に**国債利子マル優制度**が導入され，当初50万円，昭和47年度以降100万円，昭和49年度以降300万円まで利子非課税とする優遇制度がとられたが，個

人消化は全体の一割弱の少額であった。

　昭和50年度補正予算における大量国債発行以降，日銀の買いオペレーションによる国債の買取りを従来のような形で行うことは不可能となった。そこで金利自由化・市場経済原理導入を旗印とした国債発行条件の多様化，公募入札制採用などが唱えられ，昭和52（1977）年以降中期債（2～5年もの）発行による市場拡大策がとられたり[5]，昭和58（1983）年には20年利付国債（超長期国債）が直接発行（少数の投資家を対象に発行する方式）されたりしている。そして，金融の自由化の潮流により昭和末から平成に入り入札方式が拡大されている[6]。

　平成16（2004）年10月には，市場原理により国債全体の安定消化をはかるために国債市場特別参加者制度（国指定の銀行や証券会社が国債発行に対して特典を得る代わりに義務を負う制度）が導入された。こうした中で，国債市場の効率を高めるべくシンジケート団の固定シェアによる引受割合や引受手数料の引下げが行われてきたが，平成18（2006）年3月をもって，シンジケート団は廃止されるに至った。

---

[5] 国債応募者利回りの変更は，昭和50年度国債追加発行が確定した昭和50年8月以降頻繁に行われるようになった。国債種類の多様化も昭和52年1月の5年もの割引債にはじまり，昭和53年6月の3年もの利付債（公募入札発行），昭和54年の2年もの利付債，4年もの利付債と進んだ。国債流動化は昭和52年4月より金融機関保有国債の市中売却禁止政策の解除，昭和52年10月の国債強制借換制度廃止と進んだ。このような弾力化・自由化が，日本の人為的金利体系をどのように変えていくか，なお疑問といわねばならない。これについては，志村嘉一編著『日本公社債市場史』（東京大学出版会，昭和55年）の第7章を参照。なお本書により日本の明治以来の公社債市場の沿革を学ぶことができる。

[6] 昭和から平成にかけては，国債の発行方式は①国債募集引受団（シンジケート団・金融機関・証券会社などからなる）の引受け，②多数の応募者に対して国債発行条件を入札して決める公募入札方式，③大蔵省資金運用部引受け，④郵便貯金特別会計にある金融自由化対策資金引受け（昭和62［1987］年から），⑤郵便局での募集取扱い（昭和63［1988］年4月から），⑥直接発行，⑦日銀が償還期に保有する国債に対応する措換債を国会の議決により引受ける乗換などとなっていた。入札方式については公募の20年利付国債が昭和62［1987］年9月から①のシ団引受方式から入札方式になり，10年利付国債が平成元年4月から従来の固定シェアによる引受部分に加えて，発行額の40％をシ団メンバーによる価格競争入札方式とし，平成2（1990）年10月から入札割合が60％に拡大した。

第23章　財政政策のマクロ経済学

1　フィスカル・ポリシーと財政の機能

(1)　フィスカル・ポリシーと旧来からの財政政策

　フィスカル・ポリシー (fiscal policy) は，財政を景気循環（景気変動）のバランシング・ファクターとして利用するものである。それは第23.1図にみられるように，好況期に租税などの国庫収入の増加率を国民所得の増加率以上に高めて景気の過熱を防止し，不況期には減税や財政支出増額などにより所得の減少を下支えすることによって恐慌への転落を防止するといった形で機能する。つまり，フィスカル・ポリシーは景気政策的財政政策あるいは裁量的財政政策を意味するといえる。

　しかし，この概念はある意味で矛盾を含んでいる。それはフィスク (fisc) という言葉が元来「国庫・金庫」を意味するものであるのに対し，フィスカル・ポリシーはむしろ「非国庫的財政政策」の意味に用いられているからである。これを直訳すると「財政政策」となるがこうした非国庫的・景気政策的な政策の意味での「財政政策」は昭和初期の世界恐慌を契機に表舞台に登

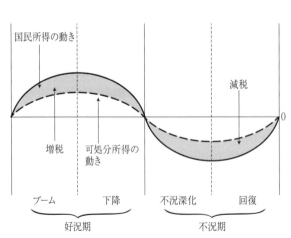

(注) 国民所得の動き(実線)は景気変動の動きを示しており，これをフィスカル・ポリシーによって可処分所得の動き(点線)まで平準化するのである。

第23.1図　フィスカル・ポリシーのモデル

場してくるのに対して，財政学の歴史の中ではすでに国庫的財政政策の意味合いとしての**財政政策**(public finance policy)が存在していた。そこで，そうした従来からの国家経費調達のための政策を意味する財政政策と区別するために，非国庫的・景気政策的な政策の意味での「財政政策」はフィスカル・ポリシー（裁量的財政政策）と表記してきているのである。

このフィスカル・ポリシーは，①当初1929（昭和4）年の**世界恐慌**（大恐慌）以後，1930年代のアメリカで展開され，不況克服特に失業解消のための財政政策を意味した。公共事業促進のための投資支出が中心であり，ナチス・ドイツの公共事業政策，日本の**高橋財政**による**時局匡救**事業も同種のものであった。②これが第2次世界大戦後のアメリカでは，完全雇用を維持しつつ経済の安定成長をはかるという課題を担うものとされた。③さらに1960年代以降は，物価対策や国際収支均衡化対策といった多面的な経済政策的財政政策の意味に用いられ，金融政策とならんで，ポリシー・ミックスの一環を担うものとされるようになった。

しかし，第2章や第4章で述べたように，昭和48（1973）年の石油危機以降，とりわけかつての西欧資本主義諸国および日本ではスタグフレーションに見舞われ，財政赤字に悩むようになった。ここからフィスカル・ポリシーの基礎をなすケインズ理論についての批判と再評価の動きが目立った。そしてマネタリズム，供給重視の経済学，さらには合理的期待形成論などが登場したが，それらもフィスカル・ポリシー論に代わるものとはなりえないでいる。このように，経済学ないし財政学はいまだ迷走しているといえるのである。

(2) **フィスカル・ポリシーとフィスカル・メカニズム**

先に第5章で，現代の予算原則が確立されていないと述べたが，それは古典的予算原則およびそれに依拠した制度が現在，いろいろな形で修正を加えられているからである。その原因のうち，最大のものは景気政策的財政政策（フィスカル・ポリシー）である。第23.1図にみられるようにフィスカル・ポリシーを景気循環のバランシング・ファクターとして利用するためには，景気動向を的確に把握することや，景気動向に即応して各手段を自由裁量的にとるという弾力性と迅速に行動するという機動性が求められる。

このフィスカル・ポリシーを広義に捉えた場合，これを実行するための装置・機構は**フィスカル・メカニズム**とよんでよいであろう。これを示したのが

第23.1表　フィスカル・メカニズム

	自由裁量的財政政策	自動安定装置	フォーミュラ・フレキシビリティ
内容	1. 予算規模の増減と財政収支差額操作 2. 公共投資等財政支出操作 3. 増減税 4. 公債発行償還，公債管理 5. 財政投融資活動　等	1. 累進税制 2. 移動的支出の大きさ 3. 農産物価格支持制度 4. 予算規模の大きさ 等	1. 景気調整積立金制度の設定 2. 税制操作授権 3. 景気調整税制 等

　第23.1表であるが，狭義の意味でのフィスカル・ポリシーである**自由裁量的財政政策**，自動安定政策としての**自動安定装置**，そして半ば自動的に半ば自由裁量的に調整する政策としての**定式屈伸制**（フォーミュラ・フレキシビリティ）がある[1]。

(3) 財政の機能とフィスカル・ポリシー

　フィスカル・ポリシーの母国はアメリカであるが，アメリカの制度上の問題点として指摘されるのが，**連邦国家**（federal state）の実態である。連邦国家における責任の分担として，連邦には景気調整と所得再分配，州・地方団体には資源配分の役割を期待するというのが，マスグレイブとオーツの見解である（Oates, *Fiscal Federalism*, 1972［昭和47］；米原淳七郎・岸昌三・長峯純一共訳『オーツ　地方分権の財政理論』第一法規，平成9年）。資源配分は，地域住民レベルでの選好の反映を通じ，地方自治体により最適の形でなされるという考え方である。

　これによると，フィスカル・ポリシーの担い手は中央政府（連邦政府）であるが，地方自治の理念に基づいて運営される州・地方団体の存在が，フィスカル・ポリシーの阻害要因となってしまう。景気調整の役割を連邦政府に専属させる結果，地方自治体の予算運営には連邦との協調ないし連邦政策からの中立性が要求されることとなるが，これが1つの矛盾を形成することを否定できないからである（第25章1参照）。

---

1) いずれにしてもこうした政策により，景気調整を可能にする予算制度および予算政策のあり方がここで問題となっている。

2 ケインズの理論とフィスカル・ポリシー

(1) 国民所得決定理論

　ケインズ経済学が登場して以降，景気政策手段として財政政策ないし予算政策の有効性が広く受け入れられるようになった。ケインズより前の時代は景気政策手段としては金融政策が有効であり，財政支出増加は民間支出削減をもたらし景気対策として有効ではなく，財政政策は**均衡予算主義**を至上命題としていた。しかしケインズの登場により，政府活動が民間経済に与える影響に関する経済学者の考え方の転換がはかられ，政府支出と課税のマクロ的効果が強調されるようになったのである。

　こうしたフィスカル・ポリシーの基盤となるケインズの理論の根幹にあるのは有効需要の原理であるが，それは現在，国民所得がいかに決まるかという**国民所得決定理論**としてマクロ経済学の中核的地位を占めている[2]。そこで，フィスカル・ポリシーの理論を説明するに先立ち，マクロ経済学で扱う国民所得決定理論を簡潔にみておきたい。

　①**モデル設定**　経済動向を規定するものは**有効需要**であり，これは**消費需要**と**投資需要**とからなる。消費需要は消費性向によって決まるが，所得水準が増大すると限界消費性向が減少し，貯蓄性向が増大する。

　現実はこの筋書きがさらに入り組み複雑となるが，こうした簡単な設定に基づき当面，分析していく。いわゆるモデル分析である。そして経済主体のうち，家計は**消費**（consumption；C）を，企業は**投資**（investment；I）を担う民間部門だけを想定し，またそこでは**財**（goods）の売買のみ行う（財市場に限定）と決めてしまう。これは分析を簡単にするためである。

　②**家計の経済活動（消費）**　まず家計は，その**所得**（income ≒ yield；Y）の一部で消費財 C を購入し，残りは当面は使用せずに**貯蓄**（saving；S）し将来の消費に備える。そのため，Y の一部で消費財 C を購入する家計の経済活動は，所得が増加した時に消費が増加する割合を示す**限界消費性向**（c）を Y に乗じた分で消費財 C を購入することとなり，

---

[2]　ケインズの有効需要の原理は後に，サミュエルソンやクライン（Lawrence Klein）そして多くのケインジアンの貢献により，国民所得決定の理論として経済学の共有財産，マクロ分析の中核的地位を占めるに至ったとされる。嶋村紘輝『入門経済学［第2版］』（中央経済社，70頁）を参照。

$$C = cY \qquad \text{(数式1)}$$

と表せる。数式1は所得Yと消費Cの関係を表す**消費関数**であるが，現実には消費は生命維持のためには所得がない場合でもしなければならない。そうした事態を考えてモデルをやや現実化し，所得がない場合でも生命維持のために必要とされる消費額である**基礎消費**（C_0）を取り入れると数式1は，

$$C = C_0 + cY \qquad \text{(数式2)}$$

ともう少し詳しい消費関数で表現することができる。

③**企業の経済活動（投資）**　次に企業の経済活動である投資財I購入をみると，これは設備投資，在庫投資等々あり，これらはその時々の経済状況に応じてかなり変動する。これでは初歩的な分析者にとってその投資分析がきわめて複雑になってしまう。そこで非現実的ではあるが分析を簡単にするために，投資財I購入を一定とみなしてしまう。すると，

$$I = \bar{I} \qquad \text{(数式3)}$$

と表せる（－は一定を意味する）。

④**ここでのモデルの需給状況**　ここまでをまとめると第23.2表にあるように，ここでのモデルの需要は表の右側にある家計による消費財C購入と企業による投資財I購入である。こうした需要が存在するため，それらの財を供給する企業は**利潤**（profit）が獲得できるとみて生産をする。その生産物はマクロ的にみると**国内総生産**

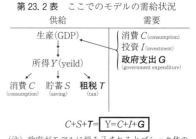

第23.2表　ここでのモデルの需給状況

（注）政府がモデルに組み込まれるとゴシック体の項目が加わることになる。

（GDP; gross domestic product）とみてよいが，GDPはいずれ誰かの所得Yとなって処分される。その所得Yは前述の通り，消費財C購入および貯蓄Sとなり，それは第23.2表の左側に示されている。ここから，

$$[C + S =] Y = C + I \qquad \text{(数式4)}$$

が求められる。

⑤**45度線分析**　45度線分析はマクロ経済学の鍵といってもよい。第23.2図にあるように，45度線上の点（例えば点d）は縦軸と横軸からの長さが同じである。第23.2図グラフの縦軸は第23.2表のここでのモデルの需要全体（**総需要**）を表しており，横軸は第23.2表のこのモデルの供給全体（**総供給**）を表して

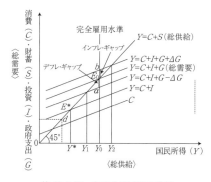

第23.2図　自由裁量的財政政策

いる。そのため，この45度線上では総需要と総供給が等しくなることを意味し，それは需要される財が過不足なく供給されることであり経済学的にみて理論的に望ましい状態を表しているのである。

このモデルの需要の状況は数式4にある $C+I$ である。これをグラフに表すと，消費財 C 購入を表す消費関数（数式2）は，図のように描け，投資財 I 購入は数式3の通り一定としているので，消費関数（数式2）にそのまま投資財 I 購入分を上に平行移動させればよいことになる。このときどこに所得が決まれば経済学的に望ましいのか。それは理論的には45度線とモデルの需要 $C+I$ の交点 E^* といえる。

このときの所得は Y^* であり，これが**均衡国民所得**となる。

⑥**乗数効果**　均衡国民所得の状態は，数式4に数式2と数式3を代入して計算される。その結果，

$$Y=\frac{1}{1-c}(C_0+I) \qquad (数式5)$$

と表せ，とりあえず基礎消費 C_0 を捨象し，投資財 I により注目すると

$$\Delta Y=\frac{1}{1-c} \cdot \Delta I \qquad (数式6)$$

と表せる。ケインズ学派は，この $=\dfrac{1}{1-限界消費性向}$ を**乗数**[3]とよんだが，これは需要側の投資財 I 購入（需要）が増えたときに所得 Y がどれくらい増えるかを表すものであり，需要の増減がみられると国民所得はこの乗数倍だけ増減するといえるのである。

(2) 自由裁量的財政政策と乗数効果

今日，フィスカル・ポリシーという場合，狭義の意味での自由裁量的財政政策をいう場合が多い。これは，第23.1図のように，第好況期には経費削減や増税を行い有効需要の過度の増大をチェックして過熱を防止し，不況期には支出増大や減税を行い所得の減少による有効需要減少を下支えすることによって恐

---

3) この場合の乗数を特に投資乗数という。

慌への転落を防止するといった政府の意図的な政策のことである。

(1)でみた民間部門だけからなるケインズ経済学の基礎の国民所得決定理論モデルをより現実に近づけるためには残された経済主体の政府を組み込んで，政府が自由裁量的財政政策をどのように実施するかをみることになるが，それは第23.2図で説明できる。第23.2表にはすでにそれが示されている。ケインズ経済学によると，まず消費財 C・投資財 I・政府財 G・輸出 X の需要それぞれが総計されて総需要が決まり，それにより総供給である生産ないし国民所得水準 Y_0 が決まるとされ，その結果，雇用水準が決まるとされている（以下の分析では簡単化のために，輸出需要を考察から除外する。またその分析は上のモデルに政府を入れて拡張したものなので基本的には上と同じように考えていけばよい）。

つまり，完全雇用が達成される均衡国民所得水準 Y_0 は，

$$Y_0 = C + I + G \tag{数式7}$$

であり，図では総需要＝総供給を示す45度線と総需要 $C+I+G$ の交点 E_0 で表される。しかし，現実の国民所得が Y_0 から外れることがしばしばあり，これをフィスカル・ポリシーにより Y_0 になるようにしていこうとするのである。

ここで，限界消費性向を c，基礎消費を C_0，そして租税を T とおく（モデルに政府を加えたため所得 Y から租税 T を支払うと考える）と，

$$C = C_0 + C(Y - T) \tag{数式8}$$

と表せ，等式8を等式7に代入すると（ただし，ここでは $Y_0 = Y$ である）

$$Y_0 = C_0 + C(Y - T) + I + G$$
$$Y_0 = \frac{1}{1-c}(C_o + I + G - cT)$$

とまとめることができる。

これを不況期の場合に当てはめると，政府が予算を通じて意図的に政府支出を ΔG 増加することである。その際変化した後の所得水準を Y_1 とおくと，

$$Y_1 = \frac{1}{1-c}(C_0 + I + G + \Delta G - cT) \tag{数式9}$$

となる。ここで，Y_0 と Y_1 の差額を ΔY（$\Delta Y = Y_0 - Y_1$）とすると，

$$\Delta Y = \frac{1}{1-c} \Delta G$$

の形で表される。この $\frac{1}{1-限界消費性向}$ を**政府支出乗数**という。一般に**乗数**（multiplier）とは，国民所得の変化分とその変化をもたらした総需要の変化分との比率であり，それは消費支出の累積的増加を表す指標とされる。例えば，限界消費性向 c が0.9ならば，限界貯蓄性向は $1-c=0.1$ であり，第1期に政府支出が1兆円なされると1兆円の所得増加がもたらされ，限界消費性向 c が0.9のため

9,000億円の消費増加となり，第2期でこの9,000億円の増加が8,100億円の消費増加となり，最終的に10兆円（10,000＋9,000＋8,100＋…＝100,000，ただし，単位は億円）を生み出す。また，ここで均衡国民所得の水準を示す等式9から，租税の変化分 ΔT（減税ならマイナス，増税ならプラス）と国民所得の変化分 ΔY の関係は，

$$\Delta Y = \frac{c}{1-c}(-\Delta T)$$

で表せ，この $\frac{限界消費性向}{1-限界消費性向}$ を**租税乗数**という。つまり，減税（増税）が行われると，租税乗数をかけた大きさだけ国民所得が上昇（下落）すると考えられる。このように需要の変化をさせることにより所得が変化していくことを**乗数効果**といい，政府が予算を通じて意図的に景気調整を行うとするフィスカル・ポリシーのねらいとされているものである。

具体的にフィスカル・ポリシーを第23.2図でみてみると，不況期には現実の所得が Y_1 であって，完全雇用を達成する国民所得 Y_0 との間に Y_0-Y_1 のギャップがあることが多く，この場合，総需要が完全雇用国民所得を下回る分である**デフレ・ギャップ**は aE_0 で示される。政府はこのデフレ・ギャップを埋めるために政府支出増大あるいは減税を実施するのである。逆に，好況期には現実の所得が Y_2 であって，総需要が完全雇用国民所得を上回る分とされる**インフレ・ギャップ**が E_0b あることになるので，これを完全雇用国民所得に向かわせるべく政府支出削減や増税などをするのである。

(3) 均衡予算定理（ハーベルモの定理）

均衡予算の効果について，昭和20（1945）年にノルウェーの経済学者ハーベルモ（Trygve M. Haavelmo；1911［明治44］〜1999［平成11］）が均衡予算の乗数効果について**均衡予算乗数1**の命題を定式化した。

これは次のような想定による。均衡予算は歳出の増加を同額の租税収入増加 ΔT によって賄う場合に成立する。歳出増を移転支出（transfer expenditure; Tr）で行った場合，乗数は $\frac{c}{1-c}$ で表せる。そして租税収入 T の増加 ΔT は移転支出増 ΔT_r の場合と逆の経済効果をもつ。つまり，移転支出増 ΔT_r が $\frac{c}{1-c}$ の乗数をもつのに対して，増税 ΔT は $-\frac{c}{1-c}$ の乗数となる。例えば，限界消費性向 c を 0.8，移転支出増 ΔT_r を 100 とすると，移転支出 ΔG の経済効果は 400（$\Delta Y = \frac{c}{1-c}\Delta T_r$ で算定）であり，増税 ΔT の経済効果は，

$$\Delta Y = -\frac{c}{1-c}\Delta T$$

であるから，−400 となる。そこで移転支出 T_r の増加 ΔT_r を増税 ΔT で賄う

場合は，400＋(－400) で総需要に変化がないこととなる。

これに対し歳出増を政府支出 G で行った場合，財・サービス購入（政府支出 G）の増加分 ΔG を増税 ΔT で賄うことになり，政府支出乗数は $\frac{1}{1-c}$ で政府支出増 ΔG を 100 とすると，

$$\Delta Y = \frac{1}{1-c}\Delta G - \frac{c}{1-c}\Delta T$$
$$\Delta Y = 500 - 400 = 100 = \Delta G = \Delta T$$

となる。つまり，歳出増加分 ΔG および増税分 ΔT に等しい国民所得の増加 ΔY 行われることとなる。ここで政府支出乗数を租税乗数という乗数に着目すると，

$$\frac{1}{1-c} - \frac{c}{1-c} = \frac{1-c}{1-c} = 1$$

であり，これが均衡予算乗数は1という**ハーベルモの定理**の基礎となっている。

こうした考え方は，均衡予算は経済効果ゼロという伝統的な考え方に対して，均衡予算でも歳出の増加がある場合には，一定の拡張効果をもちうるという新しい考え方を広めるのに貢献するものであった。

しかし，ハーベルモの定理をめぐっては，なお次の点が考慮されなければならない。①ここでは対外経済的影響が考慮されていないが，予算規模増減による輸出・輸入面の効果も無視できない。②ハーベルモの定理は，不完全雇用経済の場合にのみあてはまるのであって，完全雇用経済の場合，政府支出増加による国民所得の増大は可能でない。③国家経費と租税の変更が，消費・貯蓄・投資・労働供給等に及ぼすさまざまの作用が考慮されていない。例えば，増税が貯蓄を削減し，投資を縮小する形で，国家経費増加による拡張効果を上回る収縮効果をもつこともありうる。ここから均衡予算の効果は1であるといった定理を普遍妥当的なものとして主張することはできないのである。

(4) フィスカル・ポリシーの難点

このようなフィスカル・ポリシー実施上の難点としてその機動性，つまり，**時間的遅れ**（ラグ）が政策の効果を疑問あるものとするというのが，まず指摘される。政策が立案され，実施される過程は，次の5段階に分けられるが，それぞれに時間的遅れ（ラグ）がともなう。①攪乱要因の発見と診断にあたっての**認識のラグ**，②具体的政策提案の作成にあたっての**立案のラグ**，③政策が議会によって承認されるまでの**承認のラグ**，④政策の実施に至るまでの**実施のラグ**，⑤実施された政策が効果をもたらすまでの**効果発現のラグ**がそれである。

この①から⑤までの過程が短ければ短いほどよいのであるが、議会制民主主義の国では、④に至るまでに多くの日時が経過する。これは議会が行政府に大きな自由裁量権を与えれば短縮が可能であるが、アメリカの場合、支出面での自由裁量権を除いて、議会の財政権が強く確立されている。また議会は圧力団体を背景として、経費削減と増税に反対する。租税負担率がすでに国民所得の30％を超えるといったところでは、租税の安定政策的利用には困難がある。

　アメリカにおけるフィスカル・ポリシーの実践が**財政赤字**をもたらし、またこれがインフレーションをもたらすことを鋭く指摘したのはブキャナンである。例えば1964（昭和39）年の減税は、予算赤字があるにもかかわらず、景気回復を意図するフィスカル・ポリシーとして行われた。これ以後財政赤字規模がますます拡大すると同時に、インフレーションもますます進行した（ブキャナン-ワグナー『赤字時代の政治経済学』第5章を参照）。議会制民主主義の国でケインズ政策が実行されるとき、それは思わぬ偏りを生むという指摘は事実問題として正しいと思われる。これは今日の日本の財政赤字累積の一要因にもなっているがケインズ政策は理論的にさまざまの問題があり、それは**ケインズ経済学への批判**と関連している。ケインズ経済学に基礎をおくフィスカル・ポリシーがもはや無用になったかどうかが、問われるようになった。少なくとも、フィスカル・ポリシーは狭義の自由裁量的財政政策の意味では、失業およびインフレーションの併存といった現代の問題に応ええなくなっている[4]。

---

4)　「フィスカル・ポリシーは死んだか？」という設問に対し、ピーコックとショーは、「フィスカル・ポリシーは死んでいないが、ある程度の大手術が必要である」という立場をとっている。フィスカル・ポリシーの目標は完全雇用に見合う需要の維持にあるが、インフレと共存する失業の増大により、その再検討の必要がでている。雇用維持のためのフィスカル・ポリシーの可能性は、失業の性格そのものが変化したため少なくなっている。なおインフレ対策としての増税は総需要の縮小をもたらすという想定であったが、増税は生活費騰貴・賃金騰貴・物価騰貴の悪循環をもたらす。インフレ対策としての政府支出削減は、雇用目標と両立せぬほか、現物給付（教育・保健サービス等）や移転支出の削減は実質所得削減となって取戻し効果をよび起こす。政府支出削減は民間支出増大という代替効果をもたらすという点も、ケインズ的マクロ経済理論で軽視されてきた点である。さらに、政府の財政政策に対する消費者活動および企業活動の反応も、ケインズの想定ではあまりにも単純であった。例えば公債発行による投資支出の財源調達は、民間資金調達をしめ出す（crowd out）こと（クラウディング・アウト）によって効果を相殺されるといった観点が重要であり、ケインズのマクロ経済モデルはなお厳密なミクロ経済的モデルにより補完されねばならぬとしている。いずれにしても「財政政策は、金融政策、為替相場政策、そしておそらく価格・所得政策を含む他の政策手段との関連で評価されねばならぬ」という結論であり、これはフィスカル・ポリシーの理念の大きな変化を物語るものといえる（A. T. Peacock and G. K. Shaw, Is Fiscal Policy Dead ?, *Banca Nationale del Lavoro, Quarterly Review*, June, 1978, p.107～120）。

第24章　自動安定装置とポリシー・ミックス

1　ビルト・イン・スタビライザーの理論と計測

(1)　ビルト・イン・スタビライザー

　ビルト・イン・スタビライザーは**自動安定(化)装置**（built in stabilizer）と訳されるが，政府の自由裁量的なフィスカル・ポリシーと異なり，予算および税制など制度それ自体に組み込まれていて，自ずから景気安定化の働きをするものである。つまり，自由裁量的財政政策が政府の意図的政策によって達成されるのに対して，好況期におけるインフレ・ギャップの縮小，不況期におけるデフレ・ギャップの調整を既存の予算および税制の仕組みから期待するものがビルト・イン・スタビライザーである。

　また，租税制度を変更しなくとも租税負担が景気変動に応じて自動的に増減することを**自動的屈伸制**（built in flexibility）ということもある。

(2)　ビルト・イン・スタビライザーの構成要因

　アメリカにおけるビルト・イン・スタビライザー（BIS）の要因として指摘されているのは，次の4点である。

　①**累進所得税と法人税の仕組み**　　(ア)これらの税の税収の所得弾力性が高いことが基本的要因である。**税収の所得弾力性**ないし**租税弾性値**は，税収の増加率と国民所得の増加率の関係であらわされ，$\dfrac{\varDelta 税収}{\varDelta 国民所得} = \dfrac{15\%}{10\%} = 1.5$ といった形で示される。(イ)所得弾力性の高い税が存在するだけでなく，これに対する依存度が大であること，(ウ)税収が景気に即応して直ちに反応することが重要である。ここでは**源泉徴収給与所得税**が所得税全体に占める割合が規定因となる。(エ)なお所得税と法人税の安定効果には違いがあり，法人税のそれは企業経営の安定化を意図した独自の仕組みをもつ。ここでは累進税率による安定化でなく，**企業赤字の繰り越し，繰り戻し**といった税負担の平準化の仕組みが重要である。

②**移転的経費特に社会保障費の大きさ**　社会保障の関連経費や補助金のように，経費支出によって購買力を支出された人などに移転するだけで所得総量には変化を与えない**移転的経費**が個人可処分所得の安定化に大きな役割をもつほか，失業保険には独自の景気調整効果がある。すなわち，好況期には雇用増加と賃金水準増加により保険積立金が累積し，不況期には雇用減・給付人員増が積立金の取崩しにより賄われることにより，保険財政の範囲内で，この調整効果が達成される。

③**農産物価格支持制度**　農産物の最低価格を定め，農民が申し出れば国家機関がこれを買い上げ，農家の所得維持をはかる仕組みである。1930年代にはじまった連邦政府の農業政策の1つで，これが安定装置として役立てられた。

④**予算規模の大きさ**　以上のような制度の仕組みがあれば，直ちにBISが発効するというものでなく，予算規模が大きく，国民経済全体への影響力も大きいという場合でないと効果的でない。またBISはそれによって自由裁量的財政政策が不要となるというものでなく，効果は部分的であることも忘れてはならない。

(3)　マスグレイブ・ミラーの安定化指標（BISの計測）とその後の議論

ビルト・イン・スタビライザー（BIS）を数量的に測量する試みが，マスグレイブとミラー（Merton H. Miller; 1923［大正12］〜2000［平成12］）によって行われ（1948［昭和23］年），その後さまざまの計測が行われている。マスグレイブとミラーは，1946（昭和21）〜1947（昭和22）年度のアメリカのBIS指数を35.8％とした。またマスグレイブはその著『財政理論（*The Theory of Public Finance*）』（1959［昭和34］年）で，1950年代のアメリカについて，BISによる安定効果は，税制によるものが約34％，歳出を含めて約40％としている。

計算方式は，

$$\alpha = \Delta Y^* - \frac{\Delta Y}{\Delta Y^*} \text{あるいは}$$

$$\alpha = 1 - \frac{\text{税収を考慮した投資乗数}}{\text{税収を考慮しない投資乗数}}$$

$$= \frac{\frac{1}{1-c(1-t)}}{\frac{1}{1-c}} = \frac{ct}{1-c(1-t)}$$

である。ここで，cは限界消費性向で，tは税率であり，αは**BIS指数**あるいは**マスグレイブ・ミラーの安定化指標**で，αは0〜1までの値をとり，αが1に近づ

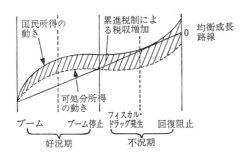

〔出所〕 Mackscheid/Steinhausen, *Finanzpolitik*, 1973, S. 72.

第24.1図 フィスカル・ドラッグの発生

くほど安定化効果が大きくなり、0に近づくほど小さくなるとされる。

また、$\varDelta Y^*$ は BIS がない場合の所得変化、$\varDelta Y$ は BIS による効果を加えた所得変化である。BIS が存在しない場合に生ずる所得の変動をその40％まで回避するものだが、これがさまざまの仮定（例えば租税は消費のみ影響するという仮定）の上に成り立つ数値であることは確かである。

BISをめぐるその後の論議で、BISの存在は、むしろ景気回復期における回復を遅らせる**フィスカル・ドラッグ**[1]（fiscal drug、財政障害、財政歯止めと訳される）の効果をもつので、これを回避するため税の自然増収から賃金・物価の上昇による政府支出の当然増を差し引いた額とされる**フィスカル・ディヴィデンド**（fiscal dividend、財政配当）が必要といった議論がでているが、一般理論としてなお十分基礎付けられたものと思われない。

2 財政金融のポリシー・ミックス

(1) 両政策の長短

財政政策と金融政策の意義ないし重要性の変遷は第20章で述べた通りであるが、2つの政策の長短の比較が、次のような形で行われている。

①**効果の直接性と間接性** 不況対策として金融政策は相対的に無力であり、財政政策（政府支出増加と減税）の方が有効である。財政政策は水際で馬に水を飲ませることができるが、金融政策は馬を水際までつれていくだけといっ

---

1) フィスカル・ドラッグの発生の説明は、第24.3図の通りである。
　経済成長が一定の均衡成長路線を軸として想定される一方、税制が累進税制を基本に組み立てられている場合、減税が行われないと、景気回復が抑制され、均衡成長路線への到達が阻止されることを、この図は説明しようとしている。もっともこのフィスカル・ドラッグの存在がいかなる意味でBISの否定要因となるかは、さまざまの角度からの検討が必要である。

た比較がなされている。

②**消費抑制効果と投資抑制効果**　抑制的財政政策は増税等により消費抑制・貯蓄奨励を行い，投資とのバランスを回復させるので，経済成長を長期的に抑制しないのに対し，抑制的金融政策は投資抑制により，成長を阻害するといった違いが指摘されている。

③**機動性・弾力性**　金融政策は所得の流れにタイム・ラグをもって影響するのに対し，財政政策は所得の流れに強力かつ直接的に影響する。政策決定のラグは財政政策の方が大きいが，効果発効のラグは金融政策の方が大きいといった指摘である。

④**対外収支均衡化の動機**　国際経済交流の発展により，金融政策は対外収支均衡化を重視した運営を不可避とするが，財政政策はこうした考慮なしに（この動機にそれほどわずらわされずに）国内政策に専念しうる。

⑤**政治的影響を受ける度合**　金融政策は総需要抑制に適し，財政政策は総需要拡大に適する。すなわち，予算は容易に拡大しうるが，政治的理由から抑制は困難である。

以上の比較はなおさまざまの形でなされうるが，比較はあくまでも相対的なものであり，ここから両者の適切な組合せが必要ということになる。

(2) **財政政策と金融政策の効果の違い**

両者の効果の違いとして，①財政政策は所得ないし産出物に直接影響するのに対して，金融政策は貨幣供給ないし信用活動に影響し，これを通して間接的に所得および産出物に影響するという形をとる。②また財政は消費への影響に有効であり，金融は投資への影響に有効であるという区分もあるが，投資減税という財政政策が投資に影響し，消費者金融の操作が消費に影響するといった例外もある。財政金融の両領域の交錯が進んでいることの一例である。

(3) **ポリシー・ミックス論**

まず，財政政策の中に取り入れられるようになったIS-LM分析によるポリシー・ミックス論に触れねばならない。現実の市場は財市場，貨幣市場，そして労働市場があるが，IS-LM分析は財市場と貨幣市場を均衡させる国民所得 Y と利子率 r の水準を考えるもので，こうした状態で財政学ではとりわけ財政政策の効果をより深めて考えるのである。これはイギリスの経済学者ヒックス

(John R. Hicks; 1904［明治37］～1989［平成元］）によってケインズ理論の分析に用いられた手法であり，第24.2図のような図を描く。第24.2図［A］のように導出される **IS曲線** とは財（生産物）市場での需要と供給の均衡が実現される所得水準と利子率の組合せを意味し，投資（Investment）と貯蓄（Saving）を等しくする（第24.2図［A］の第3象限で投資 I ＝貯蓄 S となっている）所得水準と利子率の関係を図示したものといえる。なお，第2象限は投資 I と利子率 r の関係を示した **投資関数** で利子率の減少関数が，第4象限は国民所得 Y と貯蓄 S の関係を示した **貯蓄関数** で所得の増加関数として図示されている。一般に，利子率 r が下がると投資が高まり国民所得 Y が高まることから，低い利子率 r_L が高い国民所得 Y_H と対応し，高い利子率 r_H が低い国民所得 Y_L と対応することがわかる。また **LM曲線** とは貨幣市場で貨幣需要（Liquidity）と貨幣供給（Money supply）が等しくなる（貨幣供給 M を一定とすると，$L_1+L_2=M$ で貨幣市場は均衡し，それが第24.2図［B］の第3象限に図示）国民所得と利子率の組合せを意味し，第24.2図［B］はこれを図示したものといえる。なお，資産として貨幣をもつ意味の投機的動機に基づく貨幣需要 L_2 を表す貨幣需要関数は利子率 r の減少関数として第2象限に示されており，取引に必要な貨幣保有を意味する取引動機に基づく貨幣需要 L_1 を表す貨幣需要関数は所得 Y の増加関数として第4象限に示されている。そして一般に，国民所得が増加すると貨幣需要が増加して利子率が上がることから，高い利子率 r_H と高い国民所得 Y_H が対応し，低い利子率 r_L と低い国民所得 Y_L が対応することがわかる。

この IS 曲線は財政政策によって影響され，LM 曲線は金融政策によって影

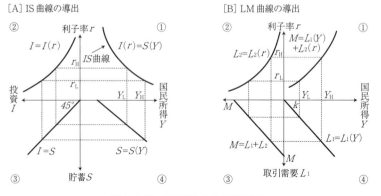

第24.2図　IS 曲線と LM 曲線の導出

響される。第24.3図は第24.2図［A］［B］の第1象限を合体させたものであるが，第24.3図［A］に示されているように，いま財政支出の増大または減税によって国民所得の増加がもたらされると，貨幣需要を増大させ，マネーサプライを一定とするとこれに応じて利子率も上昇する。実物経済と貨幣経済の均衡が達成されるIS-LM曲線の交点はE_0からE_1に移動する。ここでは国民所得の増大が起こるが，利子率も上昇することになり，投資への抑制効果をもたらすこととなる。そのため財政政策の効果は打ち消されてしまうのである。これに関連して，「開講にあたり」でみたように，日本でも昭和50年代から財政赤字に対処すべく大量の国債を発行したが，この際政府が国債を市中消化して財源調達とすると，一定のマネーサプライの下では利子率を上昇させてしまい，政府支出の増加が民間の資金需要をおしのけて民間支出を減少させてしまうという**クラウディング・アウト**（crowding out）の問題が注目されたりした。

金融政策はLM曲線に影響するが，第24.3図［B］にみられるように，例えばここでマネーサプライ（通貨供給量）を増加させる買いオペレーションが中央銀行によって行われると，マネーサプライの増大は利子率を引き下げる効果をもたらす。IS曲線が動かず，LM曲線のみLM_1曲線にシフトする場合をみると，交点E_0がE_2に下がることとなり，利子率の低下と国民所得の増大が達成されることがわかる。

以上の第24.3図［A］，［B］の均衡点E_0，E_1，E_2はいずれも完全雇用所得と

［A］財政政策の効果

［B］金融政策およびポリシー・ミックスの効果

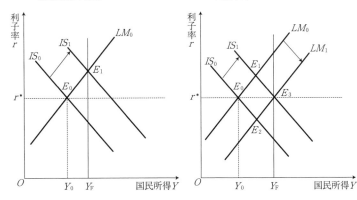

〔出所〕嶋村紘輝『入門経済学(第2版)』中央経済社，平成8年，342頁から作成。

第24.3図 IS-LM曲線による財政政策と金融政策の説明

一致するものと限らず，例えば第24.3図［B］で完全雇用所得水準が Y_F にあるとすれば，財政政策と金融政策の同時的発動によって均衡点が E_3 になるようにポリシー・ミックスが達成されねばならない。ここから財政政策と金融政策の適切な組合せが必要ということになる。もっとも，この適切な組合せは，理論的にはともかく，現実にはこれを発見することが困難である。財政政策と金融政策のそれぞれの有効性について疑問が表明されている局面にわれわれはあるのである。

(4) 極端な状況でのポリシー・ミックスによる効果

次に極端な経済状況をみておきたい。第24.4図［A］はケインズが登場した世界恐慌時を描いたものとされるが，利子率がこれ以上下がらないと人々が想定している状態（貨幣需要の利子弾力性が無限大の状態）で，同図のように LM 曲線が横軸に対して水平となっている**流動性のわな**が存在している場合である。この場合は，IS 曲線が動くことによってしか国民所得 Y を増加できないため，財政政策が重視される。また，第24.4図［B］は古典派の貨幣数量税（貨幣需要は所得によって決まり利子率には依存しない）に基づくものであり，貨幣需要の利子弾力性がゼロであり，LM 曲線が横軸に対して垂直となっている。これは古典派の領域とよばれ価格調整機能により常に完全雇用が実現されていて，利子率が高く債券価格がかなり低い状態である。このときに財政政策をして IS_0 を IS_1 に移動させても利子率を上昇させるだけでクラウディング・アウトが生じて乗数効果は働かず，利子率 r が高くなるだけで国民所得 Y は増加しない。そ

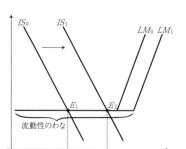

[A]ケインジアンの場合（流動性のわな）

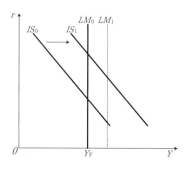

[B]古典派経済学の場合

第24.4図　極端な状況でのポリシー・ミックス

第24.2表　開放体制下のポリシー・ミックス

国内経済	国際収支	財政（余剰）	金融（利子率）
デフレ	黒字	減少	引下げ
インフレ	赤字	増加	引上げ
デフレ	赤字	減少	引上げ
インフレ	黒字	増加	引下げ

こで金融政策をして LM 曲線を LM_0 から LM_1 に移動させるしかないのである。

(5) **開放体制下のポリシー・ミックス**

さらに，開放体制下のポリシー・ミックスについては，第24.2表のようなシェーマに従った政策運営が主張された。**マンデル・モデル**とよばれるものである。これは，国内均衡と国際均衡を同時に達成するためのポリシー・ミックスの条件を示したモデルである。しかし，国内経済均衡対策としてもっぱら財政政策を利用し，国際収支均衡対策としてもっぱら金融政策を利用することが，果たして可能かどうか疑問である。またこのモデルは，財政政策要因として財政収支差額（余剰ないし黒字）を唯一の操作要因としている。しかし現実の財政政策には，財政規模の増減，財政支出政策，収入政策の両面における刺激的・収縮的（誘導的・抑止的）手段があり，これらの適切な組合せに議論が及んでいない。さらに，インフレ局面とデフレ局面にそれぞれ対応した手段をという考え方であるが，インフレとデフレの混在したスタグフレーションの局面になると，いかなる政策をとるべきか，議論がますます迷路に入りこんでくるのである。

となることはもちろんである。

(2) 地方財政の役割とオーツの分権主義財政論

①**地方財政の役割**　集権化と分権化の問題を論じた**オーツ**（Wallance E. Oates；1937［昭和 12］～）は，その著書『財政連邦主義（*FiscalFederalism*）』（1972［昭和 47］［英文］，p14；米原淳七郎・岸昌三・長峯純一訳『オーツ地方分権の財政理論』第一法規，平成 9 年）の中で，「中央政府は，経済の安定，平等な所得分配の達成，そして社会の全成員の福祉に大きく影響する公共財の供給に第一義的責任をもつ。地方政府はこれらの活動を補充し，その行政区域の住民にのみ第一義的利益のある公共財・サービスを供給する」という基本的命題を示している。地方政府が経済安定化機能や所得再分配機能に専念しても，国内に限ってみても開放経済体系となっており，こうした分野での政策効果が域外に漏出してしまうとするのをその主因としている。そのため，地方政府は資源配分機能を重視するという論になっている。これはマスグレイブの財政の 3 機能を地方財政に適用して論じたものであるが，地方財政の機能が**資源配分機能**にのみにきわめて狭く限定されているという印象を否めず，住民の生得の権利としての自治権が中央政府の経済政策的要請の下に大きく制限されることにならないかい否かが疑問であるという批判がある[2]。

ハーシュは，政府の活動を政策任務と計画任務に大別している。**政策任務**はマスグレイブが分類した配分，分配，安定の各任務に割り当てる相対的重要性の決定にかかわるもので，遠い将来にかかわり政策目標や優先順位の設定を取り扱うものとしている。**計画任務**は近い将来の資源利用に関係した計画的予算活動に入るものとし，政府の 5 大意思決定領域ないし任務とされる国家安全維持，法と裁判，社会開発および福祉，経済開発，一般政府活動のうち，国防を除いた 4 つが州および地方政府に残されるとしている（W. Z. Hirsch, *The Economics of State and Local Government*, 1970［昭和 45］［英文］）。

②**オーツの分権主義財政論**　オーツは前述の書でアメリカの経済社会を前提として，(ｱ)人口が多ければ多いほど分権化されやすく，(ｲ)富裕国は貧困国よりも分権化されやすいとし，分権化を支持している。(ｲ)の論点は，費用の観点と有能な行政官吏の数の観点から基礎付けられ，統計的に観察される結果は以

---

[2]　第 23 章 1-(3)も参照いただきたい。また，内山昭教授がマスグレイブによる財政の機能の分類について再考されている。詳細は『分権的地方財源システム』（法律文化社，平成 21 年）の第 9 章を参照。

上のようなものであるとする。

そして分権化を促進する要因は、(ア)輸送手段の改善、(イ)通信制度の改善、(ウ)人口1人当たり所得水準の上昇にあるとする。すなわち、(ア)と(イ)により人口移動の容易化が生まれ、公共サービスへの同じ嗜好をもつ個人によって構成される地方団体の形成が容易になるとする。(ウ)の所得水準の上昇は、費用のかかる分権的政府の維持を可能にするとしている。こうした説明にも疑問が残るが、それは(ア)、(イ)の論点がむしろ中央集権化を容易にする根拠とも思われるからであり、また(ウ)の所得水準上昇と分権化を直接結び付けることも難しいと思われるからである。所得要件とならんで、人口要件を分権化の要因とすることにも、スイスがその例外として指摘されているように、疑問を感ずる。集権化と分権化を規定する要因は、経済的・社会的・政治的・民族的等々の各種のものがあり、これはより厳密な歴史的過程の分析において、また特に経済的基礎過程の変化に関する的確な認識に基づいて、明らかにすべきものと思われる[3]。

もっともここでなされている実証的研究のうち、1950年代から1960年代半ばにかけて、中央集権化の傾向が分権化の傾向に逆流しているという指摘は重要である。第25.1表の示す通りであり、ベトナム戦争に従事していたアメリカを除いて、主要諸国でかなり明確な地方政府支出の増大がある。この時期は大きな戦争や大不況がなかったことが1つの要因であり、他の要因は地方政府サービスの単位当たり費用が、教育関係人件費増等の形で増大したこ

第25.1表 総政府経常支出に占める地方政府経常支出の割合

(単位：％)

国	1950	1955
オーストラリア	20.1	30.1
オーストリア	43.2	54.2
カナダ	45.3	56.3
西ドイツ	70.5	73.4
イタリア	42.1	56.2
スウェーデン	47.4	56.7
スイス	68.6	77.7
イギリス	28.1	42.5
アメリカ	47.3	42.9

〔出所〕 Oates, *Fiscal Federalism*, p. 232.
(注) 本表に対する日本の数値は、57.6と60.7（大蔵省『財政統計』による推計）である。

---

3) 経済的基礎過程の発展は中央集権化を促進する方向に進んでいるとみるのが正しいと思われる。資本主義的生産過程は、対抗する要素を含みつつも、資本および生産の集中・集積をほぼ一貫した傾向として推し進めており、これは当然のこととして行財政の中央集権化を要請するものだからである。国家経費の膨張とその構造変化を経済的基礎過程の変化から説明すると同時に、国・地方財政関係の発展も同じ観点から解明する必要がある。

とにある。この傾向がその後なおどのように展開したかは，興味ある研究主題である。

2　中央集権化法則

(1)　ポーピッツの法則

　社会が発展するにつれて，中央政府の担当する事務の範囲が拡大し，地方公共団体特に市町村のそれが縮小する。財政面においても，中央政府の財政規模が地方公共団体のそれに比して増大する傾向にある。財政学者としてこのことを法則化し，「**中央国家または上位機関財政の吸引力**」に関する法則（ポーピッツの法則）と名付けたのはポーピッツ（Johannes Popitz；1884［明治17］〜1945［昭和20］）であった。ポーピッツはワイマール期ドイツの財務官僚兼大学教授で，**財政調整の生みの親**といわれている。彼は第1次世界大戦後の混乱が地方団体に大きな財政負担をかけているので，公共事務を中央集権的に処理する必要がある一方，負担の適正な配分が必要であり，中央政府は地方政府間の負担の平衡化の役割を受けもたねばならぬとし，ここから**財政調整**（Filnanzausgleich）の必要を説いた（第10章2参照）。

　全政府財政に占める中央政府の役割の増大と租税収入の国税への集中は，第2次世界大戦後ピーコックとワイズマンにより**集中過程**（concentration process）として特徴付けられた。そして彼らは，行政の効率化の要求や，公共サービスの均一化の要求からこれを基礎付け，また戦争中に拡大した中央政府の役割は，戦争が終わっても，戦前の水準までは縮小しないという意味での**転位効果**（displacement effect）と関連させて，この問題を論じた（第10章3参照）。

(2)　アルベルスの研究

　こうしたポーピッツの法則やピーコック-ワイズマンの仮説は正しいかどうか。これを市町村財政支出の総政府支出に占める割合，市町村税収の総租税収入に占める割合という2つの側面から，国際比較的な形で検討したのが，**アルベルス**（Willi Albers）の研究である。第25.2表と第25.3表の示す通りであり，これによると，国によって差があるが，長期的にみれば，ドイツ，イギリス，フランス，アメリカ等のいずれの国でも，ポーピッツの法則が貫徹している。そしてその原因は，戦後処理費や経済助成費，社会保障費の増大が中央政府の

第25.2表 市町村財政の割合
(総財政支出中の%)

	ドイツ	イギリス	フランス	アメリカ	日本
1913	40	53	25	63	25
25	38	42	24	55	36
32	42	45	27	44	37
38	27	43	25	33	30
40	—	16	—	30	21
45	—	14	10	5	9
50	24	24	16	19	26
55	25	30	20	19	29
58	24	29	21	25	28

〔出所〕 Albers, *Das Popitzsche Gesetz*, 1964, 日本は佐藤推計。

第25.3表 市町村税の総租税収入中の割合
(単位:%)

	ドイツ	イギリス	フランス	アメリカ	日本
1913	37	34	18	58	17
20	—	15	8	42	23
25	31	20	—	47	21
30	32	21	17	54	21
38	25	19	22	39	14
45	—	7	14	10	12
50	13	8	16	16	14
55	13	9	16	15	16
60	14	12	15	16	14

〔出所〕 第25.2表に同じ。

財政規模を拡大させたことにあるとしている。また分権主義的財政運営は不公平な負担配分をもたらすというのが，税制の中央集権化の原因であるとする。もっとも，アルベルスは将来の予測については慎重であり，集権化傾向が今後ともストレートに進むことは必ずしも予想されないとしている。小規模地方自治体の有効性が再発見されるかもしれないし，中央集権化に反対する政治勢力が強まるかもしれないというのが，その根拠である。

(3) レクテンワルトの反論

ポーピッツの法則とピーコック−ワイズマンの集中過程仮説は，その後**レクテンワルト**（H. Recktenwald）より基本的に疑問視されるに至っている。彼はドイツについては，この法則を全面的に否定し，第2次世界大戦後の西ドイツにおける分権化傾向の定着を指摘している。集中化をもたらす要因として，財政構造の弾力性の差があげられ，弾力的収入源を中央政府が独占すれば集中化が進むが，収入弾力的な税収入に中央・地方（邦・市町村）がともに参加すればこの集中過程に歯止めがかけられるとする。所得税・法人税・付加価値税等の主要税源が連邦と邦で共管する**共通税**の制度をとることにより，この歯止めが設けられている。西ドイツの場合，1960年代中葉以降総政府支出に占める連邦政府支出の割合は低下傾向にあり，集中過程が続くことは想定できないとしている。これは第25.1図の通りであり，ここから経験的分析はいわゆる法則に反するものであり，また将来の予測については，「国家支出の膨張は狭い限界内にあると見てよい」としている。

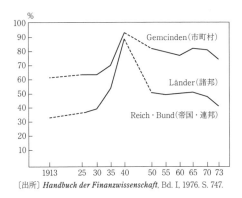

〔出所〕*Handbuch der Finanzwissenschaft*, Bd. I, 1976. S. 747.

第 25.1 図 ドイツ帝国よりドイツ連邦共和国にいたるまでの帝国（連邦）・邦・市町村の純支出割合

中央集権化がどのように進むかは，政府支出全体の規模の膨張が今後どのように進むかと密接な関連にある。ここから中央集権化法則の単純な適用は不可であるといえるが，レクテンワルトの反論にもかかわらず，長期歴史的にはこれが貫徹してきたとみざるをえない。市町村財政の相対的地位の低下は各国で明らかだからである。そこで分権化増大傾向というのも，長期的中央集権化傾向の一局面と解しうるのである。

3　日本の場合――戦前と戦後――

(1) 未熟な集権と素朴な古典的地方自治

日本で第2次世界大戦前と戦後の行財政を比較する場合，戦前は官治的地方自治，戦後は民主的地方自治といった対比がなされる。これには疑問がある。地方自治および古典的地方自治の規定の仕方にもよるが，「戦前の財政は中央集権化が未熟であり，また素朴な古典的地方自治が活きていた」という趣旨である。それは，**名誉職制**や可変的税率の**土地課税**等に活きていたからである。そもそも戦前・戦後という二分的発想に問題があり，より細かな時期ごとに状況は揺れ動きつつ発展してきているのである[4]。

明治4（1871）年に戸籍編製準備のために中央集権的地方制度の確立を目論んだ**大区小区制**が設けられたが不評のため，明治11（1878）年の**三新法**（郡区町村編制法・府県会規則・地方税規則）が制定され**郡区町村編制法**により地方制度の見直しがはかられた。その後，明治21（1888）年に**市制町村制**，明治23（1890）年には**府県制郡制**が制定された。そうした中での地方財政は，財源は財産収入を

---

4)　佐藤進『地方財政・税制論』（税務経理協会，昭和49年，改訂版，昭和51年，二訂版，昭和52年）の第1部第1章を参照。これはごく常識的なことをいっているのにすぎないのであるが，大石嘉一郎教授らと論争になった。

主要財源とし**国税付加税**を補助財源とする建前がとられ，市町村予算には知事や郡長が認めた経費を強制計上する**強制予算制**がとられたりした。大正デモクラシーの流れの中では，郡制が廃止され，国税の地租・営業税を地方の自主財源に要求する**両税委譲運動**が起こったが，実現直前で昭和初期の恐慌が主因となり挫折したのであった。

(2) 地方自治と地方財政の変化

第2次世界大戦による敗戦を境に，日本の地方自治と地方財政は大きく変化した。地方自治が憲法上の保障を得るようになったのが，最大の変化である。すなわち，憲法第92条は「**地方自治の本旨**」に基づいた行財政運営を規定し，第93条は議員と長の直接選挙を，第94条は地方公共団体の行政権と法律の範囲内での条例制定権を，第95条は住民投票の制度を定めている。ここでいう「地方自治の本旨」とは何かについての明文上の規定がないが，この地方自治は**住民自治**（住民による住民のための行政）と**団体自治**（中央政府からの一定範囲での独立）の双方の保障を含むものであり，またそれは財政上の自律主義の裏付けをもつべきものというのが，おおよその通念となっている。なお，戦後の地方自治・地方財政制度は，**地方自治法**（昭和22［1947］年），**地方財政法**（昭和23［1948］年），**地方税法**（昭和25［1950］年），**地方公営企業法**（昭和27［1952］年）がその法的根拠となっている。

「地方自治の本旨」に内在する**財政上の自律主義**とは，①地方公共団体の独自の課税権と，②起債権，そして③支出の自由裁量権を含むものとみてよい。①は地方公共団体が国税と区別された独自の税源をもち，これに対する税率を自主的に決定できること，②は地方公共団体が地方議会の承認を受け，後年度の負担となる長期的債務を負うことができること，③は財政支出の決定にあたって，地方公共団体の特殊状況に応じた重点形成や優先順位決定が行われうることをさす。これらの財政上の自律主義は現実には大きな制限を受けているが，これは日本国憲法が地方自治の財政的裏付けを欠いたまま発足したためである。

(3) 地方自治の財政的裏付け

もちろん戦後改革の過程で，地方自治に財政的裏付けを与える試みがさまざまな形で行われたことを無視できない。旧内務省の解体と**地方財政委員会**の設

立は，地方行財政民主化の試みであり，これに続く昭和24（1949）年9月の**シャウプ勧告**は，日本の地方財政制度に大きな変革をもたらすものであった。シャウプ勧告の地方財政改革勧告の柱は，①国・府県・市町村の行政責任の明確化，②市町村優先主義，③独立税主義，④補助金整理，⑤地方債発行の自由化，⑥平衡交付金による地方財政収支差額の補塡，⑦地方財政委員会による行財政運営などであり，これらは昭和25年度の大きな改革となってあらわれた。

そしてシャウプ勧告による地方自治体制は，その後次のようなプロセスを経て崩壊すると同時に，**地方財政危機**の深まりをみるに至った。

地方自治体制の崩壊は，昭和27（1952）年の法改正による**自治庁設置**と**地方財政委員会の廃止**，国の助言・勧告の形での非権力的関与の開始，地方公営企業法制定による公営企業合理化，東京都区長公選制廃止による首都の自治の後退，昭和28（1953）年町村合併促進法による市町村の集約化（いわゆる**昭和の大合併**。その後数年で1万を超える市町村が3,500と3分の1に減った），昭和29（1954）年府県独立税としての**附加価値税廃止**（地方税法よりの削除），地方財政平衡交付金の交付税交付金への切替え，府県民税新設，固定資産税率引下げと不動産取得税新設等による府県税源強化，昭和30（1955）年の地方財政再建促進特別措置法制定による国の監督下での地方財政再建といったプロセスをとる。

(4) 戦後の地方財政危機

戦後の地方財政危機は，第1期が昭和20年代末のそれであり，これには6・3制完全実施による**義務教育費**の増大が大きな要因をなしており，昭和29（1954）年当時都道府県の7割，市町村の4割が赤字といったふうに，農村地域の地方団体を中心に大規模な財政赤字の発生をみた。これが地方財政再建促進特別措置法制定の背景となった。

第2期が昭和30年代後半から40年代はじめにかけてあり，地方公営企業の赤字が交通・水道・病院等の主要事業に発生し，これが昭和41（1966）年地方公営企業法改正の原因となった。また昭和40年代に入って都市問題・公害問題の発生を背景に地方における保守党支配の体制が崩れ，保守政党レベルでの都市政策大綱が決定され，高度経済成長過程で発生した**大都市地域問題**と**過疎地域問題**の同時解決が政治課題となった（後者に対しては昭和45年過疎対策法制定）。

第3期が昭和49年度以降であり，石油危機以後の**スタグフレーション**の進行につれて，20年ぶりの地方財政危機が発生し，その原因・対策をめぐりさまざま

の議論が行われた。地方財政計画ベースでの財源不足額は昭和54年度の4.1兆円をピークに毎年2～3兆円の巨額で発生したが，これは交付税特別会計の借入と地方債増発によって手当てされており，地方財政の借金依存体質が高まった。

そして第4期となるのが，平成の**バブル経済崩壊**により発生した地方財政危機といえる。景気の悪化により，法人事業税や法人住民税に依存する度合の高い大都市を抱えた都府県ではこれらの税収が大きく減少した。また，地方団体が単独事業として実施する公共事業では当面，地方債発行により財源調達させ，元利償還費の一部を地方交付税の基準財政需要額に組み入れて面倒をみるという措置が以前からとられつつあったが，バブル経済崩壊後に景気対策として多用され，地方の負担として重くのしかかってきた[5]。こうした中で，財政の効率化も目論んで，**合併特例債**等の特例措置をとりながら**平成の大合併**（市町村数を1,000にする目標）を実施したり，第28章4で後述の**三位一体の改革**を行うに至った。けれどもこの三位一体の改革こそが地方財政危機を招来してしまったのであった。

(5) 戦後の地方財政と集権化・分権化

以上でわが国の戦後地方財政問題の推移を概観した形になったが，ここでの問題は中央集権化と分権化という主題との関連で，戦後日本の地方財政をどう評価するかである。戦後の地方財政を戦前のそれと比較した場合，財政上の自律主義はむしろ戦前の方が戦後より大きかったといえるのではないかと思われるのである。第25.2表にあるように，分権化の指標を市町村財政支出の総財政支出に占める割合としてみると，大正14（1925）年36％，昭和7（1932）年37％といった割合が，戦後昭和30（1955）年には29％，昭和33（1958）年には28％と低下している。さらに第25.3表により総税収の中に占める市町村税収の割合をみると，大正14（1925）年21％，昭和5（1930）年21％であったのが，昭和30（1955）年16％，昭和35（1960）年14％と低下している。この数字をさらに引きのばして，昭和40（1965）年，昭和45（1970）年，昭和50（1975）年度についてみると，16％，13％，17％，となっており，年度により変動があるが，

---

[5] 地方財政危機には2つの形があるとされ，このように景気対策のための公共事業などで誘導される「**誘導**」型危機と，景気悪化による税収減の中でかつての機関委任事務のように支出が強制される「**強制**」型危機がそれである。前者は市町村に，後者は都道府県に多くみられる。神野直彦『地方自治体壊滅』（NTT出版，平成11年）を参照。

全般的に低水準での推移が疑えない。昭和40年代後半以降市町村税源の強化が合言葉となっており，税源拡充に努力がはらわれているが，これが後述のような地方分権強化の国際的動向に関連があるかどうかは，疑問であるといわねばならない。

　このような日本の地方財政システムの考え方の延長上に，集権・分権，集中・分散の4語を用いて日本の税財政システムを表現する考え方がある[6]。それは第25.4表に示されている。これは公共サービスの供給と負担について，中央政府の決定が支配的である場合は**集権**（centralization）といい，地方政府による自主的決定が支配的である場合は**分権**（decentralization）ということ，また公共サービスの執行について，中央政府の占める割合が高い場合には**集中**（concentration）といい，地方政府の占める割合が高い場合には**分散**（decentration）という概念を用いたものであり，神野直彦教授は公共サービスが中央政府に多くを掌握されて

第25.4表　日本の税財政システム

公共サービスの執行 ＼ 公共サービスの決定	集　権	分　権
集　中	明治初期に政府が求めていたシステム	
分　散	昭和15（1940）年の税制改正以降のシステム	現在志向されているシステム

第25.5表　地方歳入の分類

財源調達面 ＼ 使途面	一 般 財 源	特 定 財 源
自 主 財 源	地方税　　（39.4%） 財産収入　（ 0.6%）	分担金，負担金（ 0.6%） 使用料，手数料（ 2.2%）
依 存 財 源	地方交付税（16.5%） 地方譲与税（ 2.4%）	国庫支出金　　（15.3%） 地方債　　　　（10.5%）

〔出所〕　米原淳七郎『地方財政学』有斐閣，昭和52年などから作成。
（注1）　表中の数値は平成29年度決算の地方団体純計で，地方歳入に占める割合を示しており，主な歳入の項目を掲げてある。
（注2）　この分類は大まかなものであり，個々の項目でその性質上，必ずしもこの表のように分類できないものもある。

---

6) 第25.4表の分権的分散システムを実現するためには，地方団体自らが賦課・徴収する自主財源の拡充をはからねばならない。しかし，現状は第25.5表の通りであるが戦後の傾向では，上位政府ないし団体から交付・割当されるなどの依存財源が多くなっている。また，これを使途面からみると使途特定のされていない一般財源が，使途特定されている特定財源より好ましいといえる。

いて，行政執行は地方政府によって多くをなされている日本の戦後の税財政システムを**集権的分散システム**と名付け，これが昭和15年の国・地方を通じる税財政改正によるものとしている（神野直彦「『日本型』税・財政システム」『現代日本経済システムの源流』日本経済新聞社，平成5年を参照）。

4 集権化と分権化の根拠

(1) 中央集権化の根拠

中央集権化と分権化の問題は，その後さまざまの形で議論の対象となっているが，中央集権化の根拠としては，次の点が指摘されている。①国家的公共活動，すなわち軍事・防衛，社会保障等中央政府の課題の増大。②均一の公共サービスの要求，すなわち地域により公共サービスの質に相違があることに対する住民ないし企業の反対。③公平な負担配分の要求，すなわち地域により租税負担や受益者負担（使用料・手数料等）の規模には大きな差がある場合，企業の競争条件が乱されるほか，国民の負担格差はそのものとして好ましくないという理由。④効率性の根拠から，小規模団体で重複して行うよりも「規模の経済」を利用して大規模かつ統一的に公共サービスを行うべきであるとするもの。⑤収入弾力性のある税が中央政府に集中される結果，中央集権化が促進されるとするものなどである。

(2) 分権化の根拠

これに対し，分権化の根拠としては，①地域住民の選好を反映する小規模団体の方が，住民の需要に応じた適切な行政を実施しうる。②事業の効率的・合理的運営のためには，便益に対する費用の測定が容易な小規模団体の方が好ましい。③分権化された自治体間の競争により，新しい行政分野の開拓が可能となり，行政上の実験や革新が刺激される。④地方自治は民主主義の学校であり，民主主義の基盤をつくるため分権的行財政運営が必要，等々である[7]。

---

7) 集権化と分権化の対比論については，宇田川璋仁訳『ヨハンセン公共経済学』（好学社，昭和45年）の第8章や平田寛一郎訳『エクスタイン財政学』（改訂版，東洋経済新報社，昭和57年）の第3章を参照。行政学サイドからこの種の問題を論じたものとして，吉富重夫『現代行政学』（勁草書房，昭和42年，第4章「中央集権と地方分権」）があり，ここでは中央集権は，行政の統一性，強力性および能率性を保障する点に長所が存し，地方分権には何よりも地方自治の発達を促す点に長所を見出すことができるとしている。

(3) 分権主義財政論とその矛盾

　分権主義の財政論は，アメリカの財政学者を中心にして，新しい角度から展開されてきた。もっともそこには自己矛盾も含まれている。財政政策の課題として，①**資源の適正配分**，②**所得・財産の再分配**，③**経済の安定成長**をあげることが，**マスグレイブ**によって提唱されて以来（第3章1, 2参照），これを受け入れる人々が多いが，②と③の課題は主として中央政府が担当する課題であって，地方政府はこの課題を実現する責任も能力もない。地方政府が景気政策を実行しても，効果のスピル・オーバー（他地域への漏出・拡散）によって，果たしてその地域の景気が調整されるかどうかわからない。また地方政府が，独自の再分配政策を実行すれば，人口の流出入がもたらされ，効果が相殺される。そこで，残るのは①の資源配分機能において地方政府の担当する機能であり，これは**地方公共財**の供給と，それに必要な負担を住民に配分するという活動にしぼられてくる。地域住民が必要とする地方公共財はその地域住民が最もよく熟知しており，この地方公共財の供給を地方政府に委ねるならば，受益に応じた負担がもたらされるので好ましいという議論である。しかしこの論拠は，地方政府の活動分野を狭く限定するという意味で，自己矛盾を含むのである（第4章3および第23章1参照）。

第26章　地方自治の財政理論

1　地方自治の捉え方

(1) 自治観の相違

　地方自治には，それが基本的人権に基づく生得の，あるいは自然的権利とみるべきであるという**アングロ・サクソン型**の考え方と，それはあくまでも国法に基づいて与えられた権限の枠内のものであるという**ヨーロッパ大陸型**の考え方とが対立している。地方自治は住民の固有の権利であるという考え方と，それはむしろ国家からの授与物であり，そうしたものとして国家の監督下におかるべきであるという考え方との対立であり，これは通常，それぞれの型の国での自治観の相違といった形で説明されている。

(2) 地方自治の根拠と経済学

　地方自治の根拠付けは本来行政学者の仕事であり，経済学の分析対象とはならないものと考えられてきた。この考え方を打ち破ろうとするのが，地方自治の経済理論の捉え方であり，こうした角度を取り入れた地方自治の財政理論が，さまざまの形で展開されている。

　『公共経済学』の著者ヨハンセンは，地方自治の根拠を次の3つに求めている（同書第8章参照）。①地方自治は民主的社会機構の重要な部分とみなされる。②地方的欲求および要望を考慮できる機会は，決定が地方で行われる場合により多い。③完全な中央集権制が存在する場合によりも，分散した権限および分散した行政に頼る方が，多くの事業を安価かつ効果的に運営できる，というものであり，①が政治的根拠を，②と③が経済的根拠とみてよい。

　この②と③は，地域住民の選好に基づいた地方公共財・サービスの供給を行うときに，資源の適正配分と，安価かつ効率的な行政執行が行われるとするものである。地域住民の選好の考慮が新しい地方自治論の基礎となっており，ここから例えば橋本徹教授は，「住民選好に合致した公共サービスを住民選好を

反映しやすいような段階の政府が，その地方住民の選好に従って給付することが地方自治であり，これが『住民自治』である」とする。そして「住民自治を反映するためには団体自治が必要である」と述べ，団体自治の必要を導き出している（『財政学(3)』有斐閣，昭和45年，199頁）。住民自治と団体自治とからなる近代的地方自治を**住民選好**という基準から基礎付ける試みであるが，その結果が資源の適正配分なり安価かつ効率的な行政運営をいかにして可能にするかについては，なおいろいろな角度からの説明が必要である。地方自治にはコストがかかり，富裕国でのみこれが可能といった第25章1ですでに述べたオーツの考え方をどう評価するかといった問題がある。

地方自治といっても各国の地方団体の歴史的沿革と現状はさまざまであり，地方団体のおかれている状況には大きな相違がある。アングロ・サクソン型とヨーロッパ大陸型の地方自治観の相違といった従来の捉え方ではわり切れぬさまざまの現象があらわれている。以下では，アメリカを中心に発展しつつある地方自治の経済理論と，旧西ドイツの市町村財政論の代表的なものを考察し，現代における地方自治の財政理論の状況の一部を明らかにすることとしたい。

2 地方自治の現代経済理論

(1) ティブー（Tiebout）の地方自治

多数の地方団体があり，さまざまの異なった公共サービスを提供している場合，住民が「**足による投票**」（voting with the feet）を行うことによって，地方団体を選択すれば，そこで資源の適正な配分が行われるといった議論を展開して，大きな反響を与えたのが，ティブー（Charles M. Tiebout；1924［大正13］～1968［昭和43］）の地方自治論である[1]。彼は1961（昭和36）年の論文「財政分権化の経済理論（An Economic Theory of Fiscal Decentralization）」の中で，地方自治の問題を主として経済的効率の観点から考察しようとしたが，この**経済的効率**は便益と費用負担が一致する時達成されるというのが，その基本的な考え方である。

彼は複雑な経済社会を簡単化して結論を導くべく分析にあたり，①消費者投票者は本人の選好を最も満たす地方に完全に移動できうる，②消費者投票者が

---

1) C. M. Tiebout, An Economic Theory of Fiscal Decentralization, N.B.E.R., *Public Finance*：*Needs, Sources and Utilization*, 1961, p.79ff. を参照。ティブーの名前のよび方は従来はティーボートと表記していたが，ティブーないしティボーというのが発音に則しているといわれる。

各地方の歳入・歳出の情報をすべて知っている，③消費者投票者が選択可能な地方が数多く存在している，④就業機会に基づく制約は考慮しない，⑤提供される公共サービスに外部性は存在しない等々の前提条件を設定している。このモデルは**ティブー・モデル**とよばれている。

そこで問題はまず便益の種類ないし区分を行うこととなるが，彼によれば，地域住民に供給される便益には次の4つがある。①地域内のすべての住民に同額のサービスを均等に与えるサービスの便益（国防，警察パトロール，防疫など），②サービスの生産の場所からの距離が離れるにつれて，次第に逓減する便益（空襲警報，救急病院，消防署など），③スピル・オーバー効果，すなわち隣接行政地域にまで便益が広がる効果をもつサービスの便益（防疫，空襲警報，消防署など），④2つの行政地域で同時に供給することにより効果が高められるサービスの便益（防疫など）である。

以上のような便益の型に応じて，サービス提供と費用の分担を最も効率的な形で決める必要があるというのが，彼の主張である。すなわち，①のタイプの公共財の1つである警察パトロールについて，その管轄地域を決める場合，3平方マイルの管轄地域で費用1人当たり53ドル，6平方マイルの管轄地域で費用1人当たり46ドル，住民1人当たりの便益効果を同じとすれば，後者がより望ましい。最適管轄地域の決定はこうした費用便益効果から決定されるべきであり，これは②の消防署のような便益逓減サービスの場合にも適用可能としている。そして，③，④の場合には便益計算は困難となるが，ティブーは，問題の最適の解決は，住民選好の違いを前提とした地域団体間の住民の移動，すなわち「足による投票」によって達成されるとしている。よい学校を欲する人々はよい学校を設置している地方団体に移動し，その費用負担にあたる。「同一の嗜好をもつ人々が一緒に移動するというのが，財政的分権主義の第1原則である」というのが，彼の主張である。ここから所得格差のある社会の場合，高所得者は高所得者同士で集まり，低所得者の参入から自らを守ろうとするが，これは分権主義の不可避的結果ということになる。

スピル・オーバー効果がみられる③，④のサービスの費用負担は，上位政府団体による調停によって解決されるべきであるというのも，上記の考え方からの1つの結論となる。すなわち，ある団体が他の団体のサービスを受けながら支払いを行わないというのは，応益的費用負担の考え方から好ましくない，そこでサービスの基準の決定や，上位団体による補助金交付が必要といった議論

が発展するのである。

ティブー・モデルは地方財政のモデル分析の基盤となっているが，現実的でない前提条件に基づいており，とりわけ日本では機能しがたいとされている。

(2) 部分均衡分析による公共財の最適供給

公共サービスを効率的に，また住民の選好に適合するように供給するにあたって，公共財の最適供給水準は，経済理論では**社会的限界便益**と**社会的限界費用**が等しくなったときとされる。それは最後に提供する公共サービスにかかった費用と最後に提供された公共サービスに喜んで支払ってくれる額が等しくなれば，資源が無駄なく利用され，そのサービスに対する住民の効用も満たされている状態にあるといえ，理論的には最適であると理由付けられることによる。

第26.1図には次の前提条件の下でのモデル（模型）分析が描かれている。ある地方団体に公園サービスの需要が低いマーク（Mark），公園サービスの需要が中程度のロバート（Robert），公園サービスの需要が高いカレン（Karen）の3名だけが住んでいる。そこで各人の公園サービスの需要曲線つまり**私的限界便益**（private marginal benefit ; PMB）曲線は，第26.1図に PMB_M, PMB_R, PMB_K と図示されているように表せる。この地方団体全体の**社会的限界便益**（social marginal benefit ; SMB）は3住民全員の私的限界便益である PMB_M, PMB_R, PMB_K を合計したものであり SMB 曲線で表され，また公園サービスの供給曲線は**社会的限界費用**（social marginal cost ; SMC）で示された SMC 曲線で表されている。前述のように，経済理論的には SMB と SMC が一致したときに経済

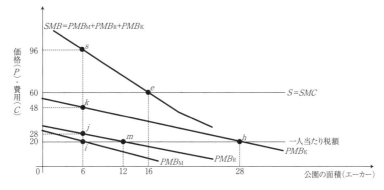

第26.1図 地方公共財の最適供給水準と多数決の帰結

的に効率的なサービスが提供できる。したがって点 e で経済的均衡が達成され，60ドル・16エーカーの公園サービスが最適といえる。

しかし，実際のこうした決定は政治過程を通じてなされる。その場合多数決ルールが適用され，中位投票者の原理に従い政治的均衡がもたらされる。この場合の中位投票者はロバートであり，点 m で20ドル・12エーカーの公園サービスが政治的に最適といえる。こうして政治的帰結は，経済的にパレート最適といいうる資源配分よりも4エーカー（= 16 - 12）狭い，非効率な公園サービスを提供してしまうのである。公共サービスの不足や無駄はこのように政治的決着を投票に拠っていることにあると指摘できるのである。このモデル分析は前提条件の問題もあり絶対視してはならないが，その帰結は政策判断の際に生かされるべき選択肢の1つとなりうるのである。

(3) 地方公共財の最適規模をめぐる理論

地方公共財の最適規模をめぐる理論は，ブキャナンのクラブの理論（1965年），オーツの最適団体規模論の形で発展している。

①ブキャナンのクラブの経済理論　ブキャナンは，水泳クラブのプールの例を引いて，**クラブのメンバーによるプール建設・運営費の分担が一定のメンバー数までは費用の節約をもたらす一方，ある数以上のメンバーの拡大が，混雑費用**（congestion cost）**をもたらすことを指摘している。そこで，メンバー数の限度は，費用節約の利益と混雑費用との等しい点である**ということになる（An Economic Theory of Clubs, *Economica*, Vol.32, No.125, 1965［昭和40］［英文］）。

②オーツの最適団体規模論　オーツの**最適団体規模論は，費用の節約**（C）**と経済的厚生（福祉）のロス**（L）**という概念で問題を考える**ものであり，第26.2図のように，OC という費用節約曲線と OL という経済的厚生（福祉）のロス（損失）の趨勢の差額が，経済的厚生（福祉）の純増加をあらわすとする。この純経済的厚生（福祉）の趨勢は OW の曲線であらわされ，これが最大の点 n^* が最適規模とするものである。経済的厚生（福祉）のロス（損失）は公共財の消費の単一性が地域的需要の特性に応えないところから発生するものとされ，消費の期待水準と現実水準との差といった形で説

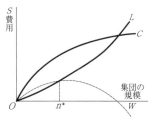

〔出所〕Oates, *Fiscal Federalism*, p.39.

第26.2図　最適団体規模の決定

明されているが，この概念は必ずしも明確でなく，これをあらわす OL 曲線をブキャナンの混雑費用と置き換えて説明しても差支えないものと思われる。

③**オーツの補助金に関する理論**　ブキャナンやオーツは，地方財政の諸問題にさまざまの新しい角度からのアプローチを試みており，財政調整，補助金，地方税，地方債等の各分野で議論を展開している。便益に応じた負担というのが基本的考え方であり，**応益説**ないし**利益説**の復活が意図されているとみてよい。ここではオーツの補助金に関する理論をみると，これはきわめて単純なものであり，公共財単位当たり費用が 100 ドルで，地域外にスピル・オーバー（便益の漏出）する便益が 40 ドルとした場合，公共財を提供する地方団体への補助金は 40 ドルが適当とするものである。ここでは当然地域内にとどまる便益と**スピル・オーバー効果**の計量化が問題となるが，スピル・オーバーする地方公共財の規模と割合が増大の傾向にあることは疑いえない。すなわち，今日スピル・オーバー効果のない地方公共財はある意味で発見することが困難である。地方団体特に市町村レベルの行政事務は，教育，道路，社会サービスといったものであるが，これらは単に地域的利益ないし地域内住民の利益になるものでなく，スピル・オーバー効果を通して，国民的利益となるものが大部分である。ここから補助金が合理化されると，その結果として地方自治はますます低下するというジレンマが，その種の学説の帰結となっている。

3　ティムの市町村財政論

以下ではドイツでゲマインデ財政（Gemeindefinanzen；市町村財政）という形で論議されている地方自治論を取り上げる。旧西ドイツの地方財政の専門的研究者は多いが，ミュンスター大学教授ティムの所説を中心に考察する[2]。

(1)　**市町村の財政自律主義の根拠**

ティム（Herbert. Timm；1911［明治 44］～1987［昭和 62］）はその**市町村財政の理論**（『社会科学辞典』1962［昭和 37］年所収［独文］）の中で，市町村の財政自律主義（fiananzpolitische Autonomie）について論じている。市町村の財政自律主義の根拠としてあげられるのは，次の 3 点である。

---

2) H. Timm, Gemeinde Finanzen Theorie, *Handwörterbuch der Sozialwissenschaft*, 4te Bd., 1962, S.302ff.

①**地方的意思決定の必要性**　地方的利害の相違が著しいときは，地方公共団体である市町村に公共事務を多く分担させる方がよい。地域の意思決定者が（中央政府の当事者より）地域の事情をよく知っているという事実が，地域的公共活動の規模と種類についての決定を市町村に委ねる根拠となる。

②**自己責任の原則**　市町村の財政自律主義は，市町村の自治と自己責任の表現である。個人および個々の機関が，自らの決定の成果を享受し，またその失敗の責任を負うこととすれば，それだけ慎重に行動することは古くから知られている。

③**市町村間競争の利点**　財政自律主義は，地方公共団体が競争的に発展するための前提である。すなわち，市町村間の全地域の福祉向上に資するものであり，それは国民福祉向上のための十分な条件とはいえないにしても，必要条件を形成するものである。

このようにティムの市町村財政論は，経済的というよりは，政治的・行政的な観点から，地方自治を基礎付けるものといえる。

(2) 市町村の財政自律主義の制限要因

これに対して市町村の財政自律主義の制限をもたらす要因も多々あるとするが，これがどちらかといえば経済的要因を重視しているのは興味深い。自律主義制限の要因としてあげられるのは，次の3つである。

①**超地域的利害の尊重**　公共活動が地域的であると同時に，超地域的（全国的）な利害に向けられる場合，制限が必要となる。例えば超地域的な交通投資の場合がそれであり，市町村自治により**超地域的利害**への考慮が少ししかなされない場合に，これが必要となる。

②**地方団体間競争の弊害の是正**　市町村が自らの地方的利益を追求することにより，超地域的利益が傷つけられる場合にも，財政自律主義の制限は必然的となる。例として，市町村が公共投資や減税政策により企業誘致を行う場合，そしてこれが各市町村で競争的な形で行われる場合，**全体経済的利益**の観点からの規制が必要となる。

③**地域格差是正の必要**　個々の市町村の自然的立地条件が異なり，地域間の所得および福祉に差がある場合，その**地域格差均衡化**のため市町村の財政自律主義を制限することも理由のあることとなる。

以上のように，市町村の財政自律主義が一般に全体経済的利益や超地域的利

益のため制限されねばならないとしても，その制限の範囲をどう決めるかは別個の問題であり，ティムは「結局，地域的利益と超地域的利益の一致が問題となるのであるから，決定にあたっては双方の利益の代表者が協力しなければならぬ」としている。これは**市町村連合組織**の形成によってはじめて，より強力な当事者である国家に対抗しうることを示したものである。

(3) 公共事務分担の基準

ティムはなお市町村に適した事務と市町村に適した収入の分析を行っているが，ここでは公共事務分担の基準に関する議論についてみてみよう。

一般的な公共事務分担の基準としては，**社会的効用の極大化**があげられている。すなわち公共サービス活動のうちどれを市町村がどれを国が担当すべきかは，社会的効用創出の大きさによって決定されるべきとするのである。そしてこの場合考慮されるべきことは，①地方団体の**経済的相互依存関係**の程度，②公共サービスの適正水準についてのその**地方的見解の共通性**の程度である。すなわち，市町村の経済的相互依存関係の発展は，交通通信関係の発達を背景として急速に進み，すべての市町村が相互に依存するという状況が生じた。そして経済的相互依存関係の進展とともに，公共サービスの望ましい水準についての地方的見解の共通性の度合も高まった。住民の地域間移動の発展がこれを促した。ここから集合財供給を中央集権的に行う必然性がでてくるが，それにもかかわらず，今日なお集合財に対する評価は大きな地方的見解の相違がある。またこの需要に対する決定を，地方公共団体の機能とすべき理由があるというのが，ティムの意見である。すなわち，経済的条件の発展と住民のコンセンサスという観点から，地方団体に適する事務の範囲が見出されるとするのである。

(4) 市町村に適した事務と収入

①**市町村に適した事務**　市町村に適した事務としてあげられるのが，㈠地域住民に対する水・電気・ガス等の企業サービス，そして交通サービスの提供である。これらのサービスへの需要は地域的条件によって規定されるからであるが，事業の最適規模とコスト最小化のためには地方団体間の協力が必要となる。㈡特定の文化サービス，保健・福祉サービスも，地方的特徴をもつ需要のため，市町村の事務となる。㈢市町村道等への道路投資，住宅建設等の事務事業も同じであるが，これらの領域では，市町村の協力のほか，計画および財政

の両面について国との協力が必要となる。

結局ティムの理論からすると，公共事務配分の基準は一方では**経済的発展の度合**と，他方では**住民のコンセンサス**であるということになるが，これだけでは各国において区々であり，一国内部でも歴史的発展段階によって異なる地方自治の財政構造を明らかにするものとはいえないのである。

　②市町村に適した収入　続いてティムは，市町村に適した収入の問題に入り，サービスの対価としての**公共料金**，使用料・手数料等の積極的活用を説く一方，**地方税**は，景気に対する非感受性，住民の責任感の助長，地方的相違への適合といった3つの観点に即して，**比例税率の所得税，不動産税，土地増価税**などを中心となすべきだとしている。旧西ドイツの市町村税の基本であった**営業税**に否定的な判断を下しており，これが旧西ドイツの営業税改革の動きにつながっていった。

(5) トレーガー委員会勧告に基づく市町村財政改革

　なお本章の最後に，ティムの論文執筆の後に行われた旧西ドイツの市町村財政改革（1969［昭和44］年）についてみる。市町村財政改革は，財政改革委員会（いわゆる**トレーガー委員会**）の勧告に基づいて立法化されたものであり，営業税の整理と市町村の所得税への参加を主内容とするものである。これは市町村財政の質的改善を所得弾力的な基本税収への参加の形でもたらすものであったが，市町村財政状況の目立った改善をもたらすものではなかった。これより前の1967（昭和42）年の経済安定成長促進法によって景気委員会が設立され，続いて財政計画委員会が設立されることによって，公共政策調整機関に市町村代表の参加が行われることとなった（第8章1参照）。これらは市町村の地位の向上を意味するものであったが，同時に連邦国家政策への協力の義務付けという形で，市町村自治の崩壊と結びつく可能性をもつものとも評価しうるのである[3]。いわゆる**協調的連邦主義**というのは，そういう問題をもつものなのである。

---

3) 旧西ドイツ市町村財政改革の評価については，*Archiv für Kommunalwissenschaften* 所収の Krumsiek（1971［昭和46］［独文］），Matzerrat（1972［昭和47］［独文］）の論文を参照。同誌（季刊）は，市町村の問題を学際的な立場から研究する学術雑誌である。

4 地方財政分析の指標

「地方財政」といっても「これが地方財政」という絶対的なものは存在しない。個々の都道府県，市町村がさまざまな顔をもっているので，個々の地域を対象としたミクロ的側面の分析が必要になる。しかし個々を単にみているだけでは全体像がつかめない。そのため，ある範囲を設定してそのマクロ的な側面も分析する必要がでてくる。

こうして対象となる範囲の財政を，ミクロ的分析・マクロ的分析の双方から接近して，その実態をつかむにあたり，いくつかの指標を手掛かりにすることができる。本節では，地方財政分析をするにあたり決算データ等でよく使われる指標を紹介することとする。

(1) 財政力指数

財政力指数は地方団体の財政力を示す指標であり，いわば地方団体の**財政上の体力**を示すものといってよい。これは後述する地方交付税算定にあたって必要とされる基準財政収入額と基準財政需要額（詳しくは第27章で学ぶ）を用いる。具体的には，基準財政収入額を基準財政需要額で除して得た数値の過去3か年の平均値を求める。この値が1に近くまた1を超えるほど当該地方団体の財源に余裕があるとされ，0に近づくほど財源に余裕がなくなるとされている。

$$財政力指数 = \frac{基準財政収入額}{基準財政需要額}$$

(2)経常収支比率

経常収支比率は，住民が求める政策にどれだけ予算が使えるかという**財政構造の弾力性**を判断するための指標とされる。

人件費，扶助費，公債費のように毎年度経常的に支出される経費（経常的経費）にあてられた一般財源の額が，地方税，普通交付税のように使途が特定されていなくて，毎年度経常的に収入される一般財源（経常一般財源），減税補塡債および臨時財政対策債の合計額に占める割合である。この数値が75％超～85％未満の場合は要注意ゾーンで，85％以上になると危険ゾーンとする見解があり，かつて自治省は道府県で80％，市町村で75％を上回らないことが望ま

しいと指導していた。

$$経常収支比率 = \frac{経常経費に充当された一般財源等の額}{経常一般財源等の額} \times 100\%$$

(3) 形式収支

形式収支は，出納閉鎖期日現在における当該年度中に収入された現金と支出された現金の差額を表示したものである。

形式収支＝歳入決算額－歳出決算額

(4) 実質収支

実質収支は地方団体の黒字ないし赤字を判断する指標である。

(3)の形式収支に発生主義的要素を加味して，本来当該年度に属すべき支出と収入との実質的な差額を求める。特に，決算収支を表すもので，官庁会計の累年による純剰余または純損失を意味し，当該地方団体の財政運営の良否を判断する重要な指標とされる。

実質収支＝(歳入決算額－歳出決算)－翌年度へ繰り越すべき財源

(5) 単年度収支

単年度収支は，当該年度(単年度)のみの実質的な収入と支出の差額を意味する。前年度の実質収支が黒字の場合，単年度収支が黒字であると新たな剰余が生じ，単年度収支が赤字であると過去の剰余金を喰い潰すことになる。また前年度の実質収支が赤字の場合，単年度収支が黒字であると過去の赤字は解消され，単年度収支が赤字であると赤字額がさらに増加することとなる。

単年度収支＝当該年度の実質収支－前年度の実質収支

(6) 実質単年度収支

実質単年度収支は，単年度収支が実質的にどのようになったかを示すもので，単年度収支に含まれている実質的な黒字要素(積立金・繰上償還金)や赤字要素(基金取崩額)を除外したものである。この場合の基金は財政調整基金である。

実質単年度収支＝単年度収支＋基金積立金＋地方債繰上償還額－基金取崩額

(7) 標準財政規模

標準財政規模は，地方団体が標準的な状態（通常水準の行政サービスを提供する状態）で，通常収入があると見込まれる使途の決まっていない財源（経常一般財源）がどの程度あるかを示す目安となる数値である。標準的な状態での一般財源の規模を示すもので，主なものは普通交付税と独自なものを除いた地方税とされる。

$$\text{標準財政規模} = \underbrace{\left(\begin{array}{c}\text{基準財政}\\\text{収入額}\end{array} - \begin{array}{c}\text{地方}\\\text{譲与税}\end{array} - \begin{array}{c}\text{交通安全対策}\\\text{特別交付金}\end{array}\right) \times \frac{100}{75} + \begin{array}{c}\text{地方}\\\text{譲与税}\end{array} + \begin{array}{c}\text{交通安全}\\\text{対策特別}\\\text{交付金}\end{array}}_{\text{標準税収入額等}} + \begin{array}{c}\text{普通交付}\\\text{税額}^{注)}\end{array}$$

注）より厳密には分母に臨時財政対策債発行可能額を加える。

(8) 実質収支比率

実質収支比率は，(4)の実質収支の額の適否を判定する指標である。実質収支が黒字の場合の比率は正の数（プラス）で，赤字の場合は負の数（マイナス）で表される。この比率はおおむね 3〜5％程度が望ましいとされている。

$$\text{実質収支比率} = \frac{\text{実質収支}}{\text{標準財政規模}^{注)}} \times 100 \,(\%)$$

注）より厳密にはこれに臨時財政対策債発行額を加える。

(9) 公債費負担比率

公債費負担比率は公債費による財政負担の度合を示す指標である。一般的には 15％が警戒ラインで 20％が危険ラインとされ，この比率が高いほど**財政構造の硬直化**が進んでいることを示している。

$$\text{公債費負担比率} = \frac{\text{公債費充当一般財源}}{\text{一般財源総額}} \times 100 \,(\%)$$

(10) 公債費比率

公債費比率は地方債の元利償還金が適量かどうかをみて，地方債発行の適正度合を判断する指標である。

公債費にあてられる一般財源の額が，標準財政規模に対しどの程度の割合を示しているかを表す比率で，経常収支比率とともに**財政構造の弾力性**を判断する上で，重要なものである。通常 10％未満が財政構造を脅かさない目安とされ

る。これは公債費が義務的経費で財政構造の硬直化の要因となるためである。

$$公債費比率 = \frac{地方債元利償還金充当一般財源等額^{注2)} - 災害復旧等に係る基準財政需要額}{標準財政規模^{注1)} - 災害復旧等に係る基準財政需要額} \times 100 \ (\%)$$

注1) より厳密にはこれに臨時財政対策債発行額を加える。
注2) より厳密にはこのうち繰上償還額・転貸債償還額分を除く。

(11) 起債制限比率

起債制限比率は地方債の元利償還金，すなわち公債費による財政負担の度合をはかる指標であり，地方債許可制度がとられていたときには地方債発行を許可する指標として用いられていた。地方債の元利償還金やそれに準ずる経費が標準財政規模などに対してどの程度の割合かを示す。通常，過去3年度間の平均値で示す。

起債制限比率の制限ラインは20％とされ，制限ラインを超えると一部の地方債が許可されない。一般単独事業・厚生福祉施設整備事業の場合は20％以上30％未満で，一般事業の場合は30％以上の団体がそれとされる。

$$起債制限比率 = \frac{元利償還充当一般財源（繰上償還分を除く）- 普通交付税に算入された公債費}{標準財政規模^{注)} - 普通交付税に算入された公債費}$$

注) より厳密にはこれに臨時財政対策債発行額を加える。

第27章　地方財政調整制度

1　地方財政調整制度の沿革

(1)　地方財政調整制度の成立事情

　経済力の地域格差により地方団体間にはその財源調達能力に著しい格差が存在している。**地方財政調整制度**（fiscal equalization system）はこのような政府団体間の財政力格差是正と財源保障を目的とするものであるが，**第1次世界大戦の落とし子**（das Kind des ersten Weltkrieges）とよばれている。そして，それはワイマール期ドイツの1923（大正12）年の**財政調整法**（Finanzausgleichsgesetz）と，イギリスの1929（昭和4）年の一般国庫交付金（general exchequer contribution）に起源をもつものとされている。同種の制度の日本における起源は，昭和11（1936）年の**臨時町村財政補給金**，昭和12（1937）年の**臨時地方財政補給金**にあり，これが昭和15（1940）年の国・地方を通ずる大税制改革（**昭和15年の税制改革**）による地方配付税制度となった。

　ドイツ，イギリス，日本等における同制度の成立事情をみると，ドイツの場合は，第1次世界大戦後の経済的混乱が，行財政の中央集権的処理の必要を高め，主要税収を中央政府に集中すると同時に，その一部を地方に還元し，必要な行政を維持するというのが，**財政調整**（Finanzausgleich）成立の根拠となった。この制度の生みの親であるポーピッツによれば，①行政の中央集権的処理の原則，②秩序ある行政運営の原則，③収入源の適正な分割の原則，④結合的租税経済の原則（国税・地方税の統合管理を必要とするもの），⑤過重負担からの納税者の保護の原則，⑥負担平衡化の原則などが，制度形成の導きの星となった。ポーピッツは，財政調整を「国とそれを構成する地方団体との財政関係の総体」と規定している。1920年代ワイマール期の財政調整は，時期によって相違があるが，例えば中央政府が徴収した所得税・法人税の75％を徴収地基準で邦に，売上税の 2/3 を人口基準，1/3 を徴収地基準で邦に分配するというものであった。

　イギリスの**一般国庫交付金**も，経済不況の子であり，不況対策の一環として

産業救済のための減税を地方税で行い，その減収を補填するため，中央政府が交付金を地方団体に与えることとなった。あわせて従来の個別補助金が整理され，財政力と財政需要に応じた一般交付金にとってかわられることとなった。地方への配分基準としては，人口1人当たり地方税課税標準（財政力基準），5歳以下の児童数・失業人口・人口稀薄度（財政需要基準）などがとられた。

　日本の財政調整制度も，世界恐慌後の深刻な不況と戦争，それに伴った社会的混乱を抜きに説明できない。地方税負担の軽減，地方財政の窮迫状況の救済を通じて社会体制の安定化をはかるというのが，その意図とみられる。昭和15 (1940) 年の**地方配付税**制度は，所得税・法人税および入場税・遊興飲食税の一定割合を，人口基準半分，財政力基準半分で配分するというものであった。

　この配付税制度は，昭和25 (1950) 年**シャウプ勧告**による税財政改革で，**地方財政平衡交付金**となり，そこでは第27.1図の地方交付税と同じように**基準財政需要**と**基準財政収入**の各地方団体別の算定に基づき，差額を国が補填するものであるが，差額（第27.1図の補填する額）を**全額補填**するという方式がとられた。このとき同時に，補助金整理が行われ，従来国庫負担金の形で賄われていた義務教育関係給与費も，平衡交付金の基準財政需要に算入するということになった。この平衡交付金方式は，地方団体の赤字の積み上げ計算により，これを国の責任において補填するものであったが，赤字の全額補填は国に過重な負担をかけるという理由で，昭和29 (1954) 年に**地方交付税交付金**に切り替えられた。**義務教育費国庫負担金**もすでにその前年復活していたが，それは平衡交付金方式ではかえって教育費の確保が難しいという理由からであった。

(2) 地方財政調整制度の根拠

　財政調整制度の沿革から，その根拠をまとめると，産業の都市集中，都市農村間財政力格差の増大という状況を背景に，また戦争や経済不況に伴う社会的混乱を背景に，地方行政の一定のレベルを維持する試みとしてこれが登場していることがわかる。国と地方の財政力の差の発展も大きな要因となっており，有力な税収が中央政府に専有される結果，地方財政がますま

第27.1図　地方交付税（普通交付税）の算定

す枯渇し，中央政府からの援助を仰がねばならぬようになる。

財政力格差の原因は何かをみると，その基礎には資本主義経済の**地域的不均等発展**があり，これが国家体制のあり方と結びついて，国・地方および地方団体相互間の財政関係の調整の特定の方式を生み出すこととなる。この財政調整制度は，中央集権国家においてより容易に達成されるが，分権国家の場合もこれが不必要というわけにはいかない。いずれにしても，制度の体系化は比較的近年のことに属する一方，制度の改変も頻繁に行われている。財政調整制度はすぐれて現代的な制度であり，現代財政の仕組みを知る上で最も重要な分野の1つなのである。

2 地方交付税交付金による財政調整

(1) 地方交付税の仕組み

地方交付税（local allocation tax）は，地方団体間の財政力格差を是正するために税収不足を補う目的でなされる財政援助であり，昭和29 (1954) 年度以降，日本の地方財政調整制度の中核をなしているものである[1]。これは国税である所得税・法人税・酒税の一定割合をもって，地方交付税総額とする形で，昭和29年度の約20%からはじまって，昭和41年度には32%となった。それ以後この交付税率は32%で一定して，①総額が地方財政収支差額を補填するのに足りないときは，**臨時特例交付金**と**資金運用部借入**で補い，②好況で地方財政収入が豊かとなり，国税3税の32%が地方財政収支差額を上回るときは，国への貸上げや法定額の減額でこれを調整するという措置がとられてきた。昭和50年度以降地方財政収支赤字が大規模化するにつれて，①の方式が定着すると同時に，交付税を地方債に切り替えるという動きが目立っていた。そして，平成元 (1989) 年4月から消費税導入に伴い交付税率が従来の国税3税の32%（ただし，法人税は平成11年度は32.5%，平成12年度から35.8%となっている）に，新設の消費税の24%とたばこ税25%が加わったが，平成9 (1997) 年4月から消費税率の引上げに伴い，消費税は29.5%を地方交付税にあてることとされた。その後も交付税率は調整され，平成30 (2018) 年度には所得税・法人税の33.1%，酒税の

---

1) **地方交付税交付金**と**地方交付税**は同一のものであるが，前者はこれを地方財政調整のために国が地方に交付する交付金とみる財務（大蔵）省サイドの表現であり，後者はこれを地方団体の固有財源（間接課徴形態の地方税）とみる総務（自治）省ないし地方団体サイドの表現とされる。

50%，消費税の22.3%，地方法人税（地方財政の不均衡を緩和する目的で平成26年に創設され，法人税と合わせて国が徴収し，全額が地方交付税の原資とされる）の全額となっている。

地方交付税の配分は，総額の94%が財源不足団体に対して**普通交付税**として，6%が**特別交付税**の形でなされるが，後者は災害などあらかじめ予定されない不時の財政需要を考慮して留保されるものである。

(2) 地方交付税の算定と配分

普通交付税は，下記のプロセスで算定され，配分される。

①**基準財政需要額**　基準財政需要額は各地方団体が合理的・妥当な行政を実施するのに要する一般財源額とされ（合理的・妥当の客観的判断が難しい），次のように算定される。

　　基準財政需要額＝単位費用×測定単位×補正係数

㈦**単位費用**は「地方団体が合理的かつ妥当な水準において地方行政を行う場合の経費」とされ，各行政費用別に地方交付税法付則で規定される。㈣**測定単位**は人数または面積といった単位をさす。㈥**補正係数**には，種別補正（普通と特殊といった区別），密度補正（人口密度等），態容補正（都市的・農村的といったそれ），寒冷補正（寒冷地割増等）その他があり，地方団体の特殊財政需要に応じた補正を行おうとするものであるが，政策的配慮が入りやすく，制度の客観性が危うくなるおそれがある。

基準財政需要は各行政費目について算定されるのであって，例えば警察費の場合，警官1人当たり費用×人数，道路費の場合，道路面積（または延長）当たり単価×面積（または延長），教育費の場合，教職員1人当たり単価×人数，学校1校当たり単価×学校数といった指標がとられる。

②**基準財政収入額**　基準財政収入額は各地方団体の標準的な一般財源収入額とされ，次のように算定される。

　　基準財政収入額＝譲与税全額および法定普通税の標準税率による収入×75%

ここで目的税は使途が拘束されているため基準財政収入額の算定から除かれている[2]。なお平成14(2002)年度までは，対象となる地方税収の**基準税率**が道

---

[2] 目的税は算入されない建前とされているが実際には自動車取得税，軽油引取税，事業所税等の主要な目的税などが基準財政収入額に算入されている。池宮城秀正「多目的ダム立地の財政効果──

府県80％および市町村75％で算入されていたが，その理由は，道府県に20％，市町村に25％の自主財源を残すためであり，市町村の自主財源率が高いのは，市町村と府県の行政事務内容の差（府県の方が定形的事務が多い）によるとされていた．

　③**普通交付税の配分**　　以上のように算定したものを第27.1図のように①マイナス②の形で求めた差額が**普通交付税**の額となる．なお，収入が超過する団体は**不交付団体**となるが，この不交付団体数は第27.1表に示した通りである．その他の団体は**交付団体**となるが，各地方団体の基準財政需要額と基準財政収入額の差額（財源不足額）の全額が交付金として交付されるのでなく，財源不足額を普通交付税の額に一致させるべく，一定の調整率（基準財源需要額の一律減額の形をとる）によって調整を加えて交付されるのである．この調整は財源不足額の全額を補填する平衡交付金ではなく，国税5税の一定割合という枠をもった地方交付税の方式をとるため必要となるのである．

　なお，こうした財源不足額に対しては対応がなされてきた．平成8年度には国と地方が折半して補填することが明確化され，平成13年度までは主として**交付税及び譲与税配付金特別会計**の新規借入金で不足額を補填した後，その借入金の償還を国と地方が折半して負担していた．しかし問題となっていた交付税特会借入残高の増大に歯止めをかけるため，平成13年度に折半ルールも見直され，原則的に国負担分は一般会計からの繰入れで，地方負担分は新たに創設する臨時財政対策債の発行で資金調達することとなった．この**臨時財政対策債**は地方交付税の代替財源であり，ここから調達された資金の使途制限はなく，発行可能額に基づいて元利償還費の全額が後年度の地方交付税算定過程で財源補填され，地方団体

第27.1表　地方交付税不交付団体

年度	昭和40	50	60	平成7	17	27	30
都道府県	4	3	4	1（東京）	1（東京）	1（東京）	1（東京）
市町村（区を含む）	185	82	166	152	139	160	77
合計	189	85	170	153	140	161	78

（注）　平成の大合併により市町村数に変動がある．

国頭村と東村の場合について――」（琉球大学『経済研究』第35号，昭和63年所収）では，自治省令の改正により昭和59年度からダム交付金の75％が基準財政収入額に算入されるため，地方交付税のその減税分による財政上の激変緩和措置として多目的ダム所在地域振興補助金ができたことを紹介しているが，概して基準財政収入面の問題は基準財政需要面のそれより少ないとみてよい．

第27.2表　財政調整の結果（平成29年度決算）

地方団体名	財政力指数	地方税1人当たり額	地方交付税1人当たり額	一般財源1人当たり額
愛知県	0.93	130,950円	9,516	156,639
埼玉県	0.77	98,420	27,781	139,997
石川県	0.52	120,242	110,508	248,058
新潟県	0.46	99,144	110,104	226,249
沖縄県	0.35	83,521	142,251	239,795
島根県	0.26	96,487	265,045	380,038
東京都	1.16	288,037	—	306,395

〔出所〕　総務省編『地方財政の概況（地方財政白書）』平成31年版，地方財政調査研究会編『地方財政統計年報』平成31年版による。

ごとの発行可能額は国が決定し，その範囲内で地方団体が起債額を決めるなど，特殊な性格をもっている。

(3) 財政調整の効果

こうしたやや複雑な交付税算定と交付税交付金の配分によってどのような財政調整の効果がもたらされるかであるが，これを地方税1人当たり額と地方交付税1人当たり額，一般財源（地方税＋地方交付税＋地方譲与税）1人当たりの額の比較によってみると，財政力指数 $\left(\dfrac{\text{基準財政収入額}}{\text{基準財政需要額}}\right)$ の高い団体と低い団体の財政力の格差が大きく調整されていることがわかる。例えば第27.2表で，平成29年度決算について，上位県，中位県，下位県のそれぞれの数値をみると，下位県ほど住民1人当たり一般財源の額が高くなっており，これは主として地方交付税の結果であることがわかる。

地方交付税による調整については，注目すべきことは，この制度は地方団体間の財政力格差是正に一定の目覚ましい役割を果たしている一方，地域経済力格差是正には間接的効果しかないことである。地方交付税総額は平成29年度決算において16兆7,680億円という巨額を占め，同年度の地方税収入39兆9,044億円の42.0％を占める。地方団体によっては交付税収入が地方税収入を上回るところがあり，それはすでに中位県においてそうである。地方交付税は都市地域から農村地域への巨大な資金移転のメカニズムをなしているが，これが有効に機能しているかどうかは，なおさまざまな角度から検討を要するのである。

3 財政調整の理論と実際

(1) 財政調整の根拠

地方財政調整制度は，地域間の格差是正と地方行政の国家的管理・誘導を目的としたすぐれて現代的制度であるが，この制度をめぐりさまざまの現代理論が登場している。

①**マスグレイブ**　マスグレイブはこの制度を3つの観点から導き出している。

(ア)**便益の拡散**　その1つが，**便益の拡散**（スピル・オーバー）に関する理論であり，便益帰属領域に錯綜があるときは，このスピル・オーバーが起こる。ある地区の住民は数種類の「サービス・クラブ」の会員である。また住民および企業が可動的であることが，これをもたらす。例えば教育サービスの便益は，その教育を受けた者がその団体をでていくことにより，他の団体に移される。現存する地方団体の区域が歴史的に与えられたものであり，その境界が公共サービスの便益の境界と一致しないこともあげられる。

そして1団体から他の団体への便益の拡散が生ずる場合，関係団体の数が多くない場合には相互の直接的協議により費用負担の調整が可能であるが，関係団体の数が多いときは，上位団体である国が調停者ないし仲介者として登場し，補助金ないし交付金の利用により，便益と費用のアンバランスを是正することが必要となる。

(イ)**公平化**　第2の根拠は，**公平化**の必要であり，ここでの公平化は，地域団体間の財政力の格差是正と，異なった団体に居住する個人間の所得分配の是正という2つの目標でなされうる。財政政策の目標の1つは，所得および財産の個人レベルにおける再分配にあるが，地方団体間の財政調整もこれに役立たせねばならないとするのである。そして富裕な団体には富裕な住民が多く，貧困な団体には貧者が多い限りで，財政調整は所得再分配の役割を演じる。

(ウ)**効率化**　第3の根拠として，**効率化**の観点が取り上げられる。地方団体間で個人および企業の便益・負担関係に大きな差がある場合には，労働力，資本そして財貨の流れが阻害され，立地における非効率をもたらす。通常経済的に遅れている地方は負担が重いのに，サービスは悪く，負担が軽くサービスが発展している先進地域との差が拡大されるばかりであるので，この関係の是正が必要となる。

以上マスグレイブは，便益の拡散，公平化，効率化などの理論をもって財政調整制度を説明するが，それにより歴史的具体的な制度の特徴を説明しきれるものと思われない。

　②ブキャナン　　なお公平，特に**財政的公平**（fiscal equity）を実現する財政調整の方法を提案しているのが，ブキャナン（「連邦主義と財政的公平（Federalism and Fiscal Equity）」『The American Economic Review』第40巻第4号，1950［昭和25］年）である。彼は租税負担と公共サービスの差を**財政余剰**（fiscal residuum）として捉え，これを個人レベルで均等化することを提案している。国・地方を通ずる負担平衡化のため，連邦税の税率を地域により異にするという提案であるが，これが現実に可能かどうか疑問であり，理論的考察にとどまるものである。

(2)　各国の財政調整制度

　現実には各国でさまざまの歴史的沿革と特徴をもった財政調整制度が展開されており，なおそれは流動化の過程にあるとみてよい。

　①**アメリカの財政調整制度**　　アメリカの財政調整制度は，従来は個別補助金や分与税（tax sharing）によるものしかなかったが，1972年度より州・地方財政援助法（1976［昭和51］年改正）による**歳入分与**（revenue sharing）により，連邦所得税の一部を州および市町村に分与する形で実施された。この制度はヘラー・ペックマン構想にさかのぼるものであり，州・市町村財政の困難の緩和，財政的不均衡の是正のほか，租税構造全体の累進化と徴税努力の刺激といった目標をもつものであった。その後議会審議の過程で，人口，課税努力，1人当たり所得の3要素（上院方式）とこれに都市人口比率，所得税収入額を加えた5要素（下院方式）を選択させる形の政治的妥協が成立し，実際の調整効果は不明確なものになったと評価されていた。同制度は拡大する連邦政府の権限を再び州・地方に委譲するものとされた**新連邦主義**（new federalism）の実現を目指すものとされていたが，これが中央集権化の方向をとるものか，分権主義の方向をとるものかも，にわかに判定し難かった。歳入分与制度は単純な人口数が財政需要を表すかなど疑問も多く，規模も次第に先細りして，結局1987（昭和62）年に廃止された。アメリカでは伝統的に財政調整機能が弱いとみてよい[3]。

　②**イギリスの財政調整制度**　　イギリスの財政調整制度は，かつて**レイト援**

---

3)　より詳しくは片桐正俊「連邦・州・地方政府間財政関係の変容――レーガン政権期――」（林健久・加藤栄一編『福祉国家財政の国際比較』東京大学出版会，平成4年，第3章所収）などを参照。

助交付金 (rate support grant；R・S・G) といわれ，これは地方税である**レイト**（家屋占有者税）が逆進的負担をもたらし，収入面でも非弾力性と偏在性をもつので，これを軽減しつつ，地方団体に必要な行政サービスを実行せしめるという趣旨のものだった。1948（昭和23）年の国庫平衡交付金（exchequer equalization grant），1958（昭和33）年の一般交付金（general grant）およびレイト補填交付金（rate deficiency grant）を経て，1966（昭和41）年以降成立している。居住用資産の負担の軽減をはかる domestic element のほか，財政需要要素である needs element，財政力要素である resources element の3つからなっていたが，サッチャー政権の財政改革で後者2要素が統合され，1981年度より一般交付金に戻るといった変化がおこった。その後1989（平成元）年に地方税である，レイトが廃止され，地方税は1990（平成2）年に**コミュニティ・チャージ**（人頭税：community charge）となり，1993（平成5）年よりレイト，コミュニティ・チャージそして所得税の折衷的性格をもつ**カウンシル・タックス**（council tax）へと変遷を繰り返した。この流れに伴って，1990年度より旧レイトのうち非居住用資産レイトが国税とされ，これを地方譲与税とし，同年R・S・Gが**歳入援助交付金**（revenue support grant）とよばれる一般交付金となり，ほかに**特定目的補助金**がある。

　③**ドイツの財政調整制度**　ドイツの財政調整は，1990（平成2）年10月の東西ドイツの統一後，1994（平成6）年までは過渡的制度がとられていたが1995（平成7）年以降旧西ドイツの制度へ旧東ドイツの州が新設州として吸収される形で統一した制度になった。それは(ｱ)連邦・邦間，(ｲ)邦・市町村間の垂直的財政調整と，(ｳ)邦間水平的財政調整，そして(ｴ)連邦補充交付金とからなる（なお邦とは州のことである）。こうした財政調整が過度であることや財政需要の算定が適切でないとして，1999（平成11）年に連邦憲法裁判所が明確な基準の設定等を定めた財政調整法の改正を指示した。

　(ｱ)**連邦・邦間財政調整**　連邦・邦間財政調整は，税収配分が基本であり，所得税・法人税を連邦と邦の**共通税**とし，市町村がさらにこれに参加するという形をとる（収入割合は，連邦43邦43市町村14などのように憲法に定められ固定的である）。また1970年度以降付加価値税を連邦と邦の共通税とし，財政需要に応じて収入割合を2，3年ごとに変更している。付加価値税の配分は連邦70邦30（あるいは連邦65邦35）といった割合であり，邦分の収入の75％は人口基準で，25％は財政力基準で配分されていたが，具体的配分方法は連邦の定める財

政調整法で状況に応じて改正されている。

(イ)邦・市町村間財政調整　邦・市町村間財政調整は各邦によって異なるが，租税力基準と財政需要基準を組み合わせた**一般交付金**，特に**解式交付金**（Schlüsselzuweisungen）が代表的なものとみられる。

(ウ)邦間財政調整　邦間財政調整は，1949（昭和24）年ボン憲法第100条で創設をみた独特の制度で，ここでは「租税力の弱い邦の給付能力を保証し，諸邦の負担格差を調整するため」，諸邦の間での「直接的」水平的財政調整が規定された。1955（昭和30）年以降の邦間財政調整法は，邦人口1人当たり納税額（租税力基準）と全国人口1人当たり額（調整基準額）との差額の補填をねらっている。ここから全国平均を超える租税力をもつ邦は納付邦，平均以下の租税力の邦は受領邦となって相互の間で資金移転が行われる仕組みとなっている。これも前述の裁判所の指示に基づく新たな財政調整法により，基準の明確化が進められている。

(エ)連邦補充交付金　連邦補充交付金は，ⓐ財政力不足を補うための不足額連邦補充交付金と，ⓑ特別な財政需要を補うための特別交付金に分けられる連邦から州への交付金である（中村良広「ドイツ連邦財政調整改革論の現段階」『熊本学園大学経済論集』第23巻第1〜4号，平成29年を参照）。

④**財政調整の類型化**　このように，財政調整にはさまざまのやり方があるが，これを類型化すると，(ア)収入力ベース重視型，(イ)財政需要ベース重視型，(ウ)両ベース混合型となり，現実には最後の混合型が重きを占めつつある。混合型といっても，収入力ベース（能力ベース）と財政需要ベース（必要ベース）がその基礎にあり，このどちらを重視するかが基本問題となる。能力ベースの判定には比較的客観的基準がえられる一方，必要ベースの判定には官僚の恣意性が入りやすいといった欠陥がある。

(3) 地方交付税交付金の問題点

日本の地方交付税交付金は，その規模の大きなこと，仕組みが複雑であること，官僚統制機構を媒介した資金配分の形で一定の成果をあげていることなどの特色がある。しかもこれに伴う問題も少なくない。代表的なものは，次の通りである。

①**地方交付税と景気変動**　地方交付税はその仕組みからして，景気調整的（counter cyclical）にでなく，景気順応的（pro cyclical）な動きをし，景気平準化に

逆らう作用をもつ。すなわち，不況局面では，地方税減少，国の公共事業費増による地方負担増大により地方財政難が深化するのに，地方交付税の源泉となる国税が大きく減り，交付税財源の不足が発生する。

他方，好況局面では地方税増加，地方負担軽減で地方財政は好転するのに，国税が大きく増えて交付税総額の過剰が発生する。ここから国税3税時に不況期には臨時特例交付金と資金運用部借入，好況期には法定交付税減額，資金運用部借入の早期返済といった措置が，昭和40年代を通じてとられ，交付税の年度間調整問題が大きく浮かび上がってきた。改善案として，国税3税の一定割合でなく，国税全体に交付税額をリンクさせる案，さらに国債発行分を含めた国の収入全体に比例させる案，また交付税率の自動的調整の案などが出されたが，実現をみなかった。昭和50年代に入ってからは，交付税による財源補填にかえて地方債増発による補填がなされるといった措置がとられ，地方交付税による財政調整に大きな変化（その形骸化）がみられるようになった。地方交付税と景気変動の問題については，景気変動の結果を自動的に調整する平衡交付金の方が地方交付税に優っているので，こうした角度からの再検討が必要である。

②**制度の簡素化と民主的運営**　地方交付税の仕組みをめぐる問題は，基準財政需要の算定が，単位費用決定や補正係数の適用において中央官僚により恣意的に決定されるおそれがあるという点が最も大きい。単位費用は，府県の場合170万人，市町村の場合10万人の人口（この人口数は昭和20年代に大略全国平均に近いとされた数である）をもつ**標準団体**を設定し，この標準団体の単位費用を基準とするが，そこでは大都市圏の財政需要が正確には反映されないといった批判がある。基準財政需要の算定はどのように科学的にやっても，理想的な解決を見出すことが困難であり，それは多くの補正係数を適用すればするほど効果が中和されるといった点にあらわれている。基準財政収入の客観的算定は，算入されるべき収入項目等に問題があるほかはあまり問題がないものとされている。いずれにしても簡明な制度が必要であり，地方団体側での算定と中央政府によるそれが容易に一致するものでなければならないが，実態は必ずしもそうなっていない。

また交付税の決定・配分過程の民主化が必要という観点から，決定を中央政府（総務省）に委ねず，地方団体代表を加えた**地方財政委員会**を復活してこれに委ねるという提案がある。もっとも地方財政委員会をかつてのような形で復活しても理想的にいくという保証はなく，ここに1つのジレンマがある。

第28章　国庫補助・負担金

1　補助金の沿革と根拠

(1)　補助金の沿革

　第27章で論じた地方交付税とならんで依存財源として日本の地方財政上大きな影響を与えているのが**国庫補助金**ないし**国庫支出金**である[1]。これは特定財源でもあるので，**ひもつき財源**といわれている。

　①**組織的源泉と体系化**　その組織的源泉は日清戦争による地方財政の窮乏化への対応で，明治30 (1897) 年に制定された**国庫ヨリ補助スル公共団体ノ事業ニ関スル法律**（平成11 [1999] 年廃止）とされ，このような国の地方団体に対する補助金が体系的な発達をみたのは第1次世界大戦後であり，日本の場合，**市町村義務教育費国庫負担法**（大正7 [1918] 年），**救護法**（昭和4 [1929] 年），**時局匡救事業による農村補助金**（昭和7 [1932] 年）などがその画期をなしている。諸外国においても，教育，社会福祉，公共事業が中心となって補助金の発展をみているが，日本の場合も例外でない。

　②**義務教育費の国庫負担**　市町村義務教育費国庫負担法は，義務教育を国と市町村の共同負担とし，市町村立小学校教員の俸給の一部を国が負担するものであり，毎年定額の補助金がこれにあてられたが，昭和初年には教員俸給の2分の1に達するようになった。その後昭和15 (1940) 年に新たな**義務教育費国庫負担法**が制定され，教員俸給は府県が支出することとなり，総給与の2分の1を国庫負担としていたが，**三位一体の改革**により平成18 (2006) 年度から3分の1の国庫負担となった。

　③**生活保護の国庫負担**　救護法は生活困窮者に対する救助を定めたもので，救助責任者は市町村長とされ，国が費用の2分の1，府県が4分の1を補助

---

[1]　国庫補助・負担金は厳密には国が義務として負担しなければならない生活保護費などの**国庫負担金**と地方団体施設・サービス助成に対する**国庫補助金**とに区別されるが，通常は一括して区別なく国庫補助金とよんでいる。そしてこれを**国庫支出金**ということもある。

するものであった。戦後昭和21（1946）年の**生活保護法**により国の責任による保護の原則がたてられ，費用の8割を国が負担することとなった。旧救護法時代の方面委員制度（地方篤志家による細民調査と保護指導）にかわって，民生委員制度ができたが，主たる事務は府県と市が主として設置する福祉事務所でなされている。

　④**公共事業関係の国庫負担**　　公共事業関係の補助金は，高橋是清蔵相が**時局匡救事業**の形で農村中心の公共土木事業をはじめたのが組織的なもののはじめであり，事業内容は内務省所管の河川および道路事業，農林省所管の用排水，林道開発等農業土木事業が中心であった。この事業はその後の中断はあるが，戦後の社会資本整備のための公共事業に引き継がれていくのである。

(2)　成立過程における補助金の根拠

　以上から，その成立過程における補助金の根拠をみると，**地方財政の窮乏化**と行政の**ナショナル・ミニマム**（政府が保障すべき国民生活の最低限）維持の必要，国策としての**公共事業政策**の登場がその根拠となっている。地方税収入の伸びの遅れと，国税および国債による国家収入増大があり，これが地方団体に対する国の援助の形で，補助金を発達させたのである。

　なおこれを各種の補助金に即してより具体的にみれば，次のようになろう。

　①**教育費補助金・社会福祉費補助金の根拠**　　地方行政のうち特定の行政の一定水準を実現する必要。

　②**公共事業費補助金，地域開発関係補助金の根拠**　　国の総合計画ないし総合施策の円滑な実施の必要。

　③**奨励的補助金の根拠**　　地方的な施設および産業の助長奨励。

　④**災害復旧補助金の根拠**　　地方団体の能力では不可能な天災地変等からの復旧事業の援助。

　こうした各種の補助金の必要をもたらす共通の背景には，地方財源，特に税源の不足があり，これは国税と地方税の収入弾力性の差に基づいている。このように，国庫補助金の成立根拠は，地方財政調整制度の成立根拠と一面では相通ずるものがあるが，異なる面もある。補助金と交付税交付金の違いは，**補助金**が国策遂行のための，そして地方団体統制のための直接的・個別的手段であるのに対し，**地方交付税**は間接的・一般的手段たる点にある。

　地方財政の現代理論は，補助金を便益の拡散（スピル・オーバー）の理論から基

礎付けようとしている。例えば教育費の支出は，地域で教育を受けた子弟が他地域で就労することによって，教育サービスの便益を当該地域より他地域に拡散させる。拡散する便益に見合う補助が，ここから必要となるといった説明だが，これは歴史的具体的な制度の説明としては弱いといわねばならない。

2 補助金の種類

補助金は国の行財政制度と密接な関連をもち，その分類の仕方もまちまちである。

(1) 補助金の制度論的区分

イギリスの代表的地方財政学者ヘップワース（Noel. P. Hepworth；1934［昭和9］～）はイギリスの制度に即して，次のような区分を行っている[2]。

①**定率補助金・単位補助金**　**定率補助金**（percentage grant）は，教員給与の2分の1補助といった一定割合の補助を与えるものであり，**単位補助金**（unit grant）は人口1人当たり，学童1人当たり，道路1哩（マイル）当たりいくらといった補助金である。定率補助金の難点としては，(ア)地方団体間の必要度の相違や財政力の差を考慮しないこと，(イ)概念上無制限の補助金となること，(ウ)支出の細部にわたる統制を伴うことがあげられる。これに対し単位補助金は，こうした欠陥を是正しうる一方，適正な単位設定が困難という難点がある。

②**一般補助金・特定補助金**　**特定補助金**（specific grant）は特定サービスを援助するもの，**一般補助金**（general grant）は支出の特定（イヤマーク；earmark）のないものをさす。後者は，支出の便益が全国に拡散されるサービスの援助に適するとされている。両者の中間にあたるのが**ブロック補助金**（bloc grant）で支出目的を比較的大きな行政科目に概括するものである。特定補助金と一般補助金の区別に対応するのが，アメリカの**条件付補助金**（matching grant）と**無条件補助金**（non-matching grant）であって，条件付とは地方団体の一定の負担を補助金交付の条件とすることをさす。またこの特定補助金と一般補助金に対応するのが，日本の国庫補助金と地方交付税の区別であり，日本で補助金といえば

---

[2] イギリスにおける補助金改革の制度的問題については金子勝「公共支出統制政策とイギリス地方財政――オイル・ショック後のイギリス地方財政政策の転換――」（法政大学『経済志林』第58巻第1・2合併号，平成2年所収）を参照。

特定補助金だけをさす。

(2) 日本特有の制度論的区分
日本の補助金制度をみる場合，次のような重要な区分がある。

①実支出額基準補助金・標準額基準補助金　実支出額基準補助金は義務教育関係給与費等に適用され，補助ベースは実際の支出額となる。**標準額基準補助金**は一般に標準的団体で最も能率的に行われる場合の事業費といった基準で行われるので，ここから後述のような超過負担が発生しやすい。

②定率補助金と定式補助金（差等補助金）　これもおそらく日本の特有の区分であろう。**定率補助金**は前述のように費用の一定割合を補助するものであるが，**定式補助金（差等補助金）**は地方団体の財政力の差をおりこんだ一定の方式で補助率・補助額を決めるものであり，後進地域の公共事業費補助率の嵩上げの措置が代表的なものである。地域開発政策の促進手段として大規模に利用され，単に特定事業の推進だけでなく，財政力格差是正という財政調整目的を併せもったものとして注目されるのである。

(3) 地方財政法における区分
以上は制度論的区分を諸外国の例などを入れつつ説明したものである。日本の補助金（国庫補助金ないし国庫支出金）を**地方財政法**（地財法）における区分に即して考察すると，次のようになる。

①国庫負担金（地財法第10条）　**国庫負担金**は国と地方公共団体相互に利害関係のある事務である義務教育，生活保護，保健所費等34項目について「国が進んで経費を負担する必要」を認めたものである。

②建設事業負担金（地財法第10条の2）　**建設事業負担金**は総合的に樹立された計画に従って実施され，計画性を確保する手段として国の経費負担を定めたもので，道路・河川・砂防・海岸・港湾等土木事業にかかわる補助金である。

③災害負担金（地財法第10条の3）　**災害負担金**は地方団体の一般財源では処理できない大規模災害にかかわる事業について，復旧費や救助費を補助するものである。

④委託費（地財法第10条の4）　**委託費**はもっぱら国の利害に関係のある事務であり，本来国が行うべきものであるが，住民等の利便を考慮し，地方団体に委託する事務（例えば国会議員選挙，旅券交付事務等）について，国の全額負担を

定めたものである。

⑤**奨励的補助金**（財政援助金）（地財法第16条）　奨励的補助金は国が法律上の義務に属さない地方団体の事業について補助の必要を認めた場合，また地方団体の財政上特別の必要を認めた場合交付するものである。**国有提供施設等所在市町村助成交付金**（いわゆる基地交付金），**電源立地促進対策交付金**などがここに含まれる。①〜④が国の義務ないし責任としての負担を規定しているのに対し，任意補助の可能性を定めたものである。補助金の理論からいうと，**価値財**（merit goods）に対する補助がこれにあたる。

また，①〜③をまとめて国庫負担金と区分することがあるが，基本的には法律・政令により国が義務として負担するものとされている。しかし，現実には必ずしも法律等が完備しているわけではないとされる。また，国庫補助金は予算，補助要綱の形式で各省の長が決定するとされている（柴田護『地方財政のしくみと運営』良書普及会，昭和54年（新版），および矢野浩一郎『地方税財政制度』学陽書房，平成19年）。

3　補助金の理論

(1)　アメリカ財政学的な補助金理論

とりわけ近代経済学の立場をとる人々の補助金に対する説明は，補助金の現代理論としていろいろな点で従来の説明と異なっている。

①**便益の拡散（スピル・オーバー）に関する理論**　便益の拡散（spillover）については，第26章2でも述べたが，これを例示すると次のようになる。すなわち，「A市の住民はB市の公園を利用するし，A市における薬剤散布による消毒は，B市の住民にも利益となる。またX県を訪れたY県の旅行者は，Y県の警察の保護を受ける。さらにX県の会社はY県で教育された労働者を雇い入れるし，Y県の会社のトラックはX県の道路を走る」（木下和夫編『地方自治の財政理論』創文社，昭和41年，99頁）。このように，**スピル・オーバー効果**（spillover effect；便益の漏出効果，便益の拡散効果）が大きいときは，利益を受ける地域外の人々も，サービスの給付に対して負担責任をもつべきである。しかし実際上区域内の人々と区域外の人々とを区別しえないので，中央政府が地域外の人々にかわって，費用の一部を補助金の形で負担することとなる。

②**公共サービスの適正供給に関する理論**　公共サービスの過小供給のおそ

れは，地方団体の住民が地域内に帰着する便益にのみ着目して費用を負担しようとするところから生じる。このため地方団体は，地域住民が負担しようとする費用に見合うサービスしか実施しないこととなると，公共サービスの過小供給が生じる。ここからサービス水準の低下がもたらされるが，これは資源の効率的配分の点からも問題なので，国が補助金を交付して，最適のサービス水準を維持させる必要があるとされる。

③価値財に関する理論　価値財（merit goods）は，情報の不足や知識の欠如からして，また市場機構の欠陥からして，消費者選好への介入を必要とする財であり，マスグレイブは，教育や住宅をその例としている。これらの財は，民間財（私的財）としても供給できるが，政府介入があった場合にはじめて，適正な量の供給がなされる（第9章3参照）。そしてこの介入は補助金供与によって可能となるものであるが，こうした根拠からの補助金供与は，中央政府の地方自治に対する干渉にならないかどうか問題である。

いずれにしても，上記の理論は，補助金の根拠を一般的抽象的に導き出すもので，歴史的具体的な補助金の説明とはなりえない。補助金供与を必要とする国家的利益とは何かの認定は，すぐれて政治的問題であり，それはまた権力問題であることを忘れてはならない。日本の奨励的補助金の主要なものが，電源立地促進対策交付金，基地交付金，石油貯蔵施設立地対策交付金といったすぐれて政治的な内容なものであることに注目する必要がある。

(2) 補助金の政治的側面

補助金の政治的側面に注目するのが，第9章3で述べた**フリー・ライダー（ただ乗り）の理論**であり，ここで補助金は地方政治家のフリー・ライダー的志向から説明されている。補助金は地元住民の負担をできるだけ少なくすることによって，利益を国家から引き出す有力な手段であり，中央政治家にとっても選挙基盤を強化する有力な手段である。この意味で，国庫補助金は，圧力団体を背景に展開される現代財政の特徴を最もよく表すものとなっているのである。

(3) 特定補助金の一般財源化

特定補助金を一般財源化した際の効果についての理論は第28.1図で説明される。横軸に平成16（2004）年度まで日本では特定財源であった公立保育所の保

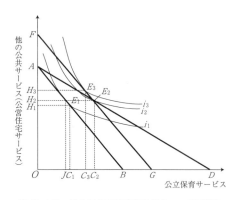

第28.1図 公立保育所運営費負担金の一般財源化

育サービスをとる（この説明ではかつてのように公立保育サービスに特定補助金が供与されているものとして考える。モデル設定の話で現行制度と異なるので注意してほしい）。縦軸は公営住宅サービスとし、AB は補助金が全くないときの予算線とする。無差別曲線 i_1 は地域住民の効用を表し、補助金のないときは点 E_1 が最適で保育 OC_1・住宅 OH_1 のサービスを市は提供することになる。次に、保育のみに特定補助金が保育サービスの半額に対して交付されたとする。すると保育サービスは補助前の OB から補助後は OD に増える。予算線が AD になるため、より高い効用を満たす右上の無差別曲線 i_2 に移ることができ、点 E_2 が最適で保育 OC_2・住宅 OH_2 のサービスが提供される。保育への特定補助金により結果として特定補助金のない住宅サービスも OH_1 から OH_2 に増えるのである。

この特定補助金を一般補助金に置き換えるとどうなるかを比較するために、点 E_2 を通り保育 OC_2・住宅 OH_2 のサービス水準を維持させ、しかも保育、住宅に使途指定しないで使える一般補助金の交付を考える。それは点 E_2 を通り、特定補助金交付前の予算線 AB に平行な予算線 FG を考えることになる。予算線 FG はより高い無差別曲線 i_3 と接し、保育 OC_3・住宅 OH_3 が提供される。そして一般財源化によりこれまで補助のなかった住宅は H_2H_3 増えるが保育は C_2C_3 減少する。しかし住民全体の効用は i_2 より i_3 は上がっているので、地域全体としては一般補助金の方が経済的厚生を高めると理論では結論付けられるのである。

しかし現実世界では、前提条件に基づき設定された理論モデル通りにはむしろならないことの方が多い。こうした理論はあくまで政策決定上の参考資料であって、最終的にはこうした資料をも踏まえての対象地域における住民と首長の適切な判断が成否を分けるといえる。

4 補助金の問題点

(1) 補助金と地方自治

①**補助金の弊害**　補助金の弊害として次のような点が指摘される。(ア)地方自治体の中央政府への依存度が高まる。(イ)地方自治体に対する中央政府の統制・干渉が強まる。(ウ)官僚支配の構造が固定化される。(エ)政党の選挙基盤強化に役立てられ，政治腐敗を生む。(オ)補助金はいったん与えられると永続化し，財政資金の効率的使用が行われなくなる。

②**シャウプ勧告の指摘する補助金の弊害**　このような弊害を日本で最も鋭く指摘したのが，シャウプ勧告である。そこではなお，(ア)補助金が独断的に決定されやすいこと，(イ)金額が不確定で地方財政の運営が円滑にいかないこと，(ウ)地方団体の必要度を考慮しないこと，(エ)分担金等の徴収により地方財政に重い負担をもたらしやすいことなどを指摘した。そしてここから，(ア)全額補助事業はやめること，(イ)一部補助事業は奨励的補助金を除き整理することを勧告し，(ウ)補助金整理の前提として，**行政事務再配分**を検討する機関の設立を提案した。

③**実現不可能であった神戸勧告**　これに基づいて，**神戸正雄**（第2章3参照）を長とするいわゆる**神戸委員会**（**地方行政調査委員会議**）ができ，市町村優先，行政責任明確化，事務効率化等を原則とした**神戸勧告**を出したが，ちょうど日本の独立と占領政策の見直しという機運の中でなされた勧告であったため，所期の課題を実現できなかった。日本の官僚制は温存され，独立とともに強化の方向が打ち出されるようになる。

　昭和30年代以降の日本の補助金政策は，都道府県を通ずる国家的施策実施の手段としてその展開をみる。昭和30年代後半には，後進地域公共事業の補助率の嵩上げ措置が取られるようになったが（昭和36年法），その内容は，財政力指数が0.46以下の都道府県に対し，開発指定事業にかかわる補助負担率を25％まで引き上げるというものである。続いて新産業都市建設促進法（昭和37[1962]年），工場整備特別地域整備促進法（昭和39[1964]年）に基づき，同様な手法による都道府県・市町村に対する補助率の引上げが行われた。これらはいずれも，補助金に国の社会資本充実政策の誘導の機能をもたせるものとして展開され，地方自治体の財政運営に大きな枠をはめるものであった。

(2) 補助金整理問題

①昭和の補助金整理 昭和38（1963）年12月に補助金等合理化審議会が，補助金整理勧告を行ったが，当面とるべき方策として次の点があげられた。(ア)奨励目的を達した補助金，特に零細補助金は廃止すべきである。(イ)同種の補助金は統合すべきである。(ウ)補助率は原則として2分の1以下とし，後進地域の嵩上げについても3分の2を限度とすべきである，(エ)補助金を定期的に再検討する機関をつくるべきである，というものであったが，基本的改革は何ら実行されなかった。

その間国の財政硬直化が進むにつれ，昭和43年度予算編成時に補助金整理が日程に上り，高率補助引下げの動きがあり，その後の昭和時代にも補助金整理は形式的に続けられたが，みるべき成果をあげえなかった。

②平成の地方分権と補助金整理 平成7（1995）年に**地方分権推進法**が制定されて，地方分権推進委員会（補助金・税財源検討グループ座長神野直彦専門委員）から地方分権上，問題の多い補助金の整理が勧告されるなどしたが，平成12（2000）年4月の**地方分権一括法**にはその成果が十分には盛り込めなかった。そのため同委員会最終報告では，地方税源の充実とこれに対応する国庫補助負担金と地方交付税の改革が重要であることが指摘された。

これが経済財政諮問会議で議論されるなどして，(ア)国税から地方税への税源移譲，(イ)国庫補助負担金の整理・縮減，(ウ)地方交付税の見直しという3つの改革を一体として実施することを目論んだ**三位一体の改革**（三位一体改革）が平成15（2003）年にはじまった。平成15～18年度までに，義務教育費国庫負担金の一部や公立保育所運営費負担金などの国庫補助負担金が一般財源化されるなどして，国庫補助負担金は約4.7兆円削減された。また，地方交付税は**臨時財政対策債**（交付税及び譲与税配付金特別会計の借入金による地方財源不足の補塡をやめ，地方公共団体が直接借入するために発行した赤字地方債）の抑制等によって約5.1兆円削減される結果をもたらした。なお国税から地方税に約3兆円税源移譲されたものの，三位一体の改革による増減差引の不均衡が大きく，地方の危機感が高まった。

(3) 超過負担問題

①超過負担の発生要因 日本の国庫補助金の多くが，標準額に対する定率補助金の形をとるところから，物価騰貴が次第に顕著となる昭和30年代後半

から**超過負担問題**が発生してきた。それは国庫補助金の対象・単価等が地方の実情に即しないため，地方団体はその不足分を負担しなければならないという形で発生した。昭和30年代中期には，国庫補助負担職員（保健所職員・農業改良普及員等）について，また建設事業中道路・学校・住宅等の用地費について，その過小評価からの超過負担が指摘されていた。これが昭和40年代に入っても継続したため，昭和43年度の予算編成にあたり，「今後3年間で超過負担の解消をはかる」という自治・大蔵両大臣の覚書が交わされたりした。

その後超過負担は，単価差，数量差，対象差，といった要因から発生することが明らかとなった。第28.2図に示されているように，**単価差**は実際経費よりも低く単価が定められるところから発生するもの，**数量差**は補助対象の数量を低く見積るところから発生するもの（保育所の保母［保育士］数，建物の必要面積の過小見積りなど），**対象差**は補助対象を狭く限定するところから生ずるもの（用地費を除くとか，付帯施設・備品を除くとかによる。また人件費中，超過勤務手当を除くなどからもこれが発生する）である[3]。

②**摂津市超過負担訴訟**　上記のような覚書による是正ではいっこうに解消がはかどらないところから，昭和48（1973）年5月大阪府摂津市長が内閣および国会に意見書を提出，同年8月**保育所設置費国庫負担金訴訟**を起こした。**摂津市超過負担訴訟**といわれるもので，児童福祉法に規定している**保育所設置費**に対する法定負担割合の2分の1に相当する額と国が現実に支出した負担金の差額の

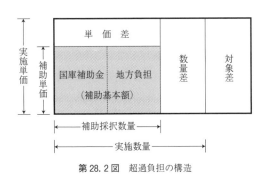

第28.2図　超過負担の構造

3）　古川卓萬教授によれば，地方6団体が捉える超過負担は，第28.2図のようなものであり，そこでは超過負担＝決算額－補助基本額＝単価差＋数量差＋対象差という算定方法がとられている。これは地方団体による継ぎ足し単独事業分の存在を認めない立場に立つものであり，これに対して国は地方団体の決算額にあらわれる実支出額には，地方団体による継ぎ足し単独事業分＝デラックス分が含まれるとして，実支出額ではなく標準額基準にすべきだとする。つまりこれは地方団体による標準額への上乗せ分であり超過負担ではないとしており，両者の論争はかみ合うことなく今日に至っている（「補助金の基本問題」西南学院大学『経済学論集』第15巻第3号，昭和56年3月所収を参照）。

支払いを求めるものであった。これは摂津市が昭和44～46（1969～1971）年の間に4つの保育所すべてを国の許可を受けて設置したが，2つの保育所への補助は認められず，残りの2つの保育所にわずかな定額補助（実支出額2,000万円超に対して，15万円と100万円）を与えられたにすぎないことによる。これを契機に問題が大きくクローズ・アップされるに至った。地方団体代表組織である**地方6団体**（全国知事会，全国市長会，全国町村会，各議長会）の「地方超過負担解消特別委員会」が昭和49（1974）年に設置され，国でも，自治・大蔵・関係各省による実態調査が行われ，負担解消の年次計画がつくられたりした。しかし年次計画による解消が終わる段階で，前を上回る超過負担の発生をみている現状であり，これは物価騰貴がたえず進行しているからである。

　大阪府摂津市の訴訟は，昭和51（1976）年12月の地裁第1審で敗訴，その理由として，昭和30（1955）年8月制定の**補助金適正化法**（補助金等に係る予算の執行の適正化に関する法律）による補助金の申請・交付決定の手続きから適法という点があげられた。すなわち，補助金は地方団体からの交付申請に基づいて決定するので，そこに違法性はないとするものである。同訴訟は昭和55（1980）年7月第2審の高裁でも敗訴し，上告取り止めがなされた。この間保育所設置費の単価引上げがなされるなどの国の対応があり，この行政訴訟は問題の所在を明らかにする上で一定の成果をあげたものと評価できる。

第Ⅶ部　地方財政(2)

第29章 地方税と税外負担

1 地方税原則

　租税はどのようなものであらねばならぬかを規定するのが租税原則であり，スミス，ワグナー，ノイマルク，あるいはマスグレイブの租税原則といった形での発展をみている（第15章2参照）。地方税も租税であるから，その租税原則の適用を基本的に受けるはずであるが，地方税としてどのような租税が適切であるか，地方税の条件を示したものが**地方税原則**である。従来から地方税には国税と異なる固有の原則があてはまるとされてきた。特に，地方財政当局者を中心に受け入れられている地方税原則には，応益原則，安定性原則，地域的普遍性原則，負担分任原則，自主性原則などがある（柴田護『地方財政のしくみと運営』良書普及会，昭和54年（新版），65頁）が，これは必ずしも学問的検討を経たものではない。学問的検討をしたものが全くないのではなく[1]，地方税原則は時処により変化し，また掲げられた原則間での問題が表出することもあり，恒久的なそれを提示することはきわめて難しいといえるのである。

(1) 応益原則
　地方税は地方公共サービスからの受益の対価であるのでその受益に応じて課税すべしというものが**応益原則**である。地方の場合，自治体の範囲が小さければ小さいほど，給付反対給付の適用可能性が増大することは，ワグナー段階ですでに指摘されており，これが収益税の根拠とされてきた。これをめぐって，1920年代に，**シャンツとヘンゼルの論争**があった。シャンツは，(ア)給付反対給

---

[1] 地方税原則を学問的に検討したものとして，神戸正雄教授，井藤半彌教授，西野喜與作教授，恒松制治教授，橋本徹教授，牛嶋正教授のものなどがある。佐藤進『地方財政総論［改訂版］』（税務経理協会，平成5年，151〜155頁）および関口浩「沖縄県財政と県税収入──『国と沖縄県の財政関係』の幻の一章(2)──」（法政大学大学院公共政策研究科『公共政策志林』第5号，平成29年，2〜6頁）を参照。

付の原則は国の場合にも適用できるし，(イ)地方団体のサービスによる特別利益は給付能力の増大となってあらわれるので，所得税で把捉できるとした。これに対しヘンゼルは，(ア)地方団体の活動の特徴は地域の狭小と支出の集中性にあり，(イ)給付能力原則に基づく所得課税で把捉しえぬ特別利益がある。ここから(ウ)受益者負担的な課税が必要となるが，地方税とは本来そういうものであるというものであった。この論争は今日なお決着をみていない。

(2) 安定性原則

地方税は好況不況にかかわらず安定し税収を確保しなければならないとするのが**安定性原則**である。好況不況といった景気状況により収入の増減の甚だしいものは，地方税として不適当とするものである。地方団体の経費は経常的性格のものが多く，また財政規模が小さいので，税収の安定は財政運営の円滑化のため不可避となる。もちろん安定性を強調すると，増大する財政需要，特に投資需要に地方税が対応できなくなるので，伸張性が必要とされる。いずれにしてもあまり伸び縮みの大きい税は地方税として不適当ということになり，ここから所得課税よりも収益税が適当となる。

(3) 普遍性原則

地方税の源泉・客体は全国的に普遍的に存在するものであるべきであるというものが**普遍性原則**である。地域的に偏在する税を地方税とするとき，税収の地域格差が増大し，豊かな団体はますます豊かに，貧しい団体はますます貧しくなるので，収入の偏在する税は国税とするのが適当ということになる。法人税は収入が最も偏在するので，国税に適している。納税能力ないし収益高を外部より推測せしめる標準（売上高，賃貸価格，従業員数など）に基づいて課税する**外形標準課税**である収益税や消費税は比較的普遍的である。

(4) 負担分任原則

広くすべての住民が地方団体サービスの財源の負担を分担すべきであるというものが**負担分任原則**で，これは納税者によって支えられた地方行政という地方自治の観点からも支持されている。しかしこれを文字通り適用すれば無資力者に対する課税となり，地方税の大衆課税化を容認する議論となる。負担分任原則による地方税の例が，**住民税均等割**であり，また住民税の課税最低限が所

得税のそれより低く定められているのは,この考え方による(第16章1参照)。これは課税の基本原則である公平ないし公正原則との関連で大きな問題となる。

(5) 自主性原則

地方自治と課税自主権の建前から,画一的地方税制を不可とするものが**自主性原則**で,このため地方団体は税率の自主的決定や課税標準の選択を認められるべきだとする。日本の場合,国会で制定する**地方税法**で地方税の基本が規定されているが,第15章2で触れたように**標準税率**と**制限税率**の定めがあり,事業税,自動車税,都市計画税等について,標準税率を超える**超過税率**(標準税率を超え制限税率に至るまでの税率)の採用が認められている。地方税法に規定された税目のほか,**法定外普通税**を設けることが認められており,これには国税または他の地方税と競合しないこと,地方団体間の物の流通の障害とならぬこと,国の経済政策と矛盾しないことなどの要件があり,実際採用されている法定外税の種類は少なく,規模も大きなものではなかった。この法定外普通税を設ける手続きは平成12(2000)年4月の**地方分権一括法**によりこれまでの許可制から事前協議制へと変わった。また同法により**法定外目的税**の創設を認めることが加わった。

2 地方税体系

(1) 地方税の構成

自主財源であり一般財源でもある**地方税**をどのような税目で構成するかをめぐって,さまざまの観点がある。

すなわち,①直接税と間接税,②人税と物税,③付加税と独立税などの組合せであり,戦前の日本の地方税は,直接税中心,物税中心,付加税中心であった。戦後の地方税制も直接税中心であるが,戦前に比較すれば,間接税の割合が増えた。**人税**と**物税**の違いは,前者は人を対象とし,人の担税力を標準に課税するもので,所得税,法人税,富裕税,相続税(遺産取得税)がこれに入る。後者は物を中心に,外形標準により課税するもので,収益税(地租・家屋税・営業税),消費税等がこれに含まれる。戦後の地方税制は,物税より人税に比重を移したが,それは個人および法人の所得を標準とする住民税の収入,および法

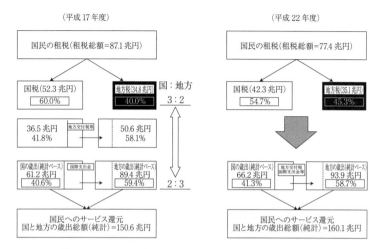

第 29.1 図 国と地方の税源配分等（平成 19 年の税源移譲前後）

人事業税の収入が増大したことによる。

また戦後シャウプ勧告により，戦前の**付加税中心主義**が大きく崩され，国・府県・市町村それぞれが税源を分離する**独立税中心主義**となったが，**住民税所得割**や**事業税**は国税所得税および法人税の付加税的色彩が強い。したがって国税改正の結果自動的に収入が変動する税制を中心とする地方税の構成となっており，本章 1 で述べた地方税原則(1), (2), (3), (5)と抵触するものとなっている。平成 19（2007）年には**三位一体の改革**の一環として，国税である所得税の一部が地方税である住民税へと税源移譲されて所得税の比例税率部分を地方に，累進税率部分を中央に分けるという**地方所得税構想**が取り入れられた。第 29.1 図のように平成 19（2007）年の**税源移譲**によって国税と地方税の税源配分に変化がややみられるようになった。つまり移譲前の平成 17（2005）年度には，国税：地方税＝3：2・国の歳出：地方の歳出＝2：3 であったものが，移譲後の平成 22（2011）年度には，国税：地方税＝5：4・国の歳出：地方の歳出＝4：5 となっている。しかし住民税は税率 10％の比例税率で課税されているものの，日本国憲法にいう地方自治を支える財政にはまだ程遠いのが実態である。

(2) 日本の地方税

第 29.2 図および第 29.3 図は日本の国税，地方税の状況を示している。地方税は道府県の課税する**道府県税**と市町村の課税する**市町村税**に分けられる。

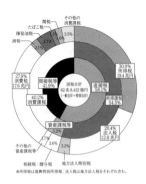

第 29.2 図　日本の国税（平成 30 年度当初予算額）

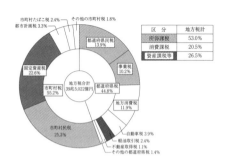

第 29.3 図　日本の地方税（平成 30 年度地方財政計画）

第 29.1 表　シャウプ税制での税源配分

	国　税	道府県税	市町村税
所　得	所 得 税 法 人 税		**市町村民税**
消　費	酒　　税 た ば こ 物 品 税	**附加価値税** 入 場 税 遊興飲食税	電気ガス税
資　産		自動車税	**固定資産税**

〔出所〕橋本徹『現代の地方財政』東洋経済新報社，昭和 63 年，72 頁を改編。
（注1）附加価値税の「附」の用字は当時のものである。
（注2）太字は各段階の主軸の租税とされた。

シャウプ勧告による昭和 25（1950）年の税制改革で，第 29.1 表のように道府県税の主軸に**付加価値税**が，市町村税の主軸に**固定資産税**と**市町村民税**が据えられたが，付加価値税は地方税法に規定はされていたものの一度も実施されることなく廃止され，その理想的体系が大きく崩れてしまった。

現行の地方税をみると，道府県民税と市町村民税を合わせて**住民税**とよぶことがあるが，この税は第 16 章 1 で述べている。また道府県税のうち**事業税**についても第 17 章 2 で，市町村税の**固定資産税**についても第 16 章 2 ですでに触れているのでそちらを参照されたい。なお，東京都区部では市町村税相当のうち，区民税法人分，固定資産税，特別土地保有税，事業所税と都市計画税を都と特別区の特例として地方税法により**都税**としている。

地方税は地方自主財源の中核として地方自治の城砦をつくるものであるが，その割合が低いのが実情である。地方税収入が地方歳入の 30％ 程度しか占めないことはいわゆる**三割自治**の財政収入面における数字的根拠をみなすとみてよい。

(3)　地方税制の国際比較

どのような税目ないし税種を組み合わせて現実の**地方税体系**が構成されてい

るかを，地方税制の国際比較の観点からみると，次の通りである。

①**財産税型**　イギリスおよびイギリスの旧植民地では，**固定資産税**に相当する土地・家屋税に重点をおいた地方税を採用している。イギリスの地方税であったレイト (Rate) は，エリザベス時代に起源をもつ財産税ないし不動産税であるが，家屋占有者に対して課税した。ともかく1989（平成元）年までイギリスでは，地方税といえばこのレイトだけであり，税率決定は地方団体に委ねられていた。だが，今日は旧英植民地の国々に残るのみである。ただし，イギリスでは現在はレイトの要素を受け継ぐカウンシル・タックスになっている（第27章3参照）。

②**所得税型**　北欧諸国およびスイスでは地方税の中心は**地方所得税**であり，独自の構造の地方所得税がその中心を占めている。スウェーデンの場合，第29.4図のように地方所得税は国・地方合わせて徴収される所得税の比例税率部分を地方団体が収納するという形になっており，具体的税率は地方議会が決定する。

③**混合型**　ここでは，㋐財産税と営業税を組み合わせているフランス，ドイツ等と，㋑財産税と売上税その他を組み合わせているアメリカ，カナダ等のそれが区別される。

旧西ドイツの場合，地方税（市町村税）の85％が営業税，残りを不動産税（地租）でとるという構造になっていたが，1969（昭和44）年以降の市町村税改革で，連邦・邦の所得税に対する市町村の参加と，営業税の縮小が行われた。そこで現在では，地方所得税，営業税，不動産税の三本の柱からなる混合型といえる。アメリカの地方政府収入は，**財産税**が大部分で，**売上税**，**所得税**がこれを補完する形をとっていたが（州政府の税収入の中心は売上税である），第16章2で触れた**提案13号**の影響で財産税収を大きく減らして売上税，所得税の方が多くなっている地方が増えている。

④**日本の地方税制**　日本の地方税制は，いうまでもなく混合型であるが，消費税導入前は㋐，㋑とも異なり，個別消費課税に比較的大きなウェイトをおいていた。それは，所得，財産，

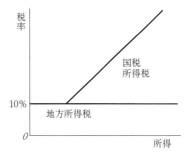

〔出所〕　佐藤進『地方財政総論』166頁を改編。

第29.4図　地方所得税のモデル

企業，消費といった4つの可能性にほぼ均等の課税を行うという特色をもっていたためである。消費税導入後はそれまで地方で課されていた個別消費税が消費税に吸収され，また平成9（1997）年には地方消費税が創設されたものの，平成元（1989）年消費税創設前と比べて消費が前3者に比べ減ったことが指摘できる。

3 税外負担

(1) 使用料・手数料

①**租税と使用料・手数料の違い**　**使用料・手数料**（fees, Gebühren）は，地方団体の行う経常的サービスの費用を賄うため，サービスの対価の全部または一部を，それにより利益を受ける者から徴収するものである。公権力に基づいて徴収されるという点で租税と類似しているが，特別のサービスの利益が前提とされている点で私経済収入に近い。そこでこれは，租税と私経済収入の中間に位するものである（第1.3図参照）。セリグマンは，租税と使用料・手数料の違いを，(ア)租税は公共負担の一部として徴収されるが，使用料・手数料は特別の便益のための支払いである。(イ)使用料・手数料は，個人へのサービスの費用を超えないのが普通である。(ウ)租税と異なって，使用料・手数料は，特定の政府サービスと結びついている，といった点をあげる。そこで**使用料・手数料**は，「特別の可測的な便益がもたらされるサービスのための支払いであり，通常サービスの費用を越えないもの」（E. Seligman, *Essays in Taxation*, 7th ed., 1911［明治44］，p.281［英文］；三上正毅訳『租税論』原著第3版の訳，大日本文明協会，明治43年）という定義がでてくる。

使用料・手数料は，地方団体，特に市町村の適切な収入項目として取り上げられ，例えば日本の明治21（1888）年の**市制町村制**において，市の経費は**財産収入**，使用料・手数料，科料，過怠金で賄い，なお不足するときは，**市税**および賦役現品で賦課徴収しうることを定めていた。使用料・手数料が収入の基本で，税は副次的なものという建前であったが，この定めは当初から現実に即しておらず，その後少なくとも普通会計では税を中心とする収入構造が定着するようになった。

日本の使用料・手数料に関する規定は，**地方自治法**第225条および第227条で定められている。使用料については，「普通地方公共団体は，……行政財産の

使用又は公の施設の利用につき使用料を徴収することができる」とし，使用料は公の財産または施設の利用に対する対価としている。手数料については，「普通地方公共団体は，当該普通地方公共団体の事務で特定の者のためにするものにつき，手数料を徴収することができる」としている。手数料は特定の行政事務につき，特定の者に対するサービスの対価として徴収するものとされている。もっとも，両者の区別は必ずしも判然としたものではなく，実際上も混淆した取扱いがなされている（第19章1参照）。

②**使用料・手数料の根拠**　次に使用料・手数料の根拠であるが，ワグナーはこれを，(ｱ)公共施設または公共サービスを利用する人が受ける**特殊の利益**，(ｲ)公共団体における特殊の経費の発生，(ｳ)負担分配の公平を保つ上での必要の3つに求めている。そこで「公共団体の事務施設で，これを利用する個人に与える特殊の利益が大なれば大なるほど，また個人がこれを利用するために公共団体に要する特殊な経費が大なれば大なるほど，手数料は高くすべきであり，これと反対の場合は，低くすべきである」ということになる。これは手数料の決定にあたって，**私経済原則**の適用が可能であるという側面を強調したものである。財政学から派生した公共経済学の立場から，受益に見合う負担の必要が唱えられ，受益と負担の同時決定がなされる使用料・手数料の見直しが主張されているが，この議論はワグナーのそれを超えるものでない。

③**使用料・手数料の料額の決定**　使用料・手数料の料額の決定にあたっては，行政事務ないし施設の利用の性質に応じた決定が必要であり，この際の原則は，公益に属しその利用が国民一般に広くなされるものは安く，特殊な経済的利益をサービス受領者に与えるものは**実費補填主義**でこれを行うというものである。ただ広く国民に利用される事務事業の場合でも，利用の適正化をはかる目的から料額を高くするということがありうる。清掃ないしゴミ処理手数料を無料にするか，有料にするかは近年日本で大きく争われた問題である。また高等学校授業料，公営住宅家賃，保育所保育料などの改訂が，その都度大きな問題となっており，平成後半になり，高等学校授業料は現行制度では保護者の所得が一定以上の場合を除き無償化され（**高等学校等就学支援金制度**），幼児教育・保育もさまざまな問題を抱えながらも令和元（2019）年から無償化される。使用料・手数料が費用の全部または一部を補填するものであるとき，この**費用の算定**をめぐっても，直接費・間接費のどこまでこれに含めるかの問題があり，これについての客観的ルールはなお存在しない現状にある。使用料・手数料の

決定は，経済問題であると同時に，すぐれて政治的・権力的問題なのである。

(2) 受益者負担金（分担金）

受益者負担金は**特別課徴**（special assessment）および**分担金**（Beiträge）といわれてきたものであり，アメリカで公共土木事業の施行による土地財産の値上り益を吸収するため設けられてきた制度が前者，ドイツでの同様な特別賦課金の制度が後者の名前をもってよばれてきた。

①**特別課徴と使用料・手数料の相違**　特別課徴と使用料・手数料の相違は，(ア)特別課徴が特殊な地域的改善のために賦課されるものであること，(イ)1回限りないし臨時的に賦課されるものであること，(ウ)使用料・手数料は個人そのものに課されるが，特別課徴は集団ないし階級の一員としての個人に課されること，(エ)特別課徴は，常に不動産，特に土地への便益供与を前提とするが，使用料・手数料にはこの種の前提がないことなどである。セリグマンはここから，**特別課徴**（special assessment）は「公益のためになされる資産の特別な改善の費用を賄うため，資産所有者の特別便益に応じて課される一回限りの支払い」（*ibid.*, p.304.）と規定している。ここでいう特別課徴が，受益者負担の本来的な，狭義におけるそれである。

②**日本の受益者負担金制度**　この種の狭義の受益者負担金の制度は，日本の**都市計画法**第75条で，「都市計画事業によって著しく利益を受ける者があるときは，その利益を受ける限度において，当該事業に要する費用の一部を当該利益を受ける者に負担させることができる」と規定されている。地方自治法第224条にも，地方自治体に特有な**分担金**の規定があり，これは特別な利益の発生を根拠とした特別課徴の可能性を地方自治体に付与したものである。もっともこうした規定があるが，日本の地方自治体レベルで実際徴収されている受益者負担金は**下水道事業受益者負担金**がほぼ唯一のものである。これは下水道建設費の一部（3分の1ないし5分の1）を，下水道整備により値上がりの利益が見込まれる土地に対する負担金により賄おうとするものであるが，この制度の導入なしで下水道整備を行っているところとの負担の不均衡が広がるなどの問題がある（第19章1参照）。

第30章　地方債

1　地方債と国債の相違

(1) 地方債の特徴

地方債とは，地方公共団体の長期債務で，期間1か年以上のものをいう。国債の場合のような短期債務で年度越し可能のものは，地方団体の場合認められておらず，地方債という場合1か年以上のものに限られる。

地方債の特徴として，次の点があげられる。①多数の地方団体がその責任で発行する公債であり，起債内容，規模など社債・事業債に類似するものが多い。②証券発行の形態をとらぬ長期借入金が多く，市場公募債は少数の有力地方団体に限られている。③中央銀行引受発行の余地がなく，それが通貨膨張要因となることは少ない。したがって，貯蓄性資金の範囲内で引き受けられるときは，インフレーションの危険も少ない。

国債と地方債との相違を規定する最大の要因は，**中央銀行との直接的関連**があるかないかである。国債は中央銀行引受の可能性と現実性があり，買オペ対象となり，また担保貸付の適格物件となるが，地方債はその一部の市場公募債が適格担保となることを除き，そのような取扱いを受けない。

(2) 国債・地方債の違いと公債原則

国債と地方債との違いを，公債原則の角度からみると，次のような点が指摘される。

①**不況克服のための赤字公債の発行**　不況克服のための赤字公債は，国債の場合に限って認められる。景気政策の担い手は中央政府であり，地方団体もこれを支援することを求められるが，**地方団体の本来的任務**は地域住民の福祉向上にあり，任務分担が異なる。本来マクロ的政策手段により遂行される景気政策は地方団体の課題たりえない。そこで，国家にとって有意義な公債発行の基準を，地方団体にそのまま移しかえることはできない。

②世代間負担の公平・利用者負担　世代間負担の公平や利用者負担による負担適正化の要請は，人口の流出入が大きな地方団体によりよくあてはまる。大規模な建設事業財源を現在の住民または居住者に対する租税負担で賄うことには問題があり，建設事業財源としての地方債の利用には，国債の場合以上の合理性があるといえる。

このように，地方債にはこれを積極的に運用することを支持する論拠があるが，地方団体，特に小規模地方団体の場合，資本市場への参入が制限されていること，償還財源となる地方税の自主的決定が妨げられていることなどから，その発行規模には一定の限度がおかれ，**地方債の発行限度**もこれにより制約されてくる。

2　地方債制度

(1)　地方債の制度的規定

日本の地方債の制度的規定で重要なのは，**地方財政法第5条**である。本条項は，本文で「地方公共団体の歳出は，地方債以外の歳入をもつて，その財源としなければならない」と規定しつつ，但し書で次の5つのケースを**地方債発行条件**として認めている。

①公営企業に要する経費の財源とする場合　収益性のある事業の資本調達のため歳入を認めるもの。この場合償還財源は事業収入であり，租税を財源とする地方債とは異なる。

②出資金・貸付金の財源とする場合　やはり資本調達目的のものであり，後日の回収が予定される。公団への出資金・中小企業高度化資金貸付等にあてられる。

③地方債の借換のために要する経費の財源とする場合　これは既発債を借り換えるものなので，新しい債務負担をもたらすものでない。

④災害復旧事業の財源とする場合　不時の天災地変のための支出を賄うのに，税収や国庫補助で不足する場合認められる。

⑤普通税の税率がいずれも標準税率以上である地方団体において，建設事業の財源とする場合　建設事業財源としての地方債発行が，当然確保すべき税負担と税収をあげてという前提条件の下で認められている（地財法第5条の4第4項）。こうした条件が適切かどうかについては疑問があり，それは標準税率以

下での徴税の可能性が多いいわゆる富裕団体が起債能力をもつにもかかわらず，起債を困難にされるからである。

(2) 特別法による例外的起債

以上のような条件に合致するとき，地方債起債が可能であるが，なおこのほか特別法による例外的な起債がある。それは財政再建団体の歳入不足の補填等の**財政再建債**，再建法に基づき退職手当の財源として起債する**退職手当債**，減税による地方団体の減収額を埋めるために発行される**減税補填債**，地方団体全般の財源不足補填する**財源対策債**，地方税収の落ち込みや税制改正による減収補填をする**減収補填債**などのいわゆる特例債である。

(3) かつての地方債許可制度

ともかく，地方債はその性格からみて各地方団体がその責任において自主発行を認めてしかるべきものであるが，日本の場合，**地方債許可制度**が，戦前戦後を通じて維持されてきた。戦後の場合は，**地方自治法**第250条で，地方債発行は「当分の間，政令の定むるところにより，総務大臣（旧自治大臣）又は都道府県知事の許可を受けなければならない」とされた。

①**地方債許可制度の根拠**　この地方債許可制度の根拠として，(ｱ)国全体の資金計画の必要，(ｲ)有力団体への資金偏在の防止，(ｳ)地方債乱用の防止等があげられているが，(ｲ)には一定の根拠があるにしても，(ｱ)，(ｳ)は問題といえたのである。すなわち，(ｱ)は国の立場からの大枠規制を根拠付けるものであっても，行政行為としての個別許可を正当化するものといえない。(ｳ)は自己責任を原則とする地方自治の建前とあいいれない理由付けというべきである[1]。

---

1)　地方債発行許可の問題は，欧米諸国でもさまざまの形で取り上げられている。アメリカの場合，地方債債務不履行が蔓延した19世紀中葉以降，各州が自らおよび州内地方政府（市町村）に起債制限を課するようになった。現在立法府の単純多数で起債を認めているのは6州のみであり，ほかは投票条件を厳しくしたり，市町村債の限度は財産税評価基準の一定率以内という制限を設けたりしている。もっともこの起債制限は実際上抜け穴をもたらし，非保証債の発行や特別団体の設立によるヤミ起債が行われるため，こうした根拠から起債制限反対を説く者も多い。また起債は借手と貸手との合意により，双方に利益をもたらす商業取引であるので，これに介入するのは誤りだという主張もある。

　地方債起債制限の理論的根拠を見出そうという試みも目立っており，例えばR.E.ワグナー（Richard E. Wagner；1941［昭和16］〜）は，住民の移動可能性という論拠から地方債の過度起債が起こる可能性があるので，これを制限するべきだとする。地方債の発行は，個人の負債による耐久消

ここから例えば，**シャウプ勧告**は，地方債許可制度を廃止し，自由化に移行すること，その際利子費が予算の10～15％以内といった目安でこれを行うことを勧告したが，実施に移されることはなかった（なおこの10～15％以内という方式は，戦後西ドイツの諸邦における市町村債発行規制方式のうち，バーデン・ヴュルテンベルク方式といわれるものと同様であり，ここでは一般財源の10～15％が基準とされているが，これは経験的に割り出された方式とされている）。

　②**地方債許可手続**　　日本で行われていた地方債許可手続によれば，地方自治体は総務省（旧自治省）のみでなく，財務省（旧大蔵省）その他関係官庁に陳情する形で，起債許可をもらう。市町村の場合，都道府県知事の許可が必要である。総務省（旧自治省）は，地方債計画と地方債許可方針に従って，地方債を許可する。**地方債計画**は，毎年度発行される地方債の総額と，その事業別内訳を示し，資金源についての予定計画を定める。地方債のうち，政府資金（財政投融資資金）で引き受けられるものが多かったため，**財政投融資計画**を掌握する財務省（旧大蔵省）がこれに関与する。総務省（旧郵政省）は**簡保資金**による地方債引受け，厚生労働省（旧厚生省）は**年金還元融資**を通して地方債に関与した。この時代の地方債発行許可手続の概略を図示したのが第30.1図である。

　③**地方債許可制度の弊害**　　地方債許可制度の弊害として，(ア)陳情のための運動の無駄，(イ)多数窓口により行政の非能率化，(ウ)官僚的縦割行政による住民サービスの軽視，(エ)第3セクター・地方公社等によるヤミ起債の横行などがあげられた。

財の購入と同様，ダム建設や市民センターの建設にあてられる場合，負担の平準化というメリットが期待される。集合的決定にあたる地方債起債の場合は，中位の投票者の選好が重要な役割を演ずるが，この中位の投票者は起債に伴う負債を免れるためその償還以前に他の地方団体に移住する可能性をもつ。そこで彼にとって起債に伴う費用は移住の可能性により低められるとみなければならず，ここから過度の起債（excess debt）がもらたされる。すなわち地方債は社会的最適水準を超えて発行されるおそれがあることが起債制限の根拠となる。またここからの推論として，起債制限は州の借款の場合より市町村の場合厳しくし，また市町村債の償還期限は州のそれより短くすべきであるといったものが，ワグナーの提案である（R. E. Wagner, Optimality in Local Debt Limitation, *National Tax Journal*, Sep. 1970［英文］）。この議論は，住民の移住可能性を過度の起債の理由とするものであるが，これに対しては利用者負担の原則からみて，移住する住民は利用の対価を払わないだけであるので，何ら負担を免れることにならないし，移住する中位の投票者は公債発行時点で資産価値の減価という損失を受ける。すなわち公債費支払いのための資産課税の**資本化**（capitalization）により（第15章3参照），そうした結果が生ずるといった反論がなされている。いずれにしてもこうした議論は，日本の地方債問題を考える際の参考にはほとんどならない。

(4) 地方債事前協議制度

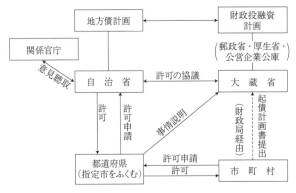

第30.1図　かつての地方債発行許可手続き

平成12（2000）年に地方分権一括法が施行され，それにより地方財政法が改正され，従前の地方債許可制度は平成17年度までで廃止されることとなり，平成18年度から**地方債事前協議制度**に変わった。これは地方債起債に際して，都道府県・政令指定都市は総務大臣と，市町村・特別区等は都道府県知事との協議を原則とするものである。協議の上，同意を得た地方債には暗黙裡に政府保証がなされるが，同意のない場合でもあらかじめ議会に報告の上で各地方公共団体の起債が可能になっている。

3　地方債発行・消化の諸問題

(1) 地方債発行の状況

①**地方債発行の歴史**　戦前の日本においては，地方財政収入に占める地方債の割合である**地方債依存度**は，昭和2～10（1927～1935）年後において25～28％と高く，これは地方財政の窮状をあらわす1つの指標であった。第2次世界大戦後は，この地方債依存度が10％以下となり，昭和30年代から昭和40年代前半にかけて5～6％の低水準を維持した。これは地方債発行許可制度の厳重な運用と，経済の高度成長を背景とした地方税収入および地方交付税収入の増大によっている。もっともこの時期，少なくとも昭和40年度まで**国債不発行主義**が堅持されたことにより，地方債は政府保証債とともに日本で発行された公共債の代表的なものであった。そして地方債の中には，昭和30年代末の市町村民税課税方式統一に伴う**減収補填債**の発行（その元利償還費の3分の2は国の負担）など，国債の肩代わりの形で発行されたものもあった。

昭和40年度補正予算以来国債発行が行われ，これが国の景気政策に利用さ

れるようになると，地方団体の公共事業分担金の支払いのための起債需要の高まり，不況による地方税減と地方交付税減の影響もあって，地方債は国債と連動的に増加しはじめた。もっとも地方団体が借金財政の中に本格的に組み込まれるようになるのは，ドル・ショックおよび石油ショック以降であり，昭和50 (1975) 年不況以後は12～13％といった地方債依存度が経常化するようになった。昭和50年代前半の国債依存度が30％内外といった高水準であるのにくらべ（第2図および第16.3表参照），地方債依存度は12～13％であるから，地方財政ではなお健全財政主義が維持されているとみてよいが，この数字は3,300といった当時の地方団体の平均数値であり，団体によって差がある。市町村は都道府県に比して，相対的に地方債依存度が高いが，これは財政力の差を反映している。

②**地方債発行の現状**　　平成時代の**地方債依存度**（都道府県・市町村純計）は，第30.1表にあるように，バブル崩壊後次第に増加している。平成7 (1995) 年度の16.8％を最高に，平成12年度には11.1％まで低下したが，平成14年度には14.5％に上昇した。平成20 (2008) 年のリーマン・ショック後，平成22年度には13.3％まで上昇したが，平成28年度には10.2％となっている。

地方債の平成28年度決算額（発行額）は都道府県5.5兆円，市町村4.9兆円で

第30.1表　地方債依存度と地方債現在高の推移　（単位：億円，％）

	昭和60年度 (1985)	平成2年度 (1990)	平成12年度 (2000)	平成17年度 (2005)	平成22年度 (2010)	平成28年度 (2016)
地方債決算額	44,991	62,579	111,161	103,763	129,700	103,873
地方債依存度	7.8	7.8	11.1	11.2	13.3	10.2
都道府県	7.1	7.3	11.5	11.7	15.6	10.7
市町村	8.2	7.8	9.3	9.3	9.6	8.4
地方債現在高	426,884	550,969	1,280,850	1,400,520	1,421,255	1,449,087
臨時財政対策債	－	－	－	11.2	22.1	35.8
臨時財政特例債	0.6	6.5	2.3	1.0	0.2	－
財源対策債	15.2	7.3	2.3	2.2	1.6	3.3
減収補填債	1.9	1.7	4.3	2.9	2.8	3.1
減税補填債	－	－	－	5.1	3.6	1.7
一般単独事業債	26.7	28.4	18.5	35.8	31.0	25.3
借入先別構成比						
政府資金	48.7	52.6	44.7	43.4	25.8	22.3
市中銀行資金	26.7	18.8	31.6	24.9	24.8	26.0
市場公募債	7.3	7.5	9.3	18.5	27.8	31.9

〔出所〕総務省編『地方財政白書』各年版による。
（注）政府資金は平成20年度以降，財政融資資金である。

合計10.4兆円である。平成28年度末**地方債現在高**は都道府県88.6兆円, 市町村56.2兆円で合計144.9兆円となっている。第30.1表にはこの現在高の借入先別構成比が示されているが, 平成12年度に35.4％, 財政投融資改革により平成13 (2001) 年度に35.5％を占めていた財政融資資金が平成22年度には25.8％と減り, 旧郵政公社資金も平成17年度に11.3％であったものが平成22年度には6.8％と減少したことで政府資金が減り, 平成18年度の事前協議制度への移行もあり, 市場公募債が平成12年度と平成22年度あるいは平成28年度を比較するとほぼ3倍増となっていることがわかる。都道府県は市場公募債36.9％, 市中銀行33.9％であるのに対し, 市町村は政府資金（財政融資資金）34.3％, 市中銀行24.3％となっており, 市町村はマクロ的にみるといまだに政府資金に依存する割合がきわめて高い。一般的にいって, 政府資金は長期低利であるのに対し, 市中銀行引受けは短期高利である。政府資金と市中銀行以外の引受先は, 銀行以外の金融機関, 保険会社, 共済組合, 市場公募債, 公営企業金融公庫などであり, その条件はまちまちである。

　③**地方債消化**　地方債消化は, 昭和50年度以降の国債大量発行段階に入って, 市中銀行消化特に縁故債の形での消化に重点が移った。市中銀行消化の場合は, 市中銀行が多くの余資（過剰資金）を抱えている限り, スムーズに行われているが, 景気回復期に入ると民間資金需要と競合し, ここから**クラウディング・アウト効果**が発生する。日本の場合もこうした時期にこの問題が登場するようになった[2]。

　都道府県や指定都市では市場公募による借入が昭和27 (1952) 年度に東京都, 大阪府, 兵庫県, 横浜市, 名古屋市, 京都市, 大阪市, 神戸市の8団体でなされていたが, 平成元 (1989) 年度で27団体となっていた。その後平成22年度には49団体に, そして現在55団体を数えている。しかし, 都道府県・市町村総数の

---

[2]　公共債発行にともなうクラウディング・アウト効果は, 公共支出および公債発行により, 民間の投資および支出が駆逐される形で発生し, ここから公共発行による刺激効果が相殺されるという結果をもたらす。西ドイツの場合についての一研究は, 市町村債起債が銀行からの直接信用によって賄われたため, 銀行の流動性を著しく削減し, ここから民間投資のクラウディング・アウトが発生したことを指摘している。またこうしたクラウディング・アウト効果のため, 貨量総量の増大はなく, 市町村財政による景気循環加速化は起こらなかったとしている（V. Alexander und F. Bruckmann, Crowding-out-Effect kommunaler Schuldenpolitik in der BRD, *Zeitschrift für Wirtschafts- und Sozialwissenschaften*, 1978 / 2 [独文]）。日本の場合, 昭和40年代から50年代にかけての地方債増加がどういう効果をもったかの評価は, 今後において検討されるべき興味ある課題である。

3％弱を占めているにすぎず，財政事情のよくない団体による市場公募の難しさを物語っている。

(2) 「地方団体金融公庫」構想

①**明治時代の地方団体金融機関提案**　地方団体のための専門の金融機関設立の提案は，なお古い時期にさかのぼることができる。例えば，**カール・ラートゲン**は，市制町村制制定の直後の時期において，フランス，ドイツ，ベルギー等の市町村向け融資機関に触れ，「日本ニ於テモ地方自治制施行ノ後市町村ニ於テ大ニ資金ヲ要スル期ニ至レハ此ニ挙ケタル銀行ノ設立ハ最モ必要ナリトス」と述べ，「地方自治体ノ為メ金融ヲ為スヘキ銀行ハ早晩之ヲ必要トスル而己ナラス亦大ニ利益アル施設ニ属ス」としている（中根重一訳『カール・ラートゲン地方財政学』日本書籍，明治22年）[3]。

②**昭和初期の「地方団体金融公庫」構想**　政府資金と市中銀行による引受が地方債消化の大宗であり，引受条件が異なるところから，良質廉価な地方債資金をめぐっての地方団体の要求が強く，ここから「地方団体中央金庫」ないし「**地方団体金融公庫**」あるいは「地方信用金庫」の構想がでている。これは昭和初年にまでさかのぼり，**鈴木武雄**教授の「地方信用金庫」構想（昭和11～12［1936～1937］年当時），**三好重夫**氏の「地方団体中央金庫」構想（昭和13［1938］年当時）が代表的なものである。この趣旨はもっぱら地方団体のための融資機関を中央政府の側に設立することにあり，「産業組合中央金庫」や「商工組合中央金庫」のような中央信用機関の創設により，起債が困難な弱小地方団体向け融資にあたる。この地方団体融資の資金調達は，全額政府出資による資本金と，地方信用債券の発行，そして一般会計からの繰入により，地方信用金庫理事会には，地方団体代表者も入るといったものであった。

③**鈴木武雄教授の「地方金融公庫創設論」**　その後鈴木武雄教授は，昭和43（1968）年「地方金融公庫創設論」を展開し，公営企業金融公庫（昭和34［1959］年設立）を改組拡大して，地方債の専門引受機関とし，これを「地方金融公庫」

---

[3]　カール・ラートゲンや同氏著『地方財政学』については，佐藤進編『日本の財政学——その先駆者の群像——』（ぎょうせい，昭和61年）の後編第1章や佐藤進「カール・ラートゲンの明治前期財政論——Japans Volkswirtschaft und Staatshaushalt, 1891 を中心として——」（『武蔵大学論集』第8巻第4号，昭和36年所収）を参照。また大正末期から昭和初期の国と地方の財政金融関係については，金澤史男「預金部地方資金と地方財政——1920～30年代における国と地方の財政金融関係——」（東京大学『社会科学研究』第37巻第3号，第6号，昭和60～61年所収）を参照。

ないし「地方債金融公庫」とすることを提案した(鈴木武雄「地方金融公庫創設論」『藤田武夫教授還暦記念論集・戦後地方財政の展開』日本評論社, 昭和43年所収)。地方債引受に向けられる政府資金は一括してこの公庫に融資し, 新公庫はこの政府資金融資と政府保証公庫債券発行により市場から調達した資金で, 地方団体貸付ないし地方債引受を一元的に行うものとした。

　これが抜本的改革案であり, これにより地方債許可制度の基本的欠陥が是正されることが期待されたが, この改革案とならんで, 新公庫についての次善案として, 政府資金引受分については現行通りとし, 民間資金依存分について, 新公庫が個々の地方団体に変わり, 一括して引き受けるのも一案としている。すなわち**縁故債**の一括引受機関として新公庫をつくれという提案である。

　④**省庁での構想検討**　昭和51〜52 (1976〜1977) 年当時の自治省構想は, この次善案に近いものであり, そこでは次のような構想をめぐり, 大蔵省との折衝が進められた。すなわち, (ア)地方債資金の安定的確保と質的改善のため, 公営企業金融公庫を「地方団体金融公庫」(仮称)に改組し, 公営企業債のみでなく普通会計債をも対象としうるようにする。(イ)同公庫において特別公庫債を発行し, これによってえた資金を地方債起債が困難な地方団体に配分するというものであった。この提案は地方団体と関係金融機関の間で縁故債引受をめぐっていろいろなトラブルが発生していたのを背景に, 縁故債資金を可及的に一元化するというねらいをもつものであった。これに対し, 大蔵省は, 新公庫を創設しても金融市場の資金総量が増えるわけでなく, 国も国債消化に全力をあげている。この際地方団体も自主的に地方債消化に努力すべきであるといった反論を展開した。

　結局新公庫構想は採用しない代わり, 当分の間高等学校施設・道路・河川等の建設整備事業にかかわる普通会計債も公営企業金融公庫の融資対象とするといった改正が行われて現在に至っている。**公営企業金融公庫**が単に公営企業だけを融資対象とするものでなくなった理由はここにあった。地方債の円滑消化をめぐる問題はいまなおさまざまな形で展開するとみてよい。

第31章　地方公営企業

1　地方公営企業の範囲

(1) 地方公営企業法と法適用企業

地方公共団体の経営する企業を**地方公営企業**という。広義にはギャンブル等収益事業，国民健康保険事業，公益質屋事業なども含める場合があるが，狭義のそれからは除く。狭義の地方公営企業は，日本の場合，地方公営企業法（昭和27 [1952] 年）に規定されたものである。

地方公営企業には，第31.1表にあるように，**法適用企業**と**法非適用企業**とがある。法適用企業では，**地方公営企業法**（地公法）の適用を全面的に受ける法定7事業と病院とが区別される。すなわち，**上水道**，**工業用水道**，**軌道事業**（路面電車と地下鉄），**バス**，**地方鉄道**，**電気**，**ガス**が法定7事業であり（地公法第2条第1項），**病院**は地公法の財務規定のみの適用を受ける（地公法第2条第2項）。

上記以外は法非適用と法適用とを選択できる事業である。例示すると，簡易水道，公共下水道，港湾整備，屠畜場，観光事業，宅地造成事業などである。

第31.1表　地方公営企業の職員数・事業数の推移

	昭和60年度 (1985)	平成2年度 (1990)	平成12年度 (2000)	平成17年度 (2005)	平成22年度 (2010)	平成28年度 (2016)
地方公営企業総数	8,088	9,030	12,574	9,379	8,843	8,534
法適用企業	3,351	3,439	3,539	2,867	2,930	3,191
法非適用企業	4,737	5,591	9,035	6,512	5,913	5,343
法適用企業の割合	41.4	38.1	28.1	30.6	33.1	37.4
事業数						
上水道	1,929	1,967	1,991	1,425	1,358	1,334
病院	727	736	757	672	654	634
交通事業	136	129	125	106	98	86
職員数（単位：万人）	36.4	37.8	41.5	39.2	35.1	34.0
上水道	702	6.8	6.3	5.6	4.8	4.4
病院	18.1	19.8	23.3	23.4	21.9	22.0
交通事業	5.0	4.8	4.0	3.3	2.8	2.6

〔出所〕総務省編『地方財政白書』各年版による。

法適用企業と法非適用企業の財務面における区別は，前者が**発生主義記帳**により，減価償却を重視するのに対し，後者は官庁会計方式ないし**現金勘定方式**によるという点にある。その他法適用企業には，企業責任者（企業長）の規定や，職員ないし従業員に対する労務関係の特別規定が適用される。

　法適用企業は，昭和37（1962）年当時全体の15％程度にすぎなかったが，昭和41年度23％，昭和46年度44％となり，昭和60年度は，第31.1表のように41.4％というところにある。これは，昭和41年度以降の急速な増大は昭和41年の地公法改正により，主要事業に法の強制適用が行われたためである。公営企業面でも合理化の進行がみられるのである。また平成に入ると民営化の影響があり，30％台前後で推移している。

(2)　**地方公営企業の現状**

　第31.1表の通り，地方公営企業の職員数は，平成28年度で34.0万人と近年やや減少しているが，そのうち上水道4.4万人，病院22.0万人，交通事業2.6万人計29.0万人で，この3事業で総人数の85.2％を占める。事業数は，上水道1,334，病院634，交通86であり，全国の地方団体にわたって最も普及しているのがこの3事業である。

(3)　**地方公営企業の設立の経緯**

　地方公営企業には，水道・公共下水道・交通・ガス・病院といった国民生活関連のそれと，電気・工業用水道・港湾整備といった産業基盤関連のそれとが区別されるが，両者は必ずしもはっきり区別されるものでない。

　しかし地方公営企業は，地域住民の生活に密着した事業が大部分であり，地域住民が歴史とともに育くんできた公営企業が多く存在する。水道は最も古い公営企業であり，公立病院，路面電車，バス，地下鉄なども，住民生活と切っても切り離せない関係にある。これらの事業が公営になった理由はさまざまであり，水道の場合これは明治時代に市町村営として出発したが，公営化は衛生行政と密接な関連をもっていた。また路面電車（市電）は，私的独占の弊害である料金の独占的引上げを抑制するという根拠からであり，東京の市電の場合民営鉄道を買収してこれを公有化し，その買収資金である外債の償還が第2次世界大戦後までもちこされたといった経緯がある。

　もっとも現在，水道は広域水道（都府県営水道）の形をとるところも多く，路面

電車は大都市で廃止,バスは民間事業との競合の形で営まれているところが多い。病院の場合も,国立・公立・民間病院が並立しており,その業務分担が必ずしも明確でないといった問題がある。公営企業の存在理由はたえず問い直さるべき問題である。

2 公営企業の経営原則

地公法第13条は,「経済性の発揮」と「公共の福祉の増進」を公営企業の目的として掲げており,これが公営企業の経営原則であるとみられるが,この概念は必ずしも明確でなく,また矛盾を含むものである。

(1) 企業の経済性の概念

まず企業の経済性の概念は,次のように理解される。㋐**利潤**あるいは**収益**をあげるよう企業を運営すること。もっとも公営企業の場合,**適正報酬**(fair return)を認めるべきであるといった主張はあるにせよ,利潤をあげることには当然限度が設けられているとみてよいであろう。㋑収支均衡で赤字を出さないこと。これは経営に必要な費用を企業の料金または代価で賄うという**独立採算制**の意味に解されている。もっともこの独立採算は,経常収支のみについてか,資本収支をも含めるかで大きく異なり,病院や地下鉄の場合,資本収支を含めた独立採算には無理があることを否めない。㋒**経済性**は最小の経費で最大の成果をあげることという意味に用いられているが,それだけでは抽象的である。

(2) 「公共の福祉」の公共性の概念

次に公共の福祉という場合の**公共性**の概念であるが,これは次のように解される。㋐不特定多数の地域住民からなる利用者大衆の利益を保護すること。これは廉価で良質なサービスを行うことによって達成されるが,廉いものがすべて良質とは限らず,また利用者が特定少数者となる場合,その目的は果たされないとみてよい。㋑同じ目的のため,不当な利用者負担の増大を抑制することによって,**公共の福祉**が達成される。私的独占料金形成の欠陥を公的に抑制する場合がそれであるが,原価を無視した低価格は,住民負担のあり方を歪めるものとなる。㋒企業経営原則と離れた経済政策的・社会政策的配慮がなされるというのも,公営企業の特色である。水道料金や交通料金の**割引制度・免除制**

度などがそれであるが，これは企業の経済性と大きく乖離する。

(3) 経済性と公共性の調整

　公営企業の経済性と公共性との調整は，独立採算制の矛盾の調整という形で，昭和41（1966）年7月の地方公営企業法改正の際に大きな問題となった。このときの改正で，(ア)その性質上公営企業の経営に伴う収入をもってあてることが適当でない経費（例えば，水道事業中消防用のもの，病院事業中の看護婦［師］養成費など），(イ)その性質上能率的な経営を行っても，なおその経営に伴う収入のみをもってあてることが，客観的に困難と認められる経費（例えば，交通事業中軌道撤去費，山間地離島の病院費など）は，**一般会計**やその他会計の負担となしうることが定められ，具体的内容は政令で指定されることとなった。独立採算制の緩和がなされたわけであり，経営収入をもってあてる経費と一般会計からの租税資金等をもってあてる経費とが区別されるようになったわけであるが，その範囲を具体的にどこで区切るかには問題が多い。

3　公営企業の料金決定原則

(1) 公共料金決定の原理

　①限界価格形成原理　　公営企業の料金は，政府により公的規制が加えられる**公共料金**の一種である。それは広義の受益者負担の1つとされ，サービスに対する見返りとして料金支払いがなされるが，この料金はサービスに対する需要供給の関係で形成されるものでなく，独占価格決定に類似した形で形成される。

　この公共料金の決定にはいろいろな原理があるが，従来主張されてきたものに，**限界費用価格形成原理**がある。これは第31.1図にみられるように，利潤極大を求める企業ではサービス生産の限界費用 MC（追加費用）と限界収入 MR が等しい点 a で生産を行い，価格は P_2 となる（第9章1，2参照）。しかし，地方公営企業のような**費用逓減産業**（初期費用がかなりかかるものの，生産規模の拡大に伴い，単位生産当たりの生産費用が次第に低下していくような産業）の場合，社会的に資源配分が最適なのは，平均収入 AR，すなわち価格 P_1 をサービス生産の限界費用 MC（追加費用）に等しい点 b に定めることである。ところが，その点では平均費用 AC が AR を超えてしまい，四角形 $wxyz$ の赤字が発生する。そこで政

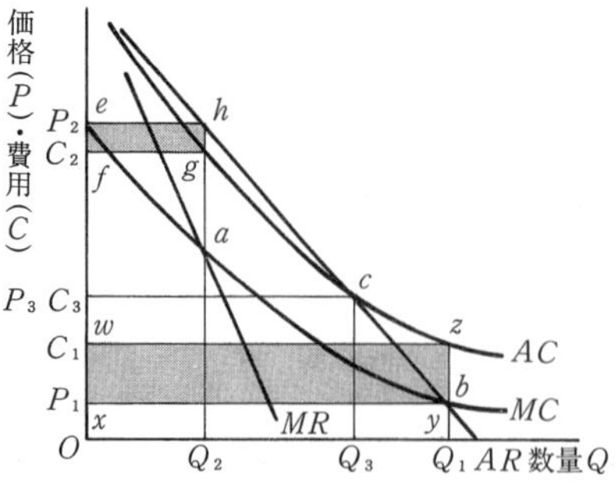

府が介入して点 b で社会的に望ましい生産量 Q_1 を生産させ，ここで生じる赤字（損失）を租税収入から補塡しなければならないというのがその主張である。限界費用価格原理は経済的厚生（幸せ）の極大化の観点から支持され，ここから生ずる企業の赤字補塡はそのものとして正当化されるという考え方である。

第31.1図 費用逓減産業の場合

②平均費用価格形成原理 もう１つの原理は限界費用でなく，平均費用をもって価格形成するという**平均費用価格形成原理**であり，$AC = AR$ の点 c，つまりサービスを提供する総費用をちょうど料金収入で補塡するものとなる。そして，これが独立採算性に見合った料金決定ということになる。総費用には固定資本費＝減価償却費，営業費，借入金利子，資本に対する適正報酬等が含まれ，これらの総括原価が料金でカバーされることとなる。**フル・コスト原則**または**原価補償主義**といわれ，これが**独立採算性事業**の基礎となる。しかし，このサービスへの需要の価格弾力性が高い場合にこれを厳密に適用すると，料金が P_1 より高くなると消費が減少して，住民の超過負担をもたらすといった弊害が生じやすい。

③公営企業の料金決定 ここから公営企業の料金決定のあり方については，平均費用原理を基礎としつつ，さまざまの形の修正提案を行われている。例えば，(ア)生活基本サービスにあたる分野では**無料化**が望ましいという考え方，(イ)固定設備は租税収入で整備し，運転資金のみを**料金収入**で賄うべきだという考え方，(ウ)基本料金と使用料を別建てとし，**二部料金制**をとるべしとするもの，(エ)混雑時と閑散時のサービスの利用には**差別料金**（混雑期には高料金，閑散時には低料金）を採用すべきだとするものなどであり，公共料金は現実にはこれらのさまざまの議論が交錯する中で決定される。

(2) 公共料金決定の現実

①原価主義 日本の地方公営企業の料金決定にあたっては，(ア)公正妥当なこと，(イ)原価主義によること，(ウ)健全経営を確保することがその原則とされて

いる。もっとも(ア)と(ウ)とは抽象的規定であり，より重要なのが(イ)である。そしてこの原価主義が独立採算制の主たる内容をさすものとなっているが，**原価**とは何かについて問題が少なくないのである。ここでは**総括原価主義**がとられ，減価償却費，営業費（人件費その他経常費），支払利子などが含まれるが，資本に対する適正報酬をいかに設定するか問題であり，現実には赤字企業の多くは適正報酬など問題となりえない実情にある。また総括原価は，各公営企業に個別に適用されるのであり，その限りで**個別原価主義**が原則とされるが，類似の公営企業を含めた総括原価が認められるべきではないかという問題がある。路面電車は赤字であってもバスが黒字なら（港湾整備事業が赤字であっても埋立地造成事業が黒字なら），公営企業としては採算がとれているわけである。個別原価を徹底すると，交通路線の一路線ごとに収支勘定がなされ，赤字路線はすぐ廃止ということになる。少なくとも生活基本サービスについて個別原価主義をとることには問題があるということになろう。

②**低料金主義** 公営企業の料金決定は，従来**低料金主義**が支配的であり，これは公営企業の多くが住民生活に密着する必需サービスの供給にあたるところから根拠付けられている。料金決定には，まず議会の議決が必要だが，料金引上げの提案は，議会で否決または修正される場合も多く，このためさまざまの工夫が理事者側でなされる。昭和43（1968）年当時東京都の水道料金の引上げにあたって，生活用水と営業用水とを区別し，前者は据え置き，後者は累進的に増大させるという提案が行われたのがその1つの例である。なお**水道料金**の決定は，議会の議決と届出でよいが，**交通料金**の場合はさらに国土交通大臣の認可が必要である。**病院料金**は，社会保険診療報酬決定の形で，中央政府レベルで一元的に決められる。

③**個別法による公営企業料金** 公営企業料金は公営企業法によるもののほか，個別法で定められているものがある。例えば下水道法第20条は，使用料決定の基準として，(ア)下水の量および水質その他使用者の使用の態容に応じて妥当なものであること，(イ)能率的な管理の下における適正な原価を超えないものであること，(ウ)明確に定められていること，(エ)特定の使用者に不当な差別的取扱いをするものでないことの4つをあげている。注目に値するのは，(ア)に関して，昭和45（1970）年12月改正以降水質使用料の制度が設けられていることである。これは工場その他事業所の排水のうち，一定の質以上の汚染物質を含む排水については，一般の使用料に上乗せした使用料を徴収するというものであ

り，これは汚染者負担原則ないしPPPの公共料金への採用の一例である。**下水道料金**をめぐっては，第29章3で述べたように，設備費の一部を受益者に負担させる下水道受益者負担金制度が適切かどうか，下水道に流れ込む雨水と生活用汚水，工場排水などをどのように区別して料金を徴収するかなど，さまざまの問題があり，こうした問題は公営企業のそれぞれに存在する。

4 公営企業の赤字問題

(1) 公営企業の赤字状況

地方公営企業の赤字問題は，昭和30年代後半からクローズ・アップされるようになったが，例えば昭和36（1961）年当時東京都の交通事業が赤字にもかかわらず，職員給与ベース・アップを大幅に行おうとしたため，この可否をめぐる議論が人々の注意を引くようになったのである。赤字発生は公営交通にとどまらず，病院・上下水道その他に及んだ。昭和40（1965）年に設置された公営企業調査会は，これらの公営企業の財政再建を1つの課題としたのであって，この調査会答申を受けて昭和41年度より再建計画に着手，ここでは主要な赤字企業について，従来の債務の棚上げと財政再建債の発行，国の利子補給といった措置がとられることとなった。昭和42年度当初155事業（うち病院76，水道58，交通13，ガス8）が財政再建計画を提出し，その後国の指導の下に厳しい合理化計画を実施してきた。しかし問題の解決はいまだなされるに至らず，交通事業は昭和48年度以降，病院事業は昭和51年度以降第2次再建の段階に入った。

公営企業の赤字の状況は第31.2表にその推移が示されている。平成28年度末のそれについてみると，法適用企業の損益収支では，交通事業はその36.2%にあたる17事業が76億円の赤字，病院事業はその60.6%に当たる384事業が1,132億円の赤字，水道事業はその8.7%にあたる118事業が50億円の赤字を出しており，総赤字の約6割強がこの3事業で占められる。平成が終わりに向かうにつれて，事業全体してみると，赤字はおおむね減少傾向がみられるが，赤字体質の事業が上の3事業で推移していることは，その要因があることが考えられる。

赤字の態容は，料金をもって人件費を賄えぬ交通事業の例，給水原価が急騰し，そのうち資本費用の増大が顕著な水道の例などそれぞれのパターンがある。病院の場合は，高額設備の設置に伴う設備費と人件費が赤字要因とされ

第31.2表 地方公営企業の赤字状況

	昭和60年度 (1985)	平成2年度 (1990)	平成12年度 (2000)	平成17年度 (2005)	平成22年度 (2010)	平成28年度 (2016)
交通事業（単位：億円）	▲674	▲541	▲1891	▲308	379	1,163
赤字事業の割合（単位：%)	43.4	56.3	62.2	56.2	41.3	36.2
赤字事業の赤字額	▲906	▲910	▲1,916	▲527	▲164	▲76
総事業数	85	81	74	64	58	47
病院事業（単位：億円）	▲2	▲502	▲708	▲1,430	56	▲849
赤字事業の割合（単位：%)	39.5	54.2	47.5	68.7	45.4	60.6
赤字事業の赤字額	▲394	▲793	▲1,104	▲1,649	▲648	▲1,132
総事業数	727	737	756	674	650	634
水道事業（単位：億円）	1,392	2,036	1,551	2,395	2,858	3,957
赤字事業の割合（単位：%)	18.3	10.1	22.8	16.4	11.6	8.7
赤字事業の赤字額	▲166	▲149	▲296	▲151	▲95	▲50
総事業数	1,956	1,959	2,002	1,436	1,372	1,361
法適用企業全体（単位：億円）	1,921	2,695	▲804	2,541	4,802	6,585
赤字事業の割合（単位：%)	24.0	22.2	31.4	34.3	25.8	26.0
赤字事業の赤字額	▲1,575	▲1986	▲3,897	▲3,098	▲1,266	▲1,746
総事業数	3,297	3,372	2,002	2,844	2,914	3,181

〔出所〕総務省編『地方財政白書』各年版による。
（注）『地方財政白書（昭和62年版）』以来の記述・数値を統一させるため、「経常損益」でみている。

る。料金収入の伸び悩みが赤字の原因となっているという事情はいずれの場合も同じであるが、公営病院の場合には料金決定の自主性が大きく制限されているという事情がある。

(2) 公営企業の赤字の原因

公営企業の赤字の原因は、大きく次の2つに分けられる。

①**公営企業のあり方それ自体から生ずるもの** 公営企業の組織規定には、**企業管理者**（企業長）の設置の定めがあり、財務については独立採算制の定めのほか、地方団体の出資、料金徴収、企業債発行についてのそれぞれの定めがあり、自主性ありかつ弾力的な運営が行われる建前となっているが、実態は必ずしもそうなっていない。例えば独立の企業管理者でなく、地方団体職員が行政官的意識で事業管理を行う場合が多く、民間企業の資本金にあたるものは存在しない公営企業が普通である。料金の徴収は議会の議決を要するため適時適切に行われることが難しいほか、監督官庁の許可・認可が必要な場合が多く、ここでも政治的決定が行われる。料金の自主的決定を大きく制限しておきながら、赤字発生の責任を追及するという矛盾がみられるのである。

公営企業債の発行も，地方債計画の枠内でかつては上級官庁の許可が必要であった。地方公営企業の起債の引受機関として，**公営企業金融公庫**（昭和32［1957］年6月設立）があり，この機関は，**政府出資**と**公営公庫債券**発行および**公営競技（ギャンブル収入）納付金**から資金を調達し，上・下水道，交通，電気，ガス事業等の特別事業とその他の事業（病院を含む）に貸し付ける。公営競技納付金は特別事業貸付の利子引下げに用いられている。公営企業債のうち公営公庫によって引き受けられるものは30％程度であり，地方債全体に占める公営公庫貸付の割合は残高において昭和53（1978）年度2.8％，平成10（1998）年度末6.5％と低く，地方債引受機関としての公営公庫の地位はなお十分確立されているといいがたいものであったが，財政投融資改革の流れの中で平成20（2008）年に廃止され，後継組織は**地方公営企業等金融機構**である。

　②**経営をめぐる外的環境の変化によるもの**　　高度経済成長過程で，人口と産業の都市集中が進み，これにともない用水需要が増大したが，給水人口が増大すればするほど，遠隔地に水源を求め，引水しなければならず，ダム建設にともなう資金コストの増大が**水道事業**の赤字の要因となった。また人口増加と自動車の普及，自動車台数の増大が大都市における交通まひをもたらし，市電・市バスなどの赤字増加をもたらした。公営と民営の交通路線の配置が都心部に重点をおく公営路線を赤字にし，郊外部に認可されている民間路線が黒字になるといった状況があらわれた。大都市交通は地下鉄を主とし，中小都市交通はバスを主体とするといった**交通政策**から，路面電車が撤去され，これが自動車交通をさらに過密化するといったプロセスが進行した。**病院事業**の赤字は，公営病院が民間病院に比して高度設備を備え，検査部門が大きいといった特色があり，差額ベッドの設置が制限されているといった事業もあるが，やはり人口高齢化にともない老人医療の増大，成人病や難病などコストを要する医療需要の増大といった外的環境の変化を無視できない。

　一般に公営企業の赤字要因として，**人件費**の増加が注目されやすいが，その基礎には消費者物価の継続的騰貴，インフレーションの進行があり，これが人件費増加圧力となっていることはもちろんである。

(3)　公営企業の再建

　公営企業の再建は各公営企業において赤字の原因が異なるのであるから，それぞれについてきめ細かな対策を考えていかねばならないが，一般的には次の

ような点が指摘されよう。

①公営企業の独立採算制原則を再検討　公営企業の独立採算制原則を再検討し，**料金負担**によって賄わるべき事業と，一般会計等**租税負担**によって賄わるべき事業の区分の明確化をはかる必要がある。例えば公営交通において料金収入による部分は経常的運営費のみとし，固定施設費は一般会計の負担とするといった区分である。

②国庫負担　地方団体の一般財源による公営企業の維持のほか，国庫負担を経常化する分野を確定する必要がある。国の立場からみて，**ナショナル・ミニマム**を維持する必要のある事業については，こうした措置が必要である。地下鉄の場合，昭和48年度以降建設費の2分の1の補助といった措置がとられているが，他の事業においてもそれぞれの事業の特殊性に応じた配慮が必要と思われる。

③政府資金等　公営企業設備財源としての企業債発行において，起債枠を拡大するほか，政府資金および公営公庫資金あるいは地方公営企業等金融機構資金の割合を高め，償還年限，利子率等起債条件の改善をはかっていく必要がある。

　以上の主張は地方団体サイドの多年の要望であるが，要望が向けられる先が国であり，国も財政難に苦しんでいる現状から，なかなか首尾よく実現することが難しい。現実に地方団体がとらねばならぬ措置は，経費の節減，特に人件費の節約と，住民に不人気な料金引上げという措置であり，これが地方公営企業の経営状況をますます厳しいものにしているのである。

　地方財政問題は，同一国内でアメリカのように各地方政府の違いを認めるのか，あるいは今日の日本のように「となりの市町村」を常に意識してほぼ同一であることを求めるのかにより，その解決方法には大きな違いが出てくる。民主主義（デモクラシー）の矛盾，その煩悶もここに集約的にあらわれている。

　財政学がその科学性を試される応用問題の1つに地方財政問題があることを指摘して，本章のそして本書の結びとしたい。

事項索引

〔英数〕

BIS 指数 ………………………………… 263
Budgeting ………………………………… 96
CEA ……………………………………… 92
COFOG ………………………………… 133
EU 型付加価値税 ……………………… 211
ILO ……………………………………… 139
IS 曲線 ………………………………… 266
IS-LM 分析 …………………………… 265
LM 曲線 ………………………………… 266
MC ……………………………………… 108
MOF ……………………………………… 75
MR …………………………………… 108, 109
MRS …………………………………… 107, 115
MRT …………………………………… 107, 115
N 分 N 乗法 …………………………… 190
NPM …………………………………… 117
OECD ………………………………… 225
PFI …………………………………… 117
Planning ………………………………… 96
PPBS ………………… 77, 96, 98-100, 102, 103
price；P0 ……………………………… 109
Programming …………………………… 96
Rate …………………………………… 325
R・S・G ……………………………… 305
SACO ………………………………… 137
SNA ……………………………… 22, 133
utility ………………………………… 106
WHO …………………………………… 145
ZBB …………………………………… 101
1％枠 ………………………………… 136
2008SNA ……………………………… 131
2 階建て年金 ………………………… 145
2 分 2 乗法 …………………………… 189
4 機関 ……………………………… 69, 83
45 度線 ………………………………… 258
――分析 ……………………………… 256
53SNA ………………………………… 131
60 年償還ルール ……………………… 249
68SNA ………………………………… 131
9 公庫 2 銀行 ……………………………… 69
93SNA ………………………………… 131
10 種の所得 …………………………… 193

〔ア行〕

青色申告法人 …………………………… 205

赤字公債 ……………………………… 240
――支出 ………………………………… 33
赤字国債 ……………………… 95, 247, 249, 250
揚超 …………………………………… 231
足による投票 ………………………… 285
後入先出法（LIFO） ………………… 204
天下り ………………………………… 86
飴と鞭の政策 ………………………… 140
安価な政府 …………………… 26, 58, 125
アングロ・サクソン型 ……………… 284
安定性原則 …………………………… 321
イギリス＝オランダ戦争 ……………… 57
イギリスの財政論 ……………………… 24
育英事業費 …………………………… 159
遺産 …………………………………… 244
遺産取得税 …………………… 195, 322
遺産税 ………………………………… 195
――的要素を加味した遺産取得税 …… 197
委託費 ……………………… 126, 128, 311
痛みを伴う改革 ……………………… 136
一時所得 ……………………………… 193
一時借入金 ……………………………… 68
一体性 ………………………………… 232
一般会計 ………………… 1, 68, 84, 85, 341
――予算 ………………………………… 79
一般均衡分析 ………………… 44, 184
一般公共サービス …………………… 133
一般交付金 …………………… 305, 304
一般国庫交付金 ……………………… 297
一般歳出 ………………………… 71, 74
一般消費 ……………………………… 214
一般消費税 …………………… 5, 209, 215
一般政府 ……………………… 22, 134
一般の利益（国民全体が受ける利益）…… 173
一般補助金 …………………………… 310
移転的経費 …………… 127, 130-132, 263
意図的な政策 ………………………… 258
移用 …………………………………… 63
医療（・）保険 ………………… 133, 143, 146
岩戸景気 ………………………………… 4
印紙税 ………………………………… 219
インピュテーション方式（法人税株主帰属方式）……………………… 200
インフレ・ギャップ …………… 259, 262
インフレ促進効果 …………………… 246
インボイス（仕送り状）方式 …… 211, 217

失われた 10 年 …………………………… 7

失われた20年……………… 7, 95, 135
内国債………………………………239
移替え…………………………………63
売上税…………………………215, 325
運用計画……………………………233

営業税………… 206, 278, 292, 322
衛生費………………………………144
益金参入……………………………204
益金不算入…………………………204
エッジワースの箱図表……………107
エリザベス救貧法…………………139
演繹法…………………………………50
縁故債………………………………337

応益原則………………………221, 320
応益説………………………………289
　──的根拠………………………214
王室費…………………………………27
応用経済学……………………………48
大きな波紋……………………………8
大蔵原案………………………………72
大蔵省……………………………65, 126
　──資金運用部…………………233
　──預金部（局）………………233
公の財産………………………………20
沖縄振興開発金融公庫………… 83, 237
汚染者負担原則（PPP）…………225
オバマケア……………………… 48, 142
思いやり予算………………………137
卸売売上税…………………………210
温情主義……………………………147

〔カ行〕

カーター方式………………………201
会計……………………………………67
会計・勘定間取引………… 81, 86, 88
会計学…………………………………34
　──上の費用……………………165
会計規則………………………………67
外国為替資金特別会計……………231
外国債………………………………239
介護保険…………………………140, 143
　──特別会計………………………22
概算要求………………………………71
　──基準…………………………71
解式交付金…………………………305
外地特別会計…………………………82
開発者負担…………………………222
開発税………………………………222
開発利益の公共還元………………222
外部経済……………………………110
外部性……………………………110, 112
外部性・権力性……………………16
外部費用…………………………38, 111
外部不経済…………………………111
外部便益……………………………110
開放経済……………………………186
改良料………………………………222
カウンシル・タックス……………305
家屋税………………………………322
科学……………………………………48
価格…………………………………109
価格（利回り）競争入札…………248
科学技術振興費……………………158
価格受容者…………………………108
価格メカニズム……………………16
各種共済……………………………147
学制…………………………………154
確定申告……………………………190
隠れ借金…………………………… 74, 86
家計………………………… 14, 18, 25
影の価格……………………………166
加算法………………………………214
貸し渋り………………………………7
貸手としての政府…………………231
過少表明……………………………116
ガス…………………………………338
課税9原則……………………………30
課税価格……………………………115
課税客体…………………………175, 179
課税最低限……………… 191, 193, 194
課税所得……………………………193, 203
課税単位……………………………189
　──問題…………………………189
課税標準……………………………179
課税物件…………………………175, 179
河川法………………………………135
加速度償却…………………………204
過疎地域問題………………………279
ガソリン税…………………………218
過大評価……………………………117
会計検査院………………………… 76, 78
　──法…………………………… 67, 76
会計検査報告…………………………78
会計年度………………………………61
　──独立……………………………60
　──（の）原則……………… 61, 68
外形標準……………………………177
　──課税…………………………321
会計法………………………… 3, 63, 67, 68
会計見込表……………………………58
外国為替資金証券…………………239

索引 351

価値財 ……………………… 113, 151, 312, 313
学校教育費 ……………………………… 157, 159
合併特例債 ……………………………………… 280
家庭教育費 ……………………………………… 157
貨幣 ……………………………………………… 172
貨幣供給 ………………………………………… 266
貨幣支出 ………………………………………… 118
貨幣需要 ………………………………………… 266
　――関数 ……………………………………… 266
貨幣数量税 ……………………………………… 268
貨幣負担 ………………………………………… 242
カメラリズム ……………………………………… 24
借換債（国債整理基金特別会計国債）
　………………………………………… 240, 249
借換償還 ………………………………………… 250
借手としての政府 ……………………………… 231
簡易課税制度 …………………………………… 218
簡易生命保険資金 ……………………………… 233
官営事業 ………………………………………… 81
環境衛生金融公庫 ……………………………… 83
環境税 ……………………………………… 111, 220
環境保護 ………………………………………… 133
還元 ……………………………………………… 183
勘定数 …………………………………………… 87
関心 ……………………………………………… 91
関税 ……………………………………………… 177
間接税 ………………………………… 177, 219, 322
間接的便益 ……………………………………… 168
間接費用 ………………………………………… 168
完全競争市場 …………………………… 108, 184
完全性 …………………………………… 60, 90
　――の原則 …………………………… 61, 85
完全統合 ………………………………………… 201
完全に弾力的な財 ……………………………… 185
完全に非弾力的な財 …………………………… 185
官邸主導 ………………………………………… 71
感度分析 ………………………………………… 166
神戸委員会（地方行政調査委員会議）… 315
神戸勧告 ………………………………………… 315
官房学 ……………………………………… 26, 31
　――派 ………………………………………… 24
簡保資金 ………………………………………… 332
管理特別会計 …………………………………… 87
官僚 ……………………………………… 66, 75, 85
　――支配 ……………………………………… 85
　――制機構 ………………………………… 19
寒冷補正 ………………………………………… 300

議会事務局 ……………………………………… 77
機会費用 ………………………………………… 164
議会予算局 ……………………………………… 91
議会予算法 ……………………………………… 92

基幹税 …………………………………………… 177
機関別分類（所管別分類） …………………… 126
企業 …………………………………… 14, 18, 25
企業赤字の繰り越し，繰り戻し ……………… 262
企業会計方式 …………………………………… 89
企業管理者（企業長） ………………………… 345
企業内教育費 …………………………………… 157
企業の経済活動 ………………………………… 256
基金 ………………………………………… 22, 61
起債制限比率 …………………………………… 296
起債政策 ………………………………………… 246
疑似市場メカニズム …………………………… 115
基準財政収入 …………………………………… 298
　――額 ………………………………………… 300
基準財政需要 …………………………………… 298
　――額 ………………………………………… 300
基準税率 ………………………………………… 300
犠牲 ……………………………………………… 174
規制緩和 ………………………………………… 117
擬制資本 ………………………………………… 238
犠牲説 …………………………………………… 174
犠牲の平等 ………………………………………… 28
基礎消費 ………………………………… 256, 258
基礎的財政収支 …………………………………… 95
基礎年金 ………………………………………… 145
　――公庫負担 ………………………………… 146
帰着 ……………………………………………… 182
議定科目 ………………………………………… 62
軌道事業（路面電車と地下鉄） ……………… 338
機能的財政論 …………………………………… 243
帰納法 …………………………………………… 50
揮発油税 ………………………………… 219, 223
規範的分析 ……………………………………… 52
寄付金 …………………………………………… 204
基本料金 ………………………………………… 224
義務教育費 ……………………………………… 279
　――国庫負担金 ………………… 158, 159, 298
　――国庫負担法 ………………… 154, 155, 308
義務教育無償の原則 …………………………… 155
義務の経費 …………………………………… 92, 168
逆進税率 ………………………………………… 179
逆選択 …………………………………………… 148
逆弾力性のルール ……………………………… 182
キャピタル・ゲイン …………………………… 190
キャピタル・ロス ……………………………… 190
救護法 …………………………………… 140, 308
給付反対給付 …………………………………… 112
　――の原理 …………………………………… 172
旧郵政公社資金 ………………………………… 335
給与所得 ………………………………………… 193
給与税 …………………………………………… 142
教育 ……………………………………………… 133

――委員会……………………………………155
――基本法……………………………………155
――行政費……………………………157, 159
――訓練費……………………………………157
――財政…………………………………44, 151
――需要の弾力性……………………………153
――振興助成費………………………………158
――の公共性…………………………………153
教育費……………………………………………157
教育文化費………………………………………128
教育融資市場……………………………………151
狭義の社会保障制度……………………………139
供給サイド（の）経済学…………………49, 190
供給重視の経済学………………………………253
供給の価格弾力性………………………………185
供給の弾力性が完全に弾力的な財……………185
供給の弾力性が完全に非弾力的な財…………185
供給の弾力性が弾力的な財……………………185
供給の弾力性が非弾力的な財…………………185
共済組合……………………………………………22
行政改革の重要方針………………………………83
行政学………………………………………………34
――的財政論…………………………………30
強制獲得経済…………………………………18, 39
行政科目……………………………………………62
行政管理・予算庁……………………………65, 91
行政管理統制………………………………………98
行政機構再編成……………………………………89
行政刷新会議……………………………………102
行政事務再配分…………………………………315
強制性……………………………………………172
行政整理……………………………………………89
強制的方法による物資労働の徴収および非交換
　的処分……………………………………………18
行政手数料………………………………………224
行政の計量化……………………………………100
行政府………………………………………………67
――責任の原則………………………………64
――の自由裁量の原則………………………64
――優位の傾向………………………………64
強制予算制………………………………………278
競争による利潤追求………………………………16
協調的連邦主義…………………………………292
共通税…………………………………………276, 305
共同社会（ゲマインシャフト）…………………17
共有資源（共有地）……………………………113
共有地の悲劇……………………………………113
巨額の財政赤字……………………………………74
巨視的予算編成……………………………………66
均一拠出・均一給付……………………………142
緊急財政処分………………………………………67
金庫…………………………………………………25

均衡国民所得……………………………………257
均衡財政の原則…………………………………246
均衡財政のドグマ…………………………………27
均衡予算原則………………………………4, 41
均衡予算主義……………………………………255
均衡予算乗数1…………………………………259
近代経済学的財政学………………………10, 11
近代経済学的財政論………………………………9
近代財政……………………………………………58
近代税制…………………………………………57, 58
近代的………………………………………………56
――財政制度…………………………………56
均等割……………………………………………194
金融機関の破綻……………………………………7
金融政策…………………………………………264
金融庁………………………………………………75
金融論……………………………………………230
勤労所得…………………………………………189

空港法……………………………………………135
クーポン・レート………………………………248
邦・市町村間財政調整…………………………305
邦間財政調整……………………………………306
区民税……………………………………………324
クラウディング・アウト………………………267
――効果……………………………………335
クラウディング効果……………………………235
グラッドストーンの改革………………………57
クラブの経済理論………………………………288
クリーム・スキミング…………………………148
繰り越し…………………………………………205
繰越額………………………………………………86
繰越明許費……………………………………62, 70
繰り返し…………………………………………205
クロヨン（9：6：4）…………………………194
郡区町村編制法…………………………………277
軍工廠………………………………………………81

経営学………………………………………………34
計画価格調整金…………………………………222
計画任務…………………………………………273
計画立案……………………………………………96
景気循環順応的…………………………………135
景気状況基準……………………………………241
景気政策……………………………………59, 91
景気政策的財政政策………………………5, 253
景気調整……………………………………35, 254
軽減税率…………………………………………217
経済…………………………………………………15
経済安定…………………………………………161
経済安定・成長促進法……………………90, 93
経済安定化機能……………………………37, 273

索引　353

経済学……………………………26, 37, 106
経済学上の費用……………………………164
経済活動……………………………………255
経済業務……………………………………133
経済好況………………………………………6
経済財政諮問会議………………71, 74, 94-96
経済主体…………………………………14, 25
経済性…………………………………60, 340
　──の原則…………………………………63
経済政策論…………………………………49
経済的厚生………………52, 107, 161, 165, 342
経済的効率（中立性）………………181, 285
経済的合理的予算編成………………………98
経済的相互依存関係………………………291
経済的発展の度合…………………………292
経済的無駄…………………………………45
経済取引別中央政府支出…………………131
経済の安定成長……………………………283
経済力…………………………………174, 187
　──増加説……………………………187, 203
経済理論……………………………………49
形式収支……………………………………294
形式税率……………………………………180
形式的財産税………………………………196
経常勘定……………………………………132
経常財産税…………………………………197
経常支出財源………………………………240
経常収支比率………………………………293
継続費…………………………………62, 70, 137
経費（政府支出）………………………53, 118
経費総額……………………………………70
経費の政治効果……………………………132
経費膨張法則…………………………………30
経費論………………………………………39
契約曲線……………………………………107
軽油引取税…………………………………223
ケインズ学派………………………………230
ケインズ経済学………………………37, 50, 255
ケインズ経済学への批判…………………261
ケインズ主義…………………………………37
ケインズ理論………………………………49
下水道事業受益者負担金…………………328
下水道受益者負担金………………………221
下水道料金…………………………………344
結合性………………………………………112
決算……………………………………………1, 76
　──過程……………………………………78
　──剰余金繰入……………………………249
　──審議……………………………………78
　──の帰還（フィードバック）機能……78
　──報告……………………………………89
ゲマインデ財政……………………………289

原因者負担…………………………………223
原価…………………………………………343
限界控除制度………………………………218
限界効用理論………………………………188
限界収入（MR）……………………………108
限界消費性向…………………33, 255, 258
限界税率……………………………………179
限界代替率（MRS）……………………107, 115
限界費用（MC）………………108, 109, 341
　──価格…………………………………224
　──価格形成原理………………………341, 341
限界変形率（MRT）……………………107, 115
減額補正……………………………………69
原価主義……………………………………224
減価償却……………………………………204
原価補償主義………………………………342
現金勘定方式………………………………339
現金主義………………………………69, 76, 146
　──会計…………………………………117
現金償還……………………………………250
健康保険…………………………………140, 147
　──組合……………………………………22
現在価値……………………………………164
減債基金……………………………………56
原資計画……………………………………233
減収補填債……………………………331, 333
減税補填債…………………………………331
建設公債……………………………………240
建設国債…………………………4, 247, 249, 250
　──の原則………………………………246
建設事業負担金……………………………311
健全財政……………………………………68
健全性原則…………………………………60
源泉説………………………………………187
源泉徴収……………………………………190
　──義務者………………………………190
　──給与所得税…………………………262
源泉分離課税………………………………193
現代的支出税………………………………192
現代の予算原則……………………………64
限定性原則…………………………………61
現物給付……………………………………118
憲法……………………………………………37
厳密…………………………………………60
　──の原則…………………………………60
権利の章典…………………………………57
権利の請願…………………………………57

小売売上税…………………………………210
公営企業金融公庫……………………………83
公営企業金融公庫……………………337, 346
公営企業債…………………………………346

公営企業の独立採算性原則……………347
公営競技（ギャンブル収入）納付金………346
公営公庫債券………………………346
公開……………………………………60
公会計………………………………117
公害税（公害賦課金）………………111
公開の原則……………………………60
高価な政府…………………………238
効果発現のラグ……………………260
公企業料金収入………………………17
後期高齢者医療制度………………147
広義の社会保障制度………………139
公共経済学……………9, 11, 38, 47-49, 106
公共サービスの過小供給…………312
公共財…………………………38, 40, 112
公共財増大法則……………………119
公共財の限界費用（追加生産にかかる費用）
　　　………………………………115
公共財の限界評価……………115, 116
公共財の最適供給…………………114
　──の条件………………………115
公共事業…………………33, 135, 167, 221
　──政策…………………………309
　──費……………………………135
公共支出……………………………118
　──計画…………………………90
公共支出白書…………………………90
公共施設の維持………………………27
公共性…………………………118, 340
公共選択………………………………36
　──論………………………………40
公共秩序・安全……………………133
公共の福祉…………………………340
公共部門………………………………14
公共目的……………………………118
工業用水道…………………………338
公共料金………………172, 224, 292, 341
航空機燃料税………………………223
公経済（政府）…………………14, 15
公権力…………………………………15
公庫……………………………………86
　──負担…………………………347
公債……………………………1, 53, 238
　──管理政策………………245, 250
　──経常化………………………238
　──原則論………………………240
　──短期化………………………239
　──特例法………………………248
　──の経常財源化………………242
　──の日銀買入…………………247
　──排撃論……………26, 240, 242
　──発行擁護論…………………125

交際費………………………………204
公債費比率…………………………295
公債費負担比率……………………295
公債弁護論…………………………242
皇室費…………………………………58
皇室予算………………………………20
公社……………………………………77, 86
工場整備特別地域整備促進法……315
工場払下概則…………………………81
控除法………………………………211
厚生経済学…………………………53, 161
　──的財政論………………………31
厚生経済学の基本原理……………108
厚生上のコスト……………………181
厚生年金……………………………144, 234
　──基金……………………………22
　──保険…………………………140
公正の原則…………………………175
厚生労働省…………………………126
構造改革と経済財政の中期展望……94
構造的財政収支………………………96
拘束原則……………………………60, 61
拘束性…………………………………90
公団……………………………77, 82, 83, 86
講壇社会主義…………………………29
公聴会…………………………………73
交通政策………………………………34
交通料金……………………………343, 343
公的固定資産形成…………………131
公的事業……………………………167
公的資金調整…………………………38
公的な迷惑…………………………111
公的扶助……………………………139, 142
後転（後方転嫁）…………………182, 186
高等学校授業料無償化政策………158
高等学校等就学支援金制度………327
高度経済成長期………………………4
後年度負担…………………………91
公費負担……………………………141, 160
交付国債……………………………240
交付税および譲与税交付金特別会計…301
交付税率……………………………299
交付団体……………………………301
公平……………………………147, 175, 181
公平化………………………………303
公平税制………………………………8
公募債借入金………………………233
公募発行……………………………239
公務員…………………………………80
　──定数…………………………81
効用（満足度）……………………106, 114
効率化………………………………303

公立保育所（園）………………………149	国民福祉優先予算…………………………5
公立保育所運営費……………………150	国民負担率…………………………………2
──負担金……………………………149	国民保険法………………………………140
合理的期待形成論……………… 49, 253	国有財産法………………………………67
合理的期待派…………………………243	国有提供施設等所在市町村助成交付金……312
高齢化社会……………………………145	国立学校特別会計………………………158
高齢者3経費…………………………217	国立大学法人運営費……………………158
高齢社会………………………………145	個人消化…………………………………246
港湾法…………………………………135	個人所得税………………………………163
コースの定理…………………………111	個人単位…………………………………189
国債………………………………231, 239	個人向け国債……………………………248
国際協力銀行……………………………83	国家…………………………………………15
国際財政論………………………………53	国会議決主義………………………… 20, 24
国際資本市場…………………………186	国家貸付資金………………………… 84, 92
国債整理基金特別会計………………249	国家経済…………………………………16
国債発行政策の転換……………………4	国家経費…………………………………28
国債費……………………………… 1, 129	国家公務員共済組合……………………22
国債引受シンジケート団…………5, 250	国家独占資本主義論………………………9
国債不発行主義………………………333	国家の金融活動…………………………232
国際貿易論………………………………44	国家の経済…………………………………18
国債募集引受団………………………251	国家有機体説……………………………173
国債利子マル優制度…………………250	国境税調整………………………………213
国際連合………………………………131	国庫債務負担行為………………… 70, 137
国策会社…………………………………82	国庫支出金………………………………308
国税付加税……………………………278	国庫の3原則……………………………76
国土保全および開発費………………128	国庫負担金………………………………311
国内総生産（GDP）…………………256	国庫負担均等の原則……………………141
国費………………………………………68	国庫負担の3原則………………………141
国費節約…………………………………58	国庫平衡交付金…………………………304
国富論（諸国民の富）…………………27	国庫補助金………………………………308
国防………………………………………27	国庫補助負担金の一般財源化…………156
国防・防衛……………………………133	国庫ヨリ補助スル公共団体ノ事業ニ関スル法律
国民皆年金……………………………140	……………………………………………308
国民皆保険……………………………140	固定資産税………… 81, 177, 196, 198, 324, 325
国民金融公庫……………………………83	固定資産評価額…………………………198
国民経済計算（SNA）……… 22, 31, 131, 133	古典的支出税……………………………192
『国民経済計算年報』…………………130	古典的予算原則……………………………59
国民経済上の原則……………………175	古典派経済学……………………………28
国民経済の経済性計算………………161	子どもの学習費調査……………………158
国民健康保険……………………140, 147	子供の学習費調査…………………157, 158
──組合………………………………23	子どものための手当……………………150
──税…………………………………141	個別原価主義……………………………343
──特別会計…………………………22	個別消費税………………………… 209, 218
──法…………………………………140	個別的利益（各個人が国家から受ける利益）
──料…………………………………141	……………………………………………173
国民所得決定（理）論……………255, 258	コミュニティ・チャージ（人頭税）… 148, 305
国民所得統計…………………………131	雇用労災対策費…………………………143
『国民所得統計年報』…………………130	娯楽・文化・宗教………………………133
国民生活金融公庫………………………83	混合経済組織………………………………37
国民年金…………………………145, 234	混合財……………………………………113
──基金………………………………22	混雑費用…………………………………288
──法…………………………………140	コンソル公債……………………………239

〔サ行〕

災害救助費……………………………………144
災害負担金……………………………………311
歳計剰余金……………………………………68
財源対策債……………………………………331
財産収入…………………………………326, 277
財産税……………………151, 157, 163, 196, 198, 325
財市場…………………………………………255
歳出予算法……………………………………92
財政………………………………………14, 18
財政赤字…………………………1, 5, 6, 39, 40, 261
財政赤字時代…………………………………5
財政運営の基本原則…………………………20
財政援助金……………………………………312
財政学……………………………1, 8, 47, 50, 230
『財政学』……………………………40, 47, 54
財政学全書……………………………………31
財政学大綱……………………………………8
財政学に対する要請…………………………12
財政学の国際化………………………………10
『財政学の理論と実際』……………………54
財政学批判……………………………………10
財政学方法論…………………………………54
財政学方法論争………………………………8
財政金融………………………………………230
財政金融委員会…………………………73, 77
財政金融一体化……………………………231, 232
財政計画………………………56, 78, 90, 102
財政公開………………………………………20
財政構造改革…………………………………7
財政構造改革法………………………………7
財政構造の硬直化……………………………295
財政構造の弾力性………………………293, 295
財政硬直化……………………………………126
財政再建債……………………………………331
財政再建問題…………………………………5
財政支出………………………………………232
財政社会学………………………………11, 34
財政収支………………………………………231
財政収支試算…………………………………94
財政障害………………………………………264
財政上の自律主義……………………………278
財政上の体力…………………………………293
財政政策……………………………………253, 264
財政政策上の原則……………………………175
財政制度………………………………………22
財政調整……………………………………275, 297
　──の生みの親……………………………275
財政調整法……………………………………297
財政的公平……………………………………303

財政投資………………………………………232
財政投融資……………………………53, 231, 232
財政投融資運用………………………………233
財政投融資計画……………………………233, 332
財政投融資原資………………………………233
財政投融資資金特別会計……………………237
財政投融資特別会計から繰り入れ…………250
『財政と公共政策』………………40, 47, 54
財政の赤字・非効率…………………………117
財政の経済政策的機能………………………19
財政の持続可能性……………………………95
財政の中央集権化…………………………121, 123
財政の中期展望………………………………94
財政の長期展望………………………………91
財政歯止め……………………………………264
財政法……………………………3, 63, 68, 87, 97
　──第13条…………………………………68
　──第3条の特例に関する法律……………68
　──第4条…………………………………246
財政見通し……………………………………92
財政民主主義………………3, 18, 56, 57, 85, 235, 243
財政民主主義の形骸化………………………19
財政融資………………………………………236
財政融資資金………………………………237, 335
財政融資資金投資勘定………………………237
財政余剰………………………………………304
財政力格差……………………………………299
財政力指数…………………………………293, 302
財政理論………………………………………35
最低生活費……………………………………188
　──免除税…………………………………188
最適課税論……………………………………182
最適団体規模論………………………………288
財投運用資金の使い残し……………………235
財投機関債……………………………………236
財投債（財政投融資特別会計国債）……237, 240
在日米軍駐留経費負担………………………137
歳入援助交付金………………………………305
歳入歳出予算…………………………………70
歳入分与………………………………………304
歳入法…………………………………………92
歳入見直し……………………………………90
再配分政策……………………………………59
財務……………………………………………67
　──行政論……………………………26, 28
　──金融委員会………………………73, 77
債務残高………………………………………134
財務省……………………………………65, 75, 126
　──原案…………………………………72, 73
　──主計局…………………………………71
　──主税局…………………………………72
　──証券（短期国債）…………………68, 239

索 引　357

財務諸表……………………………89
財務統制………………………59, 98
裁量的経費…………………………92
先入先出法（FIFO）……………204
サステナビリティー………………95
誘い水政策…………………………33
雑所得……………………………193
佐藤・米原論争……………………52
差等補助金………………………311
差別税率…………………………189
差別料金…………………………342
差別料金制………………………224
サミュエルソンの効率性条件…115
産業革命……………………………57
産業関連社会資本………………136
産業投資……………………236, 237
　――特別会計…………………233
3K問題………………………………7
三新法……………………………277
散超………………………………231
暫定予算………………………61, 70
サンドウィッチ効果……………212
三本の矢……………………………7
三位一体（の）改革
　…………149, 156, 280, 308, 316, 323
山林所得…………………………193
三割自治…………………………324

シーリング…………………………71
自衛隊創設………………………136
仕送状……………………………211
時間価値…………………………165
時間節約…………………………165
時間的遅れ（ラグ）……………260
時期の弾力性の原則………………64
事業………………………………163
事業効果……………………………89
事業所税……………………223, 224, 324
事業所得…………………………193
事業仕分け………………………102
事業税…………………177, 206, 323, 324
事業団………………………82, 83, 86
事業特別会計………………………87
事業主負担………………………141
事業別予算………………60, 77, 98
　――方式…………………………89
時局匡救事業……………………253, 309
　――よる農村補助金…………308
資金運用特別会計…………………87
資金運用部借入…………………299
資金運用部資金…………………233
資金運用部引受…………………235

私経済（企業・会計）…………14, 15
私経済原則………………………327
資源の過大配分…………………153
資源の稀少性……………………164
資源の適正配分…………………283
資源配分…………………35, 106, 254
　――機能……………………37, 273
　――の無駄……………………153
事後的費用…………………………60, 91
事後費用……………………………99
資産………………………………241
　――収入………………………141
死重損失…………………………181
自主運用…………………………236
自主性原則………………………322
支出権限委譲法……………………92
支出税（総合消費税）…………192
市場価格…………………………166
市場規制…………………………117
市場経済……………………………16
市場原理……………………………17
市場公募債………………………335
四条国債…………………………240
市場の失敗…………………37, 38, 106
市場メカニズム………40, 106, 109
市場利子率………………………167
システム……………………………96
　――分析…………………………96
市税………………………………326
市制町村制………………………277, 326
施設使用料………………………224
事前協議制度……………………335
事前決定……………………………60
　――の原則………………………61
自治観の相違……………………284
自治庁……………………………279
市中銀行引受……………………246
市中消化の原則…………………247
市中発行方式……………………248
市町村義務教育費国庫負担法…154, 308
市町村財政………………………289
　――の理論……………………289
市町村税……………………154, 323
市町村民税………………………324
市町村連合組織…………………291
失業対策費…………………143, 144
失業保険…………………………140
失業保険法………………………140
執行…………………………………59
実効税負担率……………………206
実効税率……………………180, 206
実施計画……………………………96

358　索　引

実支出額基準補助金……………………311
実質経費……………………………………127
実質収支……………………………………294
実質収支比率………………………………295
実質単年度収支……………………………294
実質的経費…………………………………130
実施のラグ…………………………………260
実証分析……………………………………52
実費補填主義………………………………327
実物負担……………………………………242
疾病保険……………………………………140
指定管理者制度……………………………117
私的限界費用（PMB）……………………287
私的財………………………………112, 113
私的費用……………………………………111
私的便益……………………………………110
自動安定（化）装置……………254, 262
自動車重量税…………………………219, 223
自動車取得税………………………………223
自動車税……………………………………218
自動制御効果………………………………211
児童手当………………………………149, 150
自動の屈伸制………………………………262
児童福祉費…………………………………144
児童福祉法……………………140, 143, 149
使途基準……………………………………240
使途別分類…………………………………126
私費負担……………………………………160
事物の本質…………………………………24
司法…………………………………………27
資本課徴…………………………………27, 195
資本還元……………………………………183
資本勘定……………………………………132
資本収益率………………………167, 186, 203
資本損失……………………………………190
資本割………………………………………206
シャウプ勧告
　…3, 8, 42, 155, 195, 196, 198, 200, 201, 279,
　　　　　　　　　　　　　298, 315, 332, 334
シャウプ勧告税制……………………………3
シャウプ使節団日本税制報告書……………42
社会科学…………………………………8, 51
社会学……………………………………30, 37
社会教育費……………………………157, 159
社会経済学…………………………………50
社会経済的可動性…………………………152
社会契約説…………………………………173
社会権（生存権）…………………………140
社会財………………………………………113
社会政策的租税思想………………………28
社会政策学派………………………………29
社会生産物の極大化（経済成長の促進）……161

社会選択……………………………………40
社会的機会費用………………163, 168, 287
社会的限界便益（SMC）…………………287
社会的効用の極大化………………………291
社会的費用…………………………………111
社会的便益…………………………………110
社会的割引率………………………………167
社会福祉費……………………………143, 144
社会扶助金…………………………………131
社会保険…………………………………142, 144
　──特別会計……………………………22
　──の財政方式…………………………145
　──費………………………………………143
　──料………………………………………141
社会保護………………………………133, 139
社会保障経費………………………………217
社会保障関係費………………1, 128, 129, 143
社会保障基金………………………………22
社会保障給付………………………………131
社会保障財政論……………………………48
社会保障負担………………………………2
社会保障法…………………………………139
社会有機体…………………………………29
借入金………………………………………87
シャンツ＝ヘイグ＝サイモンズ概念……187
シャンツとヘンゼルの論争………………320
収益…………………………………………340
収益税（地租・家屋税・営業税）………322
収益税の財産税……………………………196
従価税………………………………………219
周期説………………………………………187
自由競争（営業自由）……………………19
集権…………………………………………281
　──化………………………………………117
　──的分散システム……………………282
私有財産制……………………………16, 19
自由裁量の財政政策………………………254
収支均衡……………………………………60
　──点方式…………………………………188
　──の原則…………………………………63
自由主義経済論……………………………26
自由主義的国家観…………………………28
住宅・地域アメニティ……………………133
住宅金融公庫………………………………83
集中…………………………………………281
　──過程………………………………123, 275
重点形成……………………………………90
収入（租税・税外収入・公債）…………53
住民自治……………………………………278
住民税………………………………177, 194, 324
　──均等割………………………………321
　──所得割………………………………323

住民選好	285	消耗費	131
住民のコンセンサス	292	剰余金	85, 87
従量税	184, 219	将来所得	151
受益者負担	172, 221	将来費用	164
──金（分担金）	328	将来便益	164
受益者負担能力限界の原則	141	使用料	172, 224, 326
授業料	154	使用料・手数料（受益者負担）	17, 292, 326
──徴収廃止	154	奨励的補助金	312
酒税	177, 219, 299	昭和15年（の）税制改革	154, 189, 201, 297
恤救規則	140	昭和25年の勧告	139
主目的	172	昭和50年度補正予算	95
主要経費別	88	昭和の大合併	279
──分類	129	所管別分類	126
需要効果	132	職域保険	147
需要の価格弾力性	184	食糧管理特別会計	69, 231
需要補填原理	172	食糧証券	239
準貨幣	239, 245	所得	255
循環的財政収支	96	所得（ヒト）・消費（モノ）・資産（カネ）	178
純計	61	所得・財産の再分配	283
──額	79	所得階層（所得ブラケット）	189
準公共財	112, 113	所得型付加価値	211
準公務員	80	所得控除	193
純資産増加説	187, 203	所得再配分	254
純粋公共財	112, 136	所得再分配	35
純随行教材	113	──機能	37, 273
純租税額	244	所得税	1, 177, 187, 299, 322, 325
準備金	205, 233	所得税・法人税等の減税	4
純便益	163, 164	所得倍増計画	4
上位機関の財政の吸引力の法則	121	所得比例主義	142
小学校令	154	所得分配	161
条件付補助金	310	所得割	206
少子化・超高齢社会	1	所有と経営の分離	208
上水道	338	私立学校教職員共済組合	22
乗数	257, 258	私立学校振興費	158
乗数効果	132, 257, 259	私立保育所（園）	149
消転	183	人件・糧食費	137
譲渡所得	193	人件費	126, 127, 131, 346
承認のラグ	260	新公共経営	117
消費	255	申告納税	190
消費型付加価値	211	新古典派経済学	38, 50
消費経済	16	新産業都市建設促進法	315
消費者の便益	152	新自由主義	125
消費者余剰	181	人税	322
消費需要	32, 255	新正統派	243
消費譲与税	217	身体障害者福祉法	140, 143
消費税	1, 7, 209, 216, 322	信託資金	84
消費税導入	299	人頭税	179
消費税率	7	新日銀法	232
消費的経費	131	真の経済的費用	166
消費の効率性	107	神武景気	4
情報の非対称性	147	信用創造	246
証明書発行手数料	224		

新連邦主義……………………………304

垂直的公平……………………………174
水道事業………………………………346
出納整理期限……………………………76
水道料金………………………………343
水平的公平……………………………174
数量差…………………………………317
スタグフレーション……………253, 279
『スティグリッツ公共経済学』…………46
スピル・オーバー効果……………289, 312
スミスの課税4原則……………………174

税外収入（公共料金等）………………53
税額控除…………………………191, 193
生活関連社会資本……………………136
生活保護費………………………143, 144
生活保護法………………………140, 309
税源移譲………………………………323
制限税率…………………………180, 322
政策（フィスカル・ポリシー）…………53
政策金融…………………231, 233, 237
政策コスト……………………………236
政策任務………………………………273
生産可能（性）曲線……………107, 114
生産者的便益…………………………152
生産性概念……………………………124
生産の公債……………………………240
生産の効率性…………………………107
政治学……………………………………34
政治過程…………………………………40
　　―の経済分析………………………40
政治的願望を込めた歴史予測………120
税収の空洞化…………………………207
税収の所得弾力性……………………262
税制調和………………………………217
税制の近似化…………………………178
生前贈与…………………………195, 197
製造者税………………………………210
成長政策…………………………………91
正統派財政学……………………29, 37
制度的経済学……………………………50
制度論研究………………………………53
制度論的財政学…………………………31
正の外部性………………………110, 151
税の自然増収…………………………4, 74
製品・半製品・棚卸資産（在庫資産）……204
政府………………………………14, 18, 25
政府関係機関……………68, 80, 82, 85, 87, 89
　　―予算………………………………79
政府間財政関係論……………………272
政府資金………………………………347

政府支出……………………………40, 118
政府支出乗数…………………………258
政府出資………………………………346
政府消費………………………………132
政府短期証券……………………239, 240
政府投資………………………………132
政府の機能別分類（COFOG）………133
政府の失敗……………………………117
政府の範囲………………………………22
政府の肥大化…………………………117
政府部門の肥大化………………………80
政府保証………………………………236
政府保証債………………231, 237, 239
税務行政上の原則……………………175
整理資源国庫負担の原則……………141
税率……………………………………179
整理特別会計……………………………87
世界恐慌………………………………253
世界保健機構（WHO）………………145
責任体制…………………………………77
石油ガス税……………………………223
石油危機…………………………………49
石油証券………………………………239
石油ショック……………………………5
世代会計………………………………244
世代間公平……………………………242
世代間負担の公平……………………330
世帯単位………………………………189
積極財政志向型の予算…………………74
摂津市超過負担訴訟…………………317
ゼロ・シーリング…………………5, 71
ゼロ・ベース予算（ZBB）……………101
ゼロ税率………………………………217
全額公費負担（無償給付）……………153
全額政府出資の公法人…………………82
全額補填………………………………298
戦後改革期………………………………3
戦後改革の軌道修正期…………………4
全体経済的利益………………………290
前段階売上高（仕入高）控除方式……211
前段階税額控除方式…………………211
前段階取引高控除方式………………214
前提条件（仮定）…………………51, 106
前転（前方転嫁）………………182, 186
前年所得税……………………………194
前年度予算執行…………………………67
前年度予算の踏襲………………………61
戦略的計画化……………………………98

総益金…………………………………203
増額補正…………………………………69
総額明示方式…………………………136

索引　361

総括原価主義…………………………343
総供給………………………………256
総計…………………………………61
　　──原則……………………………61
　　──主義原則………………………85
総合経済対策………………………7
総合国庫資金………………………84
総合所得税…………………………189
総合的予算管理の原則……………64
総需要………………………………256
　　──管理（有効需要管理）………49
　　──抑制予算………………………5
増税と行政改革による財政再建の時代……5
相続時精算課税……………………197
相続税（遺産取得税）…… 28, 195, 177, 322
総損金………………………………203
総費用………………………………163
増分主義……………………………66
　　──的計画…………………………93
　　──的予算編成……………98, 99, 126
　　──の仮説…………………………126
総便益………………………………163
贈与税……………………………195, 197
測定単位……………………………300
租税…………………………1, 17, 172, 258
　　──義務説…………………………173
　　──原則論…………………………174
　　──最小犠牲説……………………174
　　──再生産説…………………………30
　　──乗数……………………………259
　　──体系論…………………………175
　　──弾性値…………………………262
　　──転嫁……………………………42
　　──の前取り………………………238
　　──負担……………………………347
　　──負担率…………………………2
　　──利益説………………………31, 173
　　──論……………………………39, 53
措置制度……………………………148
外税方式……………………………214

〔タ行〕

第1次世界大戦の落とし子………297
第1種所得…………………………201
第2の予算…………………………234
第3セクター………………………332
対価説………………………………173
態容補正……………………………300
代議制………………………………19
大区小区制…………………………277
対象差………………………………317

退職所得……………………………193
退職手当債…………………………331
大統領経済諮問委員会（CEA）………92
大都市地域問題……………………279
大日本帝国憲法（明治憲法）……58, 67, 76
代表的財政学教科書………………9
他会計繰入………………………127, 128
高橋財政……………………………253
宅地開発指導要綱…………………222
宅地開発税…………………………223
多段階売上税………………………210
たばこ税………………………177, 219, 299
単位費用……………………………300
単位補助金…………………………310
段階的………………………………122
単価差………………………………317
短期国債……………………………239
短期債………………………………239
単純多数決…………………………41
単純累進……………………………179
単税…………………………………178
団体自治……………………………278
単段階売上税………………………210
単年度シーリング……………………85
単年度収支…………………………294
単峰型………………………………41
弾力条項…………………………85, 89
弾力的な財…………………………184

地域格差均衡化……………………290
地域政策……………………………44
地域的不均等発展…………………299
地域保険……………………………147
小さな政府………………………7, 80, 125
チープ・ガバメント（安価な政府）
　　………………………………26, 58, 125
地租………………………………58, 278, 322
地租軽減……………………………58
地方…………………………………2
地方6団体…………………………318
地方教育費…………………………155
地方金融公庫創設論………………336
地方公営企業………………………338
　　──等金融機構…………………346
　　──等金融公庫……………………83
　　──法（地公法）………………278, 338
地方公共財………………………113, 283
地方公共事業………………………135
地方公共団体………………………233
地方公社……………………………332
地方交付税………………………1, 299, 309
　　──交付金………………………129, 298

地方公務員共済組合………………………22
地方債…………………………… 231, 329
　——依存度………………………… 333, 334
　——許可制度……………………………331
　——計画…………………………………332
　——現在高………………………………335
　——事前協議制度………………………333
　——消化…………………………………335
　——の発行限度…………………………330
　——発行条件……………………………330
地方財政…………………………………272
　——委員会………………………………307
　——委員会の廃止………………………279
　——関係費………………………………129
　——危機…………………………… 279, 280
　——収支試算………………………………94
　——調整制度……………………………297
　——の窮乏化……………………………309
　——費……………………………… 128, 129
　——平衡交付金…………………… 155, 298
　——法……………………………… 278, 311
　——法第5条……………………………330
　——理論……………………………………44
　——論……………………………………272
地方自治……………………………………8
　——の本旨………………………………278
地方自治法………………………… 278, 326, 331
地方消費税………………………………217
地方所得税………………………………325
　——構想…………………………………323
「地方信用金庫」構想……………………336
地方税……………………………… 292, 322
　——原則…………………………………320
　——体系…………………………………324
地方政府……………………………………22
地方税法…………………………… 214, 278, 322
地方団体金融公庫………………………336
「地方団体中央金庫」構想………………336
地方団体の本来的任務…………………329
地方単独事業……………………………135
地方的見解の共通性……………………291
地方鉄道…………………………………338
地方配付税………………………………298
地方分権一括法…………………… 316, 322
地方分権化………………………………117
地方分権推進法…………………………316
地方法人税………………………………206
中位投票者…………………………………36
中央銀行…………………………………329
中央銀行との直接的関連………………329
中央銀行引受……………………… 239, 246
中央国家または上位機関財政の吸引力」に関す

る法則（ポーピッツの法則）……………275
中央集権化………………………………282
中央政府……………………………………22
中期国債…………………………………239
中期債……………………………………239
中期財政計画……………………… 90, 91, 93
中小企業金融公庫…………………………83
中小企業信用保険公庫……………………83
中小企業総合事業団………………………83
中立課税論…………………………………26
中立性のドグマ……………………………27
超過支出禁止………………………………60
　——の原則………………………………62
超過税率…………………………… 180, 322
超過負担…………………………… 149, 181
　——問題…………………………………317
超過累進…………………………………179
長期国債…………………………………239
長期性………………………………………90
超高齢社会………………………………145
徴税者的財政論……………………………26
徴税費………………………………………27
徴税費および納税費最小………………181
徴税費最小………………………………175
調達コスト………………………………236
超地域的利害……………………………290
超長期国債………………………………239
帳簿方式…………………………………217
直接規制…………………………………225
直接税……………………………… 177, 322
直接生産…………………………………111
直接費用…………………………… 165, 168
直入…………………………………………85
貯蓄………………………………… 255, 266
貯蓄関数…………………………………266
直轄事業…………………………………135
　——負担金………………………………135
賃金………………………………………210
　——価格…………………………………321

積立金………………………………………85
積立方式…………………………………146

提案13号（プロポジション13）
　…………………………… 157, 198, 325
定額法……………………………………204
デイケア…………………………………148
定式屈伸制………………………………254
定式補助金（差等補助金）………………311
ティブー・モデル………………………286
定率繰入（差減額繰入）…………………249
定率法……………………………………204

定率補助金	310, 311	特別会計	1, 61, 68, 78, 81, 82, 84-86, 89, 233
低料金主義	343	——改革	82
適正な時価	198	——剰余金	146
適正報酬	340	——通則法	86
手数料	172, 224, 326	——法	87
デフレ・ギャップ	259, 262	——予算	79
デフレ効果	246	——予算総則	235
デラックス分	317	特別課徴	221, 328
転位効果（おきかえ効果）	122, 275	——金	221
転嫁	182	特別勘定	84
電気	338	特別研究課題	99
電源立地促進対策交付金	312	特別交付税	300
伝統的公債原則論	242	特別償却	204
伝統的財政学	10, 11	特別土地保有税	324
天皇大権	67	独立機関	69
		独立行政法人	80
ドイツ財政論	26	——化	88
ドイツ正統派財政学	24, 28	——通則	80
ドイツの財政論	24	独立採算制	340
ドイツ連邦共和国基本法	247	独立採算性事業	342
統一	60	独立性	232
——性原則	86	独立税	322
——の原則	61, 85	——中心主義	323
等価説	173	特例公債（赤字公債）	247
投機的動機に基づく貨幣需要	266	特例公債発行	7
統計	1, 88	特例交付金	129
統合国庫規定費	92	特例国債	4, 95, 240, 248
統合国庫議定費歳出予算法	92	都市計画税	221, 223, 324, 328
投資	255, 266	度数料金	224
——関数	266	都税	324
——需要	32, 255	土地課税	277
——乗数	257	土地増価税	222, 292
——的経費	131	ドッジ・ライン	3
当初予算	70	取引税	213
当然増の経費	168	取引高税	213
当年所得課税	194	取引動機に基づく貨幣需要	266
投票のパラドックス	40, 41	取戻し効果	212
道府県税	323	ドル・ショック	5
道府県民税	324	トレーガー委員会	292
動揺の時代	5		
等量消費	116	〔ナ行〕	
道路法	135	内国消費税	57
トーゴーサン（10：5：3）	194	内努学派	24
ドーマーの定理	244	内部留保	199
特殊財課税	219	内務省	126
特殊の利益	327	中桐宏文	222
特殊法人	84, 233	ナショナル・ミニマム	309, 347
特殊法人の肥大化	236	なべ不況	4
特定の公共事業	27		
特定補助金	310	二元組織論	17
特定目的補助金	305	二元論	16
得票最大化の動機	132		

二重課税······199
　——排除論······208
二重経済······33
二重計算······88
日銀の独立性······232
日銀乗換······248
日銀引受発行の禁止······247
日露戦争······58
日清戦争······58, 82
二部料金制······224, 342
日本開発銀行······82, 83
日本銀行······232
　——法······232
日本国憲法······21, 63, 67, 163
日本国有鉄道······7, 82
日本財政論の研究······9
日本政策金融公庫······83
日本政策投資銀行······83
日本専売公社（専売）······7, 82
日本電信電話公社（電電公社）······7, 82
日本輸出入銀行······82, 83
ニュー・パブリック・マネジメント（NPM, 新公共経営）······117
ニューディール政策······139
認可外保育施設······149
認可保育施設······149
認識のラグ······260

『ネオ・チープ・ガバメント論』······125
年金医療介護保険給付費······143
年金還元融資······332
年金交付公債······146
年金特別会計······22
年金特例国債······240
年金保険······143, 144
年割額······70

ノア・アフェクタシオン······60
ノイマルクの租税原則······176
農産物価格支持制度······263
納税義務者······175
能力説（応能課税原則）······173
農林漁業金融公庫······83
ノーマライゼーション······148
後転（後方転嫁）······182
ノン・アフェクタシオンの原則······62

〔ハ行〕

ハーバーガー・モデル······186, 202
ハーバーガーの三角形······45, 181
ハーベイ・ロードの前提······36

ハーベルモの定理······260
配当······199
配当軽課方式······200
配当所得······193
配当税額控除方式······200
配当損金算入方式······200
バス······338
発生主義会計······117
発生主義記帳······69, 89, 339
馬場税制改革案······213
バブル経済崩壊······280
バブル崩壊······7
払超······231
バランス・ファクター······252
パレート改善······106
パレート最適······106, 107, 109, 110, 114
パレート最適（パレート改善）······106

非移転的経費······130
ピールの改革······57
非課税取引······218
引当金······205
非競合性······112
ピグー税（ピグー的課税）······111
非国庫的財政政策······252
非市場原理（需要原理・給付能力原理）······17
非市場的経済学······38
微視的予算編成······66, 71
非自発的取引······243
非弾力的な財······185
必要悪のドクマ······27
人税······177, 322
非排除性······112
非法人部門······186
被保険者拠出······141
非募債主義······68
ひもつき財源······308
ピューリタン革命······56
費用······164
病院······338
病院事業······346
病院料金······343
費用効果分析······161
標準額基準補助金······311
標準財政規模······295
標準税率······180, 322
標準団体······307
費用逓減産業······109, 341
平等······27
費用の算定······328
費用便益分析
　······38, 45, 77, 96, 99, 102, 161, 169

表面利率…………………………………248
ビルト・イン・スタビライザー…… 254, 262
昼間料金………………………………225
比例税率………………………179, 194, 205
比例税率の所得税……………………292
貧困ギャップ補填方式………………191
貧困線…………………………………191

『ファーグスン=グルード微視的経済理論』…52
フィジオクラット（重農学派）……… 24, 26
フィスカル・ディヴィデンド…………264
フィスカル・ドラッグ…………………264
フィスカル・ポリシー
　……… 5, 7, 11, 36, 49, 53, 126, 135, 213, 252
フィスカル・メカニズム………………253
フィラデルフィア宣言…………………139
封鎖経済………………………………186
フーバー委員会…………………………98
フォーミュラー・フレキシビリティ…254
付加価値………………………………210
　　──税………………7, 163, 177, 209, 324
附加価値税……………………………209
　　──廃止……………………………279
付加価値割……………………………206
賦課金徴収……………………………225
付加税…………………………………322
　　──中心主義………………………323
賦課方式………………………………145
不均一課税……………………………198
福祉元年…………………………140, 147
複式予算………………………………132
福祉国家…………………………………38
複数年財政計画法案……………………93
複税……………………………………178
複峰型……………………………………41
副目的…………………………………172
父兄が支出した教育費調査…………158
父兄が負担する教育費調査…………158
府県制郡制……………………………277
不交付団体……………………………301
扶助原理………………………………144
不生産的………………………………124
不生産的公債…………………………240
付属予算……………………………84, 85
負担と受益関係…………………………2
負担分任原則…………………………321
普通交付税………………………300, 301
普通国債………………………………240
復活折衝…………………………………73
物件費……………………………126, 127
復興債……………………………240, 250
物税………………………………177, 322

物納……………………………………172
物品税法………………………………213
不動産所得……………………………193
不動産税………………………………292
負の外部性……………………………111
負の所得税……………………………191
部分均衡分析…………………………183
普遍性原則……………………………321
富裕税……………………………195, 197, 322
不用額……………………………………86
プライマリー・バランス……… 95, 96, 244
　　──均衡……………………………95
プラウデン勧告…………………………93
ブラウンロー委員会……………………98
フリー・ライダー（ただ乗り）の理論……313
フリー・ライダー（ただ乗り）問題……116
フル・コスト原則……………………342
ブループリント………………………192
ブレヒトの法則………………………121
プロイセン欽定憲法……………………76
不労所得………………………………189
プログラム（実施計画）および資金計画……99
プログラム（実施計画）別予算………99
プログラム（実施計画）要綱…………99
プログラム予算………………96, 98, 162
ブロック補助金………………………310
プロポジション 13……… 157, 198, 325
分割不可能性…………………………112
文教および科学技術振興費…………158
文教施設費……………………………158
分権……………………………………281
分権化…………………………………282
分散……………………………………281
分担金…………………………………328
分類所得税……………………………189

平均税率………………………………179
平均費用価格…………………………224
　　──形成原理………………………342
平成の大合併…………………………280
ベバリッジ報告………………………140
便益………………………………152, 165
　　──効果……………………………132
　　──の拡散……………………303, 312
　　──のスピル・オーバー効果……152
便宜………………………………… 27, 175
変質……………………………………183

保育所…………………………………149
　　──使用料…………………………224
　　──設置費…………………………317
　　──設置費国庫負担金訴訟………317

防衛関係費……………………………128
防衛省…………………………………138
防衛費…………………………………136
包括的所得概念………………………187
包括的税ベース………………………188
報告および情報管理の原則……………64
法人擬制説………………………199, 202
法人実在説………………………199, 201
法人住民税……………………………206
法人所得………………………………203
　　──税………………………………163
法人税………81, 177, 199, 201, 262, 299, 322
　　──転嫁論…………………………44, 208
　　──法………………………………204
　　──割………………………………206
法人独立課税論………………………208
法人の社会的責任……………………208
法人部門………………………………186
法人利潤率……………………………203
法則……………………………………120
法定外普通税…………………………322
法定外目的税…………………………322
法適用企業……………………………338
法非適用企業…………………………338
保険衛生対策費………………………143
保険原理………………………………144
保険特別会計……………………………87
保険料水準固定方式…………………146
保険料説………………………………173
保護者が支出した教育費調査…………158
補助金……………………111, 131, 309
　　──削減………………………………6
　　──適正化法……………………318
補助事業………………………………135
補助費……………………………126, 128
補正係数………………………………300
補整的財政政策…………………………33
補正廻し…………………………………74
補正予算…………………………………69
北海道東北開発公庫……………………83
骨太の方針………………7, 71, 74, 95
ポーピッツの法則……………………121
ポリシー・ミックス………………230, 253
本買…………………………………………50
本予算……………………………………69

〔マ行〕

マーカンティリズム（重商主義）………24, 26
マーケット・バスケット方式…………188
マーリーズ・レビュー…………………179
マイナス・シーリング…………………5, 71

マクナマラ予算…………………………98
マクロ経済学…………………………255
マクロ経済スライド方式……………146
マクロ予算編成………………………66, 74
マスグレイヴ財政理論Ⅰ～Ⅲ……………9
マスグレイブ・ミラーの安定化指標……263
『マスグレイブ財政学Ⅰ・Ⅱ・Ⅲ』……39
マスグレイブの7条件………………175
マネタリスト…………………………230
マネタリズム……………………49, 253
マルクス経済学…………………………11
　　──的財政学………………………11
マルクス主義財政論……………………9
満足度…………………………………114
マンデル・モデル……………………269

ミード委員会報告……………………196
ミード報告………………………179, 192
ミクロ経済学……………………………40
ミクロ予算編成……………………66, 71, 74
未現実利益……………………………204
ミシガン州企業活動税………………210
3つの学派………………………………10
密度補正………………………………300
みなし税額控除………………………216
民営化………………………7, 87, 117
民間財……………………………112113
民間宅地開発業者……………………222
民間部門…………………………………14
民主主義…………………………………18
民生費…………………………………144

無基金雇用者福祉給付………………131
無期公債………………………………239
無差別曲線………………………107, 114
無償義務教育制………………………154
無償給付………………………………116, 130
無条件補助金…………………………310
無償性…………………………………172
無駄な投融資…………………………236
無料化…………………………………342
明確………………………………27, 175
　　──原則………………………………60
明治維新…………………………………58
名誉職制………………………………277
明瞭………………………………………60
明瞭の原則………………………………60

メディケア（高齢者医療保険制度）……48, 142
メディケイド（医療扶助制度）…………48, 142

目的税………………………17, 141, 223

目的別分類……………………128, 129
模型……………………………………51
モデル（模型）分析………………51, 287
モデル設定……………………………255

〔ヤ行〕

夜間料金………………………………225
安上がり文教政策……………………155

有価証券取引税………………………219
有期公債………………………………239
優遇措置分……………………………179
有効需要…………………32, 241, 255
融資特別会計……………………………87
有償給付………………………………116
有償資金………………………………232
優先順位……………………………90, 93
郵便貯金…………………………82, 234

幼児教育・保育………………………327
幼稚園…………………………………149
幼保一元化……………………………149
ヨーロッパ大陸型……………………284
預金局（預金部）基金…………………82
予算（budget）………53, 56, 102, 112
　　──委員会……………………73, 77
　　──協賛………………………………56
　　──繰入………………………………24
　　──繰越し……………………………89
　　──最大化…………………………124
　　──執行…………………………75, 76
　　──執行過程…………………………78
　　──政府案………………………73, 78
　　──の後年度歳出・歳入への影響試算……94
　　──の自律性…………………………75
　　──の優越性…………………………75
　　──の様式……………………………78
　　──編成………………………………96
　　──編成権……………………………21
予算原則…………………………………59
予算修正…………………………………21
予算総則…………………70, 217, 246
予算法……………………………………93
予定納税…………………………………190
予備費……………………………………62

〔ラ行〕

ラムゼイ・ルール……………………182

利益社会（ゲゼルシャフト）…………17

利益主義的アプローチ…………………36
利益説（応益課税原則）…………173, 289
リカードの等価原理……………………243
理財………………………………………14
利子……………………………………210
　　──所得……………………………193
利潤…………………106, 210, 256, 340
利潤極大化………………………108, 109
理想的租税体系………………………175
立案のラグ……………………………260
流動性効果……………………………246
流動性のわな…………………………268
流用………………………………63, 89
　　──禁止………………………………60
　　──禁止の原則………………………62
料金収入………………………………342
料金負担………………………………347
利用者負担………………………224, 330
　　──原則……………………………242
「量出制入」の原則……………………119
「量入制出」の原則……………………119
両税委譲運動…………………………278
利用制度………………………………149
臨時軍事費特別会計……………………82
臨時財産税……………………………197
臨時財政対策債…………………301, 316
臨時支出………………………………241
臨時税…………………………………177
臨時地方財政補給金…………………297
臨時町村財政補給金…………………297
臨時特例交付金………………………299
リンダール均衡…………………115, 116

累進……………………………………188
累進所得税……………………………262
累進税率…………………………179, 188
累積的取得税…………………………196
累退税率………………………………179

レイト（Rate）…………………………325
レイト援助交付金（R・S・G）……305
レイト補填交付金……………………304
歴史学派…………………………………29
歴史的事象………………………………51
歴史分析…………………………………51
列島改造予算………………………………5
連邦・邦間財政調整…………………305
連邦国家………………………………254
連邦資金…………………………………84
連邦特別財産……………………………84
連邦補充交付金………………………306
連邦予算…………………………………84

老人福祉費……………………………144
老人福祉法………………………143, 147
老人保険制度…………………………147
労働価値説……………………………26
労働者災害補償保険法………………140
労働者年金保険………………………140
労働費…………………………………144
労働保険特別会計……………………22
老齢年金………………………………145
ローリング……………………………90
ローリング・プラン…………………90
ロディン報告…………………………192

〔ワ行〕

ワイマール共和国憲法………………63
ワイマール憲法………………………140
『ワグナー氏財政学』…………………30
ワグナーの課税9原則………………174
ワグナーの経費膨張法則……………119
ワニの口………………………………156
割引制度・免除制度…………………340
割引率…………………………………164
割増償却………………………………204
割戻し所得税…………………………191

人名索引

〔ア行〕

アスキス………………………………189
アダム・スミス（Adam Smith）
　……………26, 30, 40, 41, 50, 57, 124, 136
阿部賢一…………………………18, 35, 56
アルビン・ハンセン（Alvin H. Hansen）
　………………………………33, 34, 125
アルベルス（Willi Albers）…………275
アロー（Kenneth J. Arrow）…………40
アンデル（Nobert Andel）……………45
アンドリュース………………………192
イェヒト（Horst Jecht）………………31

〔イ行〕

池上惇………………………………9, 35
池田浩太郎……………………………
池宮城秀正………………………44, 300
石弘光……………………………11, 113
井手文雄………………………………42
伊藤半彌………………8, 10, 21, 33-35, 39, 180, 320
伊藤博文………………………………67
伊東光晴………………………………158
井上馨…………………………………58
井上毅…………………………………67
井上辰九郎……………………………39
イノマルク……………………………320
岩元和秋………………………………272

ヴィクセル……………………………173
ヴィックリー…………………………188
ヴィットマン（Wittmann）…59, 64, 120
ウィリアムズ…………………………192
ヴィレ………………………………90, 93

ウォルポール…………………………58
宇佐美誠次郎………………………8, 50
牛嶋正…………………………169, 320
宇田川璋仁…………………………9, 282
内山昭…………………………………273
エーベルヒ（Karl Theodor von Eheberg）…15
エールリッヒャー……………………128
エクスタイン…………………………162
エリザベス……………………………139
遠藤湘吉………………………………9

大内力…………………………………9
大内兵衛……………………8, 50, 168, 214
大川政三……………10, 37, 102, 152, 169, 222
大熊一郎………………………………9
大隈重信………………………………58
大竹虎雄………………………………15
オーツ（Wallance E. Oates）
　………………………254, 273, 285, 288
小川郷太郎……………………………32
オバマ…………………………………142

〔カ行〕

カーター………………………………101
カール・ラートゲン（Karl Rathgen）…31, 336
貝塚啓明……………………9, 11, 169
片桐正俊……………………………304
カップ（K. W. Kapp）……………111, 243
加藤栄一………………………………304
加藤一明………………………………67
加藤三郎………………………………230
加藤睦夫………………………………10
加藤芳太郎………………………56, 102
金澤史男………………………………336

金子宏	11
金子勝	310
カルドア (Nicolas Kaldor)	192
河野一之	62
神野直彦	207, 280, 282, 316
神戸正一	30
神戸正雄	32, 315, 320
岸昌三	254, 273
喜多登	44
木下和夫	9, 11, 175, 312
木村憲二	52
木村元一	9, 10, 37
キャンベル	66, 75
グード	203
グナイスト	58, 67
グプタ	123
クラーク	93
クライン	255
グラッドストーン	57, 58
グルーバー (Jonathan Gruber)	40, 47, 54
クルジザニアーク (Marian. Krzyzaniak)	202
ゲイヤー (Ted Gayer)	47, 54
ケインズ (J.M. Keynes)	32, 156, 255, 261
ケネー	26
ケネディ	98
ゲルロッフ (Wilhelm Gerloff)	31
神戸直彦	187, 207
コース (Ronald H. Coase)	111
ゴールドシャイド (Rudolf Goldscheid)	31, 59
小島昭	66, 75
コッサ (Luigi Cossa)	39
小西砂千夫	84
コルム (Gerhard Colm)	27, 34, 36, 124, 125

〔サ行〕

サイモンズ (Henry C. Simons)	188
佐藤和義	66, 75
佐藤進	3, 35
佐藤博	34
佐藤隆三	45
サミュエルソン (Paul A. Samuelson)	45, 255
サンドフォード	196
ジェズ (Jeze)	59
シェフレ (Albert Schäffle)	30, 177
塩崎潤	43, 230
汐見三郎	8, 35

柴田徳衛	10
柴田護	312, 320
渋沢栄一	58, 223
嶋村紘輝	255, 267
島恭彦	8, 9, 50
志村嘉一	251
シャウプ (Carl S.Shoup)	
	8, 27, 38, 42, 130, 180
シャンツ (Georg von Schanz)	187, 320
シュタイン (Lorenz von Stein)	29, 67, 124
シュピターラー	178
シュミット (K. Schmidt)	90, 172
シュモラー	29, 30, 34
シュルツ	98, 99
ショー	261
ジョンソン	98
鈴木武雄	9, 230, 336, 337
スチュアート	189
スツッケン	241
スティグリッツ (Joseph E. Stigliz)	46
ストゥルム (Stourm)	59
スミス	174, 240, 242, 245, 320
ズルタン (Herbert Sultan)	31
関口健一	42
関口智	210
関口浩	45
セリグマン (Edwin R. A. Seligman)	42, 326
ゼンフ (P. Senf)	59, 63, 65
ゾンネンフェルス	26

〔タ行〕

ダウンズ	75
高木壽一	15, 35
高島博	112, 169
高野岩三郎	39
高橋是清	309
瀧本美夫	30
武田隆夫	8, 50
巽博一	45
館龍一郎	9
田中啓一	223
ダブナント	26
チャールズ1世	57
チャールズ2世	57
辻清明	75
恒松制治	320

都留重人······················8, 125

ディーツェル（Carl A. Dietzel）······240, 241
ティブー（Charles M. Tiebout）········285
ティム····························289
デービス（J. H. Davis）···············243
デュー···························180
デュピュイ························162
テュルゴー························26

トービン··························245
時子山常三郎···············24, 39, 192

〔ナ行〕

長峯純一····················254, 273
中村良広··························306

西川清治··························8
西野喜與作·······················320
ニスカネン（William Niskanen）········124

ノイマルク（Fritz Neumark）
·························45, 59, 174, 178
野口悠紀雄··············11, 126, 235

〔ハ行〕

ハーコート························195
ハーシュ（Werner Z. Hirsch）····43, 152, 273
ハーバーガー（Arnold C. Harberger）
····38, 44, 122, 152, 163, 165, 166, 169, 181,
183, 186, 202
ハーバーマス······················118
ハーベルモ······················258
バーリ···························208
ハイニヒ（Heini）····················59
橋本徹······················9, 284, 320
バステーブル（Charles F. Bastable）·····39
花田七五三························62
花戸龍蔵··························32
林健久···························304
林栄夫·······················8, 9, 21
ハラー（Heinz Haller）········45, 177, 178
パレート·························107
バロー（Robert. J. Barro）············243
ハロルド・スミス···················64
ハンス・リッチェル··················16
ハンスマイヤー····················219

ピーコック（Alan T. Peacock）
·····················45, 122, 261, 275

ピグー（Arthur Cecil Pigou）
·················31, 110, 111, 130, 182
肥後和夫··························9, 45
ビスマルク························140
ヒックス（Ursla K. Hicks）·······45, 265
日向寺純雄························36
平田寛一郎··············162, 192, 282

フェルディナント・ラッサール（Ferdinand
Johann Gottlieb Lassalle）········28
フェルドシュタイン（Martin Feldstein）
·······························46, 163
ブキャナン（James. M. Buchanan）
·······30, 38, 40, 84, 123, 243, 261, 288, 304
藤田清·························9, 10
藤田武夫·························337
フランク・ナイト（Frank H. Knight）····36
フリードマン·················191, 245
フリードリッヒ・ヴィルヘルム1世······25
フリードリッヒ・リスト（Friedrich List）
·······························124
古川卓萬·························317
ブレヒト··························121

ヘイグ（Robert M. Haig）············188
ペギー・マスグレイブ（Peggy B. Musgrave）
·····························39, 54
ベス····························128
ベッカーマン·····················226
ベックマン·······················304
ベッヒャー························26
ヘップワース·····················310
ペティ···························26
ベベルカ·························123
ヘラー···························304
ヘンゼル·························320
ヘンリー・ジョージ············178, 222

ボーエン（H. R. Bouen）············243
ホートレー（R. G. Hawtrey）···········14
ポーピッツ··················121, 297
ポーマー·························212
ボスキン·························169
細谷貞雄·························118
ホルニック·······················26
本間正明·························11

〔マ行〕

マイゼル（Franz Meisel）··············31
マクナマラ······················162
マスグレイブ（Richard A. Musgrave）

……27, 36, 38, 39, 41, 53, 54, 112, 165, 175, 202, 242, 254, 263, 273, 283, 303, 313, 320
松崎蔵之助……………………………31
松野賢吾……………………………241
マン（F. K. Mann）………………34
マンキュー（N. Gregory Mankiw）……47

ミーンズ……………………………208
三上正毅……………………………326
宮島洋………11, 72-74, 86, 117, 139, 209, 219
宮本憲一…………………………50, 158
三好重夫……………………………336
ミル（John S. Mill）……27, 222, 240

〔ヤ行〕

矢野浩一郎…………………………312
藪下史郎……………………………106
山之内光躬…………………………36

ユスティ……………………………26

横田信武……………………………192
吉富重夫……………………………282
米原淳七郎……………52, 254, 273, 281
ヨハンセン………………………38, 284

〔ラ行〕

ラーナー（Abba. P. Lerner）………243
ラウ（Karl H. Rau）………………28
ラッサール…………………………214

ラムゼイ（Frank P. Ramsey）………182
リカード（David Ricardo）
……………………27, 50, 240, 242, 243
リッチェル…………………………63
リンダール（Erik R. Lindahl）
………………………31, 40, 173, 115
ルロワ・ボリュー（Leroy-Beaulieu, Paul）……39
レーガン……………………………191
レクテンワルト（Horst C. Recktenwald）
………………………………45, 276
ロイド・ジョージ…………………188
ロイド・メッツラー（Lloyd Metzler）……44
蝋山晶一……………………………245
ロエスレル…………………………58
ローゼン（Harvey S. Rosen）………40, 46, 54
ローレンス・カッツ（Lawrence F. Katz）……47
ロック………………………………26
ロナルド・コース…………………111
ロバート・ウォルポール…………56
ロバート・ルーカス（Robert Lucas, Jr.）……45
ロルフ…………………………192, 245

〔ワ行〕

ワイズマン（Jack Wiseman）……45, 122, 275
ワグナー（R.E. Wagner）
……28, 29, 33, 119, 124, 174, 177, 240, 241, 261, 320, 331

著者略歴

佐藤　進（さとう・すすむ）

1926年	東京府豊多摩郡中野町（現東京都中野区）に生まれる
1947年	東京大学経済学部卒業
1959年	武蔵大学経済学部・大学院経済学研究科教授
1977年	東京大学経済学部・大学院経済学研究科教授
1986年	新潟大学経済学部・大学院経済学研究科教授
1992年	日本大学総合科学研究所・大学院不動産科学専攻教授
1994年	地方財政審議会長（1997年任期満了）

主要著書

『現代財政政策論』（時潮社，1964年），
『近代税制の成立過程』（東京大学出版会，1965年），
『日本財政の構造と特徴』（東洋経済新報社，1966年），
『現代税制論』（日本評論社，1970年），
『付加価値税論』（税務経理協会，1973年），
『地方財政・税制論』（税務経理協会，1974年；改訂版1976年；二訂版1977年），
『財政学』（税務経理協会，1976年；新版1982年），
『要説・日本の財政』（東洋経済新報社，1979年），
『日本の税金』（東京大学出版会，1979年），
『現代西ドイツ財政論』（有斐閣，1983年），
『地方財政総論』（税務経理協会，1985年；改訂版1993年），
『文学にあらわれた日本人の納税意識』（東京大学出版会，1987年），
『日本の租税文化』（ぎょうせい，1990年），
『日本の自治文化』（ぎょうせい，1992年）ほか。

関口　浩（せきぐち・ひろし）

1964年	埼玉県深谷市に生まれる
1987年	琉球大学法文学部経済学科卒業
1989年	早稲田大学大学院経済学研究科修士課程修了
1993年	早稲田大学大学院商学研究科博士後期課程を経て，早稲田大学商学部助手
1999年	金沢経済大学経済学部助教授
2008年	カリファルニア大学ロサンゼルス校（UCLA）客員研究員
2009年	南カリフォルニア大学（USC）客員研究員
現　在	法政大学社会学部社会政策科学科・大学院公共政策研究科教授，日本女子大学講師，早稲田大学大学院講師
共　著	『昭和財政史（昭和49年〜63年度）2 予算』（東洋経済新報社，2004年） 「資産課税の改革」『地方税制改革』（ぎょうせい，2004年） 「予算と財政民主主義」『財政学』（有斐閣，2005年） 「満州国初期の税財政システムの基礎分析」『還日本海地域の協力・共存・持続的発展』（橋本確文堂，2012年） 「地域発展の経済政策－東日本大震災と復興特区」『地域発展の経済政策』（創成社，2012年） 「社会保障制度と財政」『財政学（第3版）』（東洋経済新報社，2014年） 「経費」『現代財政を学ぶ』（有斐閣，2015年） 「所得税と法人税」『財政学』（ミネルヴァ書房，2019年）
翻　訳	『ハーバーガー費用便益分析入門―ハーバーガー経済学・財政学の神髄―』（法政大学出版局，2018年）

1981年10月30日	初版発行	
1997年3月10日	26版発行	
1998年9月30日	改訂版発行	
2018年3月28日	改訂14版発行	
2019年5月11日	新版発行	
2024年3月1日	新版4刷発行	略称：財政学入門(新)

（新版）財政学入門

著 者	©	佐藤　進 関口　浩
発行者		中島豊彦

発行所　同文舘出版株式会社

東京都千代田区神田神保町1-41　〒101-0051
電話　営業 03(3294)1801　編集 03(3294)1803
振替　00100-8-42935　https://www.dobunkan.co.jp/

Printed in Japan 2019

DTP：日本フィニッシュ
印刷・製本：萩原印刷

ISBN 978-4-495-44301-6

JCOPY 〈出版者著作権管理機構　委託出版物〉

本書の無断複製は著作権法上での例外を除き禁じられています。複製される場合は，そのつど事前に，出版者著作権管理機構（電話 03-5244-5088, FAX 03-5244-5089, e-mail: info@jcopy.or.jp）の許諾を得てください。